名和高司 著

企業変革の教科書

CHANGE MANAGEMENT

東洋経済新報社

はじめに

　DX（デジタル・トランスフォーメーション）の波が、あらゆる産業に押し寄せています。

　「アマゾン効果」に代表されるネット販売の猛威は、小売業のみならず消費財メーカーをも頭から呑み込もうとしています。金融業をはじめとするサービス産業は、人工知能（AI）やIoT（Internet of Things）、ブロックチェーン技術などの進展によって、労働集約型からの大転換が急務となっています。伝統的に日本が競争力を保っていた自動車や産業財も、現場の知恵をベースとした匠の世界から、デジタル技術を駆使した自動化・標準化の世界へ、競争の主戦場が急速にシフトしています。まさに「第4次産業革命」の真っ只中といったところでしょう。

　ただし、デジタル技術は単に変革の道具（イネーブラー）にすぎません。もちろん、これまでとは非連続な変化をもたらしうるデジタル技術の進展には、常に目を光らせておく必要はあるでしょう。

　しかし、DXの本質は、DではなくXにあります。すなわち、最新のデジタル技術を駆使して、いかに経営を「トランスフォーム（変革）」するかが、真の経営課題なのです。そのためには、以下のような基本的な問いかけに対して、答えを出していかなければなりません。

- なぜ今、変革が必要なのか
- どこに向かって変革するのか
- どのような変革プロセスが有効か
- その実現に向けての壁は何か
- その壁をいかに乗り越えるか

これらの本質的な問いかけは、DXに限らず、すべてのトランスフォーメーションに共通するものです。洋の東西を問わず、変化の波に呑まれてあっという間に失速していった企業は、数知れません。一方で、変化を絶好の機会と捉えて、異次元の成長を遂げている企業も一握り存在します。そして、それらの企業群は、時代の波を越えて進化し続けています。

　本書は、これらの失敗、そして成功事例をふまえて、企業変革の本質を探り当てることを主眼としています。本書で紹介する多くのケースは、私自身がコンサルタントとして、あるいは社外取締役やアドバイザーとして、深くかかわってきたものが大半です。

　なかには、急激な変革を仕掛けて破綻に追い込まれた事例や、V字回復を成功させた後、成長を持続できなかった事例なども、少なくありません。最近では、GEや東芝などが代表例です。本書ではそれらの事例も、自責の念も込めて、ご紹介していきたいと思います。せっかく変革に前向きな企業が、そのようなありがちな落とし穴に陥らないようにしてほしいと願うからです。

　一方で、変革を組織の基本的な運動原理に埋め込んでいる企業の例も、ぜひ参考にしていただきたいと思います。たとえば、アップルとトヨタ自動車。最近では、グーグル（アルファベット）、ファーストリテイリング、日本電産などが代表例です。これらの企業は、DXを次世代成長の試練であり、チャンスでもあると捉えて、絶え間ない変革に取り組んでいます。いずれもいわば「ビッグネーム」ですが、その変革手法や経営姿勢から、一般の企業が学べることは少なくないはずです。

　変革手法に関して、本書では大きく4つのモデルをご紹介します。これらは、海外、そして、日本で実際に活用された変革手法の中で、最も実効性の高いものをモデル化したものです。無手勝流に変革に取り組んだり、経営コンサルや企業再生のプロの常套手段に従うだけでは、成功したとしても一過性のものに終わってしまいます。変化の波に呑まれずに、持続的な成長を実現するためには、これらの「型」を押さえたうえで、自社の特性やそれぞれの状況に応じて、臨機応変に変革手法を使い分ける知

恵が求められます。

しかし、手法は単なる方法論にすぎません。より重要なのは、経営マインドです。組織、そしてその構成員である人間は、本来、変化を好みません。今の快適な領域（コンフォートゾーン）にできるだけ長く、とどまっていたいと思うでしょう。特に、過去に成功体験のある既存企業は、なおさらです。

これは、2017年のノーベル経済学賞を受賞したリチャード・セイラーら行動経済学派が、「現状維持バイアス」と呼ぶ習性です。ハーバード・ビジネススクールのクレイトン・クリステンセン教授が「イノベーションのジレンマ」と呼ぶ現象もこれにあたります。たとえ「危機感」をうまく醸成できたとしても、危機を脱すれば、現場はまた「常態」に安住してしまいます。

成長、そして、そのための変革を駆動し続けるためには、変革リーダーは高い志を持ち、それを関係者に広く共感させる人間力が求められます。さらに、それをリーダー自身の力量だけで牽引するのではなく、そのような志と共感共創力を現場にしっかり埋め込む仕組みづくりが不可欠です。そのような組織づくりに成功した一握りの企業が、自ら変化を生み出し、絶え間なく進化し続けるのです。

本書の構成は、次のようになっています。

序章では、「なぜ今、成長が求められているか」という基本的な問いに答えたいと思います。現状で満足せず、成長し続けようとする覚悟、そして、そもそも何のために成長するのかという目的意識が、変革を仕掛けるための大前提となるからです。

序章に続く本論は、大きく3部構成となっています。

第Ⅰ部では、戦略論、すなわち、変革のモデルを扱います。前述した4つの「型」を、事例に基づいて紹介するとともに、どういうときにどのモデルを選ぶべきかを論じます。

第Ⅱ部では、実践論、すなわち、変革のアプローチを扱います。変革の成否は、戦略より、いかにそれを実践するかが勝負となります。ここでは

はじめに　iii

「ゆらぎ、つなぎ、ずらし」という変革を創発する運動論を紹介するとともに、変革をいかに仕組み化するかを論じます。

第III部は、リーダー論、すなわち、変革者の条件を扱います。変革を仕掛け、実践するためには、変革リーダーの存在が不可欠です。世の中でもてはやされがちなカリスマ型リーダーではなく、「変革する現場」を育て上げる自律分散型リーダーこそが必要となること、そして、どうすればそのような変革リーダーになれるかを論じます。

デジタル時代であればこそ、より本質的な変革力が問われます。そのためには、いたずらに危機感を煽るのではなく、より高い価値をより広く世の中に届けたいという現場の思いに火をつけることがカギとなります。

ハーバード・ビジネススクール教授のマイケル・ポーターは、かつて「日本企業には戦略がない」と看破しました。確かに、現場育ちの日本の経営層は、戦略脳の発達が遅れているかもしれません。戦略の手法やモデルは、謙虚にもっと学ぶ必要があるでしょう。

一方で、日本企業の現場の学習能力の高さには、定評があります。現場がオペレーション上の「カイゼン」にとどまることなく、さらに提供価値やその提供プロセスにまで踏み込んで構造的に変革する知恵を学習することができるかどうかが、変革の時代の勝負どころとなります。デジタル時代であっても、現場育ちの経営陣と強い現場が一体となってこの勝負に挑めば、日本企業は本来の競争力を取り戻すことができるでしょう。

本書を片手に、読者の皆さんが、「変革する現場」づくりへの終わりなきジャーニーに、力強く旅立たれることを、心から祈念いたします。

2018年11月

フランクフルトにて

名和高司

はじめに　i

序章　なぜ今、成長なのか？（Why）

1　シンギュラリティの時代................................1
　海図なき航海　1
　共通価値（CSV）という選択　2
　プレ・シンギュラリティが迫る　3

2　経営者に求められる覚悟................................6
　次世代成長をめざす　6
　ドーピング経営の罠　8
　野心か、志か　9

3　成長の壁を突破する................................10
　3つの病　10
　チェンジエージェントとしての経営者　11
　火を消すのではなく、火をつける　12

4　経営モデルの変革................................14
　4つのSを変革する　14
　空間軸と時間軸　16
　無機と有機　17
　トレードオフからトレードオンへ　18
　学習優位の時代　19

5　常態進化経営................................20
　V字回復の罠　20
　長寿企業大国・日本の課題　22

第Ⅰ部　変革の４モデル（What）

第1章　シュリンク・トゥ・グロー（Ｖ字回復）モデル

1 企業再生への道 ……………………………………………………… 26
　4つの変革モデル　26
　シュリンク・トゥ・グロー　27
　7つのメニュー　29
　コマツの坂根改革　31

2 IBMの再生劇 ………………………………………………………… 34
　絵に描いたようなS2G　34
　封印したビジョン　35
　「食えないチップはいらない」　36
　パワポ禁止、椅子なし会議　36
　巨象も踊る　37

3 日産のゴーン改革 …………………………………………………… 38
　100日プラン　38
　ウェーブ1　山が動く　38
　ウェーブ2　クロス・ファンクショナル・チーム　40
　ウェーブ3　次世代成長　41
　S2Gの先へ　41

4 諸刃の剣 ……………………………………………………………… 42
　一過性の変革とリバウンド　42
　Wの悲劇——パナソニック　44
　Zの悲劇　45
　日立の川村改革　46
　シュリンク・アンド・グロー　48

5 良品計画の松井改革 ………………………………………………… 50
　カリスマ退場からの再生　50
　オペレーションの徹底　52
　世界をプロデュース　54
　アンチ・カリスマ　55

6 味の素のフィット・アンド・グロー …………………………… 56

体質改善と次世代成長　56

内部から成長を駆動するASV　58

企業再生から企業進化へ　59

[Column] マッキンゼーか、BCGか　60

第2章 セルフ・ディスラプション（自己破壊）モデル

1 免疫力の呪縛 62

イノベーションのジレンマ　62

自己破壊を体質化する　64

地球が傾く――北低南高　65

一足飛びのイノベーション　66

マーケティングの近視眼　67

衰退の5段階　69

2 イノベーションの解 71

イノベーションの4タイプ　71

ヒトとカネのポートフォリオ戦略　73

CVCの幻想　74

タイプ3からタイプ1へ　75

3 デジタル・ディスラプション 76

「ニュートロン・ジャック」が下した現業破壊司令　76

成長への戦略転換　78

変革リーダーとアクティビストとの戦い　79

4 打倒トヨタ 81

奥田社長の通信簿　81

タイプ1 「ヴィッツ」　81

タイプ2 「プリウス」　82

タイプ3 「WiLL」　83

失敗の成功　84

タイプ4 EV？　85

「障子をあけてみよ。外は広いぞ」　86

5 NTTのマルチメディア革命 87

非電話事業という選択　87

墓守になる覚悟　88

iモード事件　89

Ｋプロというトリックスター　90

6 破壊モデルの失敗例 91

第3章 ポートフォリオ・オブ・イニシアティブ（組合せ）モデル

1 進化するポートフォリオ 93

古典的ポートフォリオモデルの限界　93

時間とリスクで成長を動的に捉える　94

2 ガースナーの内ポケット 96

不作為リスク　96

ガースナーのPOI　97

4タイプの打ち手　99

立ち止まってはいけない　100

IBMの次の100年？　101

【Column】POIの日本での展開例　103

3 富士フイルムの第二の創業 105

本業消失　105

成熟市場の中の成長市場　107

ホームランバッター依存症からヒットメーカー集団へ　108

アナログをキャッシュカウに　109

技術の軸足　110

変革の継承　112

4 日本型次世代成長モデル 114

X経営モデル　114

ポートフォリオ経営の功罪　116

21世紀のホワイトナイト　118

軸足を定めてポートフォリオを広げる　119

日東電工の「三新活動」　120

「渡り廊下」での「ずらし」と「つなぎ」　123

ミッドライフ・キッカー　124

5 「ずらし」のテクニック 126

資産の三枚おろし　126

「異結合」によるイノベーション　128

6　オープンイノベーションの光と影 ―――――――129

7　時間軸のマネジメント ――――――――――――132

スピードの経済　132
リーン・スタートアップ　133
GE のファストワークス　135
リーン・アンド・スケール　136
ダイバーシティ経営の神髄　138
「ゆらぎ」と「引き込み」　139
パーパスとピボット　141
U 理論　142

8　3つの変革モデルを総括する ―――――――――144

第4章　メビウス（永久反転）運動モデル

1　最強の変革モデル ――――――――――――――146

永久に変わり続ける　146
陥りがちな縦横運動　147
バタフライモデル　149
メビウス運動の手順　149

2　DNA を読み解く ――――――――――――――153

静的DNAと動的DNA　153
アップルのDNA　154
トヨタの仕組み力と「Why 5回」　156
「ひらがな」で考えるイトーヨーカ堂　157
リクルートのリボン図と白地市場　158

3　パナソニックの逆ベクトル ―――――――――――161

「ありたい姿」という幻想　161
「ふだんプレミアム」という贅沢　162

4　アップルの進化 ―――――――――――――――163

アップル1.0から2.0へ　163
ジョブズ再臨　165
カウンター・カルチャーからメインストリームへ　167
持たずに握る　168

5 スターバックス再生物語 ································169

正しい答えという誤謬　169

スターバックスは何者か　171

第nの場所　172

脱チェーンストア理論　174

サードウェーブというディスラプション　175

6 進化するMUJI ································177

MUJIが見つけた「青い鳥」　177

創造的な省略＝スマート・リーン戦略　178

世界の知恵をプロデュースする　179

仕組みを作るルーティン　180

進化をビルトインする　181

7 メビウス運動としてのコマツの坂根改革 ································182

「創って、作って、売る」　182

元祖IoT　184

モノ売りから顧客の事業パートナーへ　185

「ダントツ」によるデファクト化　186

「異結合」の加速　186

センター・オブ・エクセレンス　187

8 富士フイルム2.0 ································190

PDCAからの脱却　190

メビウス運動としての古森改革　191

最大の敵は「慢心」　192

9 トヨタの超カイゼン ································193

ビジネス・リフォーム（BR）　193

尽きることのない変革テーマ　195

日産との決定的な差　196

3つのミドル機能　196

10 永遠のベンチャー企業・リクルート ································198

リボンモデルのアルゴリズム　198

「雪マジ！」を支えた地方の現場力　199

「伸化」を止めない　200

リクルートの成長エンジン　201

「不」を解消するCSV先進企業　203

「不」から「未」へ　204

「勝ち筋」を見つけて、スケールアウトする　204

新事業「スタディサプリ」　206

リクルートのDNA　207

[Column] ヤマトは我なり　208

11　メビウス実現に向けた勘所 ··209

Aプロの前にKプロ　209

点から線へ　210

「逆上がり」運動　211

ミケランジェロが掘り出す手　212

第5章　どのモデルを選ぶべきか？

1　GE──イメルト物語 ··213

パーフェクトストーム　213

アンストッパブル・トレンド　214

イメルトのX経営　215

2つのイノベーション　216

インダストリアル・インターネット　219

デジタル・トランスフォーメーション　219

イメルトのセルフ・ディスラプション　221

市場の評価　222

スピードとスケール　222

コーポレート・ガバナンス再考　223

2　日本企業にとっての選択肢 ···225

ワントリック・ポニー　225

「ゆらぎ」から始める　227

ノマドのすすめ　228

3　変革のトリガー──最高益という崖っぷち ····················228

ROE信奉の誤謬　228

凸レンズから凹レンズへ　230

収穫逓増の法則　231

4　超成長企業への変身？ ··233

誇大妄想狂のすすめ　233

アイディアをスケールする　234

グーグルの錬金術　236

シンギュラリティを超える知恵　237

5　第二の創業 239

第二の創業の難しさ　239

パープルオーシャン戦略　240

軸足と360度　241

アンチテーゼからジンテーゼへ　243

M&Aという媚薬　244

買収企業からのリバースラーニング　245

NIHと戦う　246

退路を断つ　247

ユニ・チャームの片道切符　248

海洋国家としての日本　250

6　5次元経営 250

事業モデルの本質　250

時間をずらす　252

ネット・フューチャーバリュー　253

タイムマシン経営　254

空間を再編集する　256

シェアード・オーガニゼーション　257

空間の磁場　259

キャパシティとケイパビリティ　260

マルチタスクのパワー　261

知恵というネットワーク資産　262

精神というもう1つの無形資産　263

キーワードとしての共感　265

パーポス・ブランディング　265

欲望経済から共感経済へ　267

マインドフルネスのすすめ　268

そこに義はあるか　269

第II部　変革のプロセス（How）

第6章　変革を仕掛ける

1 変革の必要条件……………………………………………………272

コッターの8段階説　272

「危機」という安易な選択　274

オオカミおじさんの連呼　275

変化を味方につける　277

フューチャー・クロス・ベンチマーキング　278

シナリオプランニング　279

プランB　280

ホンダの「既・転・新」　281

動的平衡　283

守備チームと攻撃チーム　284

黒澤アクターズ　285

志を起爆剤に　286

2つのP　287

2 変革のエネルギー……………………………………………………288

3つのキークエスチョン　288

変革のマグマを見極める　289

成長余白を診断する　291

失うものがない強み　292

「いい会社」の変革　294

3 変革のトリガー……………………………………………………296

政権交代　296

ビジョン再構築　297

「出島」から始める　298

「ずらし」と「つなぎ」　298

「明日」から「今日」へ　299

アクションラーニング　300

社外取締役の役割　302

コーポレート・ガバナンス2.0　303

4 変革の十分条件……………………………………………………304

エネルギー診断　304

反革命勢力を取り込む　305

変革の導線　306

ノアの方舟　306

5 変革始動時の躓きの石 307

Whyの躓き　307

When/Where/Whoの躓き　308

Whatの躓き　309

Why not yet　309

チョークポイントを見極める　310

Howの躓き　311

第7章 変革の青写真を描く

1 全社変革の見取り図 313

変革の4点思考　313

[Column] 西田改革を読み解く　316

マッキンゼーの7S　318

戦略論、組織論の限界　320

構造から力（運動論）へ　321

2 ロードマップの功罪 322

終わりのないジャーニー　322

MVOのすすめ　323

フィードバックとフィードフォワード　324

[Column] アフターマーケットからリアルマーケットへ　326

着眼大局、着手小局　327

学習優位（ファミリアリティ・アドバンテージ）　328

3 変革設計時の躓きの石 329

あれかこれか　329

トンネルの長さ　331

サバイバルの錯覚　332

トップダウンという神話　333

定点化、定型化の功罪　334

第8章 変革を実践する

1 ボン・ボヤージュ！ ……………………………………335
海図なき船出 335
ステルス飛行のすすめ 336
リスクを手なずける 337

2 「ゆらぎ」の演出 ……………………………………338
「悪い子」はどこに？ 338
立ち上がるM世代 340
[Column]「不屈」のインスタ映え 341
M世代の南十字星 342
切り札としてのCSV 344
ダイバーシティ・アンド・インクルージョン 346
アーリーウィン 347
勝ち癖をつける 348
スポットライトを当てる 349

3 「つなぎ」の連鎖 ……………………………………350
Connecting the Dots 350
内の声と外の声 351
共感共創力 352
「横展」 353
特殊解（1）から一般解（10）へ 354
新たな潮流（100）へ 355

4 「ずらし」のテクニック ……………………………356
重心をコントロールする 356
本業は何か 356
足し算か、引き算か 357
企業理念を読み替える 358
「現」から「未」、そして「超（合）」へ 360
[Column]「サイバー・フィジカル」の時代 361
n.0へのバージョンアップ 363
兵糧を積み替える 364
ホールディングによるトレードオン 365
XRをパワーに 367

5 変革実践の実際──ダイキン中国のケース················368

最後のバスに飛び乗る　368

「べたつき営業」　368

最大の敵を味方に　369

ダイキン万歳！　371

6 変革実践時の躓きの石··372

KPIという気休め　372

変革ごっこ　373

直線志向の落とし穴　374

バーンアウト現象　374

戦勝碑が墓碑に　375

第9章　変革を継承する

1 仕組み化のパワー···377

カリスマはいらない　377

盤上の駒を「成り駒」に　378

自走する現場　379

仕組みが9割　380

Will Can Must　380

KPIからOKRへ　382

グローバル化とデジタル化を味方に　384

orではなくand──差異を生むローカルとアナログ　384

クラウド経営からエッジ経営へ　385

デジタル・トランスフォーメーションの本質　386

2 変革継承の実際──ユニ・チャームのケース···············390

創業者の危機感　390

MOPを狙え　391

3000ドルクラブ　392

設計アーキテクチャーを見直す　393

なぜ黄色なのか？　394

非カリスマ社長の登場　395

変革装置としてのSAPS　396

終わることのない変革　398

[Column] PDCAからOODAへ　399

3 変革継承時の躓きの石··399

既定路線の踏襲　399
前任者否定の落とし穴　400
100日プランの神話と現実　401
漂流する根無し草　403
台頭するカリスマ待望論　403

第Ⅲ部　変革者（チェンジリーダー）の条件（Who）

第10章 経営の変革者

1 ワイズリーダー 406
全人格者としてのリーダー　406
経営の神様　408
元祖CSV経営者　410
修羅場体験　411
チーム経営　412
ワイズリーダーの入り口と出口　414

2 現代のチェンジリーダー 415
6つのメタファー　415
プロ経営者待望論　417
企業変革請負人　418
オーナー経営者とプロ経営者　419
経営人財を育成する　421

3 チェンジリーダーの躓きの石 423
名経営者の光と影　423
流行の経営論に踊らされる　425
仕組みが免疫に　426

4 経営イノベーターとしての変革リーダー 427
「イノベーションのジレンマ」を超えて　427
箱から出ろ！　428
4つの行動スキル　430
イノベーターDNAの覚醒　432
コンシャス・リーダーという選択　433
青黒い人　435

経営モデルをイノベートする　437
カリスマを超える３つのP　438
次にバトンを渡す経営　439
共感共創力を磨け　441

第11章　変革リーダーをめざせ

1 J-CSVを切り札に …………………………………………………443
グローバルモデルという幻想　443
J-CSVを世界に　445

2 J-CSVリーダーの３つのQ …………………………………………450
問われる「真・善・美」　450
左脳と右脳　451
善を判断する力　452
システミックQ　453
スピリチュアルQ　454
スパイラルQ　455
一神教か、多神教か　456
道のダイナミズム　458

3 変革リーダーへの道 ………………………………………………459
あなたの志は何ですか？　459
原体験を刻み込む　459
変革を仕掛ける　461
「変革ライト」を実践する　462
五感を磨く　463
リバースメンターのすすめ　465
Move on　466
シーシュポスの神話　467
働き甲斐改革へ　469
「いい会社」から「必要とされる会社」へ　470

おわりに　472
参考文献　477

なぜ今、成長なのか?
(Why)

1 シンギュラリティの時代

◆ ───── 海図なき航海

「VUCA」という言葉をよく耳にするようになりました。Volatile（不安定）、Uncertain（不確実）、Complex（複雑）、Ambiguous（曖昧）の略です。先が見通せない時代になったというわけです。

確かに、気候変動や天災、戦争や保護主義の台頭、人口爆発や高齢化など、外部環境は「異次元の変化」を加速しつつあります。技術革新や「異業種格闘技」の進展など、事業環境の変化も目まぐるしく、これまでの延長線で物事を捉えていると、大きく足をすくわれかねません。

一方で、これが経営者の言い訳になっていることも見逃せません。「想定外」なので準備できていないのも仕方がない、そう言わんばかりです。しかし、それでは経営者失格と言わざるをえません。先が見えない時代だからこそ、ぶれない軸を持ちつつ、自ら変化を起こし続けなければ生き残ることはできません。これまで以上に、経営力が問われている時代になっています。

海図なき航海で舵を取り続けるためには、まずは北極星を基点に、自分の立ち位置を確かめることが必要となります。そのうえで、正しく潮流を読み切る。では、経営の根幹にかかわる大きな潮流とは何でしょうか。

『ビッグ・ピボット──なぜ巨大グローバル企業が〈大転換〉するのか』

という本が、1つの視座を与えてくれそうです。著者のアンドリュー・ウィンストンは、かつてボストン コンサルティング グループに所属し、今は独立して経営コンサルティング活動を展開しています。この本の中で彼は、次の大きな3つの潮流に着目しています。

①hotter（より熱く）
②scarcer（より少なく）
③more transparent（より明らかに）

すなわち、温暖化、資源や食糧の枯渇、そして情報開示という3つの非連続な変化が不可逆的に進んでおり、その結果、大量生産、大量消費を前提に巨大資本が利潤を追求し続けるようなパラダイムは、大転換（ピボット）を迫られると主張しています。私はこの本の序文を寄稿しましたが、そこでも指摘しているとおり、ウィンストンの主張は、環境（E）、社会（S）、企業統治（G）というESGの視点を先取りしている点が高く評価されます。

もう1つ、昨今話題になっている本が『マッキンゼーが予測する未来』です。こちらは、①都市化と新興市場の台頭、②技術革新の高速化、③高齢化、④グローバル化、の4つを、マクロトレンドとして論じています。どれも取り立てて目新しいものではありませんが、それらが確実に、そして想像を超えたスピードとスケールで進行しているという指摘は注目に値します。

『ビッグ・ピボット』は、どちらかというと社会価値に着目した論点が特徴です。それに対して『マッキンゼーが予測する未来』は、経済価値を中心に論じています。前者が未来の企業のあり方を提唱しているのに対して、後者は従来の企業像の延長線上で論じているといえるでしょう。

◆─────共通価値（CSV）という選択

アメリカ型資本主義の中では、社会価値と経済価値は、二律背反（トレードオフ）として捉えられてきました。それに対して、ハーバード・ビ

ジネススクール教授のマイケル・ポーターが、双方の両立をめざす「共通価値の創造」（CSV: Creating Shared Value）を新しい経営モデルとして提唱したのは2011年のことです。

　社会課題をイノベーションによって解決することで競争力を高め、企業価値の向上を実現する。この好循環を作ることで、持続的な社会と経済の成長を両立して追求できると説いています。

　先が見えない時代にあって、社会価値と経済価値の双方を見据え、バランスよく経営の舵取りをする必要はますます高まっています。このCSVの立場に立って、ビッグ・ピボットが指摘する3つと、マッキンゼーが主張する4つを合わせると、程よくバランスが取れるように思われます。私は企業のトップと次世代成長のあり方を論じる際には、この7つのマクロトレンドをよく議論の出発点にします。

　注意しなければならないのは、このうちのどれかが起こるのではなく、これらすべてが確実に進行し続けるということです。どれ1つ取っても簡単には答えの出ない難問が、同時に押し寄せてくるのです。

　英語に「パーフェクトストーム」という表現があります。複数の予期せぬことが同時に起こって破滅的な事態に至ることを指します。この7つの非連続な変化が同時多発的に進行している現状は、まさにパーフェクトストームともいうべき事態です。このような状況では、しっかり舵取りをしないと、あっという間に潮流に呑まれてしまいます。

　ただ潮流に流されるだけでは、ゴミくずと変わりません。潮流の波頭を捉えて快適にサーフィンしていけば、危機を機会に変えることも可能です。あるいは、潮流に流されずに、正しい方向に漕ぎ出していくことができれば、独自のポジションが確立できるかもしれません。

　先が見通せない時代にあって唯一確かなことは、右肩上がりの頃のように現場力に任せていれば成長できる時代ではなくなったということです。経営の感度と感性が今ほど問われる時代はありません。

◆────── **プレ・シンギュラリティが迫る**

　「北京で蝶が羽ばたくと、ニューヨークでハリケーンが生じる」という

表現が、かつてよく引用されていました。サンタフェ研究所などの複雑系学派の間で、「バタフライ効果」といわれる現象です。ミクロの「ゆらぎ」が、想像できないようなマクロの変化の引き金になるというカオス理論として知られています。

　ミクロとマクロの通底、そして、グローバル経済の一体化は、経営環境を一層複雑にしています。自社とはおよそかかわりのなさそうな地域や産業での小さな出来事が、やがて大きな波となって押し寄せてくる。あるいは、同じ地域、同じ産業にいながら、幅広い分野での細部への注意が初動の差を生み、それが勝敗を決することになります。

　センサーがあらゆるところに埋め込まれるIoT（Internet of Things）環境においては、「北京の蝶の羽ばたき」の情報はその気になれば、いくらでも集めることができます。むしろビッグデータの山に埋もれてしまい、そこから意味のある情報を選び出すことのほうがよっぽど難しいといえるでしょう。まして、それらの因果関係を読み解こうにも、「ストレンジ・アトラクター」と呼ばれる非線形な位相を解明するのは至難の業です。そこで、深層学習（ディープラーニング）ができる人工知能（AI）に期待が集まっています。

　しかし、AIが正しい未来を予測するとは限りません。基本的には、過去のパターンの集積からしか推論できないからです。しかも、その予測に従って人が行動すると、未来そのものが変容します。カーナビが空いている道を案内すると、あっという間にそちらが混雑してしまうのと同じです。もちろん、人間の判断がAI以上に正しいという保証は、これもまたどこにもないのですが。

　AIといえば、日本でも「シンギュラリティ」という言葉が、ここ1〜2年でようやく知られるようになりました。AIが人類の総知を超える転換点（技術的特異点）を指す言葉です。アメリカの未来学者で、今はグーグルのAI開発の総指揮を執っているレイ・カーツワイルが、2005年に出した著書『ポスト・ヒューマン誕生』で使った用語で、広く知られるようになりました。その中でカーツワイルは、シンギュラリティが2045年に来ると予言しています。「2045年問題」と呼ばれるゆえんです。

4　　序章　なぜ今、成長なのか？（Why）

2045年というのは微妙な距離感です。今から四半世紀後だというと、まだまだ先のような気もします。したがって、50代以上の経営者のほとんどは、自分事としてまともに取り上げようとしません。もっとも人生100年時代になれば、彼らですらシンギュラリティを体験することになるはずなのですが、その点は視野に入っていないようです。

そうした中にあってソフトバンクの孫正義さんは、シンギュラリティが2030年には到来すると予測していて、それを何としても自分の目で見て、自分の手で確かめたいと熱望しているといいます。「60歳になったら引退するという宣言を取り消したのは、それが最大の理由」と告白しました。シンギュラリティがもたらす計り知れないインパクトと可能性を、最も深く理解している数少ない経営者の1人です。

しかし、より重要なのは、「プレ・シンギュラリティ（前特異点、社会的特異点）」がすぐそこに来ているということでしょう。シンギュラリティの到来以前に、コンピュータのシミュレーション能力の向上に伴って、次々と難解な社会問題が解決されるようになると考えられています。そのプレ・シンギュラリティは、一説によると2025年にも到来するといわれています。2025年といえば、次の中期計画の射程に入るタイミングです。いつまでも無関心でいる経営者には、即刻退陣してもらう必要がありそうです。

ローマクラブが「成長の限界」を唱えたのは、1972年です。資源と地球の有限性に着目し、「人口増加や環境汚染などの現在の傾向が続けば、100年以内に地球上の成長は限界に達する」と警鐘を鳴らしました。

それから半世紀近くが過ぎ、環境問題や資源の枯渇は、いよいよ抜き差しならない事態となりつつあります。ウィンストンが唱えるビッグ・ピボット（戦略の大転換）は待ったなしの状況です。

一方で、プレ・シンギュラリティの到来が、そのような成長の限界を突破する福音となる可能性があります。ローマクラブの論文の中に、「人は幾何級数的に増加するが、食糧は算術級数的にしか増加しない」という有名な一文があります。しかし、バイオテクノロジーや植物工場などの飛躍的な進化により、食糧も幾何級数的に増やせるようになるかもしれませ

ん。

　成長の限界を座して待つのではなく、AIと人類の英知を集めれば、持続的な成長の道が開けていくはずです。もっとも、その結果、「不老不死」の世界まで実現されてしまうと、生きるとは何か、幸せとは何かといった哲学的な問いが、根源的な問題として浮上してくる気もします。

　いずれにせよ、ここでも、環境問題や社会課題などの「成長の限界」をイノベーションで超えようとする経営者の覚悟が、改めて問われることになります。

2　経営者に求められる覚悟

◆─────**次世代成長をめざす**

　非連続な変化の時代には、同じところにとどまっていたら、どんどん取り残されてしまいます。必死になって変化し続ける企業だけが、持続的な成長を手に入れることができます。

　失うものがないベンチャー企業にとっては、変化はチャンスでしかありません。しかし、本業を背負った既存企業にとって、変化は大きなリスクを伴います。ハーバード・ビジネススクール教授のクレイトン・クリステンセンは、『イノベーションのジレンマ』の中で、成功事業を抱えた企業が次のイノベーションの波に乗り換えることができずに敗北していく姿を、見事に描き出しています。

　かつて、『エクセレント・カンパニー』や『ビジョナリー・カンパニー』などの名著の中で持ち上げられた企業の多くは、その数年後に輝きを失っていきました。最高益を達成した企業も、その後は衰退の一途をたどることがほとんどです。常に自己否定して、新しい形の経営モデルをめざす企業しか生き残れないのです。

　守りと攻めではなく、攻め続けることによって初めて、自社の良さをさらに進化させていけることを、強く肝に銘じる必要があります。

一方で、成長にあえて背を向けることで、独自の世界観を確立している企業があります。たとえば、アウトドア用品ブランドで有名なパタゴニア。同社のキーワードは、「成長を抑制する（Control Growth）」と「消費を抑える（Consume-less）」です。

　同社の「Don't Buy This Jacket（このジャケットを買わないで）」という広告は、世の中をあっと驚かせました。さらにコピーは、「私たちは、長持ちする商品を作っています。必要がないなら、新しいものは買わないで」「もし壊れたのなら、直そう！」と続きます。「パタゴニア精神」を見事に表現したキャンペーンといえるでしょう。

　同社の創業者イヴォン・シュイナードは次のように語っています。

　「われわれは、毎年売上をアップすること、会社を大きくして店舗を増やすことに興味はない」

　シュイナードは「サステイナブル」という言葉を嫌います。なぜならば、人間の存在そのものが地球にとってサステイナブルではないからです。そして、「サステイナブル・カンパニー」ではなく「レスポンシブル・カンパニー（責任ある企業）」をめざしたいとしています（興味のある方は、シュイナードの著書『レスポンシブル・カンパニー』を読んでみてください）。

　さらに圧巻は、社員がスポーツを楽しみたければ、就業時間中であっても自由に出かけていけるという社風です。もちろん、やるべき仕事は、どこかでしっかり片づけることが前提です。シュイナードの別の著書『社員をサーフィンに行かせよう──パタゴニア創業者の経営論』を読むと、日本で議論されている「働き方改革」が、いかにズレまくっているかを痛感させられます。

　それにしても、同社のアンチ成長路線は筋金入りです。もちろん株式を公開せず、同族経営を貫いているから、好きなことができるという面も否定できません。経営者も社員も、顧客と一体となってアウトドアをこよなく愛し、地球に対して責任ある行動を取り続ける。仲良しクラブ、あるいは、ほとんど宗教団体に近い経営モデルともいえますが、未来の企業の1つの姿を示しているのも事実でしょう。

　しかし、このある種のユートピア的な世界観には、どこかに違和感を持

つ人も少なくないはずです。誰もが成長に背を向け、自然と一体化することだけに浸っていては、多くの社会課題は未解決のまま放置されてしまいます。たとえば、貧困や病気、食糧の枯渇や高齢化といった課題は、ユートピア思想では解決できません。

　課題に立ち向かい、それを克服することで未来を切り開いていく——そのような進化のプロセスにこそ、人としての成長が実感できるはずです。1980年代から2000年代に生まれたミレニアル世代やZ世代は、課題に直面している人たちに手を差し伸べたいという利他的な志が高いのが特徴です。彼らは2045年問題も乗り越えて、AIをパワーに、社会課題の解決に向けて次世代成長を牽引していくはずです。

◆─────ドーピング経営の罠

　一方で、成長の限界を超えて、幾何級数的な成長を遂げる企業が出現しています。グーグルやフェイスブック、アマゾンなどに代表されるITを武器とした企業群です。ネットビジネスには、規模が大きくなるにつれ、ますます参加者が増えていく「収穫逓増の法則」が働くのは以前から指摘されているとおりです。そして、その先にあるのが自然独占（Winner-takes-all）です。

　しかし、かつて絶大なパワーを誇ったAT&Tやマイクロソフトがそうであったように、そのような勝者に対しては、規制や社会的な制裁が必ず加わります。現にグーグルは、個人データをひたすらため込んでいるために、プライバシー問題などで常に槍玉に挙げられています。アマゾンの一人勝ちに対して、政府そして民間から「待った」がかかるのも、時間の問題でしょう。収穫逓増の法則は、永久運動とはなりえないのです。

　やみくもに爆発的な成長をめざす経営を、私は「ドーピング経営」と呼んでいます。薬物使用とは言わないまでも、成長することばかりにとらわれて、結果的にフェアな競争から逸脱していってしまうことは珍しくありません。その先にあるのは「反則、退場」で、無理がたたって選手生命を短くするおそれさえあります。

　パタゴニアのシュイナードは、疑問を投げかけます。「あらゆる企業が

成長を第一に考えている。しかし、今年より売上を10%アップしなければならないとしたら、40年後、100年後はいったいどうなってしまうのか」

2桁成長を、永遠に続けることは不可能です。たとえば、20兆円を優に超えるアップルが5%成長をめざすには、年間1兆円以上も売上を増やしていく必要があります。それ自体とてつもなく大きな数字です。もっともアップルは最近、売上（規模）の成長から利益（質）の成長へと大きく舵を切り直していますが。

それでも、やはり成長は必要です。成長しない企業の社員、特に若手は、新しい活躍の場が得られず、自分自身の志を実現する機会が得られません。成長に背を向けず、かつ、ドーピング経営にも走らず、いかに持続的な成長をめざすか。経営者の腕の見せどころです。

◆─── **野心か、志か**

では、そのような成長の原動力は何でしょうか。

成功企業に共通の法則を描き出し、ベストセラーを世に送り出してきたジム・コリンズは、野心こそが、成長のドライバーだと述べています。確かに、経営者の野心が起爆剤となって、大きく成長してきた企業は少なくありません。たとえば、アマゾンは創業者ジェフ・ベゾスの野心こそが、その指数関数的な成長を牽引してきました。

しかし、野心という欲望だけで成長を求め続けると、いずれ成長の限界にぶち当たることになります。そもそも地球が、70億人を突破し、100億人に膨れ上がろうとする人類の無限の欲望を満たし続けることなど不可能です。また、経営者の野心に心を動かされる社員が、どれほどいるでしょうか。ましてや顧客が、経営者の野心に共感を覚えることなどありません。野心によって膨れ上がった欲望経済は、20世紀の遺物なのです。

21世紀には、成長の限界、そして社会全体の調和を意識しながら、いかに正しい方向に社会を成長させていくかという視点が求められます。その原動力となるのは、野心といった私欲ではなく、「志」ともいうべき目的意識です。善い社会、善い成長の実現に向けた「心指し」です。そのためには、「善」とは何かという根源的な問いを発し続ける必要があります。

序章　なぜ今、成長なのか？（Why）　｜　9

「真」には答えがあります。しかし「善」を見極めることは至難の業です。しかも時代とともに変わり、場所とともに変わりうる。それでも経営者は、善に基づいた判断を下さなければなりません。善とは何かを虚心坦懐に問い続けながら、正しい判断に基づいて企業を舵取りしていく覚悟が、経営者1人1人に求められているのです。

3 成長の壁を突破する

◆──── 3つの病

正しい成長をめざしても、企業はいずれ必ず壁にぶち当たります。それは企業が、知らないうちに3つの「病」に侵されてしまうからです。

1つ目は「大企業病」。大企業になると、もうそれだけで成長が止まってしまいます。たとえば、日本で売上高が10兆円を超える企業は5社しか存在しません。自動車のトップ3社と、日本郵便、NTTです。日立製作所もパナソニックも、10兆円の壁を越えられずにいます。

しかも、10兆円規模の会社が成長し続けるのはきわめて困難です。5%成長を実現するためには、毎年5000億円の売上増が必要となりますが、成熟市場でこの数字を実現し続けるのは、至難の業です。

そこで新規事業を仕掛けますが、本業に比べて桁が3つくらい少ない規模にならざるをえず、何をやっても間尺に合わなくなってしまいます。CVC（コーポレート・ベンチャーキャピタル）など、ベンチャー投資にいそしむものの、規模の小ささに成功確率の低さが掛け合わされるので、期待どおりの成果が挙がっているところは皆無です。

2つ目は「自前主義病」。英語ではNIH（Not Invented Here）症候群と呼ばれます。これは大企業に限らず、実力のある企業が陥りやすい病気です。しかし、自社のスキルに頼っているだけでは、非連続な成長を実現することは不可能です。最近は「オープンイノベーション」が大流行していますが、Win-Winの関係を継続的に構築できているケースは、ファー

ストリテイリングと東レなど、ほんの一握りにすぎません。

3つ目が「計画中毒」です。PDCAではなく計画ばかり、すなわちPPPPに陥っている企業は少なくありません。計画を立てても環境が大きく変わるので、常に計画を見直さざるをえなくなります。その結果、計画ばかり作っているという笑えない光景があちこちで見られます。

特に、ほとんどの企業が患っているのが「中計中毒」です。3年くらい先の着地点に向けて、思いつく施策を並べて都合良く数字合わせをする。しかし、環境が変わるので、達成できなくても、言い訳が成り立つ。万が一（!）達成したとすれば、それは3年前に想定した目標に合わせただけで、その間に発生した想定外の変化から大きくズレていることになります。

そもそも、PDCAというリズムそのものが時代錯誤です。先が見えない時代には、計画経済は通じません。市場の動向を探り、市場から学んで素早くアクションを変えていく——ムービング・ターゲットをダイナミックに追跡するトライ・アンド・ラーンこそが、VUCA時代の次世代成長の基本技となるはずです。

これらの3つの病については、この後の章で詳しく説明していくことにしましょう。

◆——— チェンジエージェントとしての経営者

3つの病に代表されるように、企業にとっての最大の壁は、外ではなく内側にあります。したがって、非連続な変化が常態化する時代には、自己変革こそが経営者の最大の仕事となります。

右肩上がりの時代には、ただ拡大再生産をすればよかった。日本の場合は現場力が高いので、経営者はただ現場のイニシアティブに乗っていれば事足りていました。つまり、トップは誰でもよく、そもそも不要だったとさえいえます。

幸か不幸か、そのような平和な時代は、過去のものとなりました。経営者は、環境の変化を先取りして、現場に変革を引き起こしていかなければなりません。このチェンジエージェント（変革請負人）こそが、今の経営

序章　なぜ今、成長なのか？（Why）　　11

者に求められる最大の役割です。端的に言えば、自己変革できないようで
あれば、経営者失格です。

　では、チェンジエージェントとしての経営者は、どのような資質を持っ
ているべきなのでしょうか。

　よくある誤解が、カリスマでなければならないという思い込みです。確
かにGEのジャック・ウェルチやIBMのルー・ガースナー、日産自動車の
カルロス・ゴーンなどは、いずれも強烈なカリスマでした。これらの経営
者のリーダーシップの下で、いずれの企業も非連続な変革を実現すること
ができた。その事実は高く評価されます。

　しかし、変革劇がいかにドラマチックでも、それが一過性のものに終
わってしまえば、持続的な企業成長は期待できません。カリスマ経営者が
自らの強烈なパワーで変革を牽引すればするほど、彼らが去った後、組織
はリバウンドしてしまいます。それがカリスマ経営者による変革の限界な
のです。

　成長を持続的に駆動していくためには、自己変革を生むメカニズムを、
カリスマによる外付けのパワーブースターではなく、自発的な活動として
組織に内蔵しなければなりません。そのためには、現場で変化の必要性に
気づき（ゆらぎ）、それを新しい流れにし（つなぎ）、異次元の動きに高め
ていく（ずらし）、といった運動を体質化させる必要があります。

　生命が進化し続けるときと同じこのメカニズムを組織に埋め込むことの
できるリーダーこそが、真のチェンジエージェントといえます。

　なお、「ゆらぎ」から「つなぎ」「ずらし」へと続く自己変革メカニズム
については、第2章でも詳しく説明することにします。

◆─── 火を消すのではなく、火をつける

　もう1つの大きな誤解が、変革リーダーは危機感を煽らなければならな
いというものです。しかし、本質的な変革を仕掛けるうえでは、危機感は
次の4つの理由から有害無益です。

　第1に、本当の危機に直面してからは、変革を起こすタイミングとして
は遅すぎます。危機のときには時間も打ち手も限られるので、「緊急避難」

するのが精一杯です。

第2に、危機感をむやみに煽ると現場は混乱や思考停止に陥り、その結果、優秀な人財は逃げ出してしまいがちです。危機に陥ったシャープや東芝で、よく見受けられた光景です。

第3に、目の前に危機が迫っていないにもかかわらず危機感を煽っても、現場は本気で動きません。それどころか、危機を連呼する無能な経営者への不信感が高まるのが関の山です。

第4に、危機を回避して平時に戻ると、再び慢心に陥ってしまいます。V字回復がクセになり、危機が来てもまた緊急避難でしのげばいいと高をくくる。これでは、本質的な変革はいつまでも始動しません。

危機感に訴えるのが、かなり稚拙な変革手法であることがおわかりいただけたはずです。危機感を煽れば煽るほど、現場は「火消し」に走りますが、火を消した後は元に戻るだけです。

本質的な変革を仕掛けるには、火を消すのではなく、「火をつける」ことがカギとなります。では、自己変革に向けて現場の心に火をつけるには、どうすればよいのでしょうか。

100件を優に超える企業変革を支援した私自身の経験をふまえると、現場の「志」に火をつけることができれば、まず大きな第一歩が踏み出せます。そのためには、自分たちが何者で、何を実現したいのかという目的意識を、自分事として腹落ちさせる必要があります。なかでもミレニアル世代は、社会課題に対して役に立ちたいという思いが強いのが特徴です。

そこに火をつけることができれば、「自分たちは、いつまでもこんなレベルのことをしていてよいのか」「もっと社会に役立つことができるのではないのか」「そのためには、今までのやり方をどのように変えていかなければならないか」などという問題意識の連鎖が、現場に広がり始めます。

この「気づき」の導線に火がつけば、しめたものです。次は、「つなぎ」や「ずらし」へと仕掛け続けることにより、変革は燎原の火のように広がっていくはずです。

日本電産は、日本における指数関数的成長企業の代表です。拙著『「失われた20年の勝ち組企業」100社の成功法則──「X」経営の時代』でも、

序章　なぜ今、成長なのか？（Why）　　13

成長ランキングで堂々トップの座に就きました。

その非連続な成長のドライバーが企業買収であることは広く知られています。すでに60社を買収し（2018年8月現在）、そのすべてを成功させています。永守重信会長はその秘訣を、買収した企業の現場に火をつけることだと述べています。

実際、現場に火がついたときの日本企業はとてつもないパワーを発揮します。ただし、そこで留意すべきは、カイゼンのレベルにとどめないという点です。現場発の変革を進めているとしながら、実はオペレーションのカイゼンにとどまっているケースは珍しくありません。

日本電産では、「3Q6S」を徹底することを、基本中の基本としています。「3Q6S」とは、「Quality Worker（良い社員）」「Quality Company（良い会社）」「Quality Products（良い製品）」の3つの「Q」の目標を実現するために、「整理」「整頓」「清潔」「清掃」「作法」「躾」の6つの「S」を実行することを推進する手法です。

そのうえで、現場に収益意識を持たせ、オペレーションレベルではなく経営レベルで結果を出すディシプリン（規律）を徹底的に埋め込んでいく。その結果、現場発のイノベーションが次々と生み出されていくようになる。この「永守マジック」は、本書の中でより具体的に紹介していきます。

4 経営モデルの変革

◆——— 4つのSを変革する

次に、経営モデル自体をどう変えていくべきかを考えてみましょう。

古代から18世紀まで、錬金術が信じられていました。19世紀は本物の金をめぐるゴールドラッシュに沸きました。20世紀はさしずめ、化石燃料の世紀であり、石油、石炭、ガスが富の源泉となりました。

そして、21世紀の錬金術の原石は、ITです。アトム（原子）からビット（情報）へと、富の源泉が大きくシフトしていきました。貨幣ですら、

金属や紙幣からビットコインへと形を変えていく時代です。ITのパワーが産業構造そのものを破壊するデジタル・ディスラプションが進行しています。

　同時にITは新しいビジネスモデルを生み出す原動力ともなっています。パーソナリゼーション、シェアード・エコノミー、リカーリング（循環）モデルなどは、いずれもデジタル技術の進化につれて急速に広がっていった事業モデルです。まさに今、ビッグデータをめぐるゴールドラッシュが再来しています。

　しかし、事業モデルそのものは、実は大したイノベーションではなく、しょせんコモディティでしかありません。ITのさらなる進化によって、新しい事業モデルが生み出されることがあっても、これまで同様にあっという間に真似され、コモディティになっていくことでしょう。

　それでは、デジタル・ディスラプションが事業モデルにもたらす本質的な変化とは、何なのでしょうか。

　4つのタイプの経済性に注目してみると、その本質的な変化が見えてきます。スケール（規模）、スコープ（範囲）、スキル（技能）、スピード（速度）の4つのSの経済です。デジタル・ディスラプションは、これら4つのSの経済に大きなインパクトを及ぼす可能性があります。

　まずスケール（規模）。デジタル技術で複数の企業の資産をつなぎ合わせれば、規模の経済を追求することが可能になります。逆にいえば、自社の中に資産を取り込む必要がなくなります。たとえばファーストリテイリングは、工場という資産を自前で持たないファブレスですが、中国やカンボジア、バングラデシュなどの工場をネットでつなぎ、規模の経済を享受しています。

　スコープ（範囲）の経済は、異業種企業が組み、異質な知恵が交わることで生まれます。かつてジョセフ・シュンペーターは「新結合がイノベーションを生む」と看破しましたが、異質との結合はまさにイノベーションのエンジンです。ファーストリテイリングはITのパワーを梃子に、東レや大和ハウス、アクセンチュアなどと組んで、情報製造小売業という新たな業態の創造をめざしています。

序章　なぜ今、成長なのか？（Why）　│　15

スキル（技能）の経済は、知識の獲得、蓄積、活用を通じて生まれます。AIと人間の知恵が組み合わさることで、新たなアルゴリズムが生成され、社会課題への解が生み出されるようになります。

　ファーストリテイリングでは、個人個人に最適にフィットした服を受注生産することで、パーソナリゼーションと、売れ残りがなくなることによる資源の有効利用を同時に実現しようとしています。まさに、共通価値の創造（CSV）の好例といえるでしょう。

　スピード（速度）の経済は、ITを梃子に、複数企業と顧客を結ぶバリューチェーン上の活動を同期化することによって生まれます。第3章で詳しく紹介するリーン・スタートアップなどの手法を通じて、市場化スピード（time-to-market）が新たな競争軸となっています。

　ファストファッションの旗手ザラは、大量生産した製品をスペインから世界中に空輸することで、新商品を2週間で顧客に届ける強靭なサプライチェーンを築き上げました。これに対してファーストリテイリングは、情報の共有化・同期化を通じて、受注生産品を10日で顧客に届けるという世界最短のサプライチェーンを確立しようとしています。

　デジタル・ディスラプションは、このように4Sの経済性を大きく加速させます。ビッグ・ピボット風にいえば、小さな資産を持ちながら、「より大きく」「より幅広く」「より巧みに」「より速く」事業を展開することが可能になるのです。

　では、その結果、経営モデルはどのように変わるのでしょうか。大きく3つの質的変化に注目してみましょう。

◆───── 空間軸と時間軸

　1つ目が、「軸」の取り方です。空間軸、時間軸という基本的な軸の取り方が変わります。

　空間軸では、本社や本国を中心にした座標を大きく見直す必要があります。21世紀初頭、ジャーナリストのトーマス・フリードマンの『フラット化する世界』がベストセラーとなりました。しかし、そのような世界はなかなか実現されないどころか、保守主義の台頭で世界はむしろ分断さ

16　序章　なぜ今、成長なのか？（Why）

れつつあります。だからこそ、それぞれの市場に深く入り込み、そこで三現主義に基づいたイノベーションを起こしていかなければなりません。本社・本国中心の発想で世界市場を制覇することは、不可能です。

　その一方で、それぞれのローカルな知恵をつなぎ、スケール、スコープ、スキル、スピードの経済を飛躍的に向上させる必要があります。ローカルな知恵をグローバルに結びつける経営モデルの確立が求められているのです。ファーストリテイリングでは「グローバル・イズ・ローカル、ローカル・イズ・グローバル」をスローガンに、そのようなネットワーク型のトポロジーを実現しようとしています。

　一方、時間軸においても、現在を起点としたこれまでの発想は通用しなくなります。ディスラプションが起これば、現在の延長線上での発想は意味を持たないばかりか、確実に衰退につながってしまいます。

　むしろ重要な視座は、今の資産を将来いかに変容させることができるかにあります。先が見えない以上、いろいろと新しいことを試み、そこから学んでいくトライ・アンド・ラーンしか方法はありません。

◆──── 無機と有機

　2つ目が、無機と有機をいかに捉えるかという観点です。といっても化学の話ではなく、成長の方法論についてです。

　将来価値を高めるためには、技術や販路、スキルや知識などの無形資産を獲得する必要があります。そのためには、自らの手で作り上げる（有機：Organic）か、他社から獲得するか（無機：Inorganic）のどちらかの選択が迫られます。有機であれば今の延長線上でできそうですが、非連続なものを構築できる可能性は低く、何より時間がかかってしまいます。そこで往々にして、無機、すなわちM&Aが選択されます。

　しかし、M&A、特に海外（クロスボーダー）のM&Aの成功確率はきわめて低いことが明らかになっています。支払ったプレミアム（割増価値）を正当化するためには、他社をマネージする高い経営力に加えて、自社の資産と融合して高いシナジー効果を上げる価値創出力が不可欠です。

　しかし、デジタル・ディスラプションがもたらす4Sの経済性に注目す

序章　なぜ今、成長なのか？（Why）　│　17

れば、無機でも有機でもない第三の道が最も有利になります。戦略的提携という選択肢です。MA&A（Merger, Acquisition and Alliance）というときの「アライアンス」がこれに該当します。デジタル技術を駆使すれば、他社の資産を自社に取り込むことなく、自社の資産のように活用することができるようになる。オープンイノベーションが注目されている理由でもあります。

しかし、前述したようにオープンイノベーションで成功する確率も、実はきわめて低いのが現実です。これも詳細は第3章に譲りますが、買収に比べて自由度や柔軟性が高い半面、関係性のマネジメント力と価値創出力が必要となるからです。

デジタル・ディスラプションを非連続な成長機会として捉えれば、空間や時間の制約を解き放ち、むしろそれを新たな空間価値、時間価値に変換することが可能になります。しかし、そのためには、新しい経営スキルの獲得が必須となるのです。

◆─── トレードオフからトレードオンへ

最後となる3つ目が、二律背反（トレードオフ）の超克です。

経営は、決断力がカギだといわれます。決断とは、厳密には「何をするかを決める」ことではなく、「やめる（断ずる）ことを決める」ことです。どちらにせよ、何かをやめ、別の何かを選択しなければなりません。

その際に、多くの選択が「トレードオフ」の関係として捉えられがちです。品質かコストか、グローバルかローカルか、現在か将来か、などといった二律背反です。そして、その両方を狙う経営は、必ず失敗すると断じられてきました。戦略の大家マイケル・ポーター教授風にいえば、「どっちつかず（stuck in the middle）」は戦略不在ということになります。

しかし経営のイノベーションは、これらの二律背反を高い次元で超えることで生まれます。たとえばトヨタは、品質を上げつつコストを削減することをめざして、トヨタ生産方式を確立しました。世界市場で成功しているネスレは、グローバルとローカルを両立させる経営（トランスナショナル・モデル）を実現しています。持続的な経営を志向するユニリーバは、

18　序章　なぜ今、成長なのか？（Why）

現在価値と将来価値の両立をめざしています。

　二者択一を迫られてどちらかを選ぶのは当たり前すぎて、それこそ戦略不在の謗（そし）りを免れません。トレードオフを「トレードオン」に変える構想力こそが、イノベーションの原動力となります。そして、この二律背反を超えるイネーブラー（可能にする装置）となりえるのがデジタル技術です。なぜなら、前述したとおり、空間軸も時間軸も、自社資産も他社資産も自在に編集することが可能になるからです。

　したがって、「あれかこれか」ではなく「あれもこれも」こそが、新しい経営がめざすべき姿といえます。まず一歩踏み出して、未知なる世界に身を置き、その中で二律背反を超える第三の道を模索していくという覚悟が、非連続な時代の真の決断力となるはずです。

◆─────学習優位の時代

　先が見えない時代には、いくらクリスタルボールを前に未来を予測しても始まりません。せいぜい『マッキンゼーが予測する未来』のように、当たり前の未来しか見えてこないでしょう。それでは、真のイノベーションも、自社独自の成長も実現できません。

　先が見えないのであれば、仮説を立てて、まず行動してみる。こうして未来に一歩足を踏み入れれば、そこから手前（現在）では見えなかった風景（未来）が見えてくるようになります。その新しい現実から学習することで、新しい経験値が蓄積され、それが非連続な未来を自らの手で切り開いていくうえで、最もパワフルな資産になっていく。そのような経営モデルを、私は「学習優位の経営」と呼んでいます。詳細は、拙著『学習優位の経営──日本企業はなぜ内部から変われるのか』をご覧ください。

　学習能力の高い日本企業の現場も、同じところで学習し続けていれば、いずれ学習効果は頭打ちになります。そこでそのような同質的な学習から訣別（脱学習）し、新しいフィールドで学習サイクルを回し始めてみる。すると持ち前の学習能力が再度全開し、あっという間に自社独自の優位性を確立していくことができる。

　このように脱学習で「ずらし」つつ、異質な学習を通じて未来を切り開

序章　なぜ今、成長なのか？（Why）　　19

く勇気を奮い立たせることで、日本企業は非連続な優位性を確立できるはずです。

その際にもデジタル技術は、有力な武器となります。たとえば、先にもお話ししたシリコンバレー発のリーン・スタートアップは、デジタル技術を駆使して新たな学習サイクルを速く回し続ける手法です。日本企業も、この新しい経営モデルを身につけることで、次世代成長へと大きく舵を切ることができるはずです。

5 常態進化経営

◆──── V字回復の罠

リーン・スタートアップをお勧めしましたが、理解していただきたいのは「正しい経営モデル」など存在しないということです。あるとすれば、それは常に進化し続ける経営です。したがって、変革こそが、企業経営にとって重要な命題になります。

マッキンゼーの東京支社長をされていた横山禎徳さんの著書に『企業変身願望』という名著があります。人間同様、企業にも「変身願望」があるというのは、大変うがった指摘です。しかも、それが「願望」のレベルにとどまり、実際に着手すること、ましてや実現できることは稀だというあたり、横山さんらしいシニカルな観察力が光っています。

横山さんはその後、『「豊かなる衰退」と日本の戦略』という著書も上梓しています。日本の社会システムのあり方を提言したものですが、企業レベルで見ても、「豊かなる衰退」が「失われた20年」、さらには現在の「最高益ラッシュ」の背後に潜む実態でしょう。

ある大手企業で、「緩慢なる衰退」が流行語となったことがあります。たとえば日本は確実に人口が減少するが、その変化量は今のところ年率0.1%程度。衰退を実感するには、あまりにも緩慢すぎる。いつか「変身」したいという願望はあるものの、今すぐ変身する必要が見当たらない中

で、ズルズルと現状維持を続けていく。典型的な「ゆでガエル現象」です。

　しかも、この企業の幹部社員は、自らが「緩慢なる衰退」に陥っていることを自覚しています。酒の席などで、「俺たちの緩慢なる衰退に乾杯！」などとやっているから質が悪い。自覚はあっても、後がないという事態に追い詰められるまで、変身は先送り。メタボ状態の大企業に見られる典型的な症状です。

　そして、いよいよ崖っぷちに追い詰められてから、「企業再生」モードに切り替えざるをえなくなるのです。

　そのまま衰退の一途をたどる企業も少なくない中で、一握りの企業は再び勢いを取り戻します。高い志に燃えた経営トップが登場し、企業変革を断行する。そのドラマチックな再生劇はひと頃、V字回復としてもてはやされます。

　しかし、問題はその後です。いったん危機を乗り切ると、現場は平常モードに切り替わります。体質そのものが変わらない限り、企業は形状記憶合金のように元の形に戻ってしまいます。それは「緩慢なる衰退」の再来でしかありません。

　その結果、5年、10年経つと、また大きな危機に直面する。しかも、現場はかつての成功体験があるので、いざとなればまた変革トップが登場して、V字回復を果たせばいいと高をくくる。それではV字ではなくW字ではないか、と揶揄したくなります。

　このようにV字回復がクセになるようでは、変革はいつまで経っても体質化しません。V字回復は企業変革の成功例としてもてはやされがちですが、実は次の悲劇の時限爆弾になりかねないのです。

　先述したように、危機を変革のトリガーとすることは有害無益です。危機を乗り越えるというマイナスの波乗りにいくら長けたところで、危機という波がなくなれば、変革はストップしてしまいます。

　一方、より大きな社会課題の解決というポジティブな波乗りに挑戦しようとすれば、波は無尽蔵に押し寄せ、変革し続けない限り、振り落とされてしまいます。本質的な変革のトリガーとなるのは、危機感ではなく高い志なのです。

序章　なぜ今、成長なのか？（Why）　21

そして、その志を現場と共有することで、現場発の変革を創発させることが可能になります。そうなれば、変革は組織の奥深くに体質化し、一過性のV字回復とは異なり、指数関数的な成長曲線を描き始めます。

そのためには、未来を呼び込み、自らの力に変換する知恵が必要です。先ほど7つのマクロトレンドについて言及しましたが、それ自体は何ら新しいものではありません。そのようなマクロトレンドを味方につけて、自社がこれから提供すべき価値を見極め、自社の本質的な強みを進化させ続けることがカギとなります。

社会課題は無尽蔵にあります。しかも、解決策が新しい課題を生み落とします。たとえば、健康問題が軽減されると、今度は高齢化が課題となるといった具合です。つまり、企業にとっての本質的なチャレンジは、次々と生まれる新たな課題の解決に向けて、いかに自社を変革させ続けるかにあります。

◆──── 長寿企業大国・日本の課題

韓国銀行が世界で200年以上続く企業数を調べたところ、全体の56％が日本企業だったそうです。200年前といえば、アメリカが建国されて50年も経っていないタイミングです。日本は間違いなく、世界一の長寿企業大国です。

ただし、それらの企業の多くは、いまだに「家業」を営んでいます。旅館や伝統食材、伝統工芸の店など、地元では愛されているものの、全くといってよいほど成長していません。

マイケル・ポーターは、「日本企業はサステイナビリティ（持続可能性）はあっても、スケーラビリティ（拡張性）が欠如している」と指摘します。それでは、次世代成長など覚束ないというわけです。

ここでもまた、そもそもなぜ成長する必要があるのか、という本質的な問題にぶち当たります。パタゴニアのような「いい会社」が、成長に背を向けることがあってもよいという考え方もあるでしょう。

中川政七商店の変革が、1つの答えを示唆しています。同社は300年以上続く奈良の麻織物問屋。現会長の13代中川政七さんが2008年に社長

に就任してからは、日本の工芸に根差した生活雑貨ブランドとして経営を一新、10倍以上の成長を実現しています。同社はコンサルティング活動を通じて「日本の工芸を元気にする！」という社会価値を提供しつつ、自社の商材を増やして経済価値の向上につなげています。2015年度に、一橋大学大学院経営管理研究科が主催するポーター賞に輝いたのも、この点が高く評価されたからです。

中川政七商店の変革は、日本企業が「いい会社」から成長企業へと変身するうえで、3つのヒントを示唆しています。

第1に、日本の生活雑貨への着目。生活の知恵に根差した日本の質感の豊かさは、世界に通じるパワーを秘めています。

第2に、伝統を革新させるという視点。「過去にとらわれるな」という先代社長の言葉に込められた「ずらす力」こそ、日本復活の切り札となります。

第3に、中小企業の成長をプロデュースする役割。このような「編集力」が地方創生のカギを握ります。

中川政七商店が実証しているとおり、日本企業がものづくりや質の高いサービスへの誇りを取り戻せば、サステイナビリティだけでなく、スケーラビリティも獲得することが可能となるはずです。ここでも「いい会社」か「成長企業」か、という二者択一ではなく、「いい成長企業」というトレードオンをめざす覚悟が問われているのです。

ただし、単に量の成長を求めるのは、20世紀型の右肩上がりの時代の遺物です。非連続な変化の時代には、量ではなく質の成長が求められます。そのためには、マクロトレンドと自社の本質的な強みを見極めつつ、一歩ずつ手探りで進んでいかなければなりません。

デジタル・トランスフォーメーションが、新しい変革モデルとして注目されています。しかし、すでにお話ししたように、デジタルは技術的なツールでしかありません。変革を進めるうえでは、デジタル（ビット）だけに頼るのではなく、アナログ（アトム）が持つ本質的なパワーもうまく活用する必要もあります。モノやカネがデジタル化されても、ヒトはしょせんアナログ（実体）を持った存在だからです。したがって、ヒトが動か

序章　なぜ今、成長なのか？（Why）　23

ない限り、組織に根差した本質的な変革は実現しません。

　企業変革に「定石」はありません。しかし、100以上の企業変革に携わった私の経験では、変革にはいくつかの「型」が存在します。第1部では、大きく4つの変革のモデルを紹介しましょう。

第 I 部

変革の4モデル
（What）

CHANGE MANAGEMENT

第1章 シュリンク・トゥ・グロー（V字回復）モデル

1　企業再生への道

◆ ── 4つの変革モデル

　企業変革は、頻度（frequency）と程度（magnitude）で分けることができます。頻度としては、一度に行うのか、常に継続するのか。程度としては、破壊的に行うか、それとも漸進的に行うか。この2軸を取ると、図表1-1のように、4つの型に分類されます。

　このうち1回に漸進的なアプローチを取るのが、モデル1の「シュリンク・トゥ・グロー（S2G）」です。企業変革の基本技といってもよいでしょう。企業再生では、まずこのモデルを使います。ただし、それだけでは持続性がないため、やがてまた次の変革が必要になります。

　一度に「ガラポン」するのが、モデル2の「セルフ・ディスラプション」です。進化というより突然変異に近いといっていいでしょう。特に、ディスラプション（破壊）の波に呑まれた企業にとっては、この変革なくして未来はありません。しかし、この変革で安心していては、再び別のディスラプションの波に呑まれてしまうことになります。

　一方、破壊的な変革を継続するのが、モデル3の「ポートフォリオ・オブ・イニシアティブ（POI）」です。デジタル産業のように、ディスラプションの波が次々と、絶え間なく押し寄せる環境では必須となります。ただし、常に自らを破壊し続けなければならないので、経営も現場もひと時

図表1-1　企業変革の4つのモデル

	一過的	継続的
革命的	モデル2 セルフ・ ディスラプション	モデル3 ポートフォリオ・ オブ・イニシアティブ （POI）
漸進的	モデル1 シュリンク・ トゥ・グロー （S2G）	モデル4 メビウス運動

程度（縦軸）　頻度（横軸）

も息をつくことが許されません。ジェットコースターに乗っているような状態が延々と続くことになります。

　最後は、常に漸進的な経営変革を仕掛け続ける、モデル4の「メビウス運動」です。ガラポンほど大がかりなものではありませんが、同質的になりがちな組織に異質性をもたらす「ゆらぎ」と「ずらし」、そして、それを引き込んで同質化する「つなぎ」を引き起こし続けるモデルです。変革が体質化しているという意味において、「進化する経営」に最も近いモデルともいえるでしょう。

　以下、それぞれのモデルを詳述していくことにしましょう。まずは、モデル1からです。

◆─────シュリンク・トゥ・グロー

　モデル1は、危機に陥った企業を再生させるときの常套手段です。プライベートエクイティ（PE）が不振企業を買収する際には、必ずこの手法を使います。

　マッキンゼーが企業変革を支援するときも、たいていこの型に持ち込み

図表1-2　シュリンク・トゥ・グロー（V字回復）

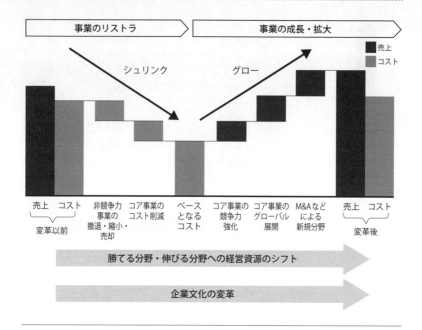

ます。マッキンゼーの手を借りたいと思う企業は、再生待ったなし、という事態に陥っていることがほとんどだからですが、そうでなくても次世代成長を手掛ける前には、病巣やたっぷりついた贅肉をしっかり取り除くことがまずは必要です。前者はICUオペレーション、後者はライザップ3カ月コースといったところでしょうか。

　このような企業再生は、一般的には「V字回復」といわれますが、コンサルティング業界では少しおしゃれ（？）に「シュリンク・トゥ・グロー（S2G）」と呼んでいます。「成長（Grow）」するために、まず「縮む（Shrink）」必要がある、というニュアンスです。筋肉質にしたうえで、再び成長軌道に乗せることをめざします（図表1-2）。

　もっとも、人員削減などに代表されるシュリンクの打ち手は明確でも、グローの実現は不確かです。グローを見せ金（餌）にしつつ、結果的には体のいいリストラに終わるだけのことも少なくありません。

事実、PEが不振企業を買収する際には、シュリンクの部分はバリュエーション（企業価値算定）に反映させますが、グローの可能性はほとんど算入しません。グローが実現すれば「上振れ」要素となりますが、その分を初めから見込むのはリスクが高すぎるからです。

◆─── ７つのメニュー

S2Gプログラムの定番メニューは７つあります。表メニューとしては、シュリンク系が２つとグロー系が３つ、その裏側で２つのメニューをこなすのがセオリーとなっています。

S2Gの実際を、順を追って見ていきましょう。

シュリンク

メニュー１

コスト構造を徹底的にリーン（筋肉質）にします。まず、将来的にも競争力が見込めない事業は、すべて外部化してしまいます。要するに、撤退か売却です。

新規事業や多角化という名目の下に、このような事業を「おり」のようにため込んでしまっている企業は少なくありません。それらの余計なものを、一気に吐き出してしまうのです。年末や転居の際の大掃除のようなもので、「やめる」という決断さえできれば、実は難しい作業ではありません。

メニュー２

残すべきコア事業に手を入れます。こうした事業では、現場がいくら原価低減に汗をかいても、間接業務にいそしむ人件費は膨らむ一方で、固定費が水膨れしているケースがほとんどです。本業という免罪符の下、不要な設備や非効率なプロセスが「聖域化」されていることも少なくありません。典型的な大企業病といってよいでしょう。

この固定費構造に徹底的にメスを入れることができれば、コア事業の競争力が回復します。S2Gのメインメニューといってもよいでしょう。

第1章　シュリンク・トゥ・グロー（V字回復）モデル　29

以上の2つのメニューを行うことによって売上も縮みますが、コスト構造はそれ以上に縮小するため、収益力が抜本的に改善されます。そのうえで、成長に向けて3つの打ち手を繰り出していきます。

グロー

メニュー3

コア事業の競争力強化を行います。事業モデルの再設計、マーケティングの高度化など、売上拡大につながる施策を展開していきます。いうなれば、次世代成長のエンジンづくりです。

メニュー4

コア事業のグローバル展開を仕掛けます。新興市場などのホワイトスペース（白地市場）が対象になります。トップライン（売上）の拡大にはつながりますが、同時に固定費増加を最小限にとどめる知恵がここでも求められます。

メニュー5

新規事業への参入です。ただし、従来のような自前主義ではなく、外部資産をうまく取り込むことがカギとなります。手っ取り早いのはM&Aですが、固定費構造が膨らむという難点があります。アライアンスなど、外部資産を柔軟に活用する仕組みづくりが求められます。

グロー系の3つのメニューをこなすことで、コスト構造をリーンに維持したままで、売上を拡大していきます。その結果、当然ながら収益は飛躍的に成長する、というシナリオです。

このとき、シュリンクからグローへの移行を、いかにスムーズに行うかが成否を決することになります。その際に壁となるのが、どんな組織も抱えている「慣性（イナーシャ）」です。これまでのやり方に決別し、新しいものを受け入れるように仕向けるために、次の2つの裏メニューを巧みに展開する必要があります。

裏メニュー

メニュー6

勝てる分野、伸びる分野に経営資源をシフトします。ボストン コンサルティング グループ（BCG）の事業ポートフォリオ戦略が、古典的な手法です。すなわち、「キャッシュカウ」事業や「負け犬」事業から、「花形」事業や「問題児」事業に経営資源を移すことで、前者のシュリンクと後者のグローを加速します。

メニュー7

企業文化を変革します。企業はそれぞれ固有の価値観やDNAを持っています。たとえば自前主義（という名の下のNIH［Not Invented Here］）や完璧主義（という名の下の過剰品質）といったものです。こうした企業文化は、いわゆる良い会社ほど深く組織に根づいていて、最も変革が難しい点です。しかし、戦略やプロセスが変わっても、ここが変わらない限り、変革は体質化しません。S2Gを実践するうえで、最も重要かつ困難なメニューです。

以上7つが、S2Gの定番メニューです。企業再生は、これらのメニューを着実に実施すれば、ひとまず成功します。以下では、コマツ、IBM、日産自動車という3社の代表的な再生劇を、S2Gという切り口で見ていきましょう。

◆─── コマツの坂根改革

日本におけるS2Gの成功ケースといえば、コマツの変革が有名です。ミスミグループ本社の元CEOである三枝匡さんの名著『V字回復の経営──2年で会社を変えられますか』は、コマツの産機事業本部の再生劇を描いたものとして知られています。

その後に行われたコマツ全社のV字回復は、変革を仕掛けた社長（当時）の坂根正弘さんにちなんで「坂根改革」と呼ばれています。坂根さんが社長に就任した2001年、コマツは初めて130億円の営業赤字に転落

第1章　シュリンク・トゥ・グロー（V字回復）モデル　｜　**31**

し、経営構造改革が急務となります。

　そこで坂根さんは、「経営の見える化」「成長とコストの分離」「強みを磨き、弱みを改革」「大手術は１回だけ」の４つをキーワードに改革を推進します。坂根さんは、当時を次のように振り返っています。

　「まず、競争力を失っている原因は固定費であり、製造コストの問題ではないことをデータで従業員みんなに説明し、『経営の見える化』を改革の第一歩にしました。成長論者はコストの問題を温存しがちだが、成長とコストは分けて考えた。成長を当てにせず、コストを徹底して詰める。生産現場に比べコスト削減の取組みが遅れている間接部門は『宝の山』です。そして、何度も手術をすると体力が持たないため、大手術は１回のみとすることにした」（「IT Japan 2018」）

　坂根改革の全貌は、坂根さんの著者『ダントツ経営──コマツが目指す「日本国籍グローバル企業」』に詳しく書かれています。
　S2Gのフレームワークに基づいて、坂根改革をプロットすると、図表1−3のようになります。

①ノンコア事業の縮小……当時は、半導体事業まで手掛けていたが、そこからの撤退を決意する。
②コア事業の固定費削減……特に膨らんでいた販管費を、徹底的にスリムにする。
③コア事業の競争力強化……安全性、環境対応、経済性（作業効率）などにおいて他社の追随を数年は許さない特徴を持つ商品を「ダントツ商品」と名づけ、徹底的に磨き上げる。
④海外展開……たとえば急成長しつつある中国市場に、しっかりとした事業基盤を構築した。
⑤新事業開発……すべての建機にセンサーを取り付けたKOMTRAX（コムトラックス）により、「顧客現場の見える化」を実現し、サービス事業展開を加速した。

図表1-3 コマツの坂根改革──縮小〜成長モデル

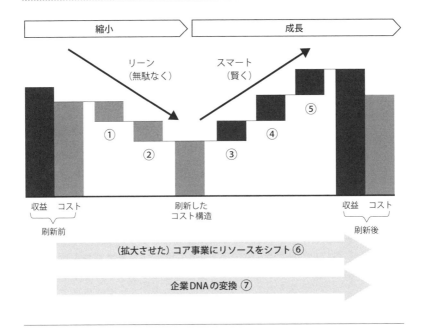

⑥経営の見える化……事業のロジックに流されず、経営のガバナンスをしっかり利かせることで、コスト削減(シュリンク)と成長戦略(グロー)を切り離すことに成功した。

⑦「コマツウェイ」の全社浸透活動……伝統的な三現主義の重要性を再確認するとともに、「ビジネスパートナーとの連携」や「グローバル人材の育成」など、新しい行動様式も共有化した。

このように、坂根改革はS2Gの定番メニューを忠実に実施することで、V字回復を見事に達成したのです。しかも、その後もコマツは変革の手を緩めることなく、常に進化し続けています。S2Gという一過性のプログラムの終わりとともに手を緩めなかったところが、コマツの経営変革が真に優れている点です。これについては、第4章で詳しく掘り下げます。

2 IBMの再生劇

◆————絵に描いたようなS2G

IBMは1990年代初め、創業以来初めて赤字に転落しました。その救世主として、初めて外部からCEOとして招聘されたのが、ルー・ガースナーです。その後10年弱の間に、IBMを再びブルーチップ（優良）企業に再生させたガースナー改革の全貌は、彼の回顧録『巨象も踊る』に詳しく述べられています。

ガースナー改革を図示すると、まさに絵に描いたようなS2Gの軌跡を描くことがわかります（図表1-4）。横軸は株式簿価総額、すなわち資産の規模です。縦軸は時価を簿価で割った値、すなわち企業価値を示しています。

1990年から93年までの3年間で、企業のサイズは半分にまで縮んでいます。これは主にハード事業の売却によるものです。一転して1993年以降は、5年間で企業価値を5倍に伸ばしています。しかも、資産を膨らませることなく。これは主に、ソフトとサービス事業を成長させたことによるものです。

後述するように、ガースナーは実はS2Gではなく、モデル3のPOI（ポートフォリオ・オブ・イニシアティブ）という手法を活用していました。しかし、その結果が、教科書どおりのS2Gであるのが興味深い点です。外から見て違いがあるとすれば、S2Gは通常2～3年という短期間に実践されるのに対して、ガースナー改革は彼がCEOであった10年弱の期間、ずっと継続的に実施されていたということです。

ガースナー改革に関しては、第3章でじっくり検証しますが、ここでは彼がいかにIBMの企業文化を変えていったか（S2Gでの7つ目のメニュー）について、いくつかのエピソードを紹介しましょう。

34 第Ⅰ部　変革の4モデル（What）

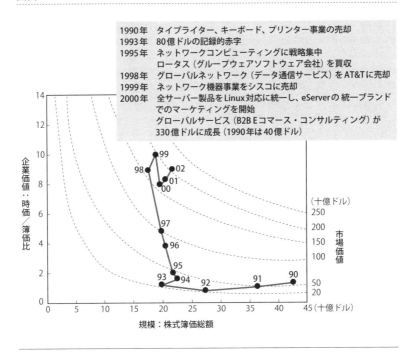

図表1-4　IBMにおけるS2G

◆─── 封印したビジョン

　就任当初、社内はもちろん外部も、新しい企業ビジョンを新CEOに期待しました。しかしガースナーは、「今のIBMにビジョンは不要だ」と言って、あっさりと期待を裏切ったのです。

　IBMはそれまで常に、ITが駆動する次世代成長の姿を描いてきました。しかし、そのような「机上の空論」は、赤字にまみれた今のIBMには何の足しにもならない、そう言ってのけたのです。

　「今やるべきことははっきりしている。それを先送りしてきたから、このような事態に陥ってしまったのだ」というメッセージが、そこには込められています。先のことをいくらビジョンに描いてみても、絵に描いた餅でしかない。そもそも当たったためしがない。それよりも、新しい試みを次々に繰り出し、そこから未来を探り当てていくほうが、よほど確実だ

——そうガースナーは考えていました。

このように、あえてビジョンを封印することで、構想から結果へ、戦略から実践へと、IBMの企業文化を大きくシフトしていったのです。

◆———「食えないチップはいらない」

聖域を設けない改革姿勢は、「食えないチップはいらない」という有名な言葉によく表れています。チップ（chip）とは半導体のこと。しかし、マッキンゼーを経て、アメリカン・エキスプレスとRJRナビスコのCEOを務め、ハイテク産業とは遠いところでキャリアを積んだガースナーにとっては、チップが産業のコメといわれてもピンときません。むしろ古巣のナビスコが扱っていたポテトチップのほうがよほど親しみがわく、といったところでしょう。

「食えないチップはいらない」という発言は半導体をこのポテトチップにかけたものです。半導体を宝物のように扱う人々に対して、金食い虫のチップはお荷物以外の何物でもないことを鮮明に示したのです。

こうしてハード事業の象徴である半導体をばっさりと切り捨てることで、ハードからソフトやサービスへ、急速に価値観をシフトしようとしました。同時に、技術的にいかに重要であっても、カネを生まない（食えない）限り、聖域扱いはしないという価値観を組織に植えつけるうえでも、半導体事業売却の効果は大きいものでした。

◆———パワポ禁止、椅子なし会議

3つ目は、徹底した無駄の排除です。当時のIBMは、ニューヨーク州アーモンクにある本社の至る所で「会議は踊る」状態にありました。そのこと自体が、ガースナーには非効率の象徴と映りました。事前に時間をかけて不必要に分厚い資料を作り、それをまた会議でダラダラとプレゼンする。それで仕事をした気になっているので、なおさら始末が悪い——そう考えたのです。

そこでガースナーは、パワーポイント禁止令を出します。資料をパワポで長々と作成するのはまかりならん、会議では資料なしで要点だけを説明

せよ、というのです。しかも、時間短縮のために、会議は立ったままで行うことになりました。PCとプロジェクター、そしてパワーポイントは、IBMがオフィス用に販売していた三種の神器です。それらを自社の会議室から追放してしまうのだから、何とも皮肉な話です。

それにしても、日本でようやく始まった働き方改革を、20年以上前により踏み込んだ形で行っていたことに驚きを禁じえません。これによって、官僚主義の塊のようなIBM文化を、実務レベルで切り崩していったのです。

◆──── 巨象も踊る

3つのエピソードはいずれも、それほど大きな話ではありません。しかしガースナーは、このような象徴的な言動を積み重ねることで、強固な企業文化に風穴を開けていったのです。

S2Gを超える「表メニュー」については後述しますが、このような地道な「裏メニュー」があって初めて、企業変革が大きなうねりとなって進んでいったことを見逃してはなりません。その結果、「巨象も踊る」というサーカス劇を演出することができたのですから。

ガースナーだからこそできた、という点も見落とせません。外部から来た変革のプロでなければ、ここまで深く企業文化に切り込んでいくことはできなかったでしょう。また、彼のカリスマ性がなければ、これだけの巨大企業を大きく方向転換させることは困難だったかもしれません。

ただし、巨象は舞台の上で踊ってみせたとしても、ずっと踊り続けることはできません。それこそ、ダンボのように耳を翼にして、軽やかに空を舞うことができるようになれば話は別ですが……。その後のIBMに何が起こったのかは、第3章でお話しします。

第1章　シュリンク・トゥ・グロー（V字回復）モデル　　**37**

3 日産のゴーン改革

◆──── 100日プラン

V字回復の金字塔として、忘れてならないのが、カルロス・ゴーンによる日産改革です。「リバイバルプラン」と銘打たれているように、まさに「再生（リバイバル）」をめざした変革劇でした。ゴーンの自著『ルネッサンス──再生への挑戦』に詳細に述べられていますが、その手法はS2Gを基軸にしたものです。

ゴーンは1999年6月、ルノーから日産自動車に送り込まれます。完全にアウェイ状態です。しかし就任前から、現場も含む600人以上を対象に徹底的に社内ヒアリングを実施。後にゴーンは、「すべてのアイディアは、組織内のヒアリングでヒントを得たものです」と語っています。

そして約3カ月後に、「日産リバイバルプラン（NRP）」の発表にこぎつけました。ゴーン改革は大きく2つの点で、世の中によくある「再生計画」を大きく凌駕しています。

1つは、計画の成果を、「コミットメント（必達目標）」として掲げたことです。すなわち、1年後に黒字化、3年後には営業利益率4.5％を確実に達成する──この結果にコミットする手法は、後に「コミットメント経営」と呼ばれるようになります。

もう1つは、その実現のプロセスを、3つのウェーブ構造として描いた点です。ウェーブ1は、いわば変革の幕開け。ウェーブ2が、S2Gの実践。ウェーブ3が、次世代成長の足場づくりです（図表1-5）。

◆──── ウェーブ1　山が動く

ウェーブ1は、非連続な変革の初動を飾るものです。ここでは、「山が動く」ことを強烈に印象付ける必要があります。ゴーン改革では、次の3つの打ち手が特に効果的でした。

第1は、村山工場の閉鎖。工場は固定費の塊であり、かつメーカーに

図表1-5　日産リバイバルプラン──抜本的企業変革の5つの成功要件

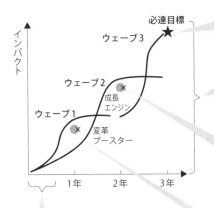

(注) *日産は、リバイバルプランの初期の成功を実現したうえで、さらに2005年をターゲットとした「日産180」を作成。初めから「長期ビジョン」は示していない。

とって聖域です。そこを対象とすることで、この変革に聖域がないことを内外に明確に示しました。

　第2は、本社移転。本社は、いわば大企業の権威のシンボルです。その本社が銀座から横浜へ「都落ち」することは、固定費削減の効果以上に、変革への覚悟を全社員に迫る結果をもたらしました。

　第3は、サプライヤー数の半減です。自動車メーカーの調達コストは、原価の大半を占めます。本来は変動費であるはずですが、日産では系列サプライヤーを抱え込んでいたため、固定費化していました。この悪しき日本的慣行に、ゴーンは容赦なくメスを入れたのです。

　固定費削減という意味では、いずれも典型的なシュリンク型の打ち手です。しかしそれ以上に、「山が動く」ことを象徴する効果は絶大でした。変革の第一歩は「ゆらぎ」の創出です。そのゆらぎがまさに「激震」であったことが、ゴーン改革の1つの特徴だといえるでしょう。

第1章　シュリンク・トゥ・グロー（V字回復）モデル　　39

◆——— ウェーブ2　クロス・ファンクショナル・チーム

　ウェーブ2が、ゴーン改革の本丸です。その目玉となった取組みが、クロス・ファンクショナル・チーム（CFT）です。それまで各部門が部分最適を追求していたのに対して、部門横断で横串を刺した混成部隊を組成することにより、全社最適解を導き出そうとする取組みです。

　1チーム10人。購買、生産、財務など10のチームに分かれて、詳細を詰めていきました。CFTのメンバーは当初、「3年間で5％のコスト削減」を目標に掲げます。それに対してゴーンは、「それでは抜本的な改善にはならない。もっと大胆に考えるように」と鶴の一声。すると一連の会議の最後には「2年間で20％」という、積極的で裏づけのある数字が導き出されたのです。

　ゴーンは、後にこの経緯を以下のように回想しています。

　「私は頭の中に自分だけの数字を持っていた。だが、それを明かすことは一切なかった。日産に必要なことは日産にある。答えは社員の中にあるはずであり、それを自力で見つけて仕事をしなければ再生の難事業は不可能だった」（日本経済新聞「私の履歴書」）

　このプロセスの中で、ゴーンらしい「ひねり技」が光ったのが、守旧派の扱い方です。変革は、非連続であればあるほど、反対勢力を生み出します。特に、これまで事業を回してきたという自負がある幹部層の大多数が、実は守旧派です。ほとんどの企業では、彼らが変革に抵抗するか、骨抜きにしてしまいます。

　そこでゴーンは、CFTを自分の傘下に置き、ラインや機能部門のトップにはタッチさせませんでした。その代わり、変革の最中も彼らには、現場を粛々と回し続ける役割を担わせたのです。変革による現場の混乱を最小限にとどめる狙いもあったと考えられますが、それ以上に、古参の幹部にも力を発揮できる役割を与えることで、「インクルーシブ（包摂的）」な形で変革を進めていくことを狙ったのです。

　しかも、V字回復を達成した後は古参幹部を退陣させ、CFTのリー

ダーたちを幹部として登用することによって、経営幹部を一新しました。ゴーンならではの芸当です。

◆─── ウェーブ３　次世代成長

　CFTの成果もあって、当初３年計画だったNRPは、１年前倒しで達成されました。そこでゴーンは、いよいよ成長に舵を切ります。中期計画「日産180」です。その内容は、以下の３つです。

　　[1]　グローバルでの販売台数を、３年間で100万台増加させる（年間
　　　　 350万台）。
　　[8]　連結売上高営業利益率8％を達成する。
　　[0]　負債をゼロにする。

　「日産180」は、数値化しないものは実現しないと考えるゴーンらしい具体的な数字と、それに対する「コミットメント」がセットになって、成長をドライブしていきました。

　３つの中でも販売台数を増やすという目標は、コスト削減のようにオペレーショナルな努力だけで実現するものではありません。ブランドマネジメントやナレッジマネジメントなど、次世代成長に向けた新しい経営手法を身につけていきながら、日産2.0の山を駆け上っていったのです。

◆─── S2Gの先へ

　「日産180」を2005年に無事実現したゴーンは、次の３カ年計画として「日産バリューアップ」を打ち出します。そこでのコミットメントは、以下の３つです。

　　①業界トップレベルの営業利益率を実現。
　　②計画期間中の投下資本利益率（ROIC）を、平均20％に引き上げる。
　　③世界販売台数420万台（目標は2008年度。ちなみに、2006年度の
　　　 実績は348.3万台）を達成。

例によってゴーン流の「数字＋コミットメント」という、きわめてわかりやすいメッセージです。しかし、2007年にはゴーン政権発足後初めて増収減益を記録し、「日産バリューアップ」の達成も1年先送りとなります。何が歪み出したのでしょうか。

当時、日産の幹部は「日本企業で7000億円を超える利益を出している会社は、わが社の他には3社しかない。トヨタ、ホンダ、NTTだ。減益とはいえベスト4に入っているのに、これほど批判を受けるのは予想外」とうそぶいていました。

それに対して、当時の志賀俊之COOは、「高い利益を挙げているからと、現状に甘んじる声が日産の中に多い。しかし、これは誤り。1990年代に日産が凋落したのも、自分たちは正しいとする、ある種の甘えがあったため。かつての体質に戻ってはならない」と、社内に警鐘を鳴らしています。

先の幹部の発言に見られるように、V字回復の後の慢心こそが、S2Gモデルの最大の落とし穴です。「コストカッター」という異名を取るゴーンが旗を振っている間は、何とかなるかもしれません。しかし、バリューアップに向けての道程は、全くの未知数です。非連続な成長に向けて、日産はS2Gを超える新たな成長モデルを生み出し、変革を体質化していくという異次元のチャレンジに取り組んでいかなければなりません。

4 諸刃の剣

◆─────一過性の変革とリバウンド

日産の例を見ても明らかなように、S2Gは成功すればするほど、そこで変革が止まってしまうおそれがあります。V字回復を遂げて、安心してしまうのです。

変革が止まるだけならまだしも、志賀さんの言う「かつての体質に戻ってしまう」事態に陥ることが少なくありません。リバウンド現象です。こ

42　第Ⅰ部　変革の4モデル（What）

図表1-6 某素材メーカーにおける企業変革の背景

社外からのプレッシャー	企業のプロフィール	社内からのプレッシャー
グローバルな業界再編の動き 株価の下落 M&Aにおいて株価低迷のデメリットが増大	**グローバルに事業展開する大手日系素材メーカー** 企業文化: ・役員と社員の距離が近く、オープンな文化 ・徹底的議論に基づくボトムアップアプローチ ・本業直系の人財が「本流」と認識……「カマを握っている奴が偉い」 人財: ・技術者は優秀……物事を深く考え、本質を見抜く力 ・実務的思考が強い ・経営企画部は形骸化 ・素材関係事業部には海外経験者が多い	低いROE ・国内単体:赤字 ・海外連結:1%台 低いROEに対する海外子会社CEOからの突き上げ 国内本業・コモディティ事業の不振 「本流」以外の分野出身の新社長の就任

・事業部中心の視点を超えて、全社（コーポレート）にとっての意味合いを考える機能が不足
・本業以外にも新しい収益機会を貪欲に探索する必要

れでは血を流すような変革も、一時しのぎにすぎなくなってしまいます。

ある大手素材メーカーの実例を紹介しましょう。同社は、商品のコモディティ化とグローバル競争の波にさらされ、株価が8年間で半減。抜き差しならない事態に陥っていました。

このタイミングで、社長が交代します。変革の意欲に燃えた新社長は、就任早々に経営コンサルタントを起用し、その名も「Shrink-to-Grow」という変革プログラムに着手します。全社レベルの大きなS2Gから、事業部レベルの小さなS2Gまで、さまざまなプログラムを仕掛けていったのです。

コンサルタントが大挙して支援したおかげで、株価は1年後に35%、その1年後にはさらに17%上昇するという大成果を挙げます。V字回復の大成功例だと、大喝采を浴びたのはその頃です（図表1-6、図表1-7）。

しかし残念ながら、変革劇はそこでストップしてしまいます。一時的に成果を挙げたものの、体質そのものは実は変わっていなかったのです。その結果、経営コンサルが去ると、すぐに元に戻ってしまったのです。

そもそもS2Gを新兵訓練のためのブートキャンプ・プログラムのように

図表1-7 某素材メーカーにおける変革の全体像

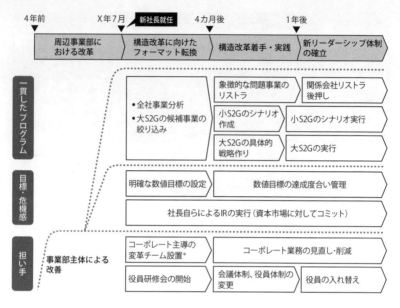

（注）＊さらに6カ月を時限とする複数のタスクフォースを立ち上げ、個別課題を次々と解決。

位置づけてしまったことが、失敗の本質だったと思われます。経営コンサルをコーチとして雇い、短期間にシェイプアップできたものの、キャンプから日常生活に戻ると、また元の木阿弥。ホルモン注射で無理やり筋肉を増強しても、即効性はあっても一過性のもので、体質化しないのと同じです。ここにS2Gの最大の落とし穴があります。

◆─── Wの悲劇──パナソニック

　V字回復で一段落してしまうと、いずれまた危機に陥り、V字回復のプロセスを再始動させなければならなくなります。Vが重なるので、「W字症候群」と私は呼んでいます。先述したIBMも日産も、見事なV字回復劇の後、10年も経たないうちに再度V字回復の必要性に迫られています。

　後で紹介するパナソニックも、V字回復のプロ（？）です。2000年代初め、低迷する同社の社長に就任した中村邦夫さんは、「破壊と創造」と

銘打った変革を実施しました。まさにシュリンク（破壊）とグロー（創造）を強烈に牽引し、見事にV字回復を果たしたのです。

しかしその後、液晶パネルへの巨額投資や家電の二極化への対応の遅れなどが重なり、再び不振に逆戻り。2012年には7721億円の赤字を計上し、新社長に就任した津賀一宏さんが事業構造改革を断行、再びV字回復を達成しました。

いずれもS2Gで短期間にリストラを実現した手腕は、素晴らしいものです。しかし、V字回復だけでは成長企業として進化し続けるメカニズムを体質化したことにはなりません。「Wの悲劇」がこれ以上繰り返されないよう、パナソニックが本質的な経営変革を行うことを期待しています。

◆─── Zの悲劇

それでもWの悲劇は、まだましなのかもしれません。もっと悲惨な顛末は、「Zの悲劇」と呼ぶべき事態です。これはシュリンクしたものの、反転してグローに舵を切り替えることなく、そのまま失速していくケースです。外科手術して「患部」を切り離したのはいいけれど、そのせいで次世代成長に不可欠な体力を消耗してしまうのです。

たとえば優良企業の代名詞だったHP（ヒューレット・パッカード）は、システム事業とプリンター事業に2分割された後、往年の輝きを失います。ノキアも携帯端末事業をマイクロソフトに売却して通信機器メーカーとして再出発しましたが、今やグローバル経済における存在感は希薄です。日本でいえば、最近の東芝が典型的なケースです。

シュリンクは経営トップが決断さえできれば、実行は可能です。しかし、グローはいくら自助努力しても、顧客や競争相手がいる中で市場をこじ開け、利益を生み出さなければならない。決して容易なことではありません。

前述したように、PEが不振企業の価値を評価する際、シュリンク効果は見込んでも、多くの場合、グローについては（「上振れ」として期待しても）算入しないのはそのためです。このようにS2Gは、いずれグローするつもりでまずシュリンクに着手しても、負のスパイラルから抜け出せな

くなるというリスクがあります。

　このようなケースを、私は皮肉を込めて、シュリンク・トゥ・ナッシングと呼んでいます。S2Gをめざしつつ、この「Zの悲劇」に陥る企業は、実は枚挙に暇がありません。そのような日本企業の多くが、欧米流の「リストラ」を断行したあげく、グローバル競争の最前線から脱落していったのです。

◆─── 日立の川村改革

　パナソニックや東芝が登場しましたが、両社に業態が近い日立製作所はどうでしょうか。

　日立もリーマンショック直後、7873億円の赤字を計上します。当時の日本の製造業の赤字としては、前代未聞の数字です。副社長を務めた後、関係会社のトップの座にあった川村隆さんが社長として返り咲き、そこからS2Gを大車輪で回していきました。結果は2年で見事にV字回復を達成（図表1-8）。世に「川村改革」と呼ばれるものです。

　川村改革も、絵に描いたようなS2Gです。半導体、プラズマ、液晶など、大型固定費事業から撤退。社会インフラ関連をコア事業として位置づけ、コスト競争力を磨き上げるとともに、関連上場子会社を完全子会社化して、社会イノベーション事業へと大きく舵を切ったのです。

　川村改革の特徴は、大きく3点挙げられます。

　第1に、ガバナンスを強化することで、技術の論理から資本の論理へと経営の基軸をシフトしていった点です。特に、12人の取締役中、8人が社外、かつそのうち4人が非日本人という構成（2018年7月現在）は、日本企業としては稀有です。3Mの元会長であるジョージ・バックリーがその1人である点も、経営に厳しさと臨場感をもたらすうえで、きわめてパワフルです。

　第2に、資本の論理を事業レベルに浸透させていった点も見逃せません。背景には、公募増資をしなければキャッシュが回らないので、資本市場と向き合わざるをえなくなったことがあります。これまでのような事業（そして日立の場合、事業＝ものづくり）の論理だけでは先に進めないこ

46　第Ⅰ部　変革の4モデル（What）

図表1-8　日立のV字回復

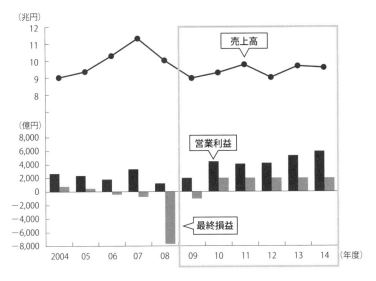

（出所）日立製作所。

とを、各事業のトップに理解させる必要があったのです。そのために、社内カンパニー制に移行しただけでなく、各カンパニー長が自らIRを担当するようにした点が秀逸です。

　第3に、リーダーの継承を見事に行っていった点です。川村さんは社長職を1年で退き、その後3年にわたる会長在任中は、後継社長の中西宏明さんを大所高所からサポートしました。その中西さんもS2Gを迷うことなく推し進め、4年で社長を退き、次の東原敏昭さんにつないでいきました。この川村、中西、東原という3代のリーダーの継投によって、日立はS2Gを継続的な変革運動へとつないでいくことができたのです（図表1-9）。

　ガバナンスの徹底によって、日立はV字回復後も規律を緩めることはないでしょう。課題は、次の成長曲線へとギアシフトできるかどうかです。その意味では、パナソニック同様、そろそろ次の非連続なジャンプを仕掛ける時期に来ています。

図表1-9 日立の川村改革

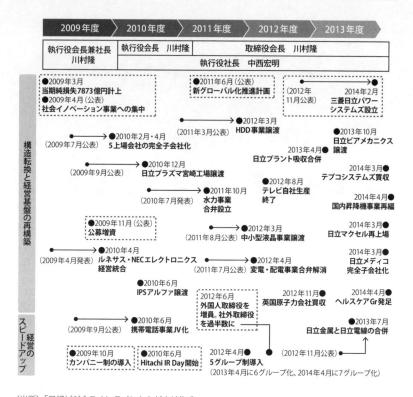

(出所)「日経ビジネスオンライン」などより作成。

◆────シュリンク・アンド・グロー

　私が日本企業に対してこの変革モデルを使う際には、S2Gを「S&G」というリズムに変えています。「シュリンク・アンド・グロー」、すなわちシュリンクとグローを同時並行で進めるのです。理由は3つあります（図表1-10）。

　第1に、グローには時間がかかります。シュリンクが終わってから始めたのでは、グローの結果が出るのが遅すぎます。

　2つ目の理由は、日本でシュリンクしようとしても、人を簡単にリストラできないからです。その結果、どうしてもシュリンクの切り込みが浅く

図表1-10　シュリンク・アンド・グローの考え方

シュリンク・トゥ・グローの古典的な「V字」回復

シュリンク・アンド・グローの「L字」型改革

- 成長事業の布石を打つ
- 再びリストラの必要のないように競争力強化

- 非競争力事業の撤退・縮小・売却
- コア事業のコスト削減

- コア事業の競争力強化
- コア事業のグローバル化
- 新規分野のM&Aなど

- あくまでも短期的コスト削減を達成
- 速やかに経営資源をシフト

- シュリンクのみでは、優秀な社員のモチベーションが低下し、人財流出の可能性あり
- グロー側の打ち手なしでは「シュリンク・トゥ・ナッシング」になりかねない

- グローを同時に行うことで会社の方向性の全体観が内外に示せる
- 事業構造の改革と収益改善がスピードアップ

なり、「V」ではなく「✓」（ナイキのスウッシュマークのイメージです）回復になってしまう。シュリンクを深く切り込むためには、グロー側に人の受け皿を同時に作っていく必要があります。

　もちろん、シュリンク側で余剰となる人財とグロー側で必要な人財は、多くの場合、ミスマッチします。そこで、グロー側には、余剰人財でも対応できるような受け皿事業を仕掛ける必要があります。これについては、第3章で実例を紹介しましょう。

　3つ目に、シュリンクの後にグローさせようとしても、余力が残っていないという事態に陥りがちです。現に日本を代表するIT企業群は、いろいろな事業を捨てて、公共事業や宇宙産業などの内需型かニッチな市場に縮退します。その結果、技術力や民間市場での存在感を失い、グローバル競争から大きく脱落してしまいました。先のシュリンク・トゥ・ナッシングのシナリオです。

　以上3つの理由で、私が企業再生をお手伝いする際には、S&Gを基本としています。その際の成功の基本原則は、以下の5点です。

①実施は3〜5年かける……痛みの伴うShrinkは2〜3年で集中的に行い、3〜5年後には確かな成長軌道を構築するというタイムスパンで考えることが重要

②SとGの同時着手……単なる縮小均衡ではなく、3〜5年後の新たな事業ポートフォリオでの成長をめざす

③Shrinkの切り込みが十分に深いこと……効果の最大化に向けて、成長への原資を十分に確保する

④トップ直結のCFTアプローチ……トップ直結のCFTがS&G戦略実施をリード

⑤トップ・アスピレーションを数字に示す……トップのアスピレーションとストレッチした経営目標が変革のドライバー

　しかしS2Gにせよ、S&Gにせよ、あくまで企業再生でしかありません。V字回復で安心してしまうと、本質的な企業変革が実現しないことは、何度も強調してきたとおりです。

　ただし、その落とし穴にはまらずに、S&Gから次世代成長へと舵を切ることができた企業が、少数ながら存在します。次に、良品計画と味の素の成功事例を紹介しましょう。

5 良品計画の松井改革

◆──── カリスマ退場からの再生

　2017年度まで5期連続で過去最高益を更新した良品計画ですが、松井忠三さんが社長に就任した2001年当時は、冬の時代の真っ只中でした。

　「無印良品」は、スーパー西友のプライベートブランド（PB）として誕生したものです。しかし、ただ安ければいいという他のスーパーのPBの中で、無印は異彩を放っていました。「わけあって、安い。」をコンセプトに、無駄を削ぎ落としたミニマルなデザインや機能、良質ながら手頃な価

図表1-11　良品計画のV字回復

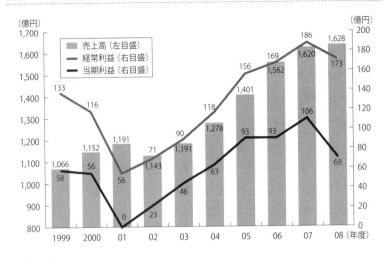

(出所) 良品計画。

格のオリジナル商品を次々に開発。そこにはセゾングループの創業者で、作家・詩人でもあった異色の経営者、堤清二さん本人や、彼の周りに集まる有名クリエイターたちの美意識や価値観が色濃く反映されていました。

　しかし、1989年の会社設立から10年を経過した2000年を境に、業績は一転して悪化に転じます（図表1-11）。松井さんはその最大の理由を、急速な業績拡大がもたらした「無印はこれでいいのだ」という驕りにあったと述べています。しかし私は、カリスマ・堤さんの退場が背景にあったと見ています。

　バブル崩壊の影響で2000年にセゾングループが解体されると、堤さんは実業の世界から身を引きます。オーナーの価値観や人脈に頼っていた良品計画も、完全な独り立ちを余儀なくされたわけです。

　にもかかわらず、「わけあって、安い。」のコンセプトが希薄化し、ブランドが弱体化する一方で、会社としての仕組みを整えられなかった。これが当時の良品計画の最大の問題でした。カリスマが去って普通の会社になったのに、それを回すためのオペレーションがない。この状況は、経営

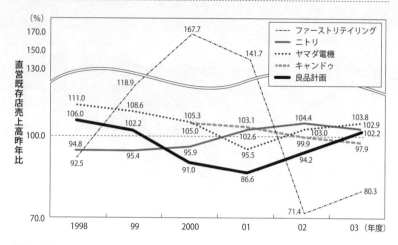

図表1-12　良品計画の挫折──外部要因（競合勢力の台頭）

（注）一部推定値を含む。
（出所）良品計画。

陣はいまひとつでも、現場が何とかしてしまう多くの日本企業とは対照的です。

加えて、同じ時期にいわゆるカテゴリーキラーが登場します。衣料品ではファーストリテイリングが、インテリアや生活雑貨ではニトリやキャンドゥなどの100円ショップが、また、家電ではヤマダ電機などが競合勢力として台頭してきました（図表1-12）。

ニトリや100円ショップは、良品計画に大いに学んだといわれています。同じような商品が、より安い価格で売られるようになり、良品計画は当初の輝きを急速に失っていきます。業績悪化の責任を取って辞任した前社長の後継として松井さんが登板したのは、まさにそのどん底のタイミングだったのです。

◆─── オペレーションの徹底

最初の1年間、松井さんは危機を乗り越えるためにリストラを断行します。38億円分の在庫を溶解・焼却処分にして、不採算店舗を閉め、人員整理を行ったのです。徹底的なシュリンクでした。

図表1-13　良品計画におけるリストラ（2001～02年）

2001 年	2002 年
①新体制人事（前体制は退任か降格）、経営陣の強化	①店舗リストラに目途をつける
②店長とのダイレクトコミュニケーション	②お買い物優待券と MUJI CARD ポイント
③経営改革プロジェクトを発足	③生産・調達構造の改革
④不良在庫の処理	④売り場に自主性が出てきた
⑤不採算店の閉鎖・縮小	⑤品質苦情をなくす
⑥海外のリストラ	⑥印鑑は 3 つまで
⑦主要幹部人材の固定	⑦提案書は原則 1 枚
⑧組織体制の変更	⑧次の成長へ向けての準備
⑨厚生年金基金からの脱退	

（出所）良品計画。

　それと並行して、「負けない構造」への転換を図ります。その多くは、普通の小売業ならまず間違いなくやっているはずのオペレーションの基本です。ただし、それが当時の良品計画では行われていなかった。だから、基礎から徹底的に見直していったのです。

　各バイヤーが独自に作成して使っていた帳票の存在は、その象徴でしょう。フォーマットがバラバラなためタイムリーな情報が本社で把握できず、これが大量の不良在庫につながっていました。そこで松井さんは、統一フォーマットの帳票に切り替えます。当然といえば当然のことですが、当時の良品計画では強い抵抗があったと聞きます。

　一方で、良品計画ならではのユニークな取組みもあります。稟議書などの社内文書に押す「印鑑は3つまで」などが、その代表です。良品計画のような規模の会社で、これは相当にシンプルな運用といえます。

　シュリンク一辺倒だった2001年と比べ、2002年になるとその他にも、売り場の自主性や、「提案書は原則1枚」など、現場の力を引き出す施策が出てきています（図表1-13）。当たり前のフォーマットを整備する一方で、現場に委ねられるところは委ねる。こうした姿勢が、その後の良品計画の成長を牽引した「強い現場」につながります。

第1章　シュリンク・トゥ・グロー（V字回復）モデル　53

◆━━━━世界をプロデュース

2003年頃からは、S2Gのグローを意識したプロジェクトが開始されます。ブランド、商品開発、販売を大きく進化させる一方で、業務構造を改革し、見える化を通して業務の標準化を進めるものです。こうした一連のプロジェクトは、成長のためのものであると同時に、永久に進化を止めないことをめざすモデル4の「メビウス運動」として捉えることもできます（図表1-14）。

世界中から暮らしの知恵や生活に根づいた良品を発掘する「Found MUJI」や、さまざまな国の文化や才能とコラボレートする「World MUJI」、そして業務標準化のカギを握った「MUJIGRAM」などについては、第4章で詳しく見ていくことにします。ここでは社員の意識改革につながったボトムアップ運動「WH運動」を紹介しましょう。

「WH」は「2倍か半分か」の意味です。今の人員でアウトプットを2倍にするか、人を半分に減らすかを、各部門に選択させたのです。そう迫られて、アウトプットを2倍にするとはなかなか答えられるものではありません。工夫をすれば今の半数の人員で何とか同じ業務をこなせると考えて、普通は「半分」を選ぶ。松井さんの狙いどおりです。

パーキンソンの法則をご存じでしょうか。イギリスの政治学者、シリル・ノースコート・パーキンソンが60年ほど前に唱えたもので、その1つに「仕事の量は、与えられた時間を満たすまで膨張する」というものがあります。つまり、人員を増やすとその分、余計な仕事が増えるということです。裏を返せば、無駄を省くには、まず人を減らせばいいことになります。

「働き方改革」で期待されるのも同じことです。時短によってインプット量を減らせば、おのずと無駄な業務が一掃される。その一方で、減った時間の中で必要最低限の仕事をこなそうと必死になれば、結果的に生産性が飛躍的にアップすることになります。

良品計画でも、生産性はさすがに2倍にまでは伸びなかったものの、業務量を30％削減することに成功します。まさに業務と時間の配分の見直しが、シュリンク（定型業務の削減）につながり、グロー（創造的業務の

図表1-14　良品計画における企業変革──進化と実行（2003年〜）

1 ブランドの進化
2 商品開発の進化
- デザインの進化
- 毎週金曜日の商品企画ミーティング
- World MUJI、Found MUJI
- お客様の声による商品開発
- グローバル・ソーシング

3 販売の進化
- 出店基準・階層基準
- 自動発注・売れ筋捜査
- ブロック店長制度
- 店舗作業の削減

4 業務構造の改革
- 30%委員会（コスト構造改革）
- サブプロジェクト（店舗業務、在庫物流、調達、賃料施設、本部業務）

5 情報システムの自前化

6 見える化
- 衣類・雑貨の生産
- 出店判断
- 毎週月曜日の監査室報告
- 業務標準化委員会

7 業務標準化
- 店舗業務標準書（MUJIGRAM）
- 本部業務標準書

8 ボトムアップ活動：
WH（2倍か半分か）運動

9「決まったことをきちんとやる」風土作り
- ワークスタイル
- デッドライン厳守

10 人材開発：人材委員会

（出所）良品計画。

増加）に結びついたのです。

◆────── **アンチ・カリスマ**

　見事にS2Gをやり遂げ、変革を常態化するメビウス運動へと発展させた松井さんですが、本人は裏方に徹して、前面に出るのを嫌います。社長在任中はメディアへの露出も最小限に抑えていたように見えます。

　それは、彼が一貫してアンチ・カリスマを唱えていることと無縁ではないはずです。トップが目立つような企業は未熟な企業だというのが、松井さんの経営思想です。稀有な才能を持つオーナーに、良くも悪くも翻弄された良品計画を見てきたことから生まれたものでしょう。1人のカリスマに依存した経営に永続性がないことを、松井さんほど身をもって知った人は、そう多くはありません。

　経営者には珍しく東京教育大学（現・筑波大学）を出た松井さんには、どこか教育者の雰囲気があります。現場を活気づけ、人を育てることに力

を注ぐ。それが経営者の第一の仕事だと考えていたようです。

　だから、厳しいシュリンクも、単なる数字のためのリストラではなく、社員1人1人が自分たちの思いを遂げられるような組織にしたいという思いが込められていた。これが良品計画のV字回復が成功し、それが一時の再生に終わらなかった1つの大きな要因だったのです。

6　味の素のフィット・アンド・グロー

◆──── 体質改善と次世代成長

　シュリンクという言葉には、どうしてもネガティブなイメージがつきまといます。これを避けるために、シュリンクをフィットに置き換えたのが味の素です。体質改善を図り、健康を維持しながら成長する「Fit & Grow（フィット・アンド・グロー）」を展開しています。危機でもないのにシュリンクするのは抵抗があっても、健康的な体づくりならいつ始めても、誰からも基本的には異論は出ません。

　とはいっても、図表1-15を見ればわかるように、フィットはいわゆるリストラに近い内容です。コモディティ事業を売却して、事業構造の改革を図って、スリムな体をつくる。ノンコア事業は外部化して、コア事業の競争力を強化するという、お手本どおりの打ち手です。

　グローに目を転じると、新しい事業の柱を作り、地域ポートフォリオを世界に広げていくという目標が掲げられています。M&Aも積極的に行っていて、2017年にはアメリカの医療食品会社や、フランスの冷凍食品会社を買収しています。いずれも成長のための常套手段で、特に目新しいものではありません。

　また、フィットとグローの土台になる「裏メニュー」も展開しています。グローバル戦略を担うヘッドクォーターに企画機能を集約してリソース配分の最適化を図っています。加えて、グローバル人材マネジメントシステムを導入して、世界に出て行ける多様な人材を分厚く用意しようとしてい

図表1-15 味の素のFit & Grow戦略

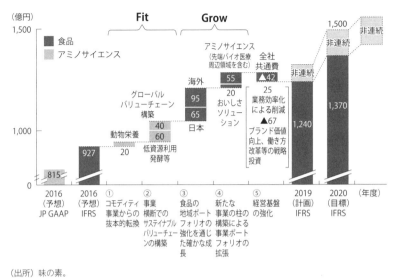

(出所) 味の素。

ます。

　社員1人1人の働き方もグローバル基準に近づけようとしていて、2020年度には年間平均労働時間を1800時間にまで減らす目標を立てています。日本のフルタイムワーカーの労働時間は約2000時間なので、これは挑戦的な目標です。もちろん、時短だけでは成長は実現できないので、仕事の標準化やICTの活用による生産性の向上を進めています。

　こうした変革はIT業界などと比べるとやや牧歌的で、スピードも遅すぎるように見えるでしょう。しかし、味の素のターゲットは、たとえばネスレのような企業なので、拙速に行う必要はありません。それよりも確実に歩を進めていくことが重要で、そういう意味では恵まれた業界であるともいえます。

　それでも、食生活や社会の変化を見据えて、グローバルでトップクラスの企業になるために、組織も人も着々と強化している。こういう企業変革もあるのです。

図表1-16 味の素グループのめざす姿

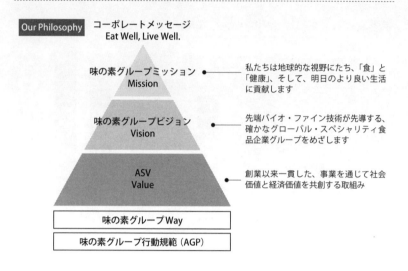

(出所)味の素。

◆──── 内部から成長を駆動するASV

　裏メニューにあたる経営基盤の強化の中で力を入れていることの1つが、従業員と社会の接点を大切にして、そこから価値を創造しようというものです。ここでカギを握るのが、ASV（Ajinomoto Group Shared Value）です。CSVの味の素版と考えてください。

　序章でも述べたように、CSV（Creating Shared Value: 共通価値の創造）はハーバード・ビジネススクール教授のマイケル・ポーターが提唱する21世紀型の経営モデルです。環境や資源、健康や安全などといった社会課題を解決することで、社会価値を高めつつ、自らの経済価値（すなわち企業価値）も高めることをめざすというものです。そのCSVの元祖が、ネスレだといわれています。

　欧米型のCSVに対して、味の素のASVの最大の特徴は、経営主導、コンセプトありきではない点です。社員1人1人が、仕事を通じて社会に対して何ができるのかをじっくりと考えて、腹落ちすることが大前提となっ

ている。それができて初めて外に打ち出すという順番なので、当初は
ASVの存在そのものを、あえて公表していなかったくらいです。

　ネスレとの違いは、ASVを置いている位置からも明らかです。ネスレ
は、下から「コンプライアンスと人権」「環境の持続可能性」とあって、
一番上に「CSV」が乗っていますが、味の素はASVをピラミッドの一番
下に置いています（図表1-16）。

　グループとしてめざす姿の土台になるという考え方で、企業文化として
根づかせることへの強い決意が感じられます。欧米型のトップダウンの
CSVにはない日本発のCSV（「J-CSV」）の1つの象徴といえるでしょう。

　実際、味の素にいるのは、食と栄養で世界を変えたいと本気で願い、
行動している社員がほとんどです。特に若い世代ほど、その傾向が強いよ
うで、ASVに感化されて入社する者も少なくありません。CSVが単なる
美辞麗句ではなく、競争力の源泉になりうることを示しています。

◆───── 企業再生から企業進化へ

　味の素のように、人を大切にした経営をしたいと考える企業が、依然と
して日本には少なくありません。

　日本電産の創業者、永守重信さんは、「すぐやる、必ずやる、できるま
でやる」など、厳しい経営スタイルで有名です。しかし、どんなに苦しい
局面でも決して人は切りませんでした。リーマンショックのときですら、
たとえ給料を一時的に半分にしても、人を切らなかった。いわば切った
張ったではなく、「張った張った」の経営です。

　それでも日本電産が買った企業が軒並み買収価格を大きく上回る成長
を遂げたのは、厳しくても踏ん張ろうと現場に思わせる永守さんの力によ
るところが大きいことは間違いありません。

　確かに、シュリンク・トゥ・グローをやり切れば、危機を脱して次の成
長につなげられる。しかし、外科的な手術、特に人を切ると、切られた人
はもちろん、残った社員にも大きな傷が残ります。次に何かあれば、切ら
れるのは自分かもしれないという疑心暗鬼に陥るからです。

　そうした事態を避けるためには、深刻な危機に直面する前の余力がある

うちに、味の素のようにフィット・アンド・グローを行うというのが、1つ
の判断になります。

　このフィットとグローを切れ目なく、永続的に行うのが、メビウス運動
モデルです。企業再生を超えて自律的に進化を続ける企業になれば、経
営環境の変化や新たなディスラプターの登場をいたずらに恐れる必要はあ
りません。これについては、第4章で詳しく述べることにします。

Column

マッキンゼーか、BCGか

　私は、かつて20年近くマッキンゼーに所属し、最近までボスト
ン コンサルティング グループ（BCG）のシニア・アドバイザーを
6年間務めていたこともあるせいか、両ファームの「使い分け」に
ついて聞かれることがあります。どちらに仕事を依頼すればよいの
か、という質問です。

　これはその企業の置かれた状況次第で、本当に厳しく後がない局
面ではマッキンゼー、そうでなければBCG、というのが一応の答え
でしょう。マッキンゼーは今の経営に「ノー」を突きつけてメスを
入れるので、劇的効果が得られる反面、出血量も多くなります。
もっとも、その刺激が忘れられず、それほど危機的な状況になくて
も、3年に1回は頼みたくなる経営者もいます。

　BCGはダメ出しをするのではなく、経営者のやりたいこと、進み
たい方向を深く理解し、その後押しをしてくれます。企業を元気に
するコンサルティングが基本です。社内だけではどうしても甘くな
りがちなところにディシプリンを利かしてやり切るので、こちらも
それなりの効果が期待できます。しかも、出血量はさほど多くはあ
りません。

　マッキンゼーにしても、プライベートエクイティ（PE）にしても、
企業再生の手口は単純明快です。プロが型通りにやれば、確実に成
果が挙がる。ただし、その後に成長の絵を描けるかどうかは、また

別の問題です。PEは徹底的に削ぎ落として、また売却すればよい
のですが、事業会社はそういうわけにはいきません。企業として生
き続けるためには、新たな成長の道筋を見つける必要があります。

　企業再生と成長戦略では、全く別の発想パターンが求められま
す。企業再生が左脳、成長戦略が右脳といったところでしょうか。
私のマッキンゼー時代の先輩で東京支社長も務めた横山禎徳さんは
企業再生の専門家ですが、実はその後の成長の絵を描くことにも長
けていて、何より本人がそれを好んでいたように思います。

　やってみなければ何が出てくるかわからないし、そういうものを
許容する柔軟さも持っていなければいけない。成長戦略には、高い
デザイン能力が要求されるのです。横山さんがマッキンゼーに入る
以前、建築家だったのは偶然ではないはずです。もっとも、そのよ
うに異質な人財は、工業化が徹底した今のマッキンゼーには見当た
りませんが……。

第1章　シュリンク・トゥ・グロー（V字回復）モデル　　61

セルフ・ディスラプション（自己破壊）モデル

1 免疫力の呪縛

◆─── イノベーションのジレンマ

　変革の4モデルの2番目に紹介するのは「セルフ・ディスラプションモデル」、自己破壊モデルです。

　ディスラプション（disruption）とは、破壊や崩壊を意味します。既存の価値を破壊して新しい価値を創造する「創造的破壊」こそが経済成長の源泉であるとシュンペーターが述べたのは今から70年以上も前のことですが、その威力やスピードはいや増すばかりです。

　たとえば、ここ数年よく耳にするようになったデジタル・ディスラプションは、デジタルテクノロジーの進化によって既存のプレーヤーや事業モデルが破壊者に駆逐される現象を指しています。アマゾンが従来の流通・消費財企業に取って代わりつつある現状1つを見ても、誰もこの大波から逃れられないことは明らかです。製造、金融、通信、エネルギーなどのさまざまな産業で、同様の事態が起きています。

　そうであるならば、新参者にやられる前に、自ら破壊してしまえばいいというのが、セルフ・ディスラプションの考え方です。しかし、結論から言ってしまうと、セルフ・ディスラプションによる変革はそう簡単にできるものではなく、特に日本企業にとっては非常に難易度が高いと言わざるをえません。

前章で紹介したシュリンク・トゥ・グローが、非常時に行われることが多いのに対して、このセルフ・ディスラプションはそうした差し迫った危機に直面する前に、自分で自分の身を切り、場合によっては骨までも断つというものです。負担も大きいし、失敗するリスクもある。誰にでも勧められるようなモデルではないのです。

　そもそもイノベーションは、1つの企業や個人が何度も繰り返し起こせるものではありません。破壊的イノベーション（disruptive innovation）という言葉が広く知られるきっかけを作ったハーバード・ビジネススクール教授のクレイトン・クリステンセンは『イノベーションのジレンマ』の中で、優れた技術やビジネスモデルを持つ企業が過去の成功パターンにとらわれて革新性を失った例を挙げて、「イノベーションは一企業の中で何回も起こらない」と喝破しています。

　なぜ一度成功した企業が、その復讐に遭うことになるのか。クリステンセン教授は、次のように説明しています。

　理由の第1は、破壊的な技術は未成熟であることが多いため、既存技術で成功している企業の多くは関心を払いません。そして新興の「おもちゃのような技術」を尻目に、自社が持つ優れた技術に磨きをかけることに力を注ぎます。

　しかしそのような努力は、往々にして市場のニーズを上回る過剰な性能、品質につながってしまう。これが第2の理由です。

　第3の理由は、成功企業の顧客構造や財務構造、組織構造によるものです。破壊的な技術が新たに開発する市場に参入するには、成功企業はさまざまな面で大きすぎます。その結果、参入のタイミングを逃して、気がついたときには「おもちゃのような技術」に凌駕されてしまう。こうして、成功企業はイノベーションのジレンマに陥ることになります。

　IBMがクラウド事業でアマゾンの先行、それも周回遅れともいえる先行を許したのも、このジレンマのためです。IBMは決して、クラウドが有望な技術で事業としての成長余地が大きいことを、理解していなかったわけではありません。

　それでも、自社が提供する既存のサービスとは価格体系が全く異なるの

図表2-1　イノベーションのジレンマ

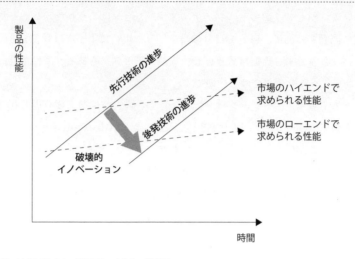

（出所）クリステンセン（2001）p.10を一部修正。

で、安易に移行すれば本業を破壊しかねないため、容易に参入することはできない。そうしているうちに、価格は安いけれど性能も低かったクラウド技術は向上し、自社の既存顧客さえも満足する水準に達して、主要な市場を呑み込んでしまったのです（図表2-1）。

◆───　自己破壊を体質化する

　持てる者がこうした罠からなかなか逃れられないことは、歴史も証明しています。クリステンセンは著書の中で、かつてのアメリカ企業と日本企業の関係を使って説明を試みています。しかし、今ならば日本と新興国の企業に置き換えるほうがわかりやすいでしょう。安いけれど粗悪だと軽く見ていた韓国や台湾、そして中国の製品・技術に、日本企業は苦しめられています。

　しかし、イノベーションのジレンマが本当に不可避であるなら、成功した企業には変革の必要も可能性もなく、死を待つ以外に選択肢がないことになります。ところが、実際には何度も生まれ変わって成長し続けるケースがあります。それらの企業が行っているのが、自分を内側から打ち壊

し、その破壊を通じて新たな命を手にするセルフ・ディスラプションです。

　このような離れ業を何度も繰り返し行うために、自己破壊そのものを体質化して自身の内に埋め込んでいなければなりませんが、そうした企業は私の知る限り、片手で数えるほどです。これが、本章の冒頭で述べた「誰にでも勧められるようなモデルではない」が意味するところです。

　だからといって、はなから諦める必要はありません。本章の後半で紹介しますが、日本にもトヨタ自動車のようにセルフ・ディスラプションを常態化させようと努力し、成果を挙げている企業があるからです。誰にでもできる技でないからこそ、自分のものにしてしまえば圧倒的優位に立つ可能性が高まります。

　まずは、技術力に優れ、高度に洗練されたオペレーションを行う優良企業が、なぜ深刻なジレンマに陥るのかを、改めて掘り下げてみましょう。

◆─────地球が傾く──北低南高

　先ほど、かつてのアメリカと日本の企業の関係は、現在では日本と新興国の企業の関係に置き換えるほうがわかりやすいと述べましたが、状況は現在のほうがはるかに厳しいものがあります。日本は先進国であるアメリカの優れた技術を追いかけ、追い越してきましたが、新興国あるいは開発途上国生まれの新参企業は、日本やその他の先進国に追いつこうなどとは考えていないからです。

　「リバースイノベーション」という言葉を聞いたことがあるでしょうか。上流（先進国）で生まれた技術やサービスが時間とともに下流（途上国）でも広がるという通常の流れとは異なり、途上国で開発された技術やサービスが先進国に逆流することから、その名がつけられました。

　ダートマス大学教授のビジャイ・ゴビンダラジャンが提唱したこのコンセプトが注目を集めたのは、その視点がユニークだったからだけではありません。先進国の大企業のリーダーが実際に新興国発のイノベーションに対して、脅威と可能性の大きさを感じていたところに、新しいセオリーを

第2章　セルフ・ディスラプション（自己破壊）モデル　**65**

打ち立てたからです。

　所得水準が低く、社会インフラの整備も遅れている。そうした制約の中で生み出されたイノベーションは、無駄を削ぎ落とし、絶対に外せない機能や品質だけに焦点を絞ることで、桁違いの低コストと市場のニーズに過不足なく応えるという価値を実現しています。

　しかし、あまりにシンプルであるがゆえに、大企業にとってそこまで下りていき、同じようなイノベーションを起こすことはきわめて難しい。だから、先進国のリーダー企業にとって、途上国生まれの技術やサービスは脅威なのです。北半球に位置する先進国と南半球の国々の経済格差を「北高南低」と呼びますが、ことイノベーションに関しては「北低南高」の現象が起きています。

◆─────一足飛びのイノベーション

　金融（ファイナンス）と技術（テクノロジー）を掛け合わせたフィンテックの分野で、最も成功しているサービスの1つとされるエムペサ（M-PESA）は、ケニアで生まれました。

　これは、ボーダフォンとケニア政府が出資して設立した携帯電話会社サファリコムが展開するモバイル送金サービスです。代理店を通じて自分のエムペサ口座に現金を入金し、受取人のショートメッセージ（SMS）に情報を送ると、受取人は近くの代理店でSMSと身分証明書を提示して現金を受け取ることができます。2007年のサービス開始からわずか6年で1720万人を超えるユーザーを獲得しました。ケニアの人口が4700万人強ですから、いかに広く使われているかがわかります。

　これほど短い期間で普及した背景には、ケニア、そして他の多くのアフリカの国々に共通する事情がありました。銀行口座を持たない人が多かったのです。大企業や富裕層を相手とする欧米系の銀行はあるものの、庶民のための地場銀行がなく、欧米系の銀行のわずかな店舗も都市部に限られます。

　地方から都市部に出稼ぎに行く労働者も多いため送金需要は高いにもかかわらず、そのほとんどは安全性の低い郵送などの手段に頼らざるをえ

ませんでした。銀行を介さない送金法が瞬く間に普及したのは、必然の結果だったのです。エムペサは近年、貸付や決済など送金以外にも機能を拡大し、庶民にとってなくてはならない金融サービスになっています。

エムペサが急成長する土台となったのは、携帯電話の高い普及率です。通信インフラが未熟で、固定電話が普及していなかったところにボーダフォンが参入し、爆発的に市場を拡大しました。2015年6月現在の普及率は、携帯電話の84％に対し、固定電話は1％にも満たない低さです（総務省「世界情報通信事情」）。

他の国に目を向けても、携帯電話の普及率は、ブラジル、ペルー、コートジボワールで100％、世界で最も貧しい国の1つであるモザンビークでさえ70％近くに達していて、固定電話の普及率の低さが、より投資コストの低い携帯電話の普及につながったことがわかります。電話線が敷設されていないから携帯電話が広がり、銀行が利用できないからモバイル送金サービスが広く受け入れられる。制約がイノベーションを生んだ好例でしょう。

わずか10年ほどの間にアフリカ諸国はもとより、ヨーロッパにまで拡大したエムペサですが、日本の金融関係者の中には「あんなものはフィンテックとは呼べない」と酷評する人も少なくありません。高度な技術や複雑なシステムが使われていないことが、その理由のようです。

しかし、エムペサが銀行口座を持てなかった人に安全で便利な送金手段を提供して、社会課題の解決に貢献していることは紛れもない事実です。このような、既存の事業や技術のキャッチアップではない、独自の課題や環境から生まれた一足飛びのイノベーションが、先進国さえも飲み込む可能性は十分考えられます。

南半球で生まれたイノベーションを虚心坦懐に評価できない北半球の人々は、地球の重心が傾き始めたことに、まだ本当のところで気づいていないのでしょう。

◆───── マーケティングの近視眼

そもそも金融サービスの利用者は、フィンテックサービス自体を求めて

いるわけではありません。送金や支払い、融資といった目的を達成するためにサービスを使うだけで、安全で便利で低コストなら、伝統的金融であってもフィンテックであってもどちらでもよいのです。このことを50年近く前に喝破したのが、ミスター・マーケティングとも呼ばれるセオドア・レビットです。

ハーバード・ビジネススクール教授などを務めた人物で、「ドリルを買いに来た人が欲しいのはドリルではなく、穴である」という格言で広く知られています。

顧客は商品やサービスそのものではなく、それによって得られるベネフィット（便益）を求めているというその教えは、いっこうに色あせる気配がありません。それは、どうしても製品やサービスを中心に考えてしまう近視眼的傾向が、いつの時代の企業にも根強くあるせいでしょう。

簡単な操作できれいな穴が開けばそれで十分なのに、あれこれと機能を加えたり必要以上に頑丈にしようとする。しかし、そうしたハイエンドなドリルに関心があるのは、一握りの熱心なDIYファンくらいのものです。誰が自分たちのユーザーなのかを見ようとせずに、製品・サービスそのものに焦点を当ててしまう。こうした過ちをレビットは「マーケティングの近視眼」と呼び、企業を衰退させる要因の1つであると指摘します。

ゲーム機「プレイステーション3（PS3）」事業におけるソニーは、まさにその悪い見本といえるでしょう。それまで競合である任天堂に対して圧倒的な優位に立っていたソニーは、PS3の投入に際して、並みのパソコンを上回るほど高性能なグラフィックス機能を搭載し、新たな半導体まで開発して処理能力を飛躍的に向上させました。

しかし、ほとんどのユーザーは、まるで家庭用スーパーコンピュータをめざしているかのような性能向上に関心を示しませんでした。いえ、高性能すぎて使いこなせなかったというほうが、正しいかもしれません。

一方、同じ時期に発売された任天堂の「Wii」は、リビングで家族みんなが楽しむことを想定し、コミュニケーションを促進するマシンとして開発されたものです。そのため、グラフィックス性能などの点ではPS3に大きく劣るものの、直感的なユーザーインターフェースを採用するなどし

図表2-2　プレイステーション vs. Wii

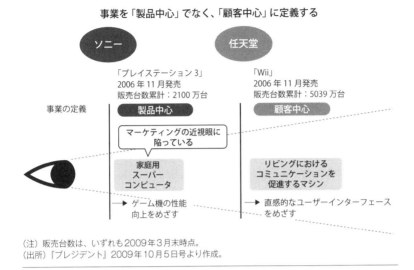

(注) 販売台数は、いずれも2009年3月末時点。
(出所) 『プレジデント』2009年10月5日号より作成。

て、普段あまりゲームをしない女性や小さな子どもも、すぐに遊べるように配慮されていました。

　結果はWiiの圧勝でした。「製品中心」に事業を定義したソニーが、ゲームの本質はみんなを楽しませることであり、コアユーザーだけがその対象ではないと「顧客中心」に定義した任天堂に屈したのです（図表2-2）。

◆──── 衰退の5段階

　『ビジョナリー・カンパニー』など、数々のベストセラーで知られるジム・コリンズは、企業が成功し、衰退へと至る過程を「衰退の5段階」と表現しました。①成功が慢心を呼び、②規律を欠いた拡大路線を突き進み、③リスクと問題から目を背けた結果、坂道を転げ落ちるように転落し、④起死回生の願いもむなしく、⑤どこにでもある企業へと転落するというものです（図表2-3）。

　一見すると救いがないように見えますが、コリンズは、ごく稀に例外があるとも述べています。それはセルフ・ディスラプションができる企業で

第2章　セルフ・ディスラプション（自己破壊）モデル　｜　69

図表2-3　衰退の5段階

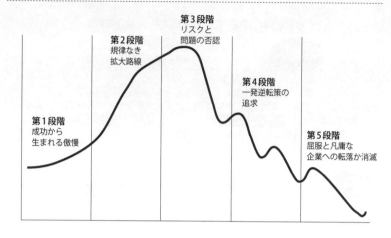

（出所）コリンズ（2013）p.48。

す。いったん成功すると、他社に追い落とされるまではその成功にしがみついてしまうのが企業心理ですが、落ちるところまで落ちたら、過去を断ち切って挑戦者として生まれ変わる以外に再生の道はないということです。

どうすれば自己破壊ができるのかについては、数少ない成功例を引きながらこの後で詳しく述べていきますが、その前に、生涯を通じてセルフ・ディスラプターであったスティーブ・ジョブズが好きだった言葉を1つ紹介しましょう。それは「箱から出ろ」というものです。

成功者ほど自縄自縛に陥りがちですが、ジョブズは「Think outside the box」を口癖に、自社の事業はこういうものだとか価値観はこうだとか決めつけることなく、自由に発想することを社員に求めました。

周りを取り囲む壁は自分たちで勝手に作り出したもので、本当は存在しない。それを制約だと思うから、進化が止まってしまう。むしろ打ち破るべき壁が見つかったなら、次の進化につながるチャンスを得たと思って歓迎しなければいけないと言うのです。

ファーストリテイリングCEOの柳井正さんも、顧客価値を最大化しながら提供コストを徹底的に削り込んだ「スマート・リーン」イノベーショ

ンで、自社の壁どころか産業そのものの制約さえ打ち破ってきました。

　ジョブズと柳井さんと聞いて、劇薬のにおいを感じた読者もいるかもしれません。事実、最初に断ったとおり、セルフ・ディスラプションは誰にでも勧められるものではありません。それでもカリスマリーダーに頼らずに、組織としてこれを繰り返していくことができれば、何度でも生成する不死身の企業ができるはずです。

---

2 ｜ イノベーションの解

◆───────イノベーションの４タイプ

　『イノベーションのジレンマ』に続く著書『イノベーションへの解』の中でクレイトン・クリステンセンは、破壊的イノベーションを脅威ではなく、いかに新たな成長に向けた「機会」とするかについて述べています。自らの手で破壊的イノベーションを起こせば、成功企業の呪縛から解き放たれ、利益を伴う成長が実現できるというのです。

　クリステンセンは、「プロセス」と「価値観」の２軸で、イノベーションを大きく４つのタイプに整理しています。プロセスとは設備や技術、労働、資金などの資産をアウトプットに変える手段と考えるとわかりやすいでしょう。プロセスの有無、整合性の高低で２つに分かれます。

　もう１つの「価値観」は、経営者や社員が何に重きを置いて仕事をしているかという基準で、目に見えるものではないだけに、変えるのには大変な労力を必要とします。この価値観についても整合性の高低で２つに分けると、４象限のマトリクスができます（図表2-4）。

- タイプ１：プロセスがあって価値観に合うもの
- タイプ２：価値観には合致するけれど、プロセスはないもの
- タイプ３：プロセスはあるけれど、価値観が合わないもの
- タイプ４：プロセスがなく、価値観にも合わないもの

第2章　セルフ・ディスラプション（自己破壊）モデル　　**71**

図表2-4 イノベーションへの解

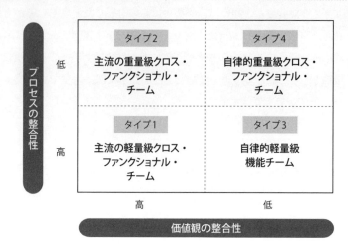

(出所) クリステンセン／レイナー (2003) より作成。

　以上の4つのイノベーションの、どこにどれだけ人財や資金を投入するかで成長が左右されます。
　ありがちなのが、タイプ1に集中させてしまう投資パターンです。価値観に合っていて、すでに持っているプロセスで行える事業なので、慣性の法則が働くためです。もちろん一番強い土俵であり、投資して悪いわけではありませんが、社内の主流派の人たちからなる軽量級（少人数）のクロス・ファンクショナル・チームで取り組むべきです。価値観がぴったりで、そうした事業のやり方を熟知している人財を主流派の中から数人選抜すれば、問題なく事業化できるはずです。
　タイプ2は、価値観は合致しているけれどプロセスが不足するので、主流派の人財を集めて重量級のチームを作り、プロセスを獲得していく必要があります。時間もかかるし、主流派の人財や資金を大量に投入するので、失敗すれば小さなダメージでは終わりません。それでもこのままでは未来はないという状況で、魂を込めて取り組むものです。軽々に手を出せるようなものではありませんが、リスクを冒してでもやるという覚悟が固

まっていて、それを受け入れてくれる顧客が現れれば、第二の創業に成功する可能性が出てきます。

タイプ3は、プロセスはあるけれど価値観に合わないので、主流派の人たちはあまりかかわりたがらないし、仮にかかわったとしても良い結果につながりません。求められるのは組織になじみ切らない、自律的な人たちからなるチームです。あの本田宗一郎も、組織の価値観ややり方に疑問を持たない主流派だけでは進化が止まってしまうことを危惧して、「悪い子が会社を良くする」と語っていました。

自分の頭で考えて意志を持って主張して行動する「悪い子」は、一見すると生産性が悪そうに見えます。しかし、本質的なことを考えていることが多いし、のめり込むと思いもよらない力を発揮することがあります。だから、既存のプロセスをうまく活用した軽量級であっても、もしかしたら大きな成果を生むかもしれないというのが、このタイプ3です。

そして、最後がタイプ4です。プロセスもないし価値観も合わないので、成功する可能性が最も低い領域です。しかし、現に自社の存在を脅かす破壊的イノベーションが起こっているのであれば、否も応もなく取り組まざるをえません。この場合、重量級のチームとプロセスを投入する必要がありますが、非主流派の人たちだけでは、とうてい賄い切れません。外部の人財を活用したり、場合によってはM&Aなども選択肢に入ってきます。

◆─── ヒトとカネのポートフォリオ戦略

重要なのは、4つのタイプのイノベーションをポートフォリオとして捉えることです。どれか1つに張ればよいわけではなく、ヒトとカネを最適に配分しなければなりません。そして、その判断を下せるのは経営トップただ1人です。

タイプ1はともかく、あとの3つのタイプは各事業部が自分たちの既存の事業を否定したり、手持ちのプロセスを持ち出して別部隊が手掛ける新事業に振り分けなければなりません。経営トップ以外には、まず期待できない話です。

第2章　セルフ・ディスラプション（自己破壊）モデル　│　73

裏を返せば、それこそがトップの仕事であるともいえます。既存の事業と新規ビジネスの可能性を4領域に整理して、慣性の法則に負けてタイプ1ばかりにヒトとカネを配分することがないように自らを律する。リーダーはそのために存在するといっても過言ではないでしょう。

　4つの中でもタイプ4に張るのは、非常に勇気がいる決断です。かつてファーストリテイリングが生鮮野菜事業で失敗したように、本業とかけ離れた分野に挑んで失敗した例は数え切れません。

　私自身、マッキンゼー時代にそうした新事業の立ち上げに数多く携わりましたが、残念ながら、勝率はそれほど高くありませんでした。本業とは全く関係がないということで、電話会社なら「非電話事業」、自動車メーカーなら「非自動車事業」というような名前が冠されるわけですが、こうしたもののうち、長期的な成功を手にしたのは、ほんの一部です。

　それでも、これまでの本業が消失するくらいの危機に瀕していれば、死ぬ気で取り組むのでまだましです。しかし、新たな成長を求めて、これまで検討したことのなかった「非〇〇」に挑戦してみようかといった程度の覚悟では、まず成功しません。

　詳しくは第5章で述べますが、新天地をめざすのならば、いきなり飛ぶのではなく、まずは隣地にずれて、そこを足場にまたその先に動いて新天地にたどり着くほうが、成功確率は格段に高まります。タイプ2やタイプ3をそうした隣地と捉えることもできるでしょう。

◆──── CVCの幻想

　タイプ3では「悪い子」の代わりに、他の企業に投資をして外部の知見や人財を取り込む方法もあります。近年、日本でも大企業がこぞって行うようになったコーポレート・ベンチャーキャピタル（CVC）です。

　広く外部の資金を集めて投資リターンを得る一般的なベンチャーキャピタルとは異なり、目的はあくまでも新事業開拓の足がかりを築くことにあります。アイディアや特定の技術はあっても、それをしっかり作り込むための設備や販路がないベンチャーにとっては、大企業のCVCと組むことは大きなメリットが期待できます。

しかし、これもまたうまくいったためしがほとんどありません。理由は
さまざまですが、CVCがせっかく投資したベンチャーへの支援を惜しむこ
とが一番の要因でしょう。投資した大企業は、資金以外にも自らが持つ技
術、人財、設備、販路、ブランドなどの経営資源を使ってベンチャー企
業を長期的にサポートしていく必要があるのに、それを行わないケースが
多く見られます。

　成功するCVCは、大企業の価値観を踏襲しては投資する意味がないの
で、親会社から独立し、権限委譲されていることが大前提になります。そ
のうえで事業については経営陣が強くコミットし、十分にアセットを活用
させなければシナジーは生まれません。仮にスタートアップとしては成功
しても、事業規模がいっこうに大きくならず、大企業である親会社のス
ケールに見合った新事業には育ちません。CVCブームの中、こうした悲
劇が次々と生まれています。

　CVCを使ってタイプ3のイノベーションを本気で起こそうとするなら、
大企業の側にベンチャーをスケールアップする体制が整えられていなけれ
ばなりません。経営陣によるバックアップ、事業部門の協力、ベンチャー
やCVCが親会社が持つ有形無形の経営資源に、必要なときにアクセスで
きる仕組みといったものです。投資さえすれば、あとは勝手にベンチャー
が大きくなって、新事業が生まれるというのは幻想にすぎません。

◆───── タイプ3からタイプ1へ

　CVCにせよ、社内の非主流派を投入するにせよ、価値観は合わないけ
れどプロセスはあるタイプ3が、変革の1歩目に適した領域であることは
間違いありません。タイプ1は成功するのが当たり前で、失敗が許されな
い領域ですし、タイプ2は軽い気持ちで手を出せるようなものでもありま
せん。そして、タイプ4は成功の確率が限りなく低いからです。

　ただし、幸運にもタイプ3のイノベーションが結実しても、そのままで
は「鬼っ子」で終わってしまいます。スケールアップにも成功して社内に
おける存在感が高まっても、あまりにも異質だと、いつまでも本流と見な
されないからです。

第2章　セルフ・ディスラプション（自己破壊）モデル　**75**

エース級の人財や主要な事業部が、タイプ3から生まれた事業を次の勝負球だと認めて本気で取り組むようになるには、価値観の整合性を取っていく必要があります。言い換えれば、組織のこれまでの価値観の許容範囲を広げていくのです。

　そうしているうちに、初めは異質だったものが同質化され、図表2-4でいえば右下のタイプ3から左にずれて、最後は本流ど真ん中のタイプ1に取り込まれていきます。

　このように、異質のものを組織に取り込むことで「ゆらぎ」が生まれ、それを「ずらし」、同質化しようとする「つなぎ」の動きが起こって進化を遂げるまでの一連の動きを、私は「メビウス運動」と呼び、イノベーションを生み出す組織運動として提唱しています。

　本章ではGE、トヨタ自動車、NTTを例に取り、飛び地のタイプ3から次の本業となるタイプ1を生むイノベーションの実際を考察することにしましょう。

3 デジタル・ディスラプション

◆——「ニュートロン・ジャック」が下した現業破壊司令

　毀誉褒貶はあるにせよ、ジャック・ウェルチが20世紀を代表する経営者の1人であることは確かでしょう。1981年に46歳の若さでGEの会長兼CEOに就任し、2001年に退任するまでの20年間にわたり、剛腕を振るって変革をリードしました。

　市場で1位か2位でない事業からはきっぱりと手を引く。逆にトップになれると思えば、M&Aを通じてエンターテインメントやファイナンスといった、それまで縁の薄かった事業にも参入する。こうして、事業ポートフォリオを大胆に再構築したのです。

　100を超す事業を手放し、10万人に及ぶ社員を切ったことから、建物は破壊せずに人間だけを殺す中性子爆弾になぞらえて「ニュートロン・

76　第Ⅰ部　変革の4モデル（What）

図表2-5 ジャック・ウェルチによる創造的破壊

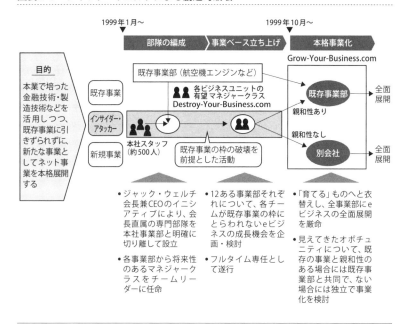

ジャック」というありがたくない異名も取りました。しかし、大企業にありがちな官僚的な体質を改革し、非連続な成長を志向する組織にした手腕は、伝説の経営者と呼ばれるにふさわしいといえるでしょう。

そのウェルチをもってしても、通信、交通などのミッション・クリティカルな領域を扱うGEの保守本流の人々を、「おもちゃのような」技術に向き合わせるのは容易ではありませんでした。

1994年にインターネットが商用化されると、ウェルチはただちに事業化の検討を命じます。しかし、未成熟で脆弱な技術を使えるわけがないと、誰も本気で考えようとはしませんでした。

業を煮やしたウェルチは、退任の2年前、1999年に社内に対して最後通牒を突きつけます。「Destroy-Your-Business.com」、いうなれば現業破壊司令です（図表2-5）。

まず行ったのは、既存の事業部からは完全に切り離したCEO直属の専

第2章 セルフ・ディスラプション（自己破壊）モデル | 77

門部隊の編成でした。各事業部のマネジャークラスから将来有望な若手を選抜してチームリーダーに任命し、本社スタッフからも500人程度を投入するという大がかりなものです。

彼らはインサイダー・アタッカーとして、既存事業の枠を打ち破りにかかります。GEが手掛けるべきインターネット事業とはどんなものか、顧客にどんな新しい価値を提供できるのかを懸命に検討しました。

そして10カ月後、彼らはついに、航空機エンジン、発電といった既存の事業部のトップに対し、「われわれは、この事業モデルであなた方の顧客を奪い、現業を破壊します」と挑戦状を叩きつけたのです。

◆──── 成長への戦略転換

宣戦布告を受けた事業部長たちに、ウェルチは決断を迫ります。

発表された案が有望で、既存事業との親和性もあると思えばそのまま引き取り、事業部を挙げて全面的に展開すること。一方、GEの強みと逆行するし、カニバリゼーションが起きると判断すればやらなくてよい。ただし、その場合は別会社として独立させ、当初の宣言どおり既存事業にぶつける。「Destroy-Your-Business.com」から「Grow-Your-Business.com」へと大きく舵を切ったのです。

答えは分かれました。およそ半分のチームがベンチャーとして独立し、残り半分は既存の事業部に取り込まれることになったのです。さて、どちらが成功したと思われるでしょうか。

よく、幹部候補生を対象にした企業内研修などでもこの質問をするのですが、「外に出た人たちが勝った」と答える人が多い会社は、相当疲れているように思います。くびきから解き放たれて自由に戦ったほうが成功すると考えるのは、裏を返せば、中にとどまれば潰されてしまうというおそれを抱いているからにほかなりません。

そうです。中に残った事業のほうが圧倒的に成功確率が高かったのです。これは、GEの顧客を考えれば、すぐにわかるはずです。

GEの顧客は大手エアラインや発電所、通信会社、医療機関といった、きわめて高い信頼性と可用性（継続して問題なくシステムが稼働するこ

と）を求める企業や組織が主です。インターネットという新しい技術を採用するだけでも不安なのに、そのうえベンチャーに任せるわけにはいかないと考えるのは当然でしょう。

それがたとえGEからスピンアウトしたベンチャーであっても、大して不安が解消するわけではない。むしろ、なまじ大企業の体質が残っているから、生まれつきのベンチャーと比べればスピードにも柔軟性にも劣る。そのように考えられて、スピンアウト組は苦戦を強いられることになったのです。

一方、中に残ったほうは顧客に受け入れられ、順調に事業を拡大しました。インターネット事業といっても1999年のことなので、せいぜいeコマースと調達の部分を、それまでの人手からネットに置き換えた程度です。今振り返れば新事業というよりは、業務改革といったほうが正確かもしれません。当然、生産性は上がり、コストは減る。それが高い信頼性と実行力を有するGEブランドで提供されるのならば、顧客にしてもやらない理由はなかったのです。

初めからウェルチは、この結末を見越していたはずです。目的はベンチャー育成ではなく、あくまでもイノベーションのジレンマを乗り越え、インターネット事業を巨大企業GEの新たな成長の軸に据えることでした。

だからこそ、「Destroy-Your-Business.com」というタイプ3の飛び地を作ったうえで、その後に「Grow-Your-Business.com」に切り替え、本来の自分たちの強みが生きるタイプ1に取り込むように仕組んだ。タイプ3は変革の触媒にすぎなかったのです。

◆─── 変革リーダーとアクティビストとの戦い

ウェルチが仕掛けた創造的破壊により、GEはインターネット事業に乗り遅れるのを回避することができました。しかし、ウェルチの後を引き継いだジェフ・イメルトが行ったことを見れば、破壊と創造の旅に終わりがないことは明らかです。

技術進化のスピードと威力が高まったことで、むしろ高い頻度で行わなければならない。こうした厳しい環境の下、自らを破壊するという普通で

第2章　セルフ・ディスラプション（自己破壊）モデル　79

ないことを繰り返し行うため、GEは進化のアルゴリズムを完全に自分たちのものにしているように見えます。

ウェルチに代わって2001年にCEOに就任したイメルトは、インターネット事業をインダストリアル・インターネットへと進化させました。IoT (Internet of Things: モノのインターネット) を使って、さまざまな製品からデータを収集・分析し、そこから得たインサイト (識見) を保守や運用、次の製品開発に生かす構想です。

これにより、それまでインターネットをはじめとする先端技術を本業の中で活用することに対して消極的だった顧客企業の意識が変化し、伝統的な製造業であったGEはハードとソフトを融合したサービス企業へと転換しました。長年本拠としていたコネティカット州のフェアフィールドから、IT先進企業がひしめくボストンに本社を移す決断を下したことは、新生GEの象徴といえます。

変革リーダーの名をほしいままにして退任したウェルチとは対照的に、イメルトのCEOとしての16年に及ぶキャリアは、2017年にあっけなく幕を閉じることになりました。長期的な成長よりも株価の上昇に関心を持つ物言う投資家、アクティビストによって、退任を余儀なくされたのです。インダストリアル事業に焦点を絞ってR&D投資を倍増させた結果、イメルトの在任期間中にGEの時価総額が半減したことを思えば、無理もないのかもしれません。改革の方向は正しかったものの、時間がかかりすぎたということでしょう。

それでも、イメルトの功績は決して過小評価されるべきではありません。品質に完璧さを求めるあまりスピード感に欠けていたGEに、リーン・スタートアップの手法を導入し、アイディアの構築から計測、学習までのサイクルを高速で何度も回して成功確率を高めるファストワークスと呼ばれる製品開発プロセスを根づかせました。

心ある経営者や識者は、イメルトの退場によってGEのイノベーションが止まってしまうことを危惧しています。

80　第Ⅰ部　変革の4モデル (What)

4 | 打倒トヨタ

◆───── 奥田社長の通信簿

　セルフ・ディスラプションを仕掛けた日本人経営者として、私が真っ先に思い出すのが、トヨタ自動車で社長を務めた奥田碩さんです。

　奥田さんは、いい意味で、空気を読まずに正論を言うため、決して順風なサラリーマン人生を歩んでいたわけではありません。むしろ50歳近くまで、閑職に追いやられていたほどです。それが海外事業で頭角を現し、1995年に社長に就任します。トヨタ自動車となってからは初めての創業家出身以外の社長です。

　筋金入りの破壊者である奥田さんは、社長になるとすぐに「打倒トヨタ」を宣言します。バブル経済崩壊後の不況が続いていたとはいえ、トヨタ生産方式は製造業におけるベストプラクティスと持ち上げられ、世界中のメーカーがトヨタに学ぼうと躍起になっていた時代です。

　しかし奥田さんは、その状態こそが危機の根源であると警鐘を鳴らしたのです。企業衰退の5段階（図表2-3を参照）でいえば第3段階も後半に差しかかっていて、このまま手を打たなければ坂を転げ落ちるだけだ。そう言って、改革を断行したのです。

　奥田改革をイノベーションの4タイプにプロットすると、図表2-6のようになります。それぞれの布石を見てみることにしましょう。

◆───── タイプ1 「ヴィッツ」

　最初に打った手は、プロセスの整合性と価値観の整合性がともに高いタイプ1です。

　バブル崩壊は自動車業界にも深刻な影響を及ぼし、特にトヨタが得意としていた大型の高級車やクーペなどのスポーツタイプのクルマが売れなくなり、実用性の高いコンパクトカーの人気が高まっていました。

　もともとヨーロッパではコンパクトカーの市場が大きく、爆発的な経済

第2章　セルフ・ディスラプション（自己破壊）モデル　　81

図表2-6 トヨタ・奥田改革をプロットする

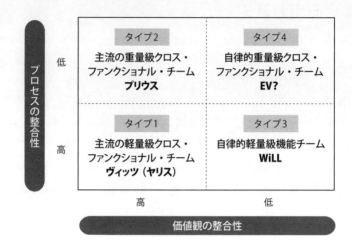

成長が始まっていた新興国では高価格のクルマは売れないので、世界市場を見ても最も注力すべきセグメントであることは明らかでした。しかしトヨタでは、「スターレット」などの例外を除くと小型車は、もっぱら提携するダイハツに任せていました。

奥田さんはここに少数ながら一線級の人財を投入し、トヨタらしい小型車を、トヨタならではのプロセスで造ることを決めます。そうして生まれたのが「ヴィッツ」です。デザイン性に優れ、高い安全性能や環境性能を持ちながら低価格を実現したこのクルマは、日本はもとより海外でも「ヤリス」の名前で爆発的にヒットしました。いいもの（スマート）を安く（リーン）作るための「スマート・リーン」を徹底的に磨き込むことで実現した、タイプ1のイノベーションです。

◆──── タイプ2 「プリウス」

奥田さんが社長に就任して3年目の1997年に発売されたのが、世界初の量産ハイブリッドカー「プリウス」です。2017年までに全世界で400万台以上を販売し、自動車メーカー世界一の座にトヨタを押し上げた最大

の立役者といってよいでしょう。

　今や間違いなく主力車となったプリウスですが、開発当初は価値観はぴったり合っていたものの、必要なプロセスが不足していました。つまり、タイプ2の象限にあったということです。不足していたのは、ハイブリッドカーに不可欠なモーターの技術です。結局、パナソニックの協力を得てプロセスを補い、20世紀中に世に送り出すことに成功しました。

　タイプ2は、次の主力事業や製品となるものなので、社運を懸けて死ぬ気で取り組むのが一般的です。プリウスの場合も、開発責任者は当時の主力チーフエンジニアで、後に会長となる内山田竹志さんです。人財以外の資産も惜しみなく投入されました。

　トヨタほどの企業がそこまでして失敗するわけがありません。プリウスの成功は、最初から運命づけられていたのです。そういう意味で驚きはありませんが、これを高い次元でやり切るところにトヨタの強みがあるといえます。

◆─── タイプ3 「WiLL」

　価値観の合わないクルマを、手持ちのプロセスで造ったのが、タイプ3に入る「WiLLシリーズ」です。松下電器産業（現パナソニック）、アサヒビール、花王、近畿日本ツーリストとともに立ち上げた共通ブランド「WiLL」を冠していますが、もともとはトヨタ内部に3年限定の組織として生まれたバーチャル・ベンチャー・カンパニー（VVC）が構想したものです。

　奥田さんはVVCのトップに懐刀である清水順三さん（後に豊田通商の社長、会長を歴任）を据え、「役員全員が反対するようなクルマをつくれ」と命じました。高性能で高級感はあるけれど、年寄りくさい──若者のトヨタに対するそうしたイメージからかけ離れた「トヨタらしくないクルマ」を生み出すことを求めたのです。

　文京区の東京本社から離れた世田谷区三軒茶屋を拠点とするVVCに集められたのは、広告業界やコンサルタントといった自動車づくりとは無縁の人たちです。トヨタからは、清水さんの他はごく少数の精鋭だけでし

第2章　セルフ・ディスラプション（自己破壊）モデル　**83**

た。

当時は、若者のクルマ離れが言われ始めていた頃でした。どうすれば単なる移動の足としてではなく、かつてのように、所有し、走ること自体に喜びを感じる憧れの対象となるのか。どんなクルマなら、自分らしさにこだわる層に受け入れられるのか。人的にも地理的にも本体から距離を置いたところで、制約を設けない自由な議論が交わされました。

そして生まれたのがWiLLシリーズです。第3弾まで発売した後、期間限定プロジェクトであったVVCはその任を終え、解散しました。

◆─── 失敗の成功

WiLLシリーズは話題にはなったものの、売れ行きがさっぱりだったこともあり、失敗プロジェクトと評価されていますが、私の考えは少し違います。マッキンゼー時代にこのプロジェクトのお手伝いをしたことがあるので、ひいき目を疑われそうですが、そうではありません。

WiLLの第1弾の企画である「Will-Vi」が経営会議にかけられたとき、奥田さんは「こんなクルマをトヨタから出そうと本気で考えているのか」と激昂したといわれます。しかし、清水さんはいっこうに慌てず、「役員全員が反対するクルマを出せと言ったじゃないですか」と切り返した。これにはさすがの奥田さんも、返す言葉が見つからなかったようです。いかにWiLLが、従来のトヨタの価値観に合わないものだったかを物語るエピソードといえるでしょう。

しかし、その一方で奥田さんは、トヨタとしては異例の少量生産となるWiLLのために製造ラインを空けさせるなど、社内を説得する努力も怠りませんでした。そのおかげで鬼っ子は無事に産み落とされ、硬直的だったトヨタの価値観が広がったのです。

本体のチーフエンジニアたちは「あんなのがありか?」と目を疑い、超保守的なクルマづくりの呪縛から逃れることができました。役員も免疫ができて、どんなアイディアが出てきても、WiLLに比べればましだと受け止められるようになりました。確かなクルマづくりと、自由で軽やかな遊びの気持ちが融合したのです。

それがその後「ファンカーゴ」や「bB」といった「らしくない」クルマのヒットにつながったことを考えれば、WiLLの残したものは決して小さくはありません。飛び地のタイプ3から次の本業となるタイプ1が生まれた好例といえます。

◆─────タイプ4　EV？

　4つのうち最も難しいのが、価値観もプロセスも整合性がないこのタイプ4です。

　トヨタの場合、2010年に米国ベンチャーのテスラと資本提携して取り組んだ電気自動車（EV）がこれにあたります。エンジンを持たないEVは従来の自動車の概念を大きく超えるもので、活用できる技術も限られているため、既存メーカーにとっては強みが生かしにくい領域です。

　タイプ4はM&Aなどの手段を使って、全く違う価値観とプロセスを外部に求めるのが一般的です。トヨタのEVもその例にならったわけですが、技術や安全性に対する考え方があまりにも乖離していたため、2014年にはテスラ株式を一部売却し、2016年までにはすべての保有株を手放しています。

　同じ年に豊田章男社長直轄のEV開発組織が立ち上がりました。核となる4人のメンバーのうち3人が、デンソーやアイシン精機などのグループ会社の人財で構成されている点も、タイプ4らしく外部の知恵を取り入れようとする試みだといえます。しかし、BYD（比亜迪）など中国発の自動車ベンチャーが先行する中で、大きく立ち遅れたトヨタのEVが成功するかどうかは予断を許しません。

　自動運転技術もこのタイプ4にプロットされるものですが、トヨタに限らず既存の自動車メーカーは、当初それほど乗り気ではありませんでした。安全面での課題が大きいことに加えて、運転する楽しさや醍醐味を奪う自動運転技術により、自動車が家電製品のようにコモディティ化してしまうのを恐れているからです。

　それでも、自動運転技術に対する世の中の期待を見れば、何も手を打たないわけにはいきません。そこでトヨタは、シリコンバレーに研究子会

社「TRI（Toyota Research Institute）」を設立しました。CEOのギル・プラットはロボットやAI研究の第一人者として知られた人物で、その他の人財もほとんどが自動車メーカー以外の出身です。いろいろな場面でトヨタ流が通用せず、コントロールに苦心しているようですが、そこにこそ異なる価値観を持つチームで取り組む意味があるといえます。

　ただし、遠心力を働かせながら開発した技術は、ある程度の形になった時点で内側に取り込まなければなりません。しかし、このタイミングの見極めは非常に難しく、早すぎても遅すぎても本丸であるトヨタの進化にはつながりません。

◆───「障子をあけてみよ。外は広いぞ」

　ここまで、奥田さんが仕掛けた打倒トヨタの4つの布石を振り返りましたが、トヨタの歴史は創造と破壊の繰り返しだったともいえます。

　トヨタ自動車の前身である豊田自動織機製作所を創業した豊田佐吉さんは、「障子をあけてみよ。外は広いぞ」という言葉を残しました。人の手による織機に始まり、自動織機の開発、そして海外進出と、限界を決めずに事業を広げた佐吉さんの考えをよく表すものです。しかし、その姿勢は、息子である豊田喜一郎さんの言動により色濃く見て取れます。

　時代の大きな節目をいち早く読み、繊維産業に固執することなく、より広い世界を求めて自動車製造という未知の分野に乗り出していく。本業を読み替えることさえおそれないその果敢さは、奥田さんにも、そして現社長の豊田章男さんにも脈々と受け継がれているようです。

　前出のセオドア・レビットは、鉄道事業が衰退した要因を「自社の事業を輸送事業ではなく、鉄道事業と考えた」ことにあると述べています。レールの上を走って移動することにとらわれ、人や物を輸送するという顧客の本来の目的に目を向けられなかったというのです。

　レビットが指摘するように、自動車や飛行機による輸送という新たなサービスを提供していれば、かつての鉄道事業には全く別の成長が待っていたかもしれません。同様に、織機から自動車へと本業を転換したトヨタが、これから先も近視眼の罠に陥らなければ、次の本業が空中移動体

86　　第Ⅰ部　変革の4モデル（What）

や協働ロボット（コボット）になったとしても、何の不思議もありません。

そういう点では、すでにホンダジェットや「アシモ」などの開発を手掛けるホンダは、より大きな視点で自社の事業を捉えているようです。八郷隆弘さんは2016年に社長に就任するにあたり、「顧客の生活がより良いものに変わっていくような価値の創造をめざす」という大きな目標を掲げました。自動車もオートバイもロボットも、また、そこにつぎ込む電動化や環境技術も、そのための手段にすぎないというわけです。

自社の事業の本質を何と捉え、どのような価値を創造していくのか。デジタル・ディスラプションの破壊力が増す中、これまで以上に深く思考していくことが求められています。

5 NTTのマルチメディア革命

◆————— 非電話事業という選択

自分で自分を否定するセルフ・ディスラプションなど、できればやりたくないのが本音でしょう。しかし、本業が丸ごとなくなると予測されれば、そうも言っていられません。たとえば、馬による輸送は産業としては完全に消滅しました。そうなる前に馬車事業者たちは生き残りを懸けて、新たな本業を必死で模索したはずです。ちょうど1990年代初頭のNTTのように。

電話からマルチメディアに市場が転換し、いずれ固定電話事業が成り立たなくなるという認識は、NTTの中でも早くから共有されていました。しかし、あまりにも確固たる本業だったため、次のコア事業の検討にはなかなか本腰が入りませんでした。「非電話事業」という呼び名で検討されていたことが、その位置づけをよく表しています。電話に非ずんば、事業に非ずといったところでしょう。

1992年にマッキンゼーの韓国の拠点から日本に戻った私が、最初に担当したのが、このNTTの非電話事業です。まずは、あまりにも直截的な

第2章　セルフ・ディスラプション（自己破壊）モデル　　**87**

ネーミングをどうにかしようということになり、「マルチメディア事業」に改称しました。当初はケーブルテレビなどのメディア系も検討しましたが、1994年にアメリカでインターネットが商用化されることになり、爆発的な成長が期待できるインターネット事業を次の成長の柱にすることが決まったのです。

大前研一さんが率いるマッキンゼーチームは、「インターネットは電話を駆逐する」というシナリオを書いて提示しました。しかし、NTT側からはいっこうに手応えのある反応が返ってきません。すでに専門部署は存在していましたが、非主流派の人財が数人いるだけの自律的軽量級（タイプ3）そのもので、それも真剣味がほとんど感じられないのです。

当時の児島仁社長が業を煮やし、「なぜ本気で取り組まないのだ」と部下を怒ったことがあります。それを見た大前さんは片手を上げて、鏡に児島さんを映し出すジェスチャーをしてみせました。「原因はあなたです」という意味です。同席していた私は凍りつき、もうこれでNTTとの関係は終わった、と観念したのを覚えています。

ところが、事態は私の予想とは別のほうへと動きだします。大前さんと児島さんの間でどのような話し合いが行われたのかは知るよしがありません。いずれにせよ、腹をくくった児島さんはマルチメディア宣言を行い、インターネット事業に大きく舵を切ることになったのです。

実は、そのときに決め手となったのが、1枚のチャートでした。縦軸に電話とインターネットの市場規模を、横軸に時間をとったものです。しかも縦軸には対数を用いることで、今はまだ小さいインターネット市場が、わずかな期間で電話市場をはるかに凌駕することを、ものの見事に表したのです。それはまさに電話事業に対する死刑宣告というべきものでした。NTTの人たちが、遅かれ早かれ電話事業はなくなると腹落ちした瞬間でした。

◆─────墓守になる覚悟

一気にインターネット事業に本腰を入れ始めたことで、タイプ3のマルチメディア事業には主流派の人財が100人単位で投入されました。あれ

88 第Ⅰ部　変革の4モデル（What）

ほど電話事業に固執して「非電話事業」を軽視していた人たちが、これからはインターネットが主流だと気づいて身を翻したのです。本格的な検討が始まってから、わずか2年ほどでインターネットサービス「OCN」のサービスが開始されたことからも、その本気度が伝わってくるでしょう。

その一方で、児島さんは「墓守」の大切さにも言及していました。いつかは死ぬといっても、当面は電話事業が稼ぎ頭であることに変わりはない。そもそも旧電電公社なので、広くあまねく電話サービスを提供する責任もある。だから、最後の最後まで電話事業を看取る仕事を、おろそかにするわけにはいかなかったのです。

主流派の人財が多数投入されたことでマルチメディア事業は、タイプ3から価値観の整合性があるタイプ2へとシフトすることになりました。その後、インターネットに関するプロセスを徐々に獲得し、今ではデータ通信事業は本業ど真ん中のタイプ1になっています。

◆─── i モード事件

社内ベンチャーの数少ない成功例であり、今ではNTTグループ全体の営業利益の6割以上を稼ぎ出すようになったNTTドコモも、社内の非主流派によって立ち上げられ、外部人財の力を結集することによって成長した会社です。

ドコモの初代社長は、NTTの経営企画部にいた大星公二さん。その下でiモード立ち上げの陣頭指揮を執ったのが、法人営業部長などを務めた榎啓一さんです。官僚的とされるNTTにあって、2人とも異色の存在だったように思います。上下関係にとらわれずに主張すべきことは主張し、社外にネットワークを広げることにも熱心でした。

事実、iモードを開発したゲートウェイビジネス部には、リクルートで『とらばーゆ』の編集長などをしていた松永真理さんや、ベンチャー企業の副社長だった夏野剛さんなど、多くの人財が外部から招聘されました。マッキンゼーからも現DeNA会長の南場智子さんや、後に日本電信電話（持ち株会社）に転じる横浜信一さんなどが参画していました。

もっとも、社外からドコモに参画した外部人財とマッキンゼーの間に

は、その後松永さんの著作『iモード事件』で暴露されたような確執も少なくなかったようですが。

　NTT本体の厚い支援を受けながらも、価値観の整合性が低い自律的な人財が中心となり、外部にプロセスを求めたiモード事業はタイプ4にあたります。しかし、あえて主流の価値観との闘争はせず、独立させて大きく立ち上げたという点に特徴があります。

　こうして、携帯電話にインターネット接続という新たな機能を加えたiモードのサービスは、1999年に開始されます。アップルがiPhoneを発売する8年近くも前のことです。20世紀最後の大ヒットサービスとなり、後のスマートフォンの誕生にも大きな影響を与えることになりました。

◆──── Kプロというトリックスター

　NTTが自己破壊によって、有線の電話事業から、インターネットと携帯電話という2つのものを生み出すまでを振り返りました。この20年弱の間に、NTTは大きく変わりました。もしも大前さんの捨て身の技と、1枚のチャートがなければ、決断は先延ばしにされ、官僚的で保守的な巨大組織が自己破壊に取り組むのは、もっと先のことになっていたかもしれません。

　ただし、自己破壊の芽はやはり社内にありました。非電話事業が最初に検討されたのは、私の知る限り社長直轄の全社変革プロジェクトである「Kプロ」においてです。児島社長肝いりのプロジェクトだからKプロなのですが、もう1人のキーパーソンである久保薫さんのKの意味もあったのかもしれません。

　久保さんはデータ通信の第一人者で、インターネットについても早くから研究を進めていました。インターネットの可能性を知れば知るほど、現在の本業である電話事業に将来がないことが明らかになる。そうした久保さんの強い危機感が、自己破壊を内側から駆り立てたのは間違いありません。外部のプロセスや価値観は取り入れるにせよ、内部の人に強い思いと覚悟がなければ自己破壊は始まらないからです。

　「Kプロ」は、電話会社においては非主流にあたるデータ通信の専門家

90　　第Ⅰ部　変革の4モデル（What）

が率いる軽量級のチームです。とはいえ、その中には、NTT持ち株会社の新社長となる澤田純さんや、ドコモの副社長の阿佐美弘恭さんなど精鋭が揃っていました。このタイプ3が起点となり、タイプ2のマルチメディア事業へとシフトし、最後は現在の本業であるタイプ1のネットワーク事業へと進化した。その一方で携帯電話事業は完全に独立させて、NTTドコモとして別会社化した（タイプ4）。これがNTTのマルチメディア革命の全容です。

6 破壊モデルの失敗例

　NTTにとってのインターネットのように、非連続な変化に直面したときはセルフ・ディスラプションに向き合わざるをえません。言い換えれば、決して頻繁に行うようなものではないということです。新しいものに傾きすぎてバランスを崩したり、組織がバラバラに分解してしまうおそれもあるからです。そうしたセルフ・ディスラプションの典型的な失敗パターンは、三越伊勢丹ホールディングスに見ることができます。

　前社長の大西洋さんは就任以来、「百貨店という業態そのものを抜本的に見直さなければ生き残れない」と言い続け、不振の店舗を閉鎖する一方で、飲食業やブライダル事業に参入するなど多角化を進めました。タイプ3やタイプ4の試みを行っていたのです。

　いずれも他の百貨店がすでに行っていることで、衰退産業とされる百貨店ののれんを守ろうとするなら当然の打ち手といえます。しかし、先を急ぎすぎたせいで、周りがついていけませんでした。最後は労働組合からの反発もあって、辞任を余儀なくされました。

　では、周囲の理解を得ながらゆっくり進めていけばよかったのかといえば、そう簡単な話ではありません。髙島屋や、大丸松坂屋を運営するJ.フロント リテイリングも、そごう・西武も、同じような手をすでに打っています。むしろ三越伊勢丹は、大きく後れを取っていた。だからこそ、大西

第2章　セルフ・ディスラプション（自己破壊）モデル　｜　**91**

さんは急がざるをえなかったのですが、遅きに失した感は否めません。

　このようにセルフ・ディスラプションはタイミングがカギとなりますが、もう1つ欠かせないのが強い意志と実行力を持ったリーダーの存在です。GEにはジャック・ウェルチと、その後を引き継いだジェフ・イメルトという2人の希代の経営者がいました。また、トヨタには奥田さんがいたから、厳しい変革を断行できたのです。

　では、そうしたカリスマリーダーがずっと牽引すればよいかといえば、事はそれほど単純ではありません。どんな剛腕投手も必ずマウンドを降りるときが来ます。組織も、常に自己否定しながら変革を続ければ、疲弊するのは避けられません。つまり、どこかで必ずひと息つく必要があるのです。しかし、再び顔を上げて周りを見回してみれば、ライバルたちはどんどん先に進んで、あっという間に遅れが広がる。これが、破壊型の企業変革がもたらす一種の副作用です。

　第3章では、ルー・ガースナーが指揮したIBMの変革を例に、変わり続けることの難しさを見ていきましょう。

ポートフォリオ・オブ・
イニシアティブ(組合せ)モデル

1 進化するポートフォリオ

◆ 古典的ポートフォリオモデルの限界

　変革の4モデルの3つ目は、「ポートフォリオ・オブ・イニシアティブモデル」です。

　普通なら10年に1回程度がせいぜいのセルフ・ディスラプションを継続的に行う、いうなればジェットコースターのようなモデルです。めまいがしそうなアップダウンに耐えて、急カーブにも振り落とされずに先へ先へと進む。これを続けていこうというのですから、尋常ではありません。

　ただし、なかには尋常ではないこのモデルを宿命づけられている産業があります。たとえばIT業界です。破壊的な技術革新の震源地に身を置く以上、常に自己破壊を繰り返す以外に生き残る術はありません。本章では主に、ルー・ガースナーが主導したIBMの変革を考察していきます。

　ところで、事業ポートフォリオというと、ボストン コンサルティング グループ（BCG）が考案したプロダクト・ポートフォリオ・マネジメント（PPM）を思い出す人も多いでしょう。経営資源を最適に配分するために、市場の伸び（事業の魅力度）と市場シェア（競争上の優位性）で事業を区分するものです。

　左上が「花形（Star）」で、現在の取組みを維持するところ。左下は潤沢なキャッシュの流入が期待できる「金のなる木（Cash Cow）」で、投

資を抑えて収益を回収する段階。右上の「問題児（Question Mark）」は
成長性はあるけれど金食い虫でもあるので、投資をして花形事業に育てる
か、さもなければ撤退するかの判断が求められます。

　そして右下が、成長性もシェアも低いので撤退すべき「負け犬（Dog）」
です。「金のなる木」で得た利益を「問題児」に投入して「花形」に育て、
次の「金のなる木」を生み出すことが理想とされます。

　ただし、このPPMには大きな問題があります。市場の伸びや自社の
シェアを見誤ると、せっせと「負け犬」に投資をしたり、逆に育成すべき
「問題児」に必要な投資をせずに「負け犬」に転落させてしまうおそれが
あるのです。しかも今、そうした過ちを犯す可能性は、これまでにないほ
ど高まっています。

　確かにPPMは、先の見通しが利く時代には有効なフレームワークでし
た。しかし、現在のようにディスラプターが次々と登場し、産業構造さえ
塗り替えられる可能性がある時代に、特定の事業の成長性やシェアを見
通すことが、いったい誰にできるでしょうか。何がどこから現れて、次の
収益源になるのか読めない時代に、PPMによる予定調和的な戦略策定の
限界は明らかです。

◆─── 時間とリスクで成長を動的に捉える

　先が読めない時代にあっては、不確実性すなわちリスクを見極めたうえ
で、いつ、どこに、どのように踏み出すのかを「動的」に考えることが必
要になります。そのためのフレームワークが、図表3-1の右にあるポート
フォリオ・オブ・イニシアティブ（POI）です。

　横軸は時間軸で、収益が実現するタイミングを、短期（1〜2年以内）、
中期（3〜5年以内）、長期（5年以上先）の3つのフェーズで捉えていま
す。縦軸はリスクで、低、中、高の3つのゾーンに分かれます。●の大き
さは期待される年間利益を表しています。

- 低リスク：ファミリアー……よくわかっていて、得意とする領域
- 中リスク：アンファミリアー……自社は不慣れだが、精通しているプ

94　　第Ⅰ部　変革の4モデル（What）

図表3-1　2つのポートフォリオの比較

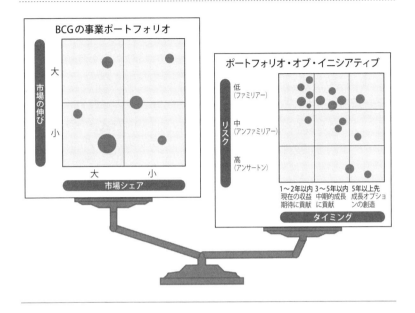

レーヤーが他にいる領域
- 高リスク：アンサートン……誰も取り組んだことのない未知の領域

　自社が慣れていて得意とする事業は低リスクなので、ファミリアーゾーンに入ります。しかし時代が変わる局面で慣れ親しんだことばかりやっていると、かえってそれがリスクになってしまう。リスクが低いところばかりに集中するのは危険です。
　リスクが中程度なのは、アンファミリアーゾーンです。自分にとっては未知でも、詳しく知っているプレーヤーもいるので、彼らと組んだり買収したりすれば、リスクを下げることができます。自前でやろうと頑張ると、時間だけを浪費する結果になりかねません。
　高リスクは、アンサートンゾーンです。これまで誰も足を踏み入れたことがない、本当に不確実なものを指します。これは、自分で実験してみるしかありません。失敗覚悟でやってみて、そこから学んでいく。「トライ・

アンド・ラーン」が求められるゾーンです。

　誰でも失敗するのは怖いので、普通は一番上の「ファミリアー」のほうに寄せてしまいがちです。確かに現時点における収益を考えると、最も合理的かもしれません。しかし、周りが変わっているのに自分だけ同じ所にとどまっていれば、時代とズレてしまう。だから3〜5年後、あるいはもっと長期的な成長につながる事業にも果敢に挑戦する必要があります。

　図のように、短期的に収益が期待できるもの、中期的成長に貢献するもの、そして長期的な成長可能性を作り出すものに分散させるのが、望ましいPOIの形です。

2 　ガースナーの内ポケット

◆─────不作為リスク

　第1章で、典型的なシュリンク・トゥ・グローに見えるルー・ガースナーによるIBMの変革が、実はPOIであったことを述べました。振り返ってみましょう。

　1990年代初頭は、IBMの主力事業であったメインフレームがクライアント・サーバーに大きくシフトしていった時代でした。大規模な基幹システムにおいても、小型のパソコンやサーバーなどの安価なハードウェアが、大型で高性能な汎用コンピュータに代わって利用されるようになっていったのです。

　1985年から93年までCEOを務めたIBM生え抜きのジョン・エイカーズは、その潮流に抗おうと、メインフレームの存続に注力しました。1〜2年で収益が見込める、勝手知ったるメインフレームの高度化に向けて多額の研究開発費を注ぎ込み、人財をはじめとする経営資源を集中して振り向けたのです。

　エイカーズの行動は自然の理にかなったものでした。本業の座が脅かされると、そこを死守して防衛を図るのは、企業としてごく当然の振る舞い

96 　第Ⅰ部　変革の4モデル（What）

です。今の自動車会社の姿を思い出してください。ガソリンエンジンの時代が長く続かないことはわかっていても、既存の自動車会社はそう簡単にEVに完全シフトするわけにはいきません。当時のIBMも同じジレンマを抱えていました。

しかし、不作為が最大のリスクであることを、IBMは身をもって教えてくれています。1991年に創業以来初の赤字を記録すると、1992年には累積赤字は1兆円規模に膨らみ、経営破綻さえ危惧されるようになったのです。

そこで経営のプロフェッショナルとして外部から招聘されたのが、マッキンゼーを経て、アメリカン・エキスプレスとRJRナビスコのCEOを歴任したルー・ガースナーでした。IBMとしては初めての外部出身の経営者です。もともとPOIは、マッキンゼーで生まれたフレームワークです。彼のCEO就任にあたってマッキンゼーは、POIのフレームワークをはなむけとして提供したといわれています。

◆———— ガースナーのPOI

ガースナーが組んだポートフォリオを、エイカーズのそれと比べてみると、違いは歴然としています（図表3-2）。

まず、左上の自分の得意技のところ、つまり、メインフレームを中心としたハード事業にはできるだけ新規の投資をせず、むしろ引き上げていることがわかります。しかし、それだけでは単に会社が縮まるだけなので、3〜5年先の収益が見込める中央の領域に、いくつもの事業を仕込んでいます。

その対象は、オープン系のソフト事業です。IBMのメインフレームには独自のソフトが複雑に組み込まれていたため、オープン化への対応が遅れていました。一から開発するのでは時間がかかりすぎるので、独立系のソフトウェア会社を買収する方法が取られました。

1995年に買収したロータスはその代表です。主力ソフトの「ロータスノーツ」は、従来型のアーキテクチャーを持つグループウェアで、あと10年ももてばよいだろうと評価されていました。事実そのとおりになるので

第3章 ポートフォリオ・オブ・イニシアティブ（組合せ）モデル

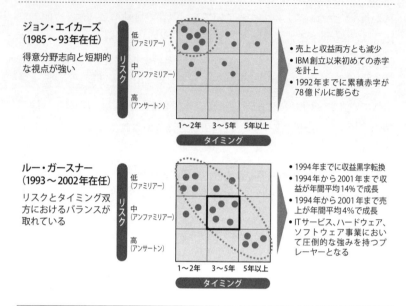

図表3-2　IBMトップ2世代間のPOI比較

　すが、その10年間に生み出されたキャッシュのおかげで、IBMは一息つくことができました。ロータスはIBMの救い主だったのです。
　ガースナーは一方で、高リスクで成果が上がるまでに5年以上はかかると予想される右下の領域にも、「eビジネス」を仕掛けていました。インターネットが商用化される前のことですが、今でいうウェブサービスにいち早く取り組んだのです。
　左上のハードウェア事業はどんどん縮小させ、中央ではソフトウェア事業を買収し、右下でサービス事業の実験的な取組みを行う。3つの打ち手がバランス良く実行されたことで、前出の図表1-4にあるように企業規模は半分以下に縮小したのにもかかわらず、その後わずか4〜5年で企業価値はおよそ5倍まで成長します。
　見事なシュリンク・トゥ・グローですが、前述したように、それはあくまでも結果にすぎません。ガースナーが変革の羅針盤としたのは、POIだったのです。

しかし、彼の最大の功績は、IBMの解体を白紙に戻したことでしょう。当時、あまりにも巨大で制御不能になったIBMを、ハードウェア、ソフトウェア、サービス事業に分けて、各事業に特化した企業群に解体すべきだという議論が持ち上がっていました。

　しかしガースナーは、IBMの最大の武器は、対外的には企業顧客に対してあらゆるITソリューションをパッケージとして提供できることであり、対内的には、そのようなポートフォリオを時間軸の中でしっかり組み替えていける経営力にあると看破しました。だから、分社化を全力で阻止したのです。こうした判断も、POIがしっかりと彼の頭の中にあったから下せたものといえるでしょう。

◆──── ４タイプの打ち手

　では、このポートフォリオをいかにマネージすればよいのでしょうか。ある日本企業のケースで紹介しましょう。

　図表3-3の右には、実行するイニシアティブを4タイプに分けています。

　1つ目は、コアスキルの適合化。主に本業の部分で体質を筋肉質にするもので、シュリンク・トゥ・グローのシュリンクにあたります。2つ目は、次の柱となる新規事業の構築。これはグローのほうです。

　そして下の2つが、図表1-2ではシュリンクとグローの土台部分に置かれた、「勝てる分野・伸びる分野への経営資源のシフト」と「企業文化の変革」に相当します。ポートフォリオを組み替えながら、組織のDNAに働きかけていこうというものです。

　このように整理すると、図表3-3の左のPOIには、シュリンク・トゥ・グローの場合と同じような打ち手が描かれていることに気づくはずです。ただし、それを時間とリスクという2軸によって、立体的に捉えられるのがPOIの優れた点です。

　時間軸上にプロットする際は、まずシュリンク系で成果を挙げる一方、成果が出るのが遅いグロー系にも着手することを考えます。またリスク軸上では、自分にとってファミリアーなところはリソースを絞り込み、未知

図表3-3　POIのマッピングの例──A社の国内事業のケース

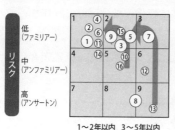

	イニシアティブ
コアスキルの適合化	①間接販売の協働・効率化を進めるミドル機能の構築 ②顧客セグメントごとの訴求、販売ノウハウの型紙化による勝率向上 ③ハイタッチとリーンを組み合わせたハイブリッドモデルの確立 ④顧客セグメント別収益管理の徹底に基づく価格対応の強化 ⑤間接業務・スタッフの徹底的なリーン化 ⑥保守ネットワークを起点とするサービスと販売の「つなぎ」の確立 ⑦クラウド型マネージド・ドキュメント・サービスの提供
新規事業の構築	⑧業務コンサルティングサービスの提供 ⑨商品とサービスが一体となった「パッケージ・ソリューション」の提供 ⑩ファシリティ・マネジメントなどB級・C級サービス（「受け皿」）事業の立ち上げ ⑪PullとPushを組み合わせた販促モデルの展開
事業ポートフォリオの再編	リストラ・事業売却 ⑫余剰人財の「受け皿」事業のスピンアウト ⑬ノンコア事業の売却 買収 ⑭外部コールセンターの買収（インソーシング） ⑮グループ販社のロールアップ・一体化 ⑯次世代リーダー向けアクション・ラーニング・プログラム
変革の仕組み作り	

の領域については、そこを得意とするパートナーとのオープンイノベーションやM&Aを検討し、誰も知らないものについては、とにかく実験するのです。

このようにPOIの基本に則って考えると、「いつ」「どこに」「どのように」踏み出すかが見えてきます。

◆─── 立ち止まってはいけない

図表3-3には、下から上へ伸びて、左にカーブする矢印が描かれています。これは、最初はアンファミリアーまたはアンサートンでリスクがあったものが、いったん着手することでファミリアーの領域に入っていく

動きを示しています。

　こうした動き自体はリスクが低くなって、早期の成長が期待できるので、喜ばしいことです。ただし、そうなるとまた次に、長期的に高リターンを期待できる別のものを仕掛けなければなりません。新陳代謝を繰り返し、止まることが許されない。これがPOIマネジメントの本質です。

　ガースナーはCEO在任中の9年間、POIを進化させ続けました。ポケットには最新のフレームワーク1枚が常に入れてあり、「自分は、この20ほどのイニシアティブにだけ目を光らせていればいい」とうそぶいていたそうです。おかげで彼が辞める頃には、IBMは再びブルーチップ（優良株）企業に変身していました。

　残念だったのは、次のCEOになったサム・パルミサーノが、POIを受け継がなかったことです。その結果、IBMの進化は再び止まってしまいました。ガースナーが仕掛けたeビジネスのおかげで先行していたインターネットビジネスも、パルミサーノの下で足踏みしている間に、クラウドではアマゾンに、検索系ではグーグルにトップランナーの座を奪われてしまいます。

　よく効く半面、進化をやめたとたんに追い抜かれ、それまでの努力が水泡に帰してしまう。生き残りたければ、猛スピードで走り続けるより他にありません。スピードの速いIT関連産業では従来からその傾向が顕著でしたが、今やすべての産業に同じことが当てはまります。

◆─────IBMの次の100年？

　ガースナーのリーダーシップによって瀕死の状態から見事に蘇ったIBMは、インターネットやモバイルがIT環境を一変させる中、またしても時代の波に乗り遅れてしまいました。自身の改革を回顧したガースナーの『巨象も踊る』はベストセラーになりましたが、巨象が踊り続けることに、そもそも無理があるのです。

　では、2011年に創業100年を迎えたIBMが、次の100年も成長し続けるためには、何が必要なのでしょうか。はっきりしているのは、アマゾンやグーグルなどのベンチャー企業の真似をしても、独自の価値を築くこと

はできないということです。

たとえば、ベンチャー企業が得意とするリーン・スタートアップをIBMのような老舗が導入すれば、ブランド価値を毀損しかねません。

まずは、IBMは「何のために存在するのか」というパーパス、すなわち自らの存在意義を再定義する必要があります。2012年からCEOを務めるジニ・ロメッティは、最近になってようやく、「顧客に対して、ミッション・クリティカルなソリューションを提供する」という宣言をしました。原点に立ち返り、顧客にとって本当に大事で間違いが許されない資産や、失われては困る環境の守り神にIBMがなるという意味です。

提供するソリューションの中身は時代に応じて変わったとしても、日々進化し、複雑化する技術やサービスの中から、顧客にとって最適なものを厳選し、責任を持って提供し続けることは何ら変わらない。顧客を守り続けるという使命に立ち戻ることによって、IBMらしさとは何かを改めて見極めて、再提示したのです。

そのうえでロメッティは、アンファミリアーやアンサートン領域にも一歩大きく踏み出しています。その1つの象徴がAIの「ワトソン」です。AIは学習させなければ、何もできません。データのどこに着目するかを人間があらかじめ設定し、AIがデータを解析して関係性やルールを見つけ出す機械学習や、目のつけどころ自体をAIが見つけるディープラーニングなどがエンジンとなります。

IBMはワトソンの学習の場を、まずは金融とヘルスケアの2つに絞りました。人命と経済社会の根幹に深くかかわる領域で、間違いもいい加減なことも許されない、まさにIBMが手掛けるにふさわしい領域です。リーン・スタートアップの手法を用いて、ベンチャーが無数に生まれ、そして死んでいく時代にあって、「失敗しない」という価値が改めて見直されています。

一方で、そうした低リスクのファミリアー領域に安住することなく、中リスク・高リスクな事業を取り込んでいくことが、IBMには求められます。データのセキュリティなどが社会課題として急浮上してくる中で、ブロックチェーン技術などを梃子に、金融をはじめ、既存の業界のデジタ

ル・トランスフォーメーション（DX）を支援するような新しいイニシア
ティブを加速することが急務でしょう。

　日本の伝統的な企業にも、同じことがいえます。たとえば、社会インフ
ラ・ソリューション企業を標榜する日立であれば、ミッション・クリティ
カルな要件を満たすことは必須です。そのうえで、よりオープンな環境で
スピーディーに「落ち穂拾い」を続ける能力を磨くことが求められていま
す。

　ちなみに日立の「落ち穂拾い」は、失敗（落ち穂）から目を背けずに、
向き合う（拾う）ことを指します。失敗に学び、それを伝承することに、
組織的に取り組んでいるのです。

　組織全体がしっかりした志を持ちつつ、環境変化に対応し、社内外の
リソースを柔軟に取り込みながら自己変革していくこのような能力を、私
は「ダイナミック・ケイパビリティ（動的能力）」と呼んでいます。詳細は、
次章のメビウス運動の中で説明します。

Column

POIの日本での展開例

　私はいくつかの会社で、POIをベースに中期計画を作りました。
前出の図表3-3は、そのうちの1社、事務機器の国内販売を行うA
社のものです。ここに書かれたPOIを実行し、1年で黒字化に成功
しました。

　A社は、言葉は悪いのですが、以前は日本の販売会社特有の「ど
ぶ板営業」を行っていました。とにかく人海戦術で、主な顧客層で
ある中堅・中小企業のところに足しげく通い、注文を取るスタイル
です。当然ながらコスト高は避けられません。

　そこで、まず図表3-3の右に示したイニシアティブの一番上、
「コアスキルの適合化」によって贅肉を削ぎ落とす取組みを行いま
した。なかでも最も効果があったのが、③の「ハイタッチとリーン
を組み合わせたハイブリッドモデルの確立」でした。どぶ板営業を

第3章　ポートフォリオ・オブ・イニシアティブ（組合せ）モデル　103

行う、時と相手を選ぶことにしたのです。

　普段は、事務機器から送られる使用状況などのデータをもとに機器の状態を診断します。そして適切なタイミングを見計らい、訪問して保守管理を行う。こうすることで、故障を未然に防ぎ、場合によっては契約更新を勧めることもできます。

　つまり、顧客とより密な関係を築くハイタッチ営業と、リモートサービスを使ったリーンな営業を組み合わせて、効率化を図ったのです。その結果、営業コストは大幅にダウンしました。

　当初は、営業の訪問回数が減れば顧客が不満に思うのではないか、という懸念もありましたが、全くの杞憂に終わります。実は顧客側も、大した用もないのに訪ねてくる営業担当者に時間を割かれることを嫌っていたのです。どぶ板営業をやめたことが、顧客満足度の向上につながったのです。

　では、同図の上から2番目の「新規事業の構築」の目玉は何だと思いますか。一般的には、⑧のコンサルティングサービスや、⑨のパッケージ・ソリューションの提供といった、顧客価値の高い領域への参入が注目されがちです。しかし、最も知恵を絞るべきは、別のところにあります。

　ここでは⑩や⑫が、それに相当します。いわゆる一線級でない人財をどう活用するかという、「受け皿」問題です。日本では人を切ることが制度的にも文化的にも難しいので、効率化によって生じた余剰人員に、高付加価値とはいえないまでも、何とか自身の給与分くらいは稼いでもらえるような仕事を作り出さなければなりません。本来の新事業を立ち上げるのはその後です。

　POIは全社変革に限らず、特定の組織や事業に部分的に用いることもできます。特にこのA社のケースのように、営業部隊という最前線がリーンになると、変革にスピードが生まれてくる。そのうえで、全社に仕掛けることも可能です。

3 | 富士フイルムの第二の創業

◆──── 本業消失

1990年、ハーバード・ビジネススクールに留学中の私は、イノベーションの研究で知られたリチャード・ローゼンブルーム教授の下で1本のミニケースを書きます。「デジタルカメラがアナログフィルムを駆逐する」という内容です。

しかし、ほとんど誰にもまともに取り合ってもらえませんでした。特に評判が悪かったのが、フィルムを主要事業とするコダックの人たちからです。「実情を知らない研究者の戯れ言だ。ありえない」と一笑に付され、結局、正式なケースに採用されることもありませんでした。

ところが、「ありえない」はずの予測はそれから10年後、現実のものとなります。アナログフィルムの世界市場が2000年にピークアウトを迎えたのです。2010年までの10年間で市場は10分の1にまで減少し、コダックは2012年に破産法の申請をするまでに追い込まれました。主要事業であるフィルムに長く固執しすぎたため、「イノベーションのジレンマ」に陥ったのです。

日本では、コダックとアナログフィルムの世界シェアを分け合っていた富士フイルムが、同様に「本業消失」の危機に瀕していました。しかし、2000年に社長に就任した古森重隆さん（現会長）の強力なリーダーシップの下、見事にこの苦境を乗り越えます。事業の多角化を進めて、「第二の創業」を果たしたのです。

いったい何が両社の明暗を分けたのか、古森改革をPOIにプロットして考察していきましょう（図表3-4）。

図の左側は、富士フイルムの事業をBCGマトリクスで整理したものです。注目したいのは、右下の「負け犬」ゾーンです。磁気テープや「アスタリフト」に代表される化粧品事業が置かれていますが、マーケットは伸びていないし、自社のシェアも高くないため、捨てるべき事業だと判断さ

第3章　ポートフォリオ・オブ・イニシアティブ（組合せ）モデル　**105**

図表3-4　富士フイルムのPOI

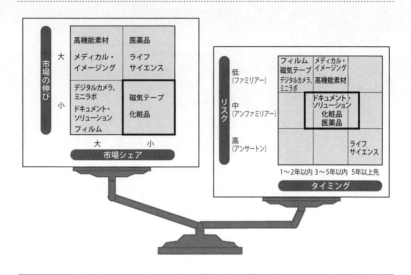

れるのが普通です。

　一方、右側のPOIで見ると、磁気テープは短期で収益が見込める「ファミリアー」ゾーンに入ります。変革を進めるためには、ここに張りついている経営資源を、他のところに大胆に振り向けなければなりません。

　さらにPOIで注目すべきは、中程度のリスクはあるけれど、3〜5年後の収益に貢献する真ん中のボックスです。化粧品の他、複写機や複合機などのドキュメント・ソリューション、医薬品事業が置かれていますが、このうちドキュメント・ソリューション事業は2001年に連結子会社化した富士ゼロックスが展開しています。

　IBMにとってロータスノーツが救世主になったように、富士フイルムの本当に苦しい期間を支えたのは富士ゼロックスです。ペーパーレス化の進行でプリント需要が落ち込むのに伴い、複写機市場はいずれ停滞すると当時から予測されていました。事実、新興国の需要拡大があっても、世界の複写機・複合機市場は縮小傾向にあります。

　それでもいったんオフィスに設置してもらえば、あとは利用に応じて課金し、トナーや用紙などの消耗品でも収益が挙がる複写機事業が、

キャッシュリッチなビジネスであることに変わりはありません。富士フイルムは富士ゼロックスの株式追加取得を通じて、ゼロックスが生み出すキャッシュを買ったのです。

　ドキュメント・ソリューション事業が生み出す潤沢なキャッシュは、右下のライフサイエンス事業に注ぎ込まれました。実験的なアプローチや投資を通じて、アンサートンな事業に切り込んでいったのです。これがPOIの視点から見た古森改革の全貌です。

◆─────── **成熟市場の中の成長市場**

　富士フイルムの多角化の象徴とされるのが、化粧品ブランドであるアスタリフトの成功です。しかし、ここで疑問を覚える人も少なくないのではないでしょうか。化粧品市場は少なくとも国内にあっては典型的な成熟市場であるはず。それにもかかわらず、なぜ力を入れたのか、と。図表3-4のBCGマトリクスでも、化粧品事業は右下の「負け犬」に置かれています。

　実は古森さんは、自社の化粧品事業を成長市場と捉えていました。当時も、少子高齢化で化粧品需要は確実に縮小する中、既存の化粧品会社が熾烈なシェア争いを繰り広げていました。しかし、こと機能性化粧品のカテゴリーに限れば、参入余地は大いにある。特に高齢化が進む中、大きな伸びが見込めるアンチエイジング分野であれば、写真フィルムの主成分であるコラーゲンに関する技術が生きる。古森さんはこのように考えたのです。

　ビジネススクールのマーケティングの授業では、化粧品は顧客にどのような価値を提供しているのか、という定番のクイズがあります。答えは「夢」。これを「幻想」と答えると、その場にいる女性たちから一斉に白い目で見られるというオチまでついています。

　夢（あるいは幻想）を売っているのだから、効用は二の次。骨董の壺などがそうであるように、「手頃な価格」であってはダメで、高級感を装って高く売りつけたほうが、顧客はむしろありがたがってくれる。既存の化粧品会社の多くは、そう考えてきました。しかし、そうしたイメージ戦略

第3章　ポートフォリオ・オブ・イニシアティブ（組合せ）モデル　　107

の限界も見えてきています。年齢を重ねるほど、メイクアップよりもスキンケアにお金をかける傾向があるからです。

スキンケアは効果を「肌で感じる」ため、評価が厳しくなりがちです。つまり、多額の広告宣伝費をかけてもパッケージが豪華でも、「効く理由」がはっきりしていて、効果が実感できるようなものでなければ買ってもらえない。そこに、皮膚科学に基づいた科学的根拠を訴求ポイントとして、機能性化学メーカーである富士フイルムが切り込んでいったのです。

まず、マーケティングについては、従来の主流だったイメージ訴求型とは一線を画したものとしました。きちんとしたエビデンスを示したうえで、実際に商品を使ったモニターや顧客の声を伝える機能訴求型のものを展開したのです。

販売チャネルは化粧品店などを通さず、当初は顧客とダイレクトにつながるインターネット通販と直営店だけに絞り込みました。そうすることで、その顧客がいつ、何を買ったのか、あるいは迷った末に買わなかったのかといったデータが、漏れなく収集できます。

そうしたデータに基づき、タイミング良く次の購入を促したり、別の商品を勧めたりすれば、囲い込みやライフタイム・バリュー（顧客生涯価値）の引き上げにもつながります。こうして富士フイルムはデジタル時代の事業モデルを持ち込むことで、旧態依然とした化粧品業界における「ディスラプター（業界破壊者）」になろうとしました。

◆─── ホームランバッター依存症からヒットメーカー集団へ

アスタリフトの事業規模は、写真フィルムの大きな穴を埋めるには程遠いものです。しかし、1つの事業でこれまでの本業を代替させようという発想そのものが間違いだと古森さんは説きます。そもそも売上の6割、利益の3分の2（2000年時点）をアナログフィルム事業に依存していたからこそ、富士フイルムは深刻な状態に陥ったのです。

4番打者のホームランに頼るのではなく、何人もの打者が手堅くヒットを重ねて得点を積み上げる。そうした全員野球の中でホームランが飛び出せばそれに越したことはないが、最初からホームラン級の事業を生み出し

108　第Ⅰ部　変革の4モデル（What）

て、これまでの本業に置き換えようなどとは考えない。そう割り切り、ヒットを量産できる集団への転換を図った古森さんの判断は、きわめて賢明だったといえます。

　確かに化学メーカーの事業には、そうした側面があります。多様な事業や技術のポートフォリオを持っていますが、その1つ1つはたいてい小さなものです。東レの高度な繊維技術がユニクロの「ヒートテック」に昇華したように、何かのきっかけでたくさんある技術の1つが大化けして、一気に事業規模が拡大するケースは珍しくありません。

　したがって、たとえすぐに規模は見込めなくても多様なポートフォリオを持っていることが大きな意味を持ちます。「負け犬」事業からはすぐにでも撤退すべきといった判断は、時に早計に過ぎることになります。

◆─────アナログをキャッシュカウに

　富士フイルムとは明暗を分けたコダックですが、実は決してデジタル化に後れを取ったわけではありません。1975年にデジタルカメラを世界で最初に開発したのは、コダックのエンジニアでした。その後もデジタルカメラの開発に多額の資金を投じ、いち早くアナログフィルムからのシフトを図っています。

　興味深いのは、こうしたコダックの動きに対して富士フイルムはアナログの技術を捨てなかったことです。赤字になるまでは残しておこうと、写真用フィルムも磁気テープも捨てようとはしませんでした。とはいえ、まさかその後、起死回生の逆転劇が起こるとは考えていなかったはずです。

　その1つが、インスタントカメラの復活です。1998年に発売して2002年頃にピークアウトしたインスタントカメラ「チェキ」が、韓国のテレビ番組で取り上げられたことなどをきっかけに、第2次ブームを巻き起こします。

　デジタルカメラにはない特有の温かみのある画質が、SNSに慣れ親しんだ若者たちを中心に受け入れられたのです。すると、韓国、中国で火がついたブームは欧米にも広がり、世界100以上の国・地域で販売されるようになります。

第3章　ポートフォリオ・オブ・イニシアティブ（組合せ）モデル　│　109

かつてスマートフォンの普及で2004年度には10万台まで落ち込んだ販売台数は、2017年度には750万台を超えました。利益率がきわめて高いことから、一時は業績の足を引っ張っていた写真フィルムやデジタルカメラなどの「イメージング・ソリューション事業」を、一躍稼ぎ頭に押し上げるのにも貢献しています。可能性を信じて事業として残していなければ、この大復活劇はありませんでした。

　思いもかけない福音が、別の事業からももたらされました。長期保存性能に優れてデータ消失のリスクが低い磁気テープです。頻繁にアクセスするわけではないけれど、絶対に失われてはならない重要なデータを残しておくために、金融機関やIT企業のデータセンターでの需要が拡大しています。

　低コストである点も支持されています。デジタル・ストレージはシステム障害によるデータの消失リスクに加えて、通電しないと使えないため、電気料金がかさむという難点があります。その点、磁気テープなら保管環境さえ注意すれば、必要なときに必要なデータだけ取り出して読むことができます。

　富士フイルムの磁気テープには、従来のものに加えて記録容量を飛躍的に高めたという技術的進化もありましたが、ビッグデータ時代に前世紀のメディアが再び脚光を浴びるとは、さすがの古森さんも予測していなかったのではないでしょうか。アナログを捨てずに持っていた富士フイルムが、「残り物の福」を手にしたのです。

◆───── **技術の軸足**

　欧米流の経営論は、「選択と集中」のディシプリンを説きます。コダックがアナログを捨ててデジタルに走ったのは、まさにその典型です。それに対して富士フイルムは、デジタルもアナログも両張りで残しました。両社の運命の分かれ道は、何に軸足を置き、そこからピボット（ずらし）したか、にあったと思われます。

　コダックが新たな軸足に定めたのは、光学系の事業でした。経営立て直しのためにCEOとして招聘されたアントニオ・ペレッツは、コダックを

110　第Ⅰ部　変革の4モデル（What）

「光学系の会社」と再定義して、次世代複合機の開発に全力を注ぎます。そのかいあって高性能かつ高価なプリンターの売上は伸びましたが、フィルム事業の穴を埋めて経営破綻を回避するまでには至りませんでした。

　一方の富士フイルムは、広く「化学系」と自社を定義することで、アナログもデジタルも両張りします。製品には流行り廃りがあるし、寿命もありますが、そこで得た技術や知識に寿命はありません。技術のポテンシャルが生きる事業を見つけてうまく転用すれば、何度でも生まれ変わらせることができる。その認識があったからこそ、狭い事業領域にとらわれずに幅広い分野で新事業の芽となる技術を温め続けることができました。そして、それが後に、医薬品や医療機器や化粧品につながったのです。

　富士フイルムのバランスの取れた事業ポートフォリオは、その出自と無縁ではありません。富士フイルムは、1934年に大手化学品メーカー・大日本セルロイド（現ダイセル）の写真フィルム事業部が独立してできた会社です。写真フィルムの国産化という、国を挙げての目標を達成した後も、巨人コダックに少しでも追いつき、追い抜こうと高機能材料技術に磨きをかけた。だからアナログフィルム事業がなくなるとわかったとき、これを活用することを考えたのです。

　コダックが注力したプリンター事業については、前述したように富士ゼロックスを買収して、この部分を任せました。コダックがプリンター事業にキャッシュをどんどん注ぎ込んでいる間、富士フイルムはゼロックスが生み出すキャッシュで得意の高機能材料が生きるライフサイエンス事業を育てていったのです。

　日本企業が陥りがちなNIH症候群に陥ったのが、富士フイルムでなくコダックだったのも興味深い点です。NIH、すなわち「自社で開発したものでないものは認めない」という自前主義は、スピードを犠牲にするという深刻な副作用を伴います。

　他社の優れた技術やアイディアを取り入れず、自社開発にこだわった結果、時間がかかりすぎてしまう。コダックも光学系事業への投資がもう少し早く実を結んでいればV字回復を遂げられたかもしれません。しかし、その時間は残されていませんでした。

一方、富士フイルムは新たにコア事業に据えたライフサイエンス分野で、欧米企業がよくするように「時間を買う」ためのM&Aを積極的に行います。富山化学工業をはじめとする医薬品や、医療機器の会社を中心に次々と買収しました。スピードとダイナミックさを持つ古森さんがいなければ、富士フイルムもとっくに消滅していたかもしれません。

◆─── 変革の継承

　これまで見てきたように富士フイルムは、2000年代にポートフォリオを大胆に入れ替えました。そうすることにより、フィルム会社からポートフォリオの広い高機能化学品会社に生まれ変わり、大きな時代の節目を乗り越えました。しかし、企業として存続する以上、足を止めることは許されません。変革のモメンタムを緩めてリバウンドしてしまっては、元も子もないからです。

　反面教師としてほしいのがIBMです。変革には成功したものの、ガースナーによって無慈悲に切り刻まれ、つぎはぎだらけになったIBMには、癒しの時間が必要でした。そこで後任のCEOには前述のように、生え抜きで人格者でもあるサム・パルミサーノが選ばれます。IBMが本来持つ良き文化を体現する、ガースナーとは対照的な人物です。

　パルミサーノは2002年に就任するとすぐに、組織のグローバル化とともに希薄化していたDNAの見直しに着手します。300人以上のシニアマネジャーたちの話を聞き、1000人を超す社員を対象に行われた調査結果をふまえたうえで、全社員参加型のイントラネット上のブレーンストーミングを行ったのです。

　「Values Jam」と名づけられたこのイベントは、3日間、72時間連続で行われました。104カ国から15万人以上が参加して繰り広げられた議論は、「顧客の成功に全力を尽くす」「価値あるイノベーション」「信頼と1人1人の責任感」という、IBMとして大切にすべき3つの新しい価値観に結晶します。

　バリューを「今（変革中）のIBMに最も必要ないもの」と言ったガースナーが外科医だとすれば、パルミサーノは漢方医にたとえられるでしょ

112　第Ⅰ部　変革の4モデル（What）

う。バリューに再び向き合うことで社員の心身を癒し、一体感を高めて組織として同じ方向に進めるようにしたのです。その成果は認めるべきでしょう。

しかし、彼がCEOだった10年間で、IBMは完全にインターネットビジネスに乗り遅れてしまいました。内向きになった結果、インターネット革命の一番重要な時間に足踏みしてしまった。この事実を見逃すことはできません。

GEのジャック・ウェルチの後のジェフ・イメルトもそうですが、強い変革リーダーの後継に「癒し系」が選ばれるケースがまま見受けられます。そこで気になるのが、富士フイルムのポスト古森さんです。癒し系人財ではIBMやGEの二の舞になりかねない。だからといって似たようなカリスマ型がよいかといえば、それも違います。

古森さんは大変革時代のリーダーとしては素晴らしい人物ですが、変革を体質化して、そこからさらに大きく伸ばそうというときに、「経営者は優れた独裁者であるべし」という古森さん一流のカリスマ宣言は必ずしもマッチしません。独裁者に従うのではなく、自律的に成長する力を社員から引き出す、モチベーティブで鼓舞する力に優れたリーダーが求められるはずです。

変革を現場に埋め込むことができるリーダーの代表が、第1章でも紹介した良品計画前会長の松井忠三さんでしょう。一時は「無印はもう終わった」とささやかれたのを見事にV字回復させ、それにとどまらず持続的に成長できるピカピカの会社にした。きらびやかだけれど浮ついたところもあるセゾングループらしさをなくして、決めたことはやり切る組織に転換させたのは松井さんです。

リーダーとしての彼の素晴らしさは、「リーダーは教師たるべし」という言葉によく表れています。カリスマリーダーが目立っているようでは組織としてはまだまだで、自分は教師や演出家のように社員を導き、最高の力を引き出す。そうなればカリスマがいなくなっても変革が止まることはないし、癒しを必要とすることもありません。

ただし、松井さんのようなリーダーはなかなか現れないのも事実です。

第3章　ポートフォリオ・オブ・イニシアティブ（組合せ）モデル　**113**

富士フイルムの変革が継承されるかどうかは、次のリーダーの手にかかっているでしょう。

4　日本型次世代成長モデル

◆──── X経営モデル

　私は2013年に刊行した『「失われた20年の勝ち組企業」100社の成功法則』で、X経営というモデルを提唱しています。トップ自身の経営力で牽引するのではなく、基盤の現場改善（オペレーション）力から練り上げた事業開発（イノベーション）力と市場開拓（マーケティング）力のツインエンジンで進化していく変革モデルです（図表3-5）。

　この本は、1990年から2010年の20年間（いわゆる「失われた20年」）にわたって、高業績と高成長を遂げた日本企業トップ100社を分析したものです。その成功要因を現場改善（オペレーション）力、事業開発（イノベーション）力、市場開拓（マーケティング）力、経営革新（トップダウ

図表3-5　X経営モデル

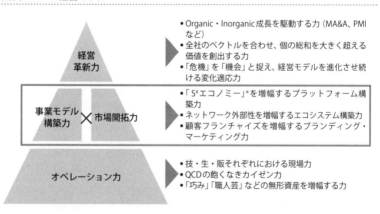

（注）＊Economies of Scale, Scope, Skill, Speed.

図表3-6 4つの類型

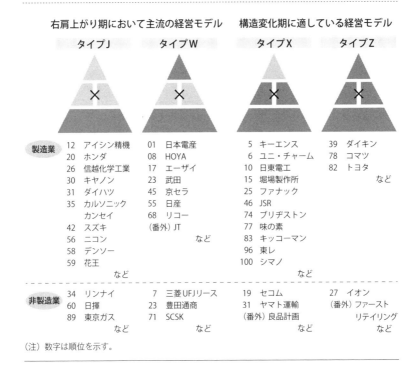

(注) 数字は順位を示す。

ンマネジメント）力の4つの力に要素分解したうえで、4つの組合せパターンで類型化してみました。

　すなわち、オペレーション力を主な原動力とするタイプJ（「Japan」のJ）、それに加えて経営主導力を兼ね備えたタイプW（「ダブル」という意味）、オペレーション力に事業開発力と市場開拓力を掛け合わせたタイプX（「掛け合わせる」という意味）、そして4つともすべて併せ持ったタイプZ（「究極」という意味）の4つです。そして、非連続な時代に強いのは、事業開発力と市場開拓力という2つの駆動力（ツインエンジン）を兼ね備えたタイプXとタイプZであると論証しています（図表3-6）。

　では、持続可能性が高いのはどちらだと思われますか。

　答えはタイプXです。タイプZはすべてが満たされているので、一見すると良さそうですが、トップが牽引しているだけに、トップが交代するとこ

れまでの高業績・高成長を持続できなくなるリスクがあります。それに比べて、タイプXはオペレーション力とツインエンジンが組織の中に埋め込まれているため、トップ交代とは関係なく、その組織力を発揮し続けるのです。

さらにタイプZではツインエンジンが経営側から理念的（「MBA的に」と言ったほうがわかりやすいでしょうか）に実装されるのに対して、タイプXではオペレーション力の中から実践的に生成されてくるという違いがあります。後者のほうが、地に足が着き、かつ、その企業ならではの成長エンジンを自律的に駆動し続けることができるのです。

日本企業の真の強さは、オペレーション力だけに依存したタイプJではなく、そこから自社ならではの成長の方程式を生み出していくタイプXにあるといってもよいでしょう。

良品計画と並んでX経営のベストプラクティスとして注目されるのが、ユニ・チャームです。創業者の高原慶一朗さんはカリスマでしたが、現在の社長である高原豪久さんは良い意味で普通の人に見えます。銀行勤務を経てユニ・チャームに入り、39歳で社長になった豪久さんは、それまでのトップダウンの組織から、経営陣と現場が議論して課題を解決する組織に変えることに取り組みます。

そのために取り入れたのが「SAPS」経営です。SAPSは、Schedule、Action、Performance、Scheduleの頭文字を取ったマネジメントモデルで、行動を立て（S）、実行し（A）、その効果を検証して改善点を見つけ（P）、次の計画を立てる（S）というサイクルを週単位で回すものです。

社員が自分で目標管理を行い、それを検証することで、自ら考えて行動する習慣が身についた結果、リーダーに頼らずに自己変革できる組織になったのが、SAPS導入の最大の成果です。豪久社長の就任から17年間で営業利益を4倍に押し上げた事実が、カリスマ依存からの脱却が身を結んだことを示しています。ユニ・チャームにおける変革の継承については、第9章でも改めて触れることにします。

◆─────ポートフォリオ経営の功罪

前述したように、富士フイルムはポートフォリオを広げることで危機を

克服し、新たな成長を遂げました。しかし、もしもコダックが同じことをしようとしても、許されなかった可能性は小さくありません。資金の出し手が富士フイルムは大手町だったのに対して、コダックの場合はウォールストリートだからです。ウォールストリートは株式市場、大手町は銀行。つまり、直接金融と間接金融の違いです。

　株主には各自のポートフォリオがあって、その何パーセントかをフィルム会社としてのコダックに投資しています。そのコダックが事業ポートフォリオを組み替えれば、自身のポートフォリオが崩れてしまいます。化学会社ならダウ・ケミカル、製薬会社ならファイザーの株式をすでに持っているから、勝手なことをしてくれるなというわけです。

　ちなみに2017年にダウ・ケミカルとデュポンが統合して世界最大の化学メーカー、ダウ・デュポンが誕生した際には、1年半以内に農業化学、高機能材料、汎用化学の3社に分離・独立させる方針が発表されました。事業の軸が明確になって評価しやすくなるのをウォールストリートは歓迎したようですが、これも上記のような理由によるものです。

　それに対して銀行は、基本的には貸したお金が返済されれば、それがどんな事業から生まれたお金であっても構わないと考えます。存在感が薄れる一方の銀行ですが、事業選択の自由度の高さでは、直接金融よりも間接金融に一日の長があるといえます。

　ダウ・デュポンの分割を肯定する投資家が、分社化によって将来「ずらし」が難しくなることを、どれだけ理解しているかはわかりません。しかし、富士フイルムがフィルムの技術をライフサイエンス事業に転用したような「ずらし」が、欧米流の経営論が得意とする「選択と集中」を進めることで難しくなるのは明らかです。

　日本の総合化学会社は、さまざまな事業や技術を手放さずに持ち続ける傾向があります。たとえば、東レが1970年代に量産に成功した炭素繊維です。軽量なのに強度が高く、金属疲労もない「夢の素材」とされながら需要が伸び悩んでいました。ボーイングの中型機の主材料に採用されて一気に伸びたのは2010年以降のことでした。実に40年もの間、我慢して持ち続け、研究を重ねた末に開花したのです。

第3章　ポートフォリオ・オブ・イニシアティブ（組合せ）モデル　　117

炭素繊維は今ではダウ・デュポンもうらやむ技術ですが、事業ごとに厳しい収益管理が行われる欧米流の経営では、こうした「遊び」は認められません。透明性を重んじ、短期的な業績責任と説明責任を求められる経営陣にとって、いつ物になるとも知れないものをこっそり置いておくことは許されないのです。

　私はこうした「遊び」やある種の不透明性が、日本のお家芸になる可能性があると考えています。主力事業が傾いたからといって簡単に潰れたりせず、二の手、三の手が出てくる、腰の強い経営です。

◆─── 21世紀のホワイトナイト

　海外の技術者からすると、日本の堀場製作所などは技術者天国に見えるようです。創業者である堀場雅夫さんの、社員がやりがいを感じて「面白おかしく」働くことが企業価値につながるという考えは、現在の堀場厚社長にもそのまま受け継がれています。

　いわゆる技術先行型の会社で、技術者は一切の妥協なく、徹底的に最先端に挑戦できる。これが欧米流の経営にがんじがらめにされた海外の技術者には、ひどく魅力的に映るのでしょう。

　いつ物になって、何年後にどれくらい収益が挙がるのかが、正確に答えられるような先端技術がどれだけあるでしょうか。しかし、それが説明できないとすぐに「やめろ」ということになる。特にプライベートエクイティに株式を買われてしまうと、どんどんR&D（研究開発）費用を削減されてしまいます。だから、堀場製作所にホワイトナイト（友好的な買収者）になってほしいという会社が後を絶たないそうです。

　グローバルで見ると、グーグル（正確には、持ち株会社の「アルファベット」）も同様の役割を果たしています。優れたアイディアや技術を持つベンチャーを買収し、時には時間をかけて育成することもいとわない。それができるのは、創業者の2人と会長のエリック・シュミットが、議決権の4分の3を握っているためです。資本市場の論理を排除することで、思い切った長期投資を可能にしています。

　グーグルは議決権のある株式とない株式を発行することで、経営に余

計な口出しをさせないシステムを作りました。日本ではアクティビストが増えたとはいえ、まだまだ長期的な観点で成長を期待する株主が数多く存在します。社内にも「スカンクワーク」(密かに行う研究)を見て見ぬふりをする懐の深さが残っている。もしも技術立国復活の目があるとすれば、そのカギはこの「ぬるさ」にあるはずです。

それなのに、日本企業が先を競うようにアメリカ型資本主義を取り入れ、周回遅れでガバナンス改革に走っているのは皮肉と言うほかありません。真の企業価値とは何か、何をもって社会に応えるのかという問いを忘れて、表面的な資本の論理を優先させてしまうと、日本の本来の強みが失われるおそれがあります。

◆───── 軸足を定めてポートフォリオを広げる

ポートフォリオを広げるといっても、やみくもに挑戦すれば失敗する確率はどうしても高くなります。そこで私が勧めているのが、軸足を定めたうえで、もう片方の足を「ずらす」方法です。その際に有効なのが「アンゾフの成長マトリクス」です。アメリカの経営学者イゴール・アンゾフが60年以上も前に考案したものですが、成長戦略を考えるために今も広く使われています。

マトリクスの構造は、きわめてシンプルです。商品(または技術)と市場(または顧客)という2軸を取り、それぞれを既存と新規に分ける。これで2×2のマトリクス空間が構成されます(図表3-7)。

従来の事業は既存の商品、既存の市場ということで左下のボックス。これまではそのボックスを深掘りしてきましたが、次世代成長を狙うには、それ以外の3つのボックスをターゲットとしなければいけません。

いわゆる「多角化」は右上のボックスになりますが、ここは既存の商品、市場のどちらでもない飛び地です。一挙にジャンプしようとすると、実現可能性はきわめてゼロに近くなってしまいます。

そこで、1つの軸は固定して、もう片方の軸だけをずらすことを考えます。商品は既存に残したまま、それを新市場に展開する(左上のボックス)か、既存の市場に新たな商品(右下のボックス)を投入するのです。

第3章 ポートフォリオ・オブ・イニシアティブ(組合せ)モデル

図表3-7 アンゾフの成長マトリクス

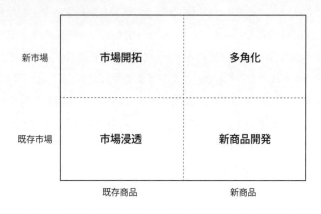

　これにより、片方の軸足を強みとすることができ、成功の確率は50％に上がります。
　次にそこを基軸に、右または上にさらに1つずらせば、右上の多角化のボックスにたどり着くことができます。これもまた成功確率は50％なので、いきなり左下から右上のボックスにジャンプすると0％だった成功確率は、25％（50％×50％）に跳ね上がることになります。
　このように、アンゾフの成長マトリクスは、スタティックな整理学ではなく、ダイナミックな運動論として捉え直すことで優れた成長戦略が描けます。カギを握るのは軸足を動かさず、片方だけをずらす「ピボット」ですが、既存の強みを読み違えると、コダックの二の舞になりかねません。

◆─── 日東電工の「三新活動」

　この「ずらし」の成長戦略を、しつこく繰り返しているのが、2018年に創業100周年を迎えた日東電工です。自動車会社などの例外を除くと、日本企業は世界のトップ10に業種別に売上高や利益では大きく水をあけられていますが、高機能素材のアプリケーションでは世界市場を席巻しているケースが少なくありません。「グローバル・ニッチ・トップ」をうたう日東電工は、その好例といえるでしょう。

図表3-8　日東電工のイノベーション創出型事業モデル

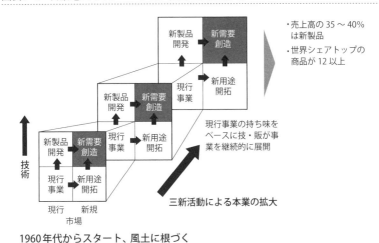

日東電工のコア技術は、「塗る・張る」といった化学技術です。ここを軸足に、市場や技術を1つまた1つと「ずらし」続けることで、成長を遂げてきました。アンゾフの成長マトリクスの4象限をダイナミックに展開する「三新活動」です（図表3-8）。

まず、技術も市場も既存の左下が現業です。本当ならば、すぐにでも右上の新規事業に行きたいところですが、それでは実現可能性がほぼゼロに等しくなってしまいます。そこで、既存技術を軸足に新用途を開拓する「一新」、または既存市場に新技術を持ち込む「二新」とずらし、そこからさらに右か上にずらす「三新」をすることで、新需要が創造できるというものです。

これは私が提唱し、多くの企業で提案してきた「拡業」と同じ考え方です。本業を少しずつずらして拡げるので「拡業」です。新事業や新需要をいきなりめざすことに比べて、格段に手をつけやすくなります。

日東電工の三新活動から生まれたものの1つが、喘息治療用テープ製剤です。まず、左下の現行事業のボックスに入るのが、工業用テープです。日東電工はもともと粘着技術に強みを持つ会社で、工業用テープは祖業の1つでもありました。

第3章　ポートフォリオ・オブ・イニシアティブ（組合せ）モデル　｜　121

工業用テープは建設現場で材料の仮留めに使われるものです。その際にニスやペンキを材料に浸透させる需要があったことから、「一新」が生まれます。薬剤塗布技術を提供するようになったのです（左上のボックス）。

　一方で、市場を土木の現場から拡げる試みも行いました。しっかりと留まるのにきれいにはがせる仮留めテープの特性が、切ったり張ったりする外科手術にも有効だということになり、医療市場に横展開していったのです。これが「二新」目です（右下のボックス）。

　そして、この薬剤塗布技術（左上のボックス）と医療市場（右下のボックス）という2つのずらしを合わせてみる。こうして生まれたのが、胸に貼って喘息の症状を軽減する治療用テープ製剤です。これが「三新」目、右上のボックスです。

　こうして後づけで説明すると、きれいに整理できますが、最初からそのような着地点を狙っていたわけではありません。一新、二新とずらして新しい製品や市場にコマを進めることで、思いもつかなかった可能性が開けてくる。ここに三新活動の真価があります（図表3-9）。

　このように、新しい行動をとることで将来の可能性の広がりが生まれることを、経済学ではリアル・オプションと呼びます。そして、行動を通じてオプション・バリューを獲得し続ける経営モデルを、私は「学習優位」と呼んでいます。

図表3-9　日東電工の「三新活動」の事例

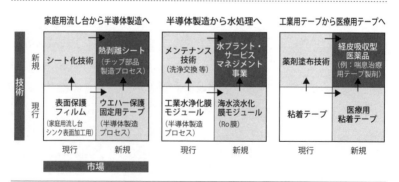

市場と自社の実情をふまえ、将来に向けて事業を実践し、顧客の反応を見て次の打ち手を考える。顧客からのフィードバックが予想と大きくズレていれば、そもそもの前提や考え方を変えてみる。この「学習」と「脱学習」のサイクルを繰り返すことによって新しい知恵が生まれ、学習優位が体得されるというものです。

　先が見えない時代において、その重要性はいよいよ増しています。誰よりも先に未知の地平に乗り出してみることでしか、未知を既知に変える方法はありません。

◆─────「渡り廊下」での「ずらし」と「つなぎ」

　富士フイルムも当初、先のアンゾフの成長マトリクスで新規事業を編み出そうと考えました。しかし、既存の製品や市場を1ボックスずつずらすといっても、簡単に答えは出てきません。そこで考え出したのが、3×3のマトリクスです。これによって隣のボックスに行く前に、自分たちの持つ技術と市場を要素分解し、それを再構成するという作業を真ん中のボックスで行うことが可能になります（図表3-10）。

　たとえば写真フィルムから、化粧品がいきなり出てくることはまずありません。顔にフィルム素材を塗ろうとは普通は考えつかないものです。そこでまず真ん中のボックスで、写真フィルムの要素技術を分解します。すると、コラーゲンやナノテクノロジーといったコア技術が抽出され、さらにこれを再構成すると、「アンチエイジング」というキーワードにたどり着くことができます。

　市場に目を向ければ、メイクアップよりもスキンケアにお金をかける中高年女性が増えて、アンチエイジングに対するニーズは高まっていました。そこで、おしゃれのための化粧品ではなく、機能性化粧品という高成長市場に進出しようという発想が生まれてきたのです。そこでは、富士フイルム固有の技術が大きな訴求力になるからです。

　富士フイルムでは、このような真ん中のボックスを「渡り廊下」と呼び、より柔軟な発想で技術と市場を「ずらし」て「つなぐ」という活動に役立てています。一見すると、とてつもなく遠い飛び地に思えるものでも、そ

第3章　ポートフォリオ・オブ・イニシアティブ（組合せ）モデル　123

図表3-10　富士フイルムにおける成長マトリクス

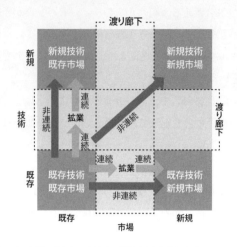

こに自社が持つコアコンピタンスが生きるとなれば、けもの道が見えてきて、たどり着けるように思えてくる。古森さんが全社に示したかったのは、この「渡り廊下」づたいに新しい事業に挑戦するというスピリットでした。本業から程遠い化粧品事業は、その象徴だったのです。

　このように自社のコアコンピタンスを、もう一歩深い層にまで要素分解する。それとともに市場ニーズをきめ細かくセグメンテーションすることで、拡業ゾーンが見えてきます。これは富士フイルムに限らず、多様な業種の企業に応用できる手法です。

◆─── ミッドライフ・キッカー

　富士フイルムが行ったような全社変革を推進するためには、トップ直轄の変革プログラムを重層的に仕掛ける必要があります。POIの場合、10〜20くらいのイニシアティブがテーマアップされるのが一般的です。全社横断的にエース級人財を集めた社長直轄の実行部隊が全社を対象とする場合もあれば、まずは特定の事業部でパイロット的に実施したうえで、横展開する場合もあります。

POIで変革プログラムを構想するうえでカギを握るのは、中リスクで3〜5年後の収益に貢献する中央のボックスです。IBMの復活も、富士フイルムの再生劇も、ここがうまくいったからです。これを「ミッドライフ・キッカー（中継ぎ）」と呼びます。

ダイナミックな変革を実現しようと壮大な絵を描いても、息が続かなくなることがよくあります。既存事業の縮小と新規事業の立ち上がりのタイミングに、ズレが生じるためです。新規事業で食べていけるようになるまで持ちこたえられず、コダックのケースのようにタイムアウトになってしまうことも少なくありません。逆にIBMにおけるロータスや、富士フイルムにおける富士ゼロックスは、見事にミッドライフ・キッカーの役割を果たしたといえます。

パナソニックの津賀一宏さんの改革でも、V字回復を実現した1つの大きな要因にミッドライフ・キッカーの存在がありました。津賀さんが社長に就任する1年前に発表された、パナソニック電工の買収（完全子会社化）です。

パナソニック電工は創業以来一度も赤字になったことのない優良会社で、松下幸之助の祖業でもありました。派手ではありませんが、アナログな電設資材などを得意とする会社で、パナソニックにとってはまたとないミッドライフ・キッカーとなりました。

パナソニック電工が生み出す潤沢なキャッシュを、車載事業などの成長事業に投資することで、パナソニックはB2CからB2Bの会社に転換することができました。あのキャッシュがなければ、市場の変化に対応することは難しかったはずです。

消えていった企業は、ほとんどの場合、資金不足が命取りとなっています。どれほど有力な事業が育っていようと、キャッシュが足りなければ経営破綻に追い込まれてしまう。だから、確実にキャッシュが得られる事業を少なくとも1つは持っていなければならない。変革の最中においてはなおさらです。

言い換えれば、変革に着手するタイミングを見込んで、その2〜3年前にはPOIの中央のボックスを仕込んでおく。この用意周到さが、企業存続

第3章　ポートフォリオ・オブ・イニシアティブ（組合せ）モデル　　125

の生命線となります。

5 「ずらし」のテクニック

◆─────資産の三枚おろし

　本章では、ポートフォリオ・オブ・イニシアティブモデルの考え方と
ケースを見ています。これを実践するうえで課題となるのが、いかにして
レバレッジ（梃子力）を利かせるかです。第1章のシュリンク・トゥ・グ
ローモデルの後半にあたるグローの段階や、第2章のセルフ・ディスラプ
ションモデルにも共通する課題です。

　既存資産の何倍ものリターンを生む変革を仕掛けるためには、「梃子の
原理」で自社以外の資産を活用していく必要があります。その際に有効な
のが「資産の三枚おろし」です。図表3-11にあるように、事業に必要な
資産を「競争」「協創」「共層」の3つに分けて考えます。

　一番上の「競争」は、戦いに勝利するために、内部で必ず持っていな
ければならない資産です。一番下の「共層」は、徹底的に規模を追求す
べき資産で、有形資産の多くがこれに相当します。そして真ん中が、自社
と他社の有形、無形の資産を掛け合わせる「協創」です。

　これら3つの資産は、求められる経済性が異なります。競争では「スキ
ルの経済」が勝敗を分けます。共層は「規模の経済」のゲーム。そして
協創は「範囲の経済」です。

　スキルの経済に資するのは、知識やブランド、ネットワーク、人財と
いった無形資産が中心となります。いずれも、バランスシートには表れな
い資産です。規模の経済に資するのは、工場や販売網などの有形資産が
主です。

　実はものづくり産業の場合、競争の源泉となる資産は工場や設備など
の有形資産ではなく、ノウハウなどの無形資産です。有形資産は使えば
減価するのに対して、無形資産は使えば使うほど増価するので、しっかり

126　第Ⅰ部　変革の4モデル（What）

図表3-11　資産の三枚おろし──外部性を梃子とした「S⁴の経済」の獲得

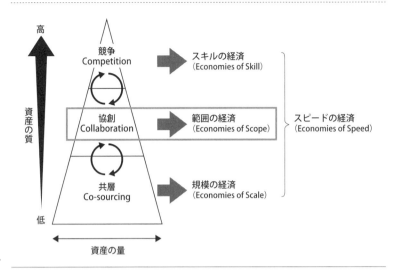

磨き続けていく必要があります。

　規模の経済が利く資産は、中途半端に自分で持っていても価値がないので、外部化したり、他社と共同化してより大きな規模に集約していく必要があります。逆に、自前で持つのであれば、世界中の市場を一手に握るような打ち手を考えなければなりません。

　これで成功しているのが、信越化学工業の塩化ビニル事業です。究極のコモディティ・ケミカル商品を、世界規模で市場を掌握して高収益事業にしてしまいました。一方、共同で持つことにした典型例が、NEC、三菱電機、日立製作所などの半導体事業を切り出して共同事業化したルネサスエレクトロニクスです。

　中央の自社の強みと他社の強みを掛け算する協創では、異質なもの同士が組むことで「範囲の経済」を追求します。共層が同質型プラットフォームであるのに対して、こちらは異質型プラットフォームとなり、後者が、ビジネス・エコシステム（生態系）として奥行き（幅）の深いものになります。

第3章　ポートフォリオ・オブ・イニシアティブ（組合せ）モデル　｜　127

◆───「異結合」によるイノベーション

　異質型が優れている理由は、イノベーションの原理に求めることができます。経済学者ジョセフ・シュンペーターは、かつてイノベーションを「新結合」と定義しましたが、私は「異結合」と呼び替えています。単に新しいだけではなく、異質な相手と組まない限り、新しい発想が生まれません。企業内におけるダイバーシティの必要性が叫ばれているのも、同じ狙いによるものです。

　自分の得意技と違う人の得意技を掛け算したときに、イノベーションが生まれます。あとは、全部それを自分の中に取り込むのではなく、先ほどの資産の三枚おろしにより、独自資産とすべきスキルは取り込み、規模の経済がドライバーとなる有形資産は外に出す。こうして異結合には、常に動態的な力学が働き、これこそが、イノベーションのエンジンとなるのです。

　異結合の好例が、ファーストリテイリング（ユニクロ）と東レが共同で開発した「ヒートテック」です。ユニクロの服を企画する力と、東レの素材を作る力が掛け合わさって形になったのがヒートテックです。オープンイノベーションの希少な成功事例といえるでしょう（図表3-12）。

　イノベーションの果実を囲い込まなかった点も、教科書どおりです。東

図表3-12　ヒートテックにおける「緊密な協創」

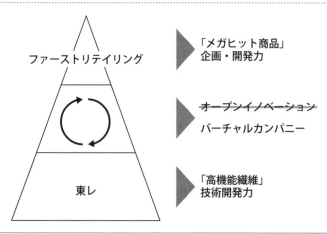

レが同じような素材を競合他社に売ることを、ユニクロは全く問題にしませんでした。企画力で勝負するユニクロにとって、競合他社が同素材の商品を出すことは脅威ではなく、むしろ東レ側の製造設備などの固定費負担が分散されることにより、規模の経済を追求できるからです。

自社のファミリアーな領域にとどまっていては、環境変化に適応し切れません。かといって、アンファミリアーな領域に自らノコノコ乗り出しても勝算はない。アンファミリアーな領域を得意とする異質なプレーヤーと組むことで新たな可能性が開けてくることを、ヒートテックのケースは示しています。

6 | オープンイノベーションの光と影

異質なものとの「協創」がイノベーションのエンジンであり、企業変革のエンジンになることを見てきました。しかし、オープンイノベーションが成功する確率は、残念ながら高くはありません。次のような7つの壁が待ち受けているからです。

①自社ならではの強みがない

そもそも一番上の「競争」領域の資産が磨き込まれていないケースです。協創の基本ルールは、ギブ・アンド・テイク。自分から魅力的なギブを提示できない限り、いくら相手にすり寄っても話になりません。スキルの経済が働く部分を磨き上げておく必要があります。

②異質なものに対する抵抗感を克服できない

社格や社風にこだわるという、目に見えない壁があります。大企業には、駆け出しのベンチャーは危なっかしくて、まともに組めるような相手ではないという抵抗感がある。一方、ベンチャー側にも、大企業は意思決定が遅く、足手まといになるだけだという警戒感が強い。しかし、異質だ

第3章　ポートフォリオ・オブ・イニシアティブ（組合せ）モデル　129

からこそ意味があるオープンイノベーションに同質性を求めるのは、本末転倒と言わざるをえません。

東レとユニクロがヒートテックの開発を始めた頃、両社の間には規模の面でも社格においても差がありました。そのため、なぜこんな新参者と組むのか、という抵抗が東レの社内にはあったといいます。

しかし当時の前田勝之助社長は、「ユニクロはこれから爆発的に大きくなる。今から組むことに意義があるのだ」と言って説得したそうです。全く異なる資産を持つもの同士が組み合わさったときにイノベーションが創発することを、前田さんは理解していたのです。

③当事者間の期待値の食い違い

第3の壁は、お互いの目的関数（収益に対する期待）が完全に合致するのはきわめて稀である点です。A社にとっては千載一遇のチャンスだとしても、B社にとってはそこまでリソースを張らなくても、他に優先順位の高い事業がある、などといったケースです。こうなると入り口でボタンの掛け違いが起こってしまい、しっかりしたWin-Win関係に持ち込むことはできません。

④成果が出るまで待ち切れない

たとえうまく最初の滑り出しができたとしても、その後のイノベーションを生み出すプロセスの中で、当初の熱い思いが希釈されていくパターンがあります。たとえば、ヒートテックは製品化までに5年かかっていて、その間は経営レベルでも現場レベルでも大変な忍耐が求められました。

これを乗り越えるためには、並大抵ではないコミットメントが必要で、諦めずに成果が出るまでやり切るより他に道はありません。実はここが最大の関門で、もう少し辛抱していれば成果が上がったオープンイノベーションの事例も少なくないはずです。

⑤市場開拓力に乏しい

技術レベルでは素晴らしい成果が生まれたとしても、それによって大き

な市場をこじ開けていくパワーが不足していることが少なくありません。市場開拓力の欠如です。特にオープンイノベーションをR&D部門に丸投げしている企業は、例外なくこのトラップに陥ります。これはオープンイノベーションに限らず、日本企業のイノベーションへの取組みそのものに共通する壁といえるでしょう。

そもそも、日本企業はイノベーションを「技術革新」と理解しているところからして間違っています。イノベーションは新しい市場を生むことが本質であって、技術はその1つの手段にすぎません。それどころか、アップルを筆頭に、グーグル、フェイスブック、アマゾンなどのアメリカのイノベーション先進企業（GAFA）は、自らは技術革新すら行っていません。

市場開拓力こそがイノベーションのエンジンです。ここを取り違えた日本企業は、「技術で勝って事業で負ける」という敗戦を続けることになります。

⑥事業モデル構築力に乏しい

技術イノベーションに基づいて市場開拓まで果たしても、壁はまだ続きます。価値の獲得に失敗するケースが後を絶たないのです。顧客やパートナー企業にとっての価値にリンクした値付け（バリュー・プライシング）ができず、価格競争に陥ってしまうパターンです。

仲間を広げてネットワーク外部性を活用して、コストをかけずに売上を多重化するという知恵が回らない。パートナー企業の「裏方」に回ってしまい、「インテル・インサイド」のようなブランド価値をうまく構築できない。これらが典型的な症状ですが、いずれも「事業モデル構築力」がないがゆえです。

⑤の市場開拓力とこの事業モデル構築力こそ、私がX経営のエンジンと呼んでいるものにほかなりません。まさに次世代成長に向けた、最もクリティカルな2つのスキルといえます。

⑦成果の公正な配分ができない

最後に、たとえ事業レベルで大きく成功したとしても、今度は成果の取

り合いが始まります。それも等分しようという話にはならず、少しでも多くの利を取るのに走ってしまうケースが少なくありません。

仮に一度はそのようなエゴが通ったとしても、そうした習性はその企業の体質として知られ、二度とオープンイノベーションのチャンスはめぐってきません。日本のこれまでの勝ち組企業の多くは「手の内化」（自前化）を基軸としているため、オープンイノベーションの相手の功績まで、自分のものにしようとしがちです。この点については、十分に留意しなければなりません。

これら7つの壁を突破して、オープンイノベーションの果実を手にするケースはきわめて稀です。ブームに乗って軽い気持ちでオープンイノベーションを仕掛けようとしている企業ほど、見事に落とし穴にはまっていることを覚えておいてください。

7 時間軸のマネジメント

◆────スピードの経済

変化のスピードが加速度的に増す中、経営変革にもスピードが求められています。しかし従来の自前主義を貫く限り、スピードには限界があります。「競争」「協創」「共層」における3つの経済性をうまく使いこなすことで、結果的に「スピードの経済」が生まれます。これを私は、「Skill × Scope × Scale × Speed」ということで「S^4の経済」と呼んでいます（図表3-11参照）。ここで多層的な仕掛けができるかどうかが、時間軸での勝負の分かれ目になるのです。

本章の最初に紹介したPOIの9つのマトリクスを思い出してください（図表3-1参照）。縦軸の一番下の「アンサートン（uncertain）」ゾーンは誰も足を踏み入れたことのない未知の領域なので、攻略するためには「実験」が有効な打ち手となります。

132　第Ⅰ部　変革の4モデル（What）

日本ではよく「トライ・アンド・エラー」といいますが、失敗ばかりしていては能がありません。シリコンバレーでは「トライ・アンド・ラーン」が正しい学習のリズムとされます。また、最近では「Fail Fast, Learn Faster」がキーワードとなっています。挑戦してみて、市場の反応を汲み取り、より良いものにしていくという考え方です。

◆───── リーン・スタートアップ

　これを方法論にまで高めたのが、これまでにも何回か紹介したエリック・リースの「リーン・スタートアップ」という手法です。同名の著書に書かれているとおり、時間、労力、コストの無駄をなくして、顧客が求める製品・サービスをスピーディーに生み出し続けるための手法です（図表3-13）。ベンチャー企業、特にITベンチャーにおいては常套手段となっています。

　ウィーク1、ウィーク2、ウィーク3と毎週のように新しいプロトタイプを作り、それをユーザーに使ってもらい、そのフィードバックを次のバージョンに反映する。そうすることで失敗を無駄にせず、不確実で先が読めない時代にあっても、顧客にとって本当に価値のあるものだけを提供することが可能になります。

図表3-13　リーン・スタートアップ

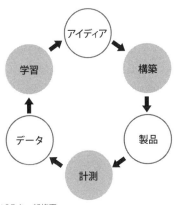

（出所）リース（2012）p.105を一部修正。

リーン・スタートアップでカギとなるのが、MVP（Minimum Viable Product）という考え方です。実用最小限の製品・サービスという意味で、日本の一般的なメーカーでは考えられないくらい完成度の低いプロトタイプを、躊躇せずに市場に出してしまいます。

テスラがこれを自動車に応用したときは、さすがに波紋を呼びました。電気自動車に限らず自動車にはいくつものソフトウェアが組み込まれ、各種システムを制御しています。こうした組み込みソフトウェアはスマートフォンやデジタルカメラなどにも多く搭載されていますが、自動車は他の組み込み機器とは異次元の緻密さや、徹底した品質管理が求められる分野です。

デジカメのソフトウェアにバグがあっても、直ちに人の命にかかわるわけではありませんが、自動車の場合は重大事故に直結しかねません。だから普通の自動車メーカーは、厳しい基準の下で作り込んだソフトウェアだけを搭載しています。

しかし、テスラの姿勢は異なります。バグがあったらソフトウェアをアップデートして、ユーザーの手元にある車に無線で送り込みます。ソフト業界ではOTA（Over the Air）と呼ばれる常套手段です。実際、テスラ車の画面には頻繁にアップデートの知らせが表示され、ユーザーの手元で問題が改善され、機能が追加されます。普通の自動車メーカーなら「リコール」するところも、テスラは「バージョンアップ」と呼んですませてしまう。はなから思想が違うのです。

ただし、残念なことに自動運転による死亡事故も発生しています。調査の結果、車載システムから何度も発せられた「ハンドルに手を添えるように」という警告を、運転者が無視していたことが判明します。そのため、テスラがリコールを命じられることはありませんでしたが、感知システムや警報ブザーなど、まだまだ改良の余地が大きいことも浮き彫りになりました。

自動運転では、想定されないさまざまなことが起こるので、あのグーグルにしても実験に実験を重ねています。それでも、こうした事故は発生します。既存の自動車メーカーがなおさら慎重に「場合の数」を繰り返し学

134　第Ⅰ部　変革の4モデル（What）

習しているのは、当然でしょう。しかしテスラは、製品を世に出すことでユーザーを使ってリアルな学習を行い、高い安全性に近づこうとしているのです。

こうしたリーン・スタートアップを行う際に気をつけなければいけないのは、ユーザーに対して「これは未完成である」ということを十分に理解してもらうことです。それを怠るとクレームの山となり、決定的に信頼を失いかねません。

提供側の立場を理解しているリードユーザーに対して、「あなたの声をいち早く商品に反映したいので、気づいたことをどんどん教えてください」というような働きかけをしながらテストマーケティングをする。そうすることで、ある種のファン心理を持つ支持者も獲得していくことができます。

◆——— GEのファストワークス

社会インフラや医療などのミッション・クリティカルな分野、すなわち絶対の安全性が求められるものについては、リーン・スタートアップは不向きだと考えられてきました。しかし、GEのジェフ・イメルトはエリック・リースの支援を得ながらこれに正面から取り組み、「FastWorks（ファストワークス）」という独自の手法を生み出しました。その成果は目覚ましく、たとえばエンジンの開発期間を30％短縮させることに成功しています。

GEのような巨大組織が導入したのだから、自分たちにできないはずがない、と思いたいところですが、日本企業はなかなか踏み込めずにいます。

トヨタに代表される日本の良質な製造業の鉄則はフロント・ローディング、つまり、初期工程にリソースを集中して、後工程で発生しそうな問題をあらかじめ潰していく考え方をとります。間違いはその場で徹底的に根絶して、完全なものしか次工程に送ってはいけない。ましてや工場の外に出すときには、完璧なものでなければならない。ユーザーと一緒になって完成品に近づけていくリーン・スタートアップとは、百八十度スタンスが異なる開発手法です。

第3章　ポートフォリオ・オブ・イニシアティブ（組合せ）モデル　　135

しかし、後工程で発生しそうな問題が常に予測できるとは限りません。自分たちにとって完璧な製品・サービスも、もしかしたら顧客にとってはそうでないかもしれない。特に自動運転やウーバー流のシェアード・エコノミーなどのアンサートンな分野では、何がユーザーにとって受け入れられるかは、実際に市場に出してみないとわかりません。考え込むのではなく、動いて、試して、改善する。市場で学習をしていくことが求められます。

未来学者のアルビン・トフラーが『第三の波』の中で「プロシューマー」の誕生を予見したのは、40年近くも前のことです。プロデューサー（生産者）とコンシューマー（消費者）を組み合わせた造語で、製品・サービスの企画、開発に参加する消費者を意味します。そうしたプロシューマーと一緒になってモノを作り上げていく時代が、現実のものとなっています。

◆──── リーン・アンド・スケール

ただし、リーン・スタートアップで新しいものが生まれても、それを大きく育てる仕組みがなければ、特に大企業においては、5年後、10年後を担うような事業にはなりません。そこで今、「リーン・アンド・スケール」というキーワードが注目されています。

事業が生まれて成長するまでを、0から1、1から10、10から100の3段階に分けるとしましょう。リーン・スタートアップではいろいろなプロトタイプができるので、0から1は山ほど出てきます。

ところが、その中で物になるのはごく少数にすぎません。あとに残されるのは屍の山。これではあまりにも生産性が悪すぎます。10にも100にも育つものを、より多く生み出さなければなりません。

0から1を生み出すところが難しいという意見がありますが、私はそうは思いません。発想さえ広げれば、新しいアイディアは簡単に出てくるものです。たとえば、外部から広くアイディアを集めるハッカソンです。

学生に、「A社は次世代成長に向けて何をすればいいか」という課題を与えると、山ほどアイディアが出てきます。思いつきや非実現的なものが大半ですが、それでもA社が自ら考えるよりも、よほど豊かなアイディア

が次から次に出てくることは確かです。

　もっとも、当事者であるＡ社にとっては、そんな思いつきにつきあっていられないというところでしょう。0から1は生まれても、それを1から10、10から100にする仮説がなければ、手のつけようがありません。

　リーン・スタートアップが直面する課題も同様です。0から1は簡単に生まれるものの、1から10、10から100にするアルゴリズムがないと、労多くして益なしの状態に陥りかねません。裏を返せば、0から1よりも、むしろ1を10、そして100にするアルゴリズムこそがボトルネックであり、最も希少価値が高いといえます。このスケールさせる方程式さえ備わっていれば、0から1のアイディアそのものは、外部の多様な知恵に頼ればよいのです。

　すべての大企業は過去に、1から100に成長させた本業を持っています。だから現在があるわけで、そのための資産（たとえばブランドや販路）はすでに持っているはずです。そうであるならば、ベンチャーと大企業のオープンイノベーションが「リーン・アンド・スケール」の1つの有力な答えとなるでしょう。

　グーグルの成長の基軸は、まさにこのベンチャーの知恵を活用することにあります。自ら作り出して市場に送り込んでいるものはわずかで、基本的にはベンチャー企業を買いまくっています。ユーチューブや、スマート・サーモスタットなどを手掛けて急成長中のネストラボ、碁のチャンピオンを倒したAIの雄ディープマインドなどは、その代表的な例です。

　大企業が自らリーン・スタートアップを身につけるのは難しくても、大企業が本来持っているスケールさせるパワーをベンチャー企業に開放すれば、Win-Winの関係が築けるはずです。

　ただし、日本企業の多くはスケールさせた実績とそのための資産は持っていても、アルゴリズムが形式知化されていないことが少なくありません。本業であるがゆえにこだわり続けてきた結果スケールできただけで、そのプロセスを「型紙化」できていないのです。これではベンチャーのアイディアはおろか、自社で生まれた事業でさえもスケールさせることは不可能です。

第3章　ポートフォリオ・オブ・イニシアティブ（組合せ）モデル　　137

「型紙」は一様ではありません。それぞれの企業にぴったりフィットした型がある。そのスケール化のアルゴリズムをきちんと整理して磨き上げることが、次世代成長をめざすうえでの大前提となります。

他社との協創の場合は、その先にも関門が待ち受けています。自社ならではのアルゴリズムを異質な相手に対してどこまで適用できるか、という問題です。先に述べたトヨタとテスラが決別した理由の1つは、ここにあったと考えられます。したがって事前に、そもそも適用できそうかどうかを慎重に判断しなければなりません。

◆───── ダイバーシティ経営の神髄

速度を上げて変革を成功させるための方法として、オープンイノベーションやリーン・スタートアップが有効であることを述べてきました。取り込むのは、前者では他社の強みであり、後者では顧客の反応でしたが、共通しているのは自社内にはない資産であり、答えであるという点です。

ダイバーシティというと性別や人種の多様性に目が向きがちですが、重要なのは違う観点を持っているということです。固定概念にとらわれずに新しい視点でものを見ることに、ダイバーシティの本質があります。

これは「手の内化」が通じない世界です。「手の内化」はトヨタ用語で、いわゆる内製化を意味します。技術のブラックボックス化を防ぎ、調達先の提案内容を正確に評価して、適正な品質と価格を確保するには、自分たちで作れなければいけないという、非常にトヨタらしい考え方です。

近年の代表例が、EVやハイブリッド車用の電池です。モーターの技術がなかったトヨタは、パナソニックと共同出資でパナソニックEVエナジーを設立し、自社工場の横にモーター工場を造らせましたが、その後に自社の子会社にしてしまいます（現プライムアースEVエナジー）。

そうすることで、他社の知恵を外部のものとして受け入れるだけでなく、自社の中でしっかりと統合していく力が出てくるのは確かです。ただし、やりすぎるとオープンイノベーションが進みません。オープンイノベーションの壁の7つ目として挙げたように、手の内化されるのがわかってしまうと、誰も近寄らなくなるからです。

相手を信頼し、敬意を表しながら技術や知恵を供与してもらい、徐々にそこにトヨタならトヨタらしさを一緒になって埋め込んでいく。そんな理想のつきあい方に、トヨタは今、シリコンバレーで挑戦しています。第2章でも触れたTRI（Toyota Research Institute）です。これまでだったら乗り込んでいって手の内化し、トヨタ流に染め上げるところを、ぐっと我慢して、選りすぐったAIのプロフェッショナルたちに自由に任せているのです。

　トヨタはこれを「Home & Away」戦略と呼んでいます。自分たちが得意（ファミリアー）なHomeと不得意（アンファミリアー）なAwayをきちんと切り分け、それぞれを深めていく自律分散型の経営モデルです。

　トヨタから見ると、研究の方向性が思うようなものでなかったりするなど、歯がゆい点もあるようです。本当ならば、もう少し影響を与えたいところですが、あまりやると優秀な人財が逃げてしまう。だから辛抱しながら、時間をかけています。

　もちろん、いつまでもこのままでは意味がないので、生み出される成果が重要であればあるほど、トヨタの中に取り込むようにしなければなりません。そのための人財も並行して育成しているというのが、現在のトヨタの状況です。

　日本の伝統的な優良企業が、オープンイノベーションもリーン・スタートアップも苦手で、ダイバーシティにおいても遅れていることは前述のとおりです。しかし、あのトヨタでさえ、そこから何とか脱却しようとしています。未知の領域に進むための学習には、新しい教師やパートナーが不可欠なことを理解しているからです。

　学習能力はもともと高い日本企業のことです。新しい学習スタイルを学ぼうという気にさえなれば、ゼロから出発しても追いつくことは、決して不可能ではありません。手遅れになる前に、謙虚な気持ちでゼロベースから学習を始めることをお勧めします。

◆─────「ゆらぎ」と「引き込み」

　多様性を取り込み、環境に適応した進化のあり方を考えるうえで参考に

なるのが、生命の進化モデルです。

東京大学名誉教授の清水博さんは、著書『生命を捉えなおす』の中で、「ゆらぎ」と「引き込み」を、生命の自己組織化メカニズムの本質と位置づけています。私は、企業が進化する際の運動論として、この2つがキーワードになると思います。

生命は通常、自己再生運動を繰り返します。そして自分の細胞とそうでないものを厳しく識別し、異質性を攻撃・排除する働きをする。これが免疫力です。

一方で、環境が変化した際に、新しい動き方をする細胞が現れてきます。これが「ゆらぎ」です。最初に変化するのは、中核にある細胞ではなく、外部と接している部分です。

そして、そのような新しい動きが他の細胞にも伝わり、生命全体が新しい環境に沿った運動を始めるようになる。これが「引き込み」現象です。

進化のきっかけとなる「ゆらぎ」は組織のコアではなく、辺境から始まる。これは、企業においても同様です。本社や本国、本業のど真ん中ではなく、子会社、海外、非主流事業などから「ゆらぎ」が始まるのが一般的です。これを、マッキンゼー時代の私の「同志」で、今はシンギュラリティ大学で教鞭を執っているジョン・ヘーゲルは、「辺境から生まれるイノベーション（Innovation @ edges）」と呼んでいます。

ただし、免疫力が強すぎると、生命のコアはこの「ゆらぎ」を異物と捉え、排除しようとします。同様に、免疫力が強い企業のコアは、このような辺境の「ゆらぎ」を潰しにかかろうとする。生命同様、企業が環境変化に正しく適応するためには、「ゆらぎ」を進化の絶好の契機として捉え、組織全体の新しい「引き込み」運動に仕立てていかなければなりません。

そのためには、第2章で紹介したセルフ・ディスラプションモデルにおいては、特に異質な価値観をいかに取り込むか（タイプ3とタイプ4）がカギとなります。また、本章のPOIモデルにおいては、いかにアンファミリアーな領域、そして、アンサートンな領域にコマを進めていくかが勝負となります。

◆──── パーポスとピボット

　非連続な環境変化に直面した際には、組織全体も非連続に変化しなければなりません。これは生命でいうと、進化というよりも突然変異に近い形態です。マグニチュードが大きいこのような変化に対しては、セルフ・ディスラプションモデルやPOIモデルが有効です。

　このような局面では、自分の殻に閉じこもっているわけにはいかず、大きく一歩踏み出さなければなりません。ただし、その場合、完全に自己を否定してしまうと、進化のプロセスを一から始めなければならなくなります。

　なかには、創業時代の身軽さを取り戻して、見事なメタモルフォーゼを演じる企業もあります。私の同僚である一橋大学教授の楠木建さんが「O（Opportunity）企業」と名づけた、収益機会をいち早く取り込んで儲ける一握りの企業群です。たとえばアマゾン。企業価値ではウォルマートを大きく引き離し、アップルをも凌駕するまでに急成長を果たしましたが、今でも「Day One！」（初心に帰れ！）を合言葉に、変身を続けています。

　一方、多くの企業はそうはいっても、自分の本質的な強みに立ち返って身構えようとします。楠木さんはこのグループを「Q（Quality）企業」と呼びます。そして、日本の良質な企業は、Q企業グループに属するというのが楠木さんの見解です。

　しかし、私が21世紀になって大きく成長を続けている世界のトップ100社を分析した結果、もう1つの企業像が見えてきました。それらの企業は本質的に変わらない要素と、環境変化に応じて巧みに変質させている要素を併せ持っています。こうした持続的な成長企業を私は、「G（Global Growth Giant）企業」と名づけました（図表3-14）。

　詳細は、拙著『成長企業の法則』を参照いただければ幸いですが、G企業の特徴は2つのP、すなわち、パーポスを基軸としつつ、ピボット（一歩踏み出す）し続けることです。まず「何のために存在するのか」を問いかけ続けていること。この基軸がブレれば、単に環境変化に流されるだけの、実体のない企業（O企業）になってしまいます。

　一方、大きく踏み出す勇気がなければ、いつまでも自分の殻に閉じこ

図表3-14　G企業とは？

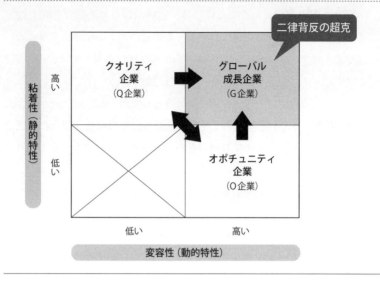

もって進化できない企業（Q企業）のままで終わる。G企業になるためのカギは、前述のダイナミック・ケイパビリティにあります。

◆──── U理論

　ダイナミック・ケイパビリティを獲得する有力なアプローチとして、「U理論」が注目されています。これは、ベストセラー『学習する組織』の著者であるマサチューセッツ工科大学（MIT）のピーター・センゲが、自己組織化のプロセスとして自ら実践しているものです。

　そもそもU理論は、同じくMITのオットー・シャーマーが10年前に提唱したモデルです。現実の淵から本質（根源）に下りていき、新しい現実を呼び起こすというU字型の学習理論です。

　そのためにはまず、自分の殻に閉じこもらず自我を無にし、五感を研ぎ澄ませて環境と同化していく。これが「センシング」と呼ばれる、物事の本源にまで下りていくプロセスです。

　そのようにしてたどり着いたU字の底では、未来の現実を体感すること

図表3-15　ダイナミック・ケイパビリティ——U理論の3つのプロセス

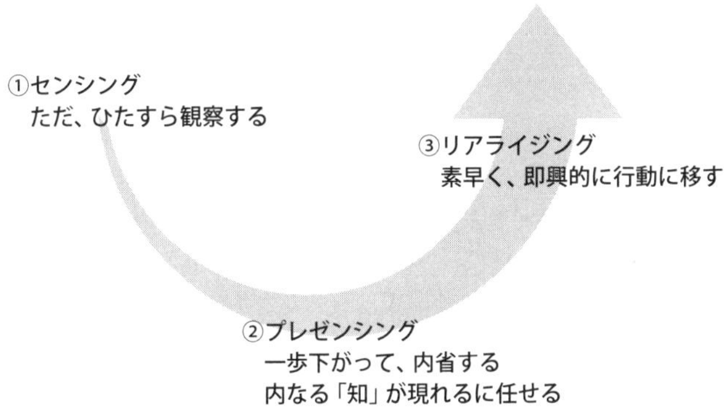

①センシング
　　ただ、ひたすら観察する

③リアライジング
　　素早く、即興的に行動に移す

②プレゼンシング
　　一歩下がって、内省する
　　内なる「知」が現れるに任せる

(出所) センゲほか（2006）p.110を一部修正。

ができます。「プレゼンシング」と呼ばれる現象です。そしてそこからU字の反対側の現実に立ち戻って、体感した未来を自らの手で創造する。「リアライジング」という3つ目のプロセスです（図表3-15）。

　センゲはシャーマーたちと著した『出現する未来』の中で、U理論をバックボーンに、未来と出合い、「世界─組織─自己」を再創造する能力をいかに育成するかを論じています。

　彼らが述べているように、U理論は仏教のいう「悟り」のプロセスとよく似ています。主客を分けずに、客観的なものと自分が一体になることによって、そこから本質が見えてくる。分析するのではなく、あるがままに受け入れることで、自分の中を通して未来が現出するというものです。

　仏教との違いがあるとすると、U理論は個人ではなく、組織全体で実践するものである点です。そして、そこで体感した「あるべき姿」を受動的に受け入れるのではなく、能動的に作り出すことを提唱しています。

　このプロセスは、スティーブ・ジョブズが想像力を育むために実践していた瞑想や座禅の世界そのものです。現在、アメリカ西海岸のクリエイターやエグゼクティブの間では、マインドフルネス活動として広がりを見せています。

　非連続な環境変化に直面している現在、U理論に沿って本質を体感し、

第3章　ポートフォリオ・オブ・イニシアティブ（組合せ）モデル　143

未来を自ら創造するパワーが求められています。たとえば、自動車業界は「CASE」という4つの環境変化に見舞われています。Connectivity（つなぐ）、Autonomous（自動運転）、Sharing（シェアリング）、Electrification（電動化）の4つです。まさに、100年に一度の大変革です。

そのような環境変化の下、デンソーの有馬浩二社長は「第二の創業」の必要性を唱えています。ただし、ガソリンエンジンなどの既存事業が突然消滅するわけではないので、これまでの強みを磨きながら、新しい現実に向けて大きく一歩踏み出していかなければなりません。

そのためには、これまで培ったケイパビリティを基軸としつつ、新しい現実の中で自社のあり方を虚心坦懐に受け入れ、そこでもう一度自社らしい価値を作り上げていくというU理論のプロセスの実践が求められます。自社のパーパスを再確認しつつ、大きくピボットするプロセスです。

新しい現実に飛びつくのではなく、自分の強みをうまく「ずらし」ていく——私が「拡業」と呼ぶ成長モデルです。そしてこのダイナミック・ケイパビリティ・ビルディングのプロセスを組織の中に埋め込むことができれば、持続的な自己変革が可能になります。次章では、この変革の第4のモデルを紹介します。

---

8 | 3つの変革モデルを総括する

ここまで3つの変革モデルを紹介してきました。

1つ目のシュリンク・トゥ・グローは、V字回復をめざす際に有効なモデル。苦境に立たされた企業の常套手段です。しかし、いったん回復すると改革は停滞し、多くの場合はリバウンドに見舞われることになります。

ただし、第1章で紹介した味の素の「フィット・アンド・グロー」のように、苦境に直面したときに行うのではなく、経営の健全なリズムとして取り入れるのであれば、持続的成長のドライバーとすることが可能です。こちらは、一過性ではなく継続性があるという意味では、次章で紹介する

144　第Ⅰ部　変革の4モデル（What）

メビウス運動モデルに近いともいえるでしょう。

2つ目のセルフ・ディスラプションは、文字どおり自己破壊をめざすモデルです。デジタル革命のように非連続な環境変化に直面した場合や、本業そのものが立ち行かなくなった場合に有効です。当然、社内に危機感が共有されていることが大前提となりますが、それでも強い抵抗に遭うのは必至です。

特にタイプ3やタイプ4のような従来の価値観から逸脱するイニシアティブに対しては、既存勢力からの反発は避けられません。したがって、非常時はともかく、平時において持続的な成長をめざすうえでは、あまりにも劇薬でありすぎるおそれが高いといえます。

3つ目のポートフォリオ・オブ・イニシアティブ（POI）は、ひと言でまとめると、自社のコンフォートゾーン（住み慣れた領域）からのずらしを仕掛けるモデルとなります。継続することによって、持続的に自己変革を実現することができます。ただし、全社変革プログラムは3年以上続けると疲弊感が蔓延し、大半は失速してしまいます。IBMでは例外的にガースナーのリーダーシップのもとで10年近く続いたものの、トップ交代後はやはり続きませんでした。

以上の3つのモデルはいずれも、トップダウンで「プログラム」化することはできても、現場内に「体質」化することができない点に本質的な限界があります。意識して取り組むものなので、計画が終了すればそれで終わり。悪くすれば変革前より悪い状態になりかねません。

それに対して、次章で紹介する第4のモデルは、体質化することを狙ったものです。これまでの3つが「西洋医学」ないし「外科手術」的アプローチだとすると、この第4モデルは「東洋医学」ないし「漢方薬」的なアプローチといえます。あるいは、「ライザップ」的な即効型変身を狙ったモデルと、適切な食事や運動を心がけて健康な体質を保ち続けるモデルにたとえることもできるでしょう。

企業変革は、無理やりプログラム化するのではなく、組織内に体質化させることによって初めて、持続可能な成長をもたらします。では、いよいよその第4のモデルをご紹介していきましょう。

第3章　ポートフォリオ・オブ・イニシアティブ（組合せ）モデル　145

メビウス（永久反転）運動モデル

1 最強の変革モデル

◆───永久に変わり続ける

　第4の変革モデルにして、4つの中で最も日本企業に適しているのが「メビウス（永久反転）運動」モデルです。始まりも終わりもなく、無限に繰り返されるメビウスの輪にちなんで、私が命名しました。

　常に変革し続ける点は、第3章のPOIモデルと同じですが、POIモデルにおける変革の度合いが革命的であるのに対して、メビウス運動はある点を切り取ってみると、それほど大きな変化ではありません。むしろ、微妙な変化の積み重ねといってもよいでしょう。しかし、それが永久に続くため、一定の期間で比較すると、革命的なPOIモデルを変化の総和で上回ることがある。それがメビウス運動モデルです。

　メビウス運動が優れているのは、無理をしないところです。大きなショックを与えないので、大失敗をするリスクがまずありません。そして何より、組織の中にこの運動メカニズムを埋め込むことができれば、カリスマリーダーの登場を待たずとも、いつでも、そして永久に進化し続けられる。この点においてメビウス運動モデルは、本書で紹介する4つの変革モデルの中で突出しています。

◆──── 陥りがちな縦横運動

　企業活動を大きく空間軸と時間軸の2つで捉えて、メビウス運動を続ける限り、成長が止まらないことを説明しましょう。

　空間軸（縦軸）は、①顧客、②企業、そしてその接点となる③商品・サービスという市場空間上の3要素で構成されます。時間軸（横軸）は、①着想（define）を得て、②構築（develop）し、それを顧客に③提供する（deliver）までのバリューチェーンを表しています。この3×3のマトリクスが、企業活動の舞台となります（図表4-1）。

　この9象限の時空間をダイナミックに活用することで、イノベーションが生み出されます。しかし多くの場合、真ん中の十字型の領域内の縦横運動に終わってしまいがちです。

　その典型例が、図表4-2の横向きの矢印が示す、いわゆるプロダクトアウトといわれる現象です。商品・サービスのみに焦点を当てて、顧客も、自社の競争力も考慮されていません。相対するマーケットインの重要性が指摘されて久しいので、さすがに減ってきているとはいえ、典型的な

図表4-1　空間軸と時間軸

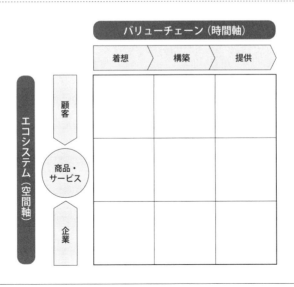

図表4-2 通常の事業開発プロセス――表面的な縦横運動

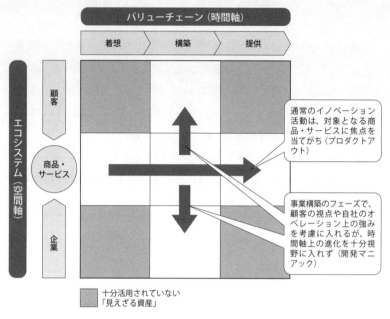

(出所) 名和 (2010) p.106。

失敗パターンであることに変わりはありません。

　一方、上下に伸びる縦の矢印は、事業構築の段階で顧客の視点や自社の強みを考慮に入れています。ただし、時間軸上の進化を十分には視野に入れていません。構築に集中しすぎて、その前後の着想と提供のプロセスがなおざりにされてしまっています。開発時点に集中しがちな開発マニアックな行動パターンです。

　図を見ればわかるように、こうした表面的な縦横運動では隅の4つのボックスが活用されません。実はここに、顧客価値を高め（スマート）、コストを下げる（リーン）、つまりスマート・リーンを実現するための要件が眠っています。

　4象限を真ん中のボックスで結ぶと蝶が羽を広げたように見えるので、私はこれを「バタフライモデル」と呼んでいます。メビウス運動とバタフ

ライモデルについては『学習優位の経営』で詳しく述べていますが、ここではその概要を紹介します。

◆──── バタフライモデル

　図表4-3の四隅のボックスを時計回りに見ると、左上が「顧客洞察」、右上が「顧客現場」、右下が「事業現場」、左下が「組織DNA」。そして、それらをつなぐ中央が、ビジネスモデルを作り込む「成長エンジン」です。

　既存市場である右上の顧客現場を起点とし、それを自社の強みに照らし合わせ（左下）、そのうえで自分たちが提供する価値を定義して（左上）、その価値をベースにスケールを取れるビジネスモデルを設計する（中央）。さらに、いかに低コストで提供するかを検討し（右下）、実践して顧客の反応を見る（右上）。四隅と真ん中の5つのボックスをつないで回転させ、それを何度も繰り返す。これがメビウス運動の全容です。

　私は、アップルがなぜイノベーションを生み続けられるのかを研究する中で、メビウス運動の存在にたどり着きました。しかし、アップルと比較すると、日本企業はどうしても中央の成長エンジン、ビジネスモデルの作り込みが弱い傾向が見られます。

　もっといえば、抜け落ちている場合も珍しくありません。ものづくりは右下の事業現場で行いますが、その前の段階で、自分たちはいったいどういう価値を提供するのか、誰と組んで行えばスケーラブルになるのかを考え抜かなければ、成長エンジンを回すことはできません。

◆──── メビウス運動の手順

　5つのボックスをメビウスの輪のように逆上がりさせるメビウス運動の動きを、もう少し嚙み砕いて説明しましょう。

　マッキンゼーでは、左上の顧客洞察から始めよ、とよく言いますが、これは正しいようで現実的ではありません。何か新しいことを始めるとき、顧客が何を欲しがっているか、次にどんなものを求めているかを考えることは、確かにとても大切です。しかし、単純に考えるだけで、その答えが発見できるでしょうか。

第4章　メビウス（永久反転）運動モデル　**149**

図表4−3　メビウス運動

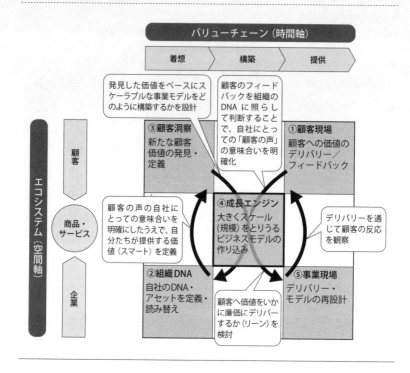

　仮に、それがわかればビジネスは成功したも同然。コンサルタントなどをせずに、自ら事業を手掛けているはずです。では、どこから着手するのが正解なのでしょうか（図表4-3）。

①顧客現場
　一般的には右上の「顧客現場」から始めるのが正解です。顧客が実際に物を買ったり・買わなかったり、サービスに満足したり・しなかったりする現場で、リアリティの宝庫です。ですからコンサルタントも実際には現場を調べて、そこから浮かび上がる事実に学ぶことから始めます。
　ただし、間違ってはいけないのが「現場」の捉え方です。よくあるのは自社のコアユーザーのところに行って、その声を聞く方法です。しかし、それをしている限り、ファミリアーゾーンから抜け出すことはできません。

これまでと同じことを同じように繰り返す自己再現に陥ってしまい、非連続な成長をめざすことができない。だから既存顧客ではなく、「未顧客」の声を聞かなければならないのです。

ひと頃「非顧客」というキーワードが注目されましたが、「非」であるのには相応の理由があるので、いつまで経ってもまず顧客化しません。だから、「既」でも「非」でもなく、その間にいる将来の顧客になりそうな「未顧客」に着目する必要があるのです。

未顧客がなぜわれわれのものを使わず、他社のものを使うのか。あるいは、どこの商品・サービスも利用せずに自分で手間をかけているのか。こうした問いの先に、真のリアリティがあります。

②組織DNA

次に、顧客現場での学びを、左下の「組織DNA」で読み解きます。ここでよく犯す間違いが、左上の顧客洞察か右下の事業現場に持っていってしまうというものです。

前者はマーケティングを得意とする企業が陥りがちな罠です。確かに顧客が求めるものはわかるかもしれませんが、それは自社だけではなく、競合他社にも共通する表面的な答えにすぎない。自社にとってそれが何を意味するかを読み解かなければ、提供すべき価値にはつながりません。

後者はカイゼンが得意な企業が犯しやすい誤りです。右下の事業現場にはその企業が持つ資産が集まっています。製造業であれば、調達、生産、物流、顧客サービスなどで、トヨタなどが「現場」というときには、通常この部分を指します。

そこに顧客の声が持ち込まれれば、カイゼンされて今よりも優れたものができるのは当然でしょう。でも、それだけなのです。小器用に既存の商品・サービスに顧客の声を反映するだけで、新しいものは生まれてきません。

正解は、左下の組織DNAです。顕在化している資産（事業現場）ではなく、自社固有の価値観、思考様式、行動規範といった組織DNAをもってすれば、顧客が本質的に求めている価値をどのような形で提供できる

かを考えることです。

ただしそのためには、自分たちの強みは何か、どのような独自性を持って価値を作れるのかということが、十分に解読されていなければなりません。さらに言えば、その価値創造が方程式として確立されているのが望ましい。そうなれば、顧客現場での学びのうち、何を生かして、何を捨てるのかがわかるようになります。

言い換えれば、組織DNAで解読できる顧客の声だけが、自社にとって本当に意味のある声であるということです。顧客が何と言おうと、自分たちで変えられないものや、変えるべきでないものは無視しなければなりません。

③顧客洞察

そのようにして自社らしさで解読して初めて、他社にはない、模倣困難な「顧客洞察」につながります。たとえば先述したIBMを例にとりましょう。ミッション・クリティカルであることが自分たちの組織DNAの核だとすると、ベストエフォート型のサービスのいい加減さに辟易していたり、そもそも不安で手を出せていない顧客に対して、IBMならではの価値を訴求することが可能になります。自社に本当に求められている価値を抽出することができるのです。

④成長エンジン

新たな顧客価値が定義できたら、次に中央の「成長エンジン」で、ビジネスモデルの作り込みを行います。このステップを踏まずに顧客洞察をいきなり事業現場に持っていっても、日本のきちんとした企業の場合はたいてい、求められるものやサービスが提供できてしまいます。しかし、それでは自社の資産サイズに見合った事業にしかならない。レバレッジが利かずに、成長（スケール）しないのです。

ここでのポイントは2つです。1つは、事業モデルを拡大再生産しやすくするための独自の仕組み、すなわちプラットフォームを築くこと。それが難しければ、自社がプラットフォームの一部になっても構いません。

もう1つは、自前主義に陥らずに、梃子の原理で他社の資産を活用することです。この、誰とどう組むかというところに工夫と仕掛けがなければ、世の中にインパクトを与えることはできません。

⑤事業現場

あとは、顧客への価値をいかにリーンに（無駄なく）提供するかを検討し、それを「事業現場」で形にします。そして、実際のデリバリーを通じて顧客現場を観察し、それを再び組織DNAで読み解く。メビウス運動を繰り返していくことになります。

最初に提供する商品・サービスは、いうなればバージョン1です。それを使った顧客のフィードバックをそのままカイゼンにつなげれば、バージョン2やバージョン3ができることになります。一方、フィードバックを自社の組織DNAで解読して磨きをかけ、違った商品・サービスにつなげれば、もう1つ別の輪が回り始める。変革が変革を呼ぶのです。

メビウス運動の優れている点は、この運動自体が組織のリズムになっていくところです。誰に命じられるわけでもなく、組織の1人1人が自然にメビウス運動を行うようになる。トヨタやアップルがその好例で、声高に変革を叫ぶトップがいなくても、常に変革を続けて、それが当たり前になっていきます。

2 DNAを読み解く

◆───── 静的DNAと動的DNA

メビウス運動モデルを実践するうえで最大のカギは、組織のDNAをどう読み解くかにあります。企業のDNAは、「静的DNA」と「動的DNA」の2つに大別されます。

静的DNAは生まれながらに備わっている、自分らしさのようなもので

第4章　メビウス（永久反転）運動モデル　153

す。本業の特性と密接に結びついた価値観や思考様式、そこから生まれる行動パターンや作法などです。すべての会社が創業時には純化した形態で持っていたもので、それを時間をかけて、磨き上げることによって確立します。そのため、独自性が高く、時代の影響を直接的には受けません。この静的DNAがあるからこそ、トヨタもアップルも自分の強みを、いつでも何度でも再現できるといえます。

　しかし、環境が変わっても静的DNAだけに頼っていると、取り残されることになります。変化を前向きに捉えて、リスクを取って未知の領域に飛び込むことを組織全体に促すのが動的DNAです。静的DNAが学習能力だとすれば、動的DNAは脱学習（アンラーニング）力、学習の場をずらす力といえます。あえて自己否定をして、もう一度ゼロベースで学習し直すことで、組織に継続的な変化をもたらします。

　静的DNAだけでは「イノベーションのジレンマ」に陥るおそれがあります。一方、動的DNAだけでも不安定で規模の経済や範囲の経済を育むことはできません。2つが揃っていることが重要なのです。動的DNAを働かせて獲得した能力が静的DNAに組み込まれ、そこからまた学習の場を求めて進んで、さらに新しい強みを自分のものにする。自己再現力と新しいものに挑戦する力の2つが絡み合うことにより、持続的な成長が可能となります。

　以下では、皆さんがよく知る企業を例に、静的DNAと動的DNAの構造を読み解いてみましょう。

◆───アップルのDNA

　ベンチャースピリットを失わず、革新的な商品を生み出し続ける企業──アップルをそんなふうに捉えている人も少なくないかもしれません。しかし、アップルの静的DNAは、徹底的に完成度を追求することにあります。

　スティーブ・ジョブズは創業から最後まで、一貫してデザインやインターフェースの妥協を許さず、本当に使い勝手が良いものを作ることにこだわり続けました。他社が模倣して似たような商品を出しても、完成度は

比較にならない。ジョブズのこだわりのおかげで、「アップルTV」のように社内で検討を重ねたあげく、満足のいくクオリティに仕上げられなかった製品もあるほどです。

　一度ジョブズがアップルを追われた後、ペプシコから来たジョン・スカリーがCEOになると、アップルの静的DNAは危機に瀕します。マーケティングの天才といわれたスカリーがこだわったのは、クオリティではなく、数字や利益でした。その結果、アップルらしさは失われ、顧客も投資家も離反してしまったのです。

　呼び戻されたジョブズが真っ先に行ったのは、「顧客に喜ばれる商品を作る」というDNAを覚醒させることでした。デザインも機能的にもクールで、使うことが楽しくて仕方がないと思われるようなものしか作らないという原点に立ち戻ったのです。2011年にジョブズが亡くなり、ティム・クックがCEOになってからも、このDNAは受け継がれています。

　一方でアップルは、動的DNAを併せ持っています。それはジョブズが好んで使った「Think outside the box」という言葉に象徴されます。箱の中に閉じこもっていないで外に飛び出して考えよ、という教えです。

　箱は制約や障壁を表すと考えてよいでしょう。制約や障壁は思い込みにすぎず、突破することができる。いや、突破すべき壁が見つかったら、それはむしろチャンスにほかならない——それがジョブズの考えであり、アップルの動的DNA、つまり自己否定力だったのです。

　その動的DNAに突き動かされるように、ジョブズはコンピュータの壁を打ち破り、iPod、iPhone、iPadを生み出し続け、瀕死の状態に陥っていたアップルを見事に復活させます。ジョブズがいなくなり、その次の人がなかなか出てこないのが心配ですが、今もアップルは静的DNAを軸足として、もう片方の足でピボットしながら、常に新しいものを探し続けています。

　アップルの進化については、本章の4節でもさらに詳しく見ていくことにします。

第4章　メビウス（永久反転）運動モデル　　**155**

◆━━━ トヨタの仕組み力と「Why 5 回」

　次は、トヨタ自動車を例に考えてみましょう。かつて私は、トヨタの DNA を再発見するためのプロジェクトに参加しました。

　「トヨタの DNA は何ですか」というわれわれの問いに対して、最初に返ってきたのは、「当社の DNA はものづくりである。以上」という答えでした。今さら議論の余地などないというのです。そこで私が「トヨタはモノは買っているけれど、作っていない。ものづくりをしていません」と返したところ、大論争に発展してしまいました。

　しかし、現にトヨタはエンジンなどのごく一部を除いて、自社では製造していません。車体もブレーキも制御システムも、全部他の企業から買っている。それは PL（損益計算書）を見れば一目瞭然です。

　したがって、ものづくり力ではなく「ものつくらせ力」がトヨタの本質的な力ということになります。それも、系列会社でないサプライヤーにも、完璧に「トヨタ流」につくらせるのだから、これは大変な能力です。そんなことを説明しているうちに、トヨタの人も納得してくれました。

　その「ものつくらせ力」の基盤になる方法論が、トヨタ生産方式です。これを他社にも学んでもらい、方程式どおりに作らせる。だから、自分で作らずとも、トヨタ流のものづくりが徹底できる。この垂直統合によるすり合わせ型のものづくりのための「仕組みを作る力」こそが、トヨタのトヨタたるゆえん、すなわち静的 DNA なのです。

　一方、動的 DNA についてはトヨタの人もすぐに納得してくれました。それは一見すると当たり前に思えることにも、鋭い観察力や内省力を持って徹底的に突き詰めていく力です。その象徴が、広く知られた「Why 5 回」です。1 つの事象に対して 5 回の「なぜ」をぶつけて、裏に潜む本当の問題を突き詰める。それにより、単なる原因究明や問題発見を超えて、新しいものが生まれます。

　たとえば塗装の工程は、作業する人の肉体的負担も大きいし、色ムラなどの不良も起きやすい。加えて、自動車製造において最も CO_2 排出量が多く、環境負荷が大きいことも問題視されています。このような前世紀的ともいえる工程を改善するのではなく、丸ごとなくすことはできないかと

いう発想に至るのが「Why 5回」です。

　スズキに先を越されたものの、トヨタ車の一部部品ではすでに素材そのものに着色材を混ぜることによって、無塗装化が実現しています。

◆─────「ひらがな」で考えるイトーヨーカ堂

　セブン-イレブン・ジャパンがイトーヨーカ堂から受け継いだのは、実質的な創業者である伊藤雅俊さんの「ひらがなで考える」という言葉に象徴される動的DNAです。人から聞きかじったり、本を読んで得た知識ではなく、実践を通して顧客の変化を見逃さずに自らも進化することを表しています。

　一方の静的DNAは、事あるごとに基本に立ち返り、何物にもとらわれずに考える姿勢です。中小小売りの立ち位置を常に意識して、生産性や地域性にこだわり、正札販売や取引先に返品しないといった基本理念に忠実であろうとしています。

　この2つのDNAが絡み合うことにより、イトーヨーカ堂は進化を遂げていきます。セブン-イレブンを通じて「コンビニ」という日本独自のビジ

図表4-4　イノベーションを生む組織における企業DNA

	静的DNA	動的DNA
アップル	• デザインやインターフェースを通じて顧客の課題を解決することに対する執着から、製品の妥協のない作り込みを行う	• 新しい概念・新しい市場を生み出す製品開発をめざす • 「Think Different」を通じてマイクロソフトとは異なるポジションに立つことを再確認
セブン-イレブン（イトーヨーカ堂）	• 中小小売りの立ち位置から、「生産性」や「地域性」を強く意識する • 「正札販売」や「取引先へ返品せず」などの基本理念	• 「ひらがなで考える」…… 本で読んだり聞きかじって得た知識でなく、実践を通して身についた知恵を生かす思考 • 「基本を着実に実行し、お客様の変化をよく見極めて素早く対応すること」
リクルート	• 情報の結節点を担う役割を果たす	• 「自ら機会を創り出し、機会によって自らを変えよ（社訓）」の下、既存ビジネスモデルが使える白地市場を次々に開拓
トヨタ	• 生態系（エコシステム）を育て、生態系全体ですり合わせる	• 5回のWhyを繰り返し問い、突き詰めて「腹落ち」するまで考える • 「真因を探せ」「者に聞くな、物に聞け」

第4章　メビウス（永久反転）運動モデル　｜　157

ネスモデルを確立したのは、動的DNAによるところが大きいでしょう。

たとえば、脱デフレにいち早く舵を切り、「金の食パン」に代表される
プレミアムゴールドのシリーズを定着させたのは動的DNAによるもので
す。放っておいても売れる他社と同じ商品を単純に安く提供するのではな
く、消費者の視線を引きつけ、思わず手を伸ばしてしまうようなものを棚
に並べる。こうした気づきも、基本に立ち返る姿勢（静的DNA）が組織
にしっかりと埋め込まれているからこそ得られたものです。

このように整理すると、静的DNAと動的DNAが相互補完関係にあり、
常に本質的なことを考えるという思考様式と行動規範が、2つのDNAに
表れていることがわかります（図表4-4）。

◆───── リクルートのリボン図と白地市場

最後に、DNAが最も際立つ企業の1つ、リクルートについて見てみま
しょう。リクルートの静的DNAは、よく知られた「リボン図」に端的に示
されています（図表4-5）。

リボン図はリクルートがアイディアを事業化する際に使うフレームワー
クで、需要側（カスタマー）と供給側（クライアント）をつなぐ結び目を
リクルートが担うことを表しています。消費者や供給者を「集める力」、
何らかの働きかけによって両者を「動かす力」、そしてマッチングさせる
「結ぶ力」が、リクルートにとってのレゾンデートル（存在理由）であり、
どれだけ時間を経ても変わらない静的DNAです。

しかし、静的DNAを持っていくら事業を構想し、新たに市場を立ち上
げても、後発の参入者は後を絶ちません。旅行サイト「じゃらん」に対す
る「楽天トラベル」、求人サイト「リクナビ」に対する「マイナビ」などで
す。

こうした事態に直面したとき、自ら作った市場を死守しようとする企業
は少なくありません。しかし、リクルートの場合、そこはそこで戦いつつ、
また次の「白地市場」を見つけることに全力を注ぐのです。

白地市場とは、リクルートを創業した江副浩正さんの言葉で、いわゆる
ホワイトスペースのことです。創業者の思いどおり、求人情報誌から始

図表4-5　リクルートのリボンモデル

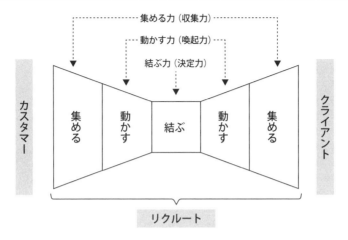

(出所) 杉田 (2017) p.37。

まったリクルートは、販促メディア (『ホットペッパー』『じゃらん』など)、フリーペーパー『R25』など、次々と新たな領域へと価値提供の場を広げていきます。

　なかには広告市場の変化で収益化が困難となった『R25』のように、役割を終えてサービスを終了したものもありますが、そのことで白地市場を開拓した価値が否定されるものではありません。全く新しい市場を立ち上げて、「不」(不満、不安、不足、不便、不合理など) を解消する。これがリクルートらしい価値提供の本質、つまり動的DNAになります。これまでどのような白地市場を開拓し、「不」を解消してきたかについては、本章の後半でも詳しく触れます。

　ここまでで、成長を持続する企業は独自性の高い静的DNAと、業種を超えて普遍性のある動的DNAの2つを、非常にわかりやすい形で持っていることを理解していただけたと思います。静的DNAという基本に忠実でありながら、場を変えることによってその価値を新しい環境、新しい市場においても再現する力がある。これが常に進化し続ける企業のDNAといえます (図表4-6)。

図表 4-6 スマート・リーン「ノマド（遊牧民）」としてのリクルート

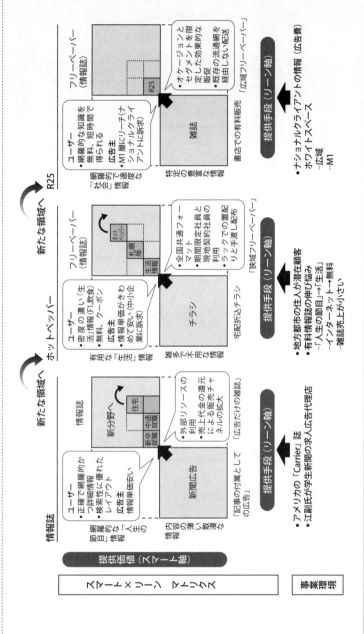

160 第Ⅰ部 変革の4モデル（What）

3 パナソニックの逆ベクトル

◆─── 「ありたい姿」という幻想

企業DNAの読み解きが企業変革にどういう効果をもたらすのかを、パナソニックを例に考察してみましょう。

私がマッキンゼー時代に携わったプロジェクトの1つに、「パナソニックのDNAを読み解く」というものがあります。中村（邦夫）改革の「創造と破壊」の「創造」の一環として、パナソニックという企業とブランドを、もう一度白紙から捉え直そうというものでした。

パナソニック側からは、未来志向の企業をめざしたいという要望がありました。しかし、それは無理だと私たちは率直に伝えました。

図表4-7は、パナソニックと競合企業の位置づけを、体験価値と時間軸の2軸で示したものです。アップルやソニー、それにサムスン（でさえ）も、未来的な非日常の体験価値を提供している。それに対して、パナソニックは、日常×現在にどっしりと鎮座している。気に入るかそうでないかは別として、この現実は直視しなければなりません。

さて、そこから一気に右上に飛ぼうというのが、パナソニックの当初の考えでした。図でいえば、左下から右上にジャンプしようというのです。しかし、大阪の門真の町に根づいた良い意味での泥臭さは、パナソニックの大切な武器です。それを打ち捨ててアップルやソニーの真似をして、何の良いことがあるのでしょうか。

そうではなく、アップルもソニーもサムスンも、ほんの一部しかカバーできていない右上の非日常×未来を、左下の日常×現在に広げて大きく展開する。語弊をおそれずに言うならばコモディティ化するところに、松下幸之助が「水道哲学」と呼んだパナソニックの静的DNAがあるはずです。その原点を見つめ直すべきだと、訴えました。

そのような議論の中から生まれたのが、「ideas for life」というコンセプトです。空中を浮遊するideas（非日常・未来）をlife（日常・現在）に

第4章　メビウス（永久反転）運動モデル　161

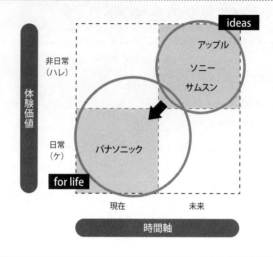

図表4-7 パナソニックと競合の位置づけ

着地させるベクトルこそ、パナソニックらしい価値創造であるというものです。この考えはパナソニックの経営陣だけでなく、社員や顧客にとっても十分に腹落ちするものだったようで、世界共通のグローバル・スローガンとして2003年に制定された後、10年間にわたって使い続けられました。

◆─── 「ふだんプレミアム」という贅沢

2012年に津賀一宏さんが新社長に就任すると、翌年には「Wonders! by Panasonic」というキャンペーンワードが掲げられます。驚きや感動を呼ぶものを生み出したいという願いが込められているのでしょうが、パナソニックらしいかといえば、決してそうではない。背伸びしている感が否めません。

これに対して、白物家電やテレビなどを扱う社内カンパニーのアプライアンス社は、「ふだんプレミアム」というコンセプトを打ち出します。日常の何でもない生活や時間を大切にするという、日本的価値観にぴったりと合うものです。同時に、パナソニックの独自性を訴求するうえでも、素晴

らしいコンセプトといえるでしょう。

　動的DNAをもって、まだ広く普及していない良いものを見つけ出し、それを静的DNAで日常に引き寄せて、しっかり作って大量供給する。この企業DNAを見失わない限り、パナソニックはこれからも、どのようにも成長できるはずです。

　ここまで見てきたように、自分らしさをもう一度読み替えると、他者には真似のできない強みが浮かび上がり、また違った戦い方ができるようになる。これが、企業DNAが他の何にも増して大事な理由なのです。

　静的DNAだけを後生大事にしていても、変化に適応できずに死んでしまう。だからといって、動的DNAだけでは飛んだり跳ねたりするばかりで、本物の変革につながらない。現実をふまえたうえで、手が届きそうにないものにジャンプするのではなく、逆に自分たちに引き寄せてしまう。これがIBMにおけるインターネット事業や、トヨタのEVへの挑戦などに共通して見られるアプローチです。

　未知のものを自社の強みで染め上げることができれば、多くの顧客にとって「物珍しい」ものにすぎなかった製品や技術が、現実の使用に堪えるものになります。しっかりとした哲学と基盤を持つ既存企業は、こうした骨太な進化をめざすべきです。そして、それを実現するためにも、DNAの読み解きは絶対に欠かすことができません。

4 ｜ アップルの進化

◆─────　アップル1.0から2.0へ

　ここから、アップル、スターバックス、良品計画、コマツ、富士フイルムの5社の進化を、バタフライモデル上で展開されるメビウス運動で読み解いていきます。

　先述したように、バタフライモデルとメビウス運動モデルは、アップルのおかげで生まれたといっても過言ではありません。星の数ほどベン

第4章　メビウス（永久反転）運動モデル　163

チャー企業が生まれ、そして消えていく中で、なぜアップルは非連続な成長を実現できるのか。その理由を知りたくて研究をする中で発見したのです。

創業から現在までのアップルの進化は、大きく3つの段階に分けられます。アップル1.0、2.0、3.0として、成長過程を振り返ることにしましょう。

もともとはアップルも、自社の先見性と独自性にこだわり、それを世の中に「さあ、どうだ」とぶつけて価値を問う典型的なベンチャー企業でした。これがアップル1.0。創業から、スティーブ・ジョブズがアップルを追い出される1985年までの期間が相当します。

マイクロソフトが開発したMS-DOSをOSとするIBM PCが市場を席巻する中、アップルは「the computer for the rest of us」をキャッチコピーに「マッキントッシュ」を世に送り出します。

専門家やコンピュータオタクのためのものだったパソコンを、それまでとは全く違う発想と技術で「それ以外のみんな（rest of us）」のものにした「Mac」は、瞬く間に熱烈なファンを獲得しました。しかし、売上は伸びず、これが、ジョブズがアップルを追われた1つの要因になったとされています。

ベンチャー企業に毛が生えたくらいの存在としては生き残れても、決してメジャープレーヤーにはなれない。それがアップル1.0の限界でした。そして、創業者を追い出したとされる新CEOジョン・スカリーの下、携帯電話端末や家庭用マルチメディア機器などにも挑戦しますが、いずれも実を結びません。

その後、マイケル・スピンドラーとギルバート・アメリオという2人のCEOが立て直しにあたるものの、業績はいっこうに回復せず、アップルは迷走を続けます。このジョブズ不在の時期（1985〜97年）がアップル2.0です。

そして1997年、ジョブズが12年ぶりに復帰すると、アップルは息を吹き返します。不採算事業からの撤退や大規模な人員削減も行いましたが、新CEOとしてのジョブズの最大の功績は、何といってもアップルが持つ2

164　第Ⅰ部　変革の4モデル（What）

つのDNAを覚醒させたことでしょう。「アップルらしさとは何か」を、も
う一度再現性のある形で定義したのです。アップル3.0の詳細を見ていき
ましょう。

◆───── ジョブズ再臨

　先述したアップルの2つのDNAを思い出してください。静的DNAは、
徹底的に完成度を追求すること。そして動的DNAが壁を打ち破る自己否
定力です。

　戻ってきたジョブズは、眠っていた自社のDNA、すなわちアップルら
しさを呼び覚まします。それは徹底的な完成度の追求、特に、ユーザーイ
ンターフェースへの偏執狂的ともいえるこだわりです。

　1998年に発売した「iMac」は、ポップなカラーを使ったスケルトンの
躯体といったデザインの斬新性が、まず注目を集めました。しかし、より
画期的だったのは、余計なパーツや面倒な設定を排して、誰でも直感的
に使えるインターフェースにしたことでしょう。

　それを今度は、「iPod」や「iPad」などの製品にも広げていきます。ご
存じの方も多いかもしれませんが、携帯型のデジタル・オーディオプレー
ヤーを最初に作ったのは、アップルではありません。ソニーは「ネット
ワーク・ウォークマン」を開発していましたし、東芝も「ギガビート」と
いう大容量プレーヤーをすでに発売していました。しかし、後発である
アップルは、iPodに楽曲の購入とダウンロード機能を加えることで、一躍
トップに躍り出たのです。

　2000年代以降、ナップスターなどのファイル共有ソフトを使ってイン
ターネットを通じて楽曲を配信するサービス（MP3）の利用が広がる一方
で、著作権侵害が大きな問題となっていました。ミュージシャンやレコー
ド会社側の不満はもちろん、非合法なのを知りながら使っているユーザー
も安心できない。そもそもダウンロード手続きが複雑で、インターネット
やパソコンにそれほど詳しくない一般の人にとっては、非常に利用しにく
いものだったのです。

　この顧客のペインポイント（悩みの種）に、アップルは着目します（図

図表4-8　アップルのバタフライモデル

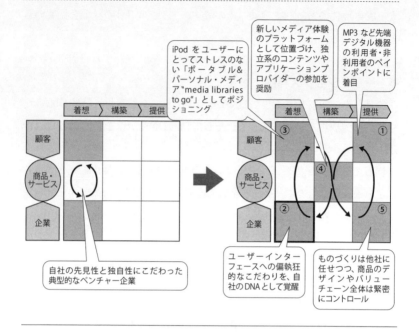

表4-8の①)。

　ユーザーがストレスなく音楽配信サービスを利用するためには、明朗かつシンプルなステップで楽曲をダウンロードできなければならない。そこでiPodを携帯可能な個人のメディアライブラリーと位置づけ、簡単に楽曲を購入、ダウンロードできる管理ソフト「iTunes」を開発したのです(図表4-8の③)。

　もちろん、ここでもインターフェースへのこだわりは貫かれます。パソコンやオーディオ機器になじみのない人でも楽しめるように、エンジニアたちは、「自分たちの母親でも使えるようなもの」を合言葉に開発にあたりました。

　当時、私はマッキンゼーで東芝のプロジェクトに携わっていました。ギガビートの競合はソニーのネットワーク・ウォークマンで、両社がしのぎを削っているところに、突然iPodが登場したのです。危機感を抱いた私

に、東芝のエンジニアは「フラッシュメモリを使っているのは新しいけれど、それも東芝製で、技術的に見るべき点はない。おそれるにはあたりません」と言いました。

しかし、今では誰でも知っていることですが、iPodの真価は技術ではなく、従来の音楽再生機器をネットワークメディアに代えたところにあります。ユーザーはいつでも、どこでも「自分のライブラリー」にアクセスできる。その後、音楽から写真やビデオに対象コンテンツが広がっていくのも、このコンセプトがあったからです。

しかし、当時の東芝には残念ながら、その革新性がまるで理解できていませんでした。

◆─── カウンター・カルチャーからメインストリームへ

帰ってきたジョブズは、明らかに進化を遂げていました。アップル1.0では、良いものを作りながらも、事業規模や成長力の点では、標準化戦略に長けたマイクロソフトに大きく水をあけられていました。あえて非主流（カウンター・カルチャー）を標榜するジョブズにとっては、それでも構わなかったのかもしれません。

しかし、アップル3.0では世界を制することをめざします。とはいっても、アップルのユーザーだけではiPodの市場シェアは、せいぜい10%程度にしかなりません。そこでウィンドウズの利用者でも、iTunesを使えるようにしたのです。

これで理論的には、100%近いシェアを獲得することが可能になります。マイクロソフトの力を梃子にして、世界標準を取る。もちろんその先には、アップル製品の使い勝手の良さを体感したウィンドウズの利用者が、アップルに乗り換えることも見据えていました。

同時に、コンテンツやアプリケーションの開発者たちにも、iTunesの技術仕様などを公開します。これにより、ユーザーの体験価値は飛躍的に高まり、さらに多くのユーザーが集まる。そのユーザーをめざして開発者が集まり、分厚いプラットフォームが形成される。こうして、アップルにとっての好循環が生まれていきました。

第4章　メビウス（永久反転）運動モデル　　167

東芝のエンジニアが言ったように、iPodにもiTunesにも技術的な革新性はありません。しかし、一連のオープン・プラットフォーム戦略によって、アップルは一気にメインストリームへ躍り出ることに成功します。

　実はマッキントッシュも、その前身にあたる「Lisa」も、当時の最先端の研究所として知られたゼロックスのパロアルト研究所の研究者アラン・ケイらが開発した技術に「啓示」を受けたものです。この言い回しは穏当にすぎると感じる読者もいるかもしれません。事実、ジョブズがこだわったマウスなどを利用して直感的に操作できるグラフィカル・ユーザーインターフェース（GUI）も、パロアルト研究所で生まれたとされています。

　しかし、ゼロックスはそれを商品化し、事業として成功させることができませんでした。それに対して、ジョブズと、彼とともにパロアルト研究所に見学に訪れたアップルの社員は、その可能性の大きさに気づき、いち早く事業化した。この点にこそ、アップルの革新性を認めるべきでしょう。

◆━━━━ 持たずに握る

　ユーザーインターフェースの設計にはこだわるアップルですが、元来ものづくり力に強みはありません。格好は良いけれど故障が多いという一昔前の外国車のようなところも、初期のアップルファンにはたまらない魅力（？）だったようです。

　しかし、デファクト・スタンダードを取ろうとするなら、一部の支持者だけを満足させればよいわけではありません。そこでアップルは自社製造をすべてやめて、すべて外部に委託するという判断を下します（図表4-8の⑤）。

　白羽の矢が立ったのは、台湾のEMS（電子機器の受託製造企業）、鴻海精密工業です。部品の多くも日本か韓国の企業が提供していて、自社製は1つもない。OSは開発しますが、ハードを作るのは他社なのです。

　ただし、製品のコンセプトとデザインについては、細部まで徹底的にこだわります。また、それを忠実に実現することを、鴻海にもサプライヤーにも厳しく求めます。その結果、完成度の高いものが、低コストで作れるようになります。こうして自分でアセットを所有せずに、オペレーション

全体を握る力でアップルらしい製品を作れるようになったことで、アップル3.0はスケールを取ることに成功しました。

このiPodの成功パターンを、少しずつずらしながらiPhoneやiPadに展開し、そこでも成功を収めます。既存の製品やサービスも、アップルの手にかかると全く新しいものに生まれ変わってしまう。そう感じているユーザーは少なくないはずです。

次に来るのが車なのかロボットなのか、それとも住宅なのかはわかりませんが、いずれにせよ、「iX」へのずらしがアップル3.0の再生と、この先も成長を持続していくためのカギを握っています。

ただし、そのスピードは、たとえばグーグルなどと比べると、それほど速くはないはずです。それは、今流行りのリーン・スタートアップをアップルは行わないからです。

ナップスターからiPodが生まれたのを見てもわかるように、先行企業が完成度の低いMVPを先にリリースするのは、アップルにとってむしろ歓迎すべきことです。そこに潜む問題を解消し、新しい価値を打ち出して、デファクト・スタンダードを取ってしまう。いわば「後出しジャンケン」戦略です。これがアップルの成功パターンです。

いずれ「アップルカー」が世に出れば、テスラもグーグルも実現できなかった、全く新しい車のカテゴリーを打ち立てることになるかもしれません。それはMVPとは対極に位置するものです。

リーン・スタートアップで製品や技術をずらすのではなく、新しい顧客体験を作ることで、提供価値そのものを変えてしまう。そこにアップルのピボットの本質はあります。

5 | スターバックス再生物語

◆——— 正しい答えという誤謬

メビウス運動による変革事例として、次にスターバックスの再生物語を

第4章 メビウス（永久反転）運動モデル | 169

図表4-9 スターバックスのバタフライモデル

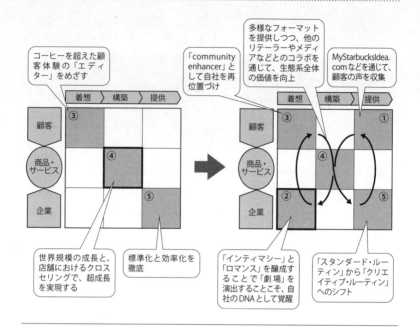

紹介しましょう。

　中興の祖にして実質的な創業者ともいえるハワード・シュルツが引退したのは、2000年のことでした。後任には、コンサルタント出身のオーリン・スミスが就任し、「スターバックス2.0」をスタートさせます。

　彼は非常に聡明な人物ですが、いかにもコンサルタントらしい過ちを犯します。図表4-9の左図がそれをバタフライモデルで整理したものです。

　まず、③の顧客洞察でめざしたのは、単にコーヒーを提供するのではなく、「顧客の体験の編集者」になることでした。確かに自宅でも職場でもない、緊張をほどいて自分を取り戻す「第三の場所」を提供するというのが、スターバックスの元来のコンセプトです。ただし、それはあくまでも香り高いコーヒーがあってこその話です。それなのに、顧客の体験を丸ごと編集するというのは、あまりにも飛躍しすぎといわざるをえません。

　また、④の成長エンジンには、グローバル化とクロスセリングの2つを

据えます。世界中に店舗を展開すると同時に、アメリカ国内を中心とした一部の地域で極端なドミナント戦略を取ったのです。

その結果、街中の主要な交差点に立つと、四つ角全部にスターバックスの店舗があるといった奇妙な光景が見られるようになります。さらに「顧客の体験を編集」するため、音楽や映画といったエンターテインメント事業に進出し、店舗でCDやDVDを販売するようになったことで、くつろぎの空間は急速にその面影を失っていきました。

なかでも最悪だったのが、⑤の事業現場での打ち手です。バリスタが1人1人の顧客と向き合って丁寧に淹れるところに凡百のコーヒーショップとの違いがあったのに、コーヒーマシンを導入して標準化と効率化を図ったのです。

これでは顧客は、他店と比べて少し割高なスターバックスに足を運ぶ意味がありません。折からのリーマンショックが重なってスターバックス離れが加速すると、経営は深刻な状態に陥ります。

◆──── **スターバックスは何者か**

立て直しのため、2008年に戻ってきたシュルツが最初に行ったことは、スティーブ・ジョブズがアップルに復帰したときと同じDNAの再定義でした（図表4-9の右図②）。「スターバックスは何者か」を、原点に戻って問い直したのです。

そして出てきたのが、「親密さ（インティマシー）とロマンスを醸成することで、劇場を演出する」というものでした。顧客との親密な関係を築き、心を揺さぶるような「交感の場」を作る。そういう特別な空間と時間を提供することに、スターバックスの本質的な価値があると再認識したのです。

DNAを覚醒させたシュルツは次に、①の顧客現場にオンラインコミュニティ「MyStarbucksIdea.com」を立ち上げます。「らしさ」を失ったスターバックスから足が遠のいてしまった人、今も通ってくれる顧客、他のコーヒーショップのファンからも、広く意見やアイディアを求めたのです。

なかでも貴重だったのが、以前は通っていたのに、ある時点からスター

第4章　メビウス（永久反転）運動モデル　│　**171**

バックスを嫌いになってしまった「元顧客」たちの声でした。バリスタと二言三言交わす会話が楽しかったのに、今はそんな余裕もなさそうだとか、無機質なマシンが淹れたコーヒーなんて味気ないといった厳しい声が、当時のスターバックスが抱える深刻な問題を浮かび上がらせます。

そうして顧客現場に学んだ後、③の顧客洞察に取り組みます。覚醒させたDNAに照らして顧客の声を捉え直すと、自社にとってそれがどのような意味を持つのかがはっきりします。その結果、再定義されたのが「community enhancer」、すなわちコミュニティをより良くするという、スターバックスの役割でした。それぞれの街、店に集まる人々のコミュニティに灯をともすような存在になることをめざしたのです。

私は以前、シュルツからすごい話を聞いたことがあります。いつもにこやかな笑顔で店を訪れ、楽しそうに時間を過ごす常連の老婦人が、珍しく元気がなかった日のことです。心配した女性バリスタが「どうしたの？」と問いかけると、老婦人は腎臓ガンで余命が短いことを告白したそうです。それを聞いたバリスタは、思いもしない行動に出ます。何と自分の腎臓を1つ、老婦人に提供してしまったのです。

行きすぎだと思う人もいるでしょう。もちろん会社として、そんなことを推奨しているわけもありません。それでも大切なコミュニティの一員である老婦人のことを、そのバリスタは救いたかったのです。顔のないスタッフではなく、1人の人間として顧客に向き合うスターバックスで働く人の姿勢を物語るエピソードといえるでしょう。

◆───第nの場所

いよいよ、④の成長エンジンです。しかし、無謀な出店が業績悪化の最大要因であり、同じ轍を踏むわけにはいきません。そこでシュルツは、自社をプラットフォームとして他社に使わせることで、梃子の原理を利かせてスケールする事業モデルを考えます。

さまざまな業種の企業とのコラボレーションやインターネットなどを通じて、それまで「第三の場所」である、店でしか味わえなかった上質な時間を、バーチャルに体験できるようにしたのです。第一（家庭）でも、第

図表4-10　第nの場所

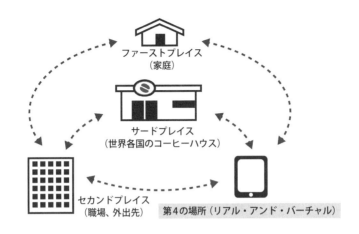

二（職場や外出先）でも、第三でもない、「第nの場所」です（図表4-10）。

　この構想の中で誕生したのが「スターバックス・ヴィア」という名前のスティックコーヒーでした。いわゆるインスタントコーヒーで、スターバックスの店舗の他にコンビニなどでも販売しています。

　自宅や職場で飲めるようになれば、店に足を運んでくれなくなるかもしれない。社内にはヴィアの商品化に反対する声があったそうです。しかし、シュルツはもっと前向きに捉えていました。

　どこにいてもスターバックスのコーヒーを飲めば、日に何度も店に行かなくても自分の時間を取り戻せる。それで店に足が向かなくなるかといえば、最もスターバックスらしい体験は、やはり店でしか味わえないので、時間のあるときは第三の場所を選んでくれる。シュルツにはその確信がありました。

　結果は、彼の思ったとおりでした。スターバックス体験の時空間が広がったことで、コーヒーの販売量だけでなく、一種の中毒症にかかったように以前にも増して頻繁に来店するファン層も増えたのです。こうして他業種とのコラボレーションにより、自社のアセットを超えた成長が可能と

なりました。

◆──── 脱チェーンストア理論

⑤の事業現場でのオペレーションの進化にも、注目しなければなりません。オペレーションを効率化しようとすると、標準化・自動化しようとする力学が働きます。

スターバックス2.0がまさしくそれで、画一的な店舗で標準化されたオペレーションを行うことで、出店数を急拡大しました。その結果、かつてのような人間味のあるサービスが失われ、顧客離れを引き起こしたのは前述のとおりです。

そこでシュルツは、そのような決まり切ったことだけを現場に行わせる「スタンダード・ルーティン」から、「クリエイティブ・ルーティン」への転換をめざしました。店ごとの違いや取組みの自由度を高め、優れたアイディアがあれば、それを他の店にも適用する試みです。

本来はクリエイティビティ（創造性）とルーティン（決まり切った仕事や日課）は相反するものです。しかし、素晴らしいアイディアや取組みを

図表4-11　二律背反を超える変換装置としてのクリエイティブ・ルーティン

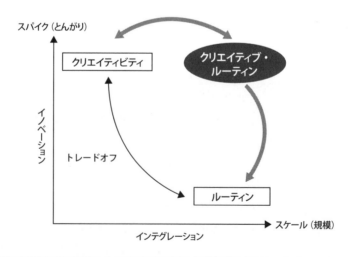

生み出して、それを組織全体のルーティンに落とし込めば、進化しながら規模を追求することもできる。つまりイノベーションとスケールの両方を追求することが可能となります（図表4−11）。

　それまでは、スターバックスでもスーパーバイザーが各店舗を見回り、ルーティンから外れたことをしているのを見つければそれを指摘し、矯正してきました。しかし、クリエイティブ・ルーティンにおいては、ルーティンから外れた工夫をしている現場を見つけ出し、その良さを他の現場に広げることが、スーパーバイザーの新しい仕事となります。

　その結果、スターバックスの店は、画一的ではなくなっていきました。たとえば日本でも、お酒を出す店舗が東京、神奈川、大阪、兵庫にあります（2018年10月現在）。お酒がふさわしいコミュニティには、お酒があっていいという発想です。

◆─────サードウェーブというディスラプション

　こうしてスターバックスは、メビウス運動によって再生を果たし、持続的に進化するパワーを身につけました。しかし、ここにきてまた新しい試練に直面しています。サードウェーブ・コーヒーの台頭です。

　アメリカでは過去に、家庭や職場で手軽なアメリカンコーヒーが大量に飲まれた第1次ブーム（ファーストウェーブ）、スターバックスに代表される本格派のシアトル系コーヒーが人気を集めた第2次ブーム（セカンドウェーブ）があり、これに次ぐ第3次ブームが、豆と淹れ方にこだわるサードウェーブ・コーヒーとされます。

　その代表格で、「コーヒー界のアップル」とも呼ばれるブルーボトルコーヒーの店舗を見るとわかるように、一店一店が非常に個性的で、街にしっくり溶け込んでいます。吟味した高品質な豆を丁寧に挽いて、1杯ごとにじっくり時間をかけて淹れる点も、スターバックスなどとは異なります。

　ブルーボトルコーヒーの創業者であるジェームス・フリーマンは、もともとクラリネット奏者で、演奏旅行で立ち寄った日本の喫茶店で現在のコンセプトの着想を得たそうです。こだわりの強そうな店主が、時には蘊蓄を垂れながらじっくり時間をかけてコーヒーを淹れてくれる。テイクアウ

トはやっておらず、お気に入りの席で1杯のコーヒーを味わう常連同士がちょっと言葉を交わしたりしている。忙しい現代だからこそ、そうしたゆっくりした時間を持てる場を作ることに価値があると、フリーマンは考えたのです。

サンフランシスコ生まれのブルーボトルがアップルなら、シアトル生まれのスターバックスはさしずめ「コーヒー界のマイクロソフト」というところでしょうか。スケールそのものが悪という、きわめて具合の悪い立ち位置に追いやられてしまっています。

このような逆風の下、ハワード・シュルツは2017年にCEOを辞任し、創業の地シアトルで始めた「スターバックス・リザーブロースタリー」事業に専念することを表明しました。サードウェーブ・コーヒーのコンセプトを取り込みながら、豆や淹れ方に徹底的にこだわり、コーヒー文化を発信する店をめざしています。

これは、まさにN＝1の挑戦といえるでしょう。そのままだとブルーボトルの二番煎じになりますが、それを世界中に広められれば、N＝∞という規模のゲームに持ち込むことができます。既存のスターバックスを守る側は、オペレーションに強い新社長に任せ、下手をするとスターバックスを破壊しかねない側にシュルツが回ることにしたのです。

この「リザーブロースタリー」の2店舗目は、2017年12月、アリババグループとタイアップして上海に上陸、大成功を収めています。日本にも、2019年に上陸する予定です。この一連の成果を見届けたシュルツは、2018年6月、いよいよスターバックスの経営から身を引き、次の大統領選をにらんで充電期間に入ったと報道されています。

スターバックスの「インティマシー」や「ロマンス」というDNAは、サードウェーブ・コーヒーと全く敵対しません。むしろ、本質的には近いところにあるといってもよいでしょう。クリエイティブ・ルーティンによって、スケールの中に新業態でつかんだイノベーションを埋め込むことでシュルツ引退後も、スターバックスらしい進化を続けることでしょう。

6 | 進化するMUJI

◆─── MUJIが見つけた「青い鳥」

「無印良品」ブランドを展開する良品計画の松井改革は、第1章のシュリンク・トゥ・グローモデルとして紹介しました。しかし、松井忠三さんが社長でいた7年間のうち、企業再生の典型的な手法であるシュリンク・トゥ・グローを行ったのは、2001年の社長就任からの2年ほどにすぎません。

当時、良品計画の業績はどん底で、そのままいけば最悪の場合、倒産していたかもしれません。危機を乗り越えるために、最も正しい手法を選択したことになります。しかし、松井さんは最悪の状態を抜け出すと同時に、持続的な成長に向けてメビウス運動モデルに切り替えます。

まず行ったのは、図表4-12の②の組織DNAの読み替えです。

無印良品はセゾングループのオーナーで、詩人や作家としても知られた堤清二さんと、その周りに集まる有名クリエイターたちが作り上げたブランドです。西友のプライベートブランド（PB）として誕生した1980年代当時、シンプルなデザインと機能性を追求した良質な商品は、安かろう悪かろうの他社のPB商品や、過剰な装飾や包装に辟易としていた人たちを引きつけました。

しかし、時代の流れとともにマンネリ化が進み、「無印はこれでいいのだ」という慢心が生まれ、「わけあって安い。」のコンセプトも希薄化してしまったことで、低迷が始まります。松井さんは社長になるとすぐ、良品計画のDNAは何かを見直す作業に着手しました。

そこで見出したのが、「『これがいい』ではなく『これでいい』」という新しいコンセプトでした。顧客はただ安いからではなく、満足感をもって無印のものを選ぶ。我慢も背伸びもせずに、良質な日常を大切にする。そうした考え方自体は創業当初から変わっていなかったのに、拡大政策の中で見失ってしまっていたのです。

第4章　メビウス（永久反転）運動モデル　177

図表4-12　良品計画のバタフライモデル

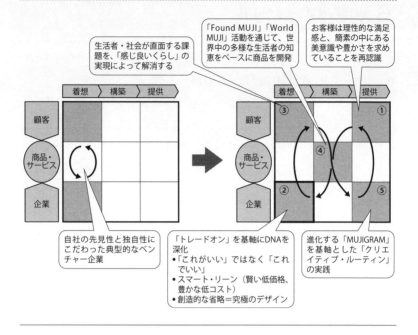

　「青い鳥」伝説を覚えていますか。チルチルとミチルが過去や未来の国に青い鳥を探しに行くという話です。そして結局、それは自分たちの庭先の鳥かごの中にいたことに気づくのです。「これでいい」という価値観は、顧客1人1人にこの「青い鳥」の再発見を促しているのです。

◆─── 創造的な省略＝スマート・リーン戦略

　事業モデルは、創業当初から一貫して、賢い低価格と豊かな低コストによる「スマート・リーン」戦略をとっています。通常、価値とコストはトレードオフの関係にありますが、それをトレードオンにしてしまうところに無印の強みがあります。DNAの見直しは、ここにもう一度自分たちの価値観をしっかりと落とし込む、アンカリングの作業だったといえます。

　これをより肯定的に表現したのが、「創造的な省略」というコピーです。コスト削減や効率化のためではなく、無駄や装飾を取り除くことがむしろ

創造的なプロセスであることを表しています。何もないことこそが究極の
デザイン性であるという考えは、スティーブ・ジョブズにも共通する価値
観です。

①の顧客現場では、顧客は無印に対して何を求めているのか。その深
層を捉えようとしました。「わけあって安い。」とは、言い換えれば「理性
的な満足感」です。リーズナブルな価格を可能にしている理由を理解して
選び取る。しかし同時に、その簡素のなかにある美しさや豊かさも、目の
肥えた顧客は認識し始めている。先に挙げた「創造的な省略」は、顧客
が求めている価値でもあったのです。

これを③の顧客洞察に結びつけて抽出されたのが、「生活者と社会が直
面する課題を、『感じ良いくらし』の実現によって解消する」という答え
でした。無印がいう「感じ良いくらし」とは、ものを増やすことではなく、
できる限り省略して生活を整えることこそが、本当に豊かな生活をもたら
すという考え方です。結果として、環境や地域社会、生産現場が抱える
課題の解決をもめざしています。

◆──── 世界の知恵をプロデュースする

そうした中で生まれてきたのが、「Found MUJI」や「World MUJI」で
す。「創造的な省略」や「感じ良いくらし」といったコンセプトを事業とし
てスケールさせるための、④の成長エンジンにおける仕掛けづくりです。

Found MUJIは、国や地域ごとのさまざまな生活文化や歴史に根づい
た良品を探し出して商品化するもの。World MUJIは、世界中の文化や才
能とコラボレートして、無印の新しい可能性を発見する取組みです。この
2つによって、商品開発の仕方を大きく転換したのです。

どの国や地域、どの民族にも独自の生活文化や知恵が生んだ「良いくら
し」があるので、商品開発のアイディアは無尽蔵にあることになります。
それを掘り起こして、無印のフィルターを通して商品化することで、持続
的かつ広がりのある成長が可能になる。それが彼らが埋め込んだ成長エ
ンジンでした。

2015年には松井さんの後を継いだ金井政明さん（現会長）の下、

Found MUJIの国内版ともいえる「諸国良品」がスタートします。生産量が少ないなどの理由で一般には出回りにくい食品や日用品を全国から発掘し、生産者から直接購入者に届ける産直サービスです。生産現場と購入者の距離を近づけ、普段の買い物に新たな視点が生まれるという点で、これも「感じ良いくらし」の一環といえるでしょう。

◆───仕組みを作るルーティン

　⑤の事業現場では、標準化を徹底します。その核となったのが、2000ページにもわたる店舗業務のルールブック「MUJIGRAM」です。全店舗に置いてあり、事あるごとにスタッフが手に取るものです。その結果、以前は店長任せの部分が大きかった店づくりやサービスが統一され、顧客満足度も向上しました。

　一般的なマニュアルと違うのは、固定化していない点です。現場の社員の声を聞いて年に何度も改訂する。そのために冊子ではなく、ルーズリーフでできていて、いつでも加えたり、取り外したりできます。常に進化しているのです。

　したがって、スターバックスと同様に、スーパーバイザーの仕事は、新しいことやおかしなことをやっている店を見つけて、もしその試みが優れていれば、それをMUJIGRAMに加えること。ルーティンから新しいルーティンを生み出す、「メタ・ルーティン」ともいうべき作業です。

　これにより、現場に工夫が生まれました。決まり切ったことをきちんとやり切ると同時に、もっと良い店づくりや効率的な仕事の仕方はないかを現場が考え、個々の店が進化する。この「進化するルーティン」が、良品計画の最大の特徴であり、強みであるといえます。

　「仕組み化」は、学習効果を組織に定着させるには有効な打ち手です。しかし、作ったときはベストに見えた仕組みも、環境変化や学習効果によっていずれ陳腐化する。いったん陳腐化した仕組みは、時代からズレた対応を拡大再生産するので有害無益です。

　松井さんは次のように語っています。

「マニュアルは作られた瞬間から陳腐化が始まるという問題もありました。(中略) 使ってもらうためには、常に更新し続け、血の通ったものにしなければなりません。『MUJIGRAM』はその点を意識して作りました。細かいところまで『誰のために、何のために』という目的を明確に記載し、それを意識することで業務がただの作業とならないようにしています。われわれの業務を見える化することで、問題点などが浮かび上がってきます。問題点がわかったら、今度はその改善提案をする。この改善提案は毎月行っていますが、この改善策はすぐにマニュアルに反映され、各店長に変更箇所が伝達されます。そうすると業務がまた改善され、レベルアップしていくのです。これが繰り返されることで、創造的な仕事へと変わっていくのです」(「DIAMONDハーバード・ビジネス・レビュー・オンライン」2014年3月20日号)

◆──── 進化をビルトインする

一般的には、スケール(規模)とスパイク(とんがり)は二律背反の関

図表4-13 良品計画の経営モデル

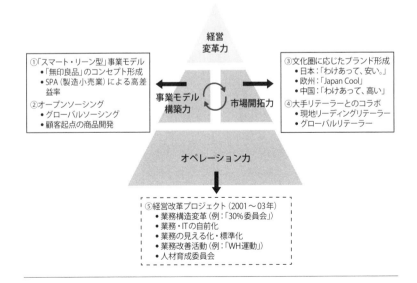

係にあります。スケールをとるには標準化が不可欠であり、個別のスパイクを認めるならば、規模は諦めなければなりません。

しかし、スターバックスのケースでもご紹介した「クリエイティブ・ルーティン」が実現できれば、このトレードオフは解消できます。野中郁次郎さんは、クリエイティブ・ルーティンを「新しいルーティンを作り出すルーティン」、あるいは、「メタ・ルーティン」と説明しています。

松井さんは著書『無印良品は、仕組みが9割』でも、業務の徹底的な標準化の必要性を説いています。1割のクリエイティブな仕事を、残りの9割でいかに仕組みに落とし込むかがカギとなるわけです。

しかも、ご本人に話をよく聞いてみると、その9割の仕組みの中の「1割」はクリエイティブ・ルーティン、ということだそうです。そして、残りの8割がMUJIGRAMに代表される進化するルーティンとのこと。次のルーティンを作り続けることで、良品計画は進化のメカニズムを組織にビルトインしているのです（図表4-13）。

---

7 メビウス運動としてのコマツの坂根改革

◆―――「創って、作って、売る」

メビウス運動モデルによる変革の事例を、もう少し見ていきましょう。

第1章で「シュリンク・トゥ・グロー」モデルの1つとして紹介したコマツの坂根改革は、より長い視点で捉えると「メビウス運動」モデルと見ることができます。

コマツは古典的なカイゼン型企業です。その競争力の源泉は、事業現場におけるオペレーショナル・エクセレンス（業務の優位性）。顧客の声（顧客現場）を事業現場に落とし込み、カイゼンのサイクルを回し続けることこそが、コマツの伝統的な勝ちパターンでした。

ところが、1990年代に公共事業削減などの影響で本業の建設機械事業が落ち込む中で進めた多角化がうまくいかず、1999年には初の連結赤字

182　第I部　変革の4モデル（What）

図表 **4**-14　コマツのバタフライモデル

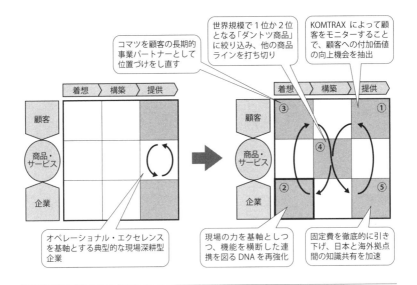

を記録します。2001年に社長に就任した坂根正弘さんは思い切った改革を断行します。

　まず行ったのは、やはり企業DNAの再確認です。オペレーショナル・エクセレンスであるのは確かですが、それが各々の現場が業務改善を追求するのにとどまらず、持ち場を超えて横串を刺す大きな全社活動の波動を作り出す。ここにコマツの本質的な強みがあることを明らかにしました（図表4-14）。

　このDNAをしっかり磨き直して、R&D（研究開発）、製造、販売が一体となって顧客に価値を創造するプロセスを回し続ける。当時、コマツのV字回復を支援した三枝匡さん（現・ミスミグループ本社取締役会議長）が「創って、作って、売る」と呼ぶ「つなぎ」こそが、コマツの競争優位の原点であると位置づけをし直したのです。

　それまでのコマツは、キャタピラーという業界の巨人の背中をひたすら追い続けてきました。キャタピラーという手本があるので戦略を考える必要はなく、現場がオペレーショナル・エクセレンスを回し続けていればよ

かったのです。

　しかし、いよいよキャタピラーに迫り、抜こうとすると、当然ながら未踏の地をめざすしかなくなります。そもそも何をめざし、どのような価値を、どのように顧客に提供していくべきかさえ、明らかにはなっていませんでした。

　しかし、企業DNAを見つめた結果、その原点となるのが顧客現場であることを再認識します。そのうえで、顧客が抱えている課題や困っている状況をしっかり捉え、それを何とかして解決する能力を全員一体となって身につけることで、新しい価値提供のプロセスが始動したのです。

◆───── 元祖IoT

　そこで威力を発揮したのがKOMTRAX（コムトラックス）です。コマツの建設機械にセンサーを取り付け、GPSを使って顧客現場における機械の状況をモニタリングする仕組みです。今流行りのIoT（モノのインターネット）ですが、それを15年以上前からビジネスモデルに仕立てていたところに先見の明があるといえるでしょう。

　コマツはこのセンサーを全機種に組み込み、しかも顧客からは追加費用を取りませんでした。その結果、顧客現場を「見える化」することが可能となったのです。これが図表4-14にあるメビウス運動の①です。

　しかし、ここでセンシングした顧客の困り事を、そのまま機械のスペックに反映しただけでは、これまでのカイゼンと変わりません。そこで威力を発揮したのが、自社のDNA（②）による「ひねり」と「ずらし」です。設計・生産・販売・保守など、バリューチェーン全体に横串を刺し、社内の総知を結集することが自社のDNAであると捉え直したのです。

　その結果、機械のスペックが向上したのはもちろん、保守性の良さや故障の予防保全、さらにはオペレーションに関するアドバイスまで、トータル・ソリューションとして顧客に提供することが可能になりました。

　たとえば、稼働率が低いことがわかれば、機械が悪いのか、それとも顧客のオペレーションに問題があるのかを、まず切り分けます。そのうえで、後者の場合は建機の配置を変えたり、他の場所に移すことをアドバイ

スできるまでになっていきました。

それぞれの事業現場（⑤）ではなく、それを「つなぐ」力こそが、コマツの本質的な強みであることを再認識したのです。大企業化のプロセスの中で、それぞれの現場の専門性を深めることにいそしんできたコマツは、創業時の中小企業的な全社一体化の精神を取り戻すことに成功しました。

◆——— モノ売りから顧客の事業パートナーへ

このようなDNAの覚醒を通じて、コマツ流の顧客洞察（③）が導き出されます。それは「顧客の事業パートナー」としての価値提供です。センサーを介して常に顧客の事業現場をモニタリングし、ものづくりからオペレーション支援に至る自社の強みを総動員することで、顧客の生産性向上に向けたさまざまな提案が可能になります。

あらゆる業界でさまざまな企業が「ソリューション・プロバイダー」を標榜しています。しかし、実態はそのキャッチフレーズとは乖離していることがほとんどです。そもそも顧客の真の困り事を把握できておらず、自社独自の強みをソリューションに組み込むことができていません。

それに対してコマツは、顧客現場をしっかり見据え（①）、自社の知恵を「つなぐ」力（②）をフルに発揮することによって、一ベンダーのポジションを脱することに成功します。顧客の事業パートナーとしての立ち位置を確立したのです。

さらに最近では、個々の顧客を超えて、社会全体の問題解決に向けても、大きく前進しています。日本の土木・建設現場は、少子高齢化に起因する若年就業者数の低下や、熟練オペレーターの減少などによって、深刻な労働力不足に直面しています。

このような社会構造に起因する問題に対してコマツは、より安全で、生産性、信頼性に優れた現場を、より低コストで実現しようとしています。「スマートコンストラクション」と名づけられた社会ソリューションです。

こうした「未来の現場」を顧客とともに作り出し、持続的に成長できる社会づくりをめざしているという点では、21世紀型経営モデルとして注目されているCSVの先端を行く取組みとしても評価できます。

◆――――「ダントツ」によるデファクト化

さて、顧客洞察（③）を見極めた後は、成長エンジン（④）をいかに埋め込むかが、スケールするうえでの勝負となります。コマツはここで、2つの効果的な打ち手を繰り出しています。

1つは、圧倒的に競争力のある商品に絞り込むことによって、社内の全パワーを集中させる「ダントツ」経営です。その柱は、ダントツ商品、ダントツサービス、ダントツソリューションの3つから構成されます。

ダントツ商品は、安全性、環境対応、ICT、経済性（作業効率）において他社の追随を数年は許さない特長を持つ商品で、業界初となったハイブリッド油圧ショベルなどがその代表です。

ダントツサービスの代表は、やはりKOMTRAXです。建設機械に加えて鉱山機械などにもその対象を広げています。前述したスマートコンストラクションは、それらのサービスから得られるデータを基盤とし、顧客と社会の課題解決をめざすダントツソリューションといえます。

業界の雄キャタピラーの背中を追いかけ続けてきたコマツですが、ぶっちぎりのナンバーワンをめざすことで、世の中のトレンドセッターとなり、デファクトの地位を確立しようとしています。

◆――――「異結合」の加速

成長エンジンにおけるもう1つの打ち手が、他力活用です。特に最近になって、矢継ぎ早に異業種とのアライアンスを加速させています。異結合、クロスカップリングです。

たとえば、GEとは「インダストリアル・インターネット」の枠組みの中で協業しています。コマツが大型ダンプトラックに取り付けたセンサーから集めた稼働状況を、アメリカ国内にあるGEのデータセンターに送信すると、解析結果がコマツにフィードバックされ、これをもとにトラックのルートや配置が最適化され、地面の状況に合った速度やブレーキのかけ方などが算出されます。コマツだけで分析していたときよりも、GEのビッグデータ解析を組み合わせることで、燃費効率や生産性は大幅に改善するとされています。

186　第Ⅰ部　変革の4モデル（What）

国内に目を向けると、ドコモやドイツのSAPの日本法人、ソフトウェア開発のオプティムと組んで、あらゆるモノがネットにつながるIoTで建設現場の生産性を高めるプラットフォーム「ランドログ」を開始しています。

　人の勘に頼っていた建設機械の配車を、稼働状況などを見ながら適切に配置できるようになり、緊急時にはパソコンなどから、近くの現場で稼働していない建機を探して持ってくることも可能になります。たとえば、現場に土砂を運んで空になったダンプを、他の現場に立ち寄らせて新しく土砂を積むことで、効率が大幅に向上します。コマツ社製以外の建機の稼働情報も反映されるといいます。

　これまでもコマツでは、スマートコンストラクションの土台となる、「KomConnect（コムコネクト）」を提供してきましたが、それをオープン化したのです。「よりオープンな環境として整備し、（顧客に）最適なソリューションを提供できるようにしたい」と大橋徹二社長は言っていますが、裏を返せばダントツであるという自信がオープン化に踏み切らせたともいえるでしょう。異業種とのコラボレーションを通じて、よりスケール感のある事業モデルが展開されつつあります。

◆─── センター・オブ・エクセレンス

　そして最後の仕上げが、事業現場（⑤）における現場力です。そもそもコマツが、伝統的に最も強みとしているところです。早くからTQCを徹底的に磨き込み、圧倒的な競争力を極めてきましたが、坂根改革においては、さらに2つの点で、世界規模の強みへとスケールアウトしていきました（図表4-15）。

　1つは、商品開発のための研究拠点をグローバルに広げていった点です。とはいっても、オペレーショナル・エクセレンスの源泉は今も日本にあります。たとえば、すり合わせ技術を結集させた油圧制御系のコア部品は、全部日本で握っています。

　一方で、大型の鉱山機械の研究拠点はアメリカにあります。そもそも、無人トラックが行き来するような大型の採掘現場は日本にはありません。そのため、チリなどの南米やカナダなどの北米、オーストラリアの鉱山向

図表4-15 商品開発機能を核としたコマツのグローバル経営管理

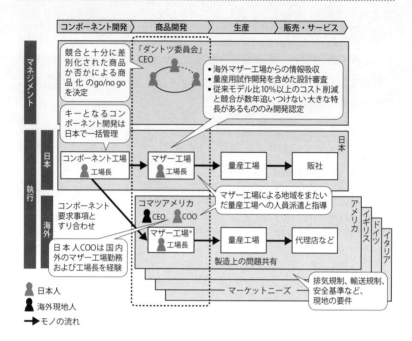

(注) *マザー工場は、商品開発機能を持つ工場。2018年3月現在、日本で4カ所、アメリカ1カ所、欧州4カ所に所在。

けの開発は、アメリカの拠点が世界のセンターとなっています。

　同様に、フォークリフトのような精密な建設機械は、買収したドイツのデマーグがセンター・オブ・エクセレンスとなっています。ドイツ流の職人芸を高く評価したからです。このようにコマツの中のダイバーシティをうまく生かしている点が、日本の突出したオペレーション力だけに頼りがちな他の日本企業との大きな違いといえるでしょう。

　2つ目は、守るべき価値観やものづくりの行動規範をまとめた「コマツウェイ」をグローバルで展開したことです。図表4-16を見ればわかるように、その中身はそれほど特別なものはなく、たとえば、トヨタウェイとそれほど大きな違いはありません。日本の一流メーカーでは、比較的よく見られるものです。

図表4-16 「コマツウェイ」とその策定・普及プロセス

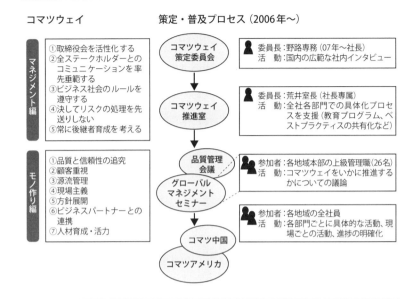

しかしコマツの非凡な点は、それをあらゆる国のあらゆる事業と機能に、徹底的に落とし込んでいくところにあります。策定委員会の委員長を務めたのは当時の専務で、後に坂根さんの後を継いで社長になった野路國夫さんでした。社内でインタビューを重ねて策定した後、3年もの時間をかけて世界中の拠点に伝導していきます。現場の魂に埋め込むその活動は、まるで宣教師のようでした。

ダイバーシティを大事にしながら、コマツの本質的なDNAは世界で共有する——これが、「日本発グローバル企業」をめざす坂根流グローバル経営の神髄といえるでしょう。

前出のように、コマツはシュリンク・トゥ・グローを見事にやり切ったわけですが、そこで手を抜いてしまっていたら、何回もV字回復を必要とする「懲りない会社」になっていたことでしょう。コマツが優れているのは、復調した後も変革の手を緩めずに、むしろますます次世代成長へと加速し続けたことにあります。変革を「体質化」したことこそ、坂根改革の

最大の功績といえます。

坂根さんが6年で社長の座を譲った野路さんも、同じく6年で、大橋徹二さんにバトンタッチしました。トップが代わっても、変革のモメンタムは変わらない。これが、コマツの本質的な強みとなっています。

8 富士フイルム2.0

◆——— PDCAからの脱却

では、前章でも紹介した富士フイルムの「第二の創業」のプロセスを、今度はメビウス運動モデルに照らして見てみましょう。

第3章でも述べたように、富士フイルムはもともと、コダックの対抗馬として国家戦略的に生まれた会社です。きわめて事業現場のオペレーション力が強い会社で、他の化学会社同様、技術資産を基軸に置いている点において、典型的な「資産深耕型」企業ともいえます。顧客洞察や顧客現場には重きを置かず、技術資産を深掘りすることに注力してきました。市場はコダックが切り開いてくれるので、その後を追いかけていればよかったのです。コマツとキャタピラーの関係に似ています。

ところが、デジタル化の波をまともに受けてフィルム市場が突然なくなり、前を行っていたはずのコダックが倒れてしまいます。市場も手本も突然喪失するという、前代未聞の危機に直面したのです。

先が全く見えなくなった状況で、当時の社長であった古森重隆さんが始めたのが、See—Think—Plan—Do—Seeという5つのプロセスです（図表4-17の右）。それまでは長くPlan—Do—See、またはPlan—Do—Check—Action（PDCA）が正しい経営のリズムといわれてきました。確かに、先が見える時代においては、オペレーションに長けた会社なら、計画を立てて、しっかりとやり切り、現実とブレを見て修正していればよかった。しかし、その前提が崩れたのです。

やるべきことが明確でないと、プランそのものを立てようがありません。

190　第Ⅰ部　変革の4モデル（What）

図表4-17　富士フイルムのバタフライモデル

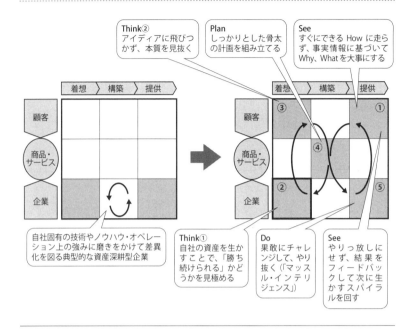

　自分たちが何をすべきかを、ゼロベースで考え直さなければなりません。その際に古森さんが編み出したのが、See—Thinkというプロセスです。

　先に紹介したU理論にきわめて近いものです。Seeは、五感を研ぎ澄ませた「センシング」であり、Thinkは、深い瞑想の中から本質が見えてくる「プレゼンシング」にほかなりません。それに続くPlan—Do—Seeは、現実の世界での「リアライジング」を意味します。

◆─── メビウス運動としての古森改革

　図表4-17で示したように、メビウス運動として捉えると、最初のSeeは、①の顧客現場にあたります。自分の思いにとらわれる前に、虚心坦懐に世の中で何が求められているかをしっかり観察するプロセスです。次のThinkで自分らしい答えを導き出すのが、②の組織DNAと③の顧客洞察という2つのプロセスです。世の中が困っているものの中から、自社なら

第4章　メビウス（永久反転）運動モデル　｜　191

ではの強みを使って、独自性の高い答えが出せる領域を見つける作業です。

そして、Planで④の成長エンジンをしっかり埋め込みます。コダックという手本は失われたので、自ら事業モデルそのものを設計していかなければなりません。2014年には本社内に「オープンイノベーショナルハブ」を開設して、他社とのコラボレーションにも力を入れています。

あとは得意の⑤事業現場に持ち込む、Doです。ここの強みを古森さんは「マッスル・インテリジェンス」という言葉で表現しています。筋肉と脳がつながっているとでもいったところでしょうか。筋肉だけでもなく、か弱いインテリジェンスだけでもない知恵のある現場が、やると決めたことを、スピーディーにやり切る力です。最後にもう一度Seeでフィードバックを生かして、再び①の顧客現場に戻り、メビウス運動を繰り返していく。これが古森改革のメビウス運動プロセスです。

Plan—Do—Seeだけならば、まるで計画経済ですが、その前にSee—Thinkというプロセスを埋め込むことにより、本質に根差した成長を可能にした点が特徴です。顧客現場①から組織DNA②を経て、顧客洞察③に至る最初の跳ね上がる「逆上がり」のプロセスをしっかり意識することによって、正しい弾みのついたメビウス運動を展開しています。

◆──── 最大の敵は「慢心」

古森改革を描いた「富士フイルム──第二の創業」（G・ガベッティ、M・トリプサス、青島矢一著）は、ハーバード・ビジネススクールの数多くあるケースの中でも、とても人気があります。ケースの舞台設定は2006年。同社が本業喪失の危機から脱して、何とか次世代成長への道筋が見え始めたタイミングで、社員がほっと一息つき始めた時期でもあります。

このケースの中で、古森さんが最大の危機感を持っていたとされたのが「慢心」でした。危機を回避したという意識の下、社員の緊張感が一挙に緩むことを最も警戒していたのです。いわゆるV字回復の落とし穴で、「課題がないことこそ、最大の課題」という、何とも皮肉な状況といえま

す。

そこでカンフル剤として期待されたのが、機能性化粧品の「アスタリフト」です。「渡り廊下」での「ずらし」と「つなぎ」によって新事業を生み出すまでは、第3章で見たとおりです。一見「飛び地」に見えても正しく技術を訴求し、新しいビジネスモデルを作ることで新市場は創出できることを示す事例です。最も遠い領域に見えるものですら、きっちりとパスが描ければ新規事業の対象となるのだから、そこには何の制約も聖域もあってはならないことを物語っています。

富士フイルムの売上高における化粧品事業の割合は、決して大きなものではありません。しかし、従来の価値観やDNAを破壊するうえでは非常に重要な役割を果たしました。業界にディスラプションをもたらすだけでなく、自社の価値観そのものをセルフ・ディスラプト（自己破壊）する起爆剤だったといえます（顧客のアンチエイジングをめざしただけでなく、自社のアンチエイジングをも実現したというのは、少し言いすぎでしょうか）。

歴史は繰り返すといわれますが、富士フイルムはその2年後、リーマンショックで再度赤字に転落します。もしあの時点で慢心に陥っていたなら、またV字回復のプロセスを始動させなければならないところでした。しかし、古森さんはメビウス運動を体質化することによって、平常時も危機においても、全社変革の手綱を緩めることはありませんでした。写真フィルムの代わりになるような「第二の本業」を築くことではなく、常に進化する企業に変身させることこそが、「第二の創業」の本当の狙いだったのです。

9 トヨタの超カイゼン

◆────ビジネス・リフォーム（BR）

ここまで、メビウス運動で変革を成し遂げた企業ケースを見てきまし

第4章　メビウス（永久反転）運動モデル　193

た。しかし、繰り返し指摘しているように、メビウス運動の優れた点は一過性の変革に終わらないことにあります。これを体質化して組織に根づかせることができれば、永遠の命さえも手にできるかもしれない。その可能性を感じさせる2社のケースを、本章の最後に紹介します。トヨタとリクルートです。

　トヨタの奥田改革は、第2章でセルフ・ディスラプションモデルとして紹介しました。確かに「プリウス」や「WiLL」などは、いかにも奥田碩さんらしい飛び道具といえます。しかし、奥田さんの最大の功績は、実はトヨタを現場「カイゼン」のプロから経営改革のプロへと変革したところにあります。

　一般にはあまり知られていませんが、その活動は、ビジネス・リフォーム（BR）として今でもトヨタの中に脈々と息づいています。BRは、奥田さんが社長に就任する2年前にスタートした全社変革活動です。以下のような特徴があります。

- 毎年、十数個の変革テーマを設定する
- 原則1年でやり切る
- テーマごとに、部長一歩手前の各部門のエース級が3人程度アサインされる
- 任命されれば、所属部門を離れて専任でBRプロジェクトにあたる

なかでも、最後の「専任」というところがポイントです。他の企業でも、似たような全社変革プロジェクトが組成されますが、兼任がほとんどです。しかも優秀な人ほど、いくつものプロジェクトを兼任することが多くなります。

　それに対してトヨタの場合、1年間は完全にBRの専任になります。しかも、元いた部門への人員補充はありません。この手の優秀な人財は人の3倍くらいの仕事をしているので、補充がなければ一気にその部門のスリム化が進むことにもなります。興味深いのは、エースが抜けた穴を、次のリーダー人財がしっかりと頭角を現して補うことです。つまりBRは結果

194　第Ⅰ部　変革の4モデル（What）

的に、次世代人財育成にもつながっているのです。

　一方、BRに任命された本人は、1年間かけて結果を出さなければなりません。こうしたプロジェクトは、結果が曖昧なままで終了することも多いのですが、トヨタの場合は「真水」で結果を出すことが必須。しかも「もし結果が出なかったら、君が最初だからね」などと言われるので、大きなプレッシャーがかかります。

　しかも1年後、何とか結果を出して元の部門に戻ろうとしても、すでに「後釜」が育っていて帰る場所がない。その代わり、彼らは次世代の経営人財と認められ、全社プールの中で新しいキャリアパスが用意されることになります。

◆─────尽きることのない変革テーマ

　トヨタはこのBRを25年以上にわたってずっと続けていますが、テーマが尽きることはありません。毎年数十のテーマが候補に挙がるので、そこから絞り込むのに苦労するくらいだといいます。しかも、全社変革プロジェクトのような最重要経営課題を、3人程度の少数精鋭で取り組んでいるところがBRの特徴です。

　プリウスが生まれる原動力となったのもBRでした。BRがスタートした初年度にBR-VF、つまり車両燃料（Vehicle Fuel）の開発プロジェクトが立ち上がり、この検討結果が初代プリウスへと結実していきます。

　最近では、2010年にBR-EV開発室が発足します。リーダーには、レクサスなどの開発に従事した豊島浩二さんが任命されました。その後、豊島さんは第3代プリウスのチーフエンジニアの大任を果たし、2016年末にはEV事業企画室の室長兼チーフエンジニアに就任しています。

　実は、豊田章男社長を含む3人の代表取締役がEV事業企画室の統括を兼務していて、EV事業に対するトヨタの経営層の並々ならぬ決意がうかがえます。一方で、トヨタからの専任は豊島さんだけで、そこにグループ会社のアイシン精機やデンソーなどのエンジニアが加わるという、超少数精鋭チームでのスタートとなりました。

　その後、EVへの取組みは急展開を見せ、最近ではマツダとのジョイン

第4章　メビウス（永久反転）運動モデル　195

トベンチャー（EV C. A. Spirit）の設立、全固体電池車発売の発表など、これまでの遅れを一気に取り戻しつつあります。

◆——— 日産との決定的な差

奥田改革から5年遅れでスタートした日産自動車のゴーン改革では、クロス・ファンクショナル・チーム（CFT）が有名になりました。全社変革プロジェクトを厳選して、少数精鋭で取り組む点は同様ですが、決定的な違いが3つあります。

第1に、トヨタのBRが専任であるのに対して、日産のCFTは兼任でした。しかも、日産の優秀人財は、複数のCFTに属していた。これは、変革人財の層の違いに起因するもので、日産には専任で回すほどの人数がいなかったのです。

第2に、トヨタのBRでは原則3人が任命されるのに対して、日産のCFTは10人を超えるメンバーが、技術・購買・生産・販売などの各ファンクションの代表として参加します。一見すると、日産のほうがファンクション間の協力が進みそうに思えますが、参加メンバーが各ファンクションの利害代表に陥りやすいという問題が生まれます。

第3に、日産のCFTは、V字回復後に形骸化してしまいました。これこそが繰り返し指摘しているV字回復後のリバウンドの罠です。それに対してトヨタは、四半世紀以上もBRを延々と続けている。この継続力こそ、トヨタの本質的な強みといってもよいでしょう。これにより持続的に進化し続ける企業体質を身につけていったのです。

◆——— 3つのミドル機能

実はトヨタのBRの3人という数には、大きな意味があります。メビウス運動から考えてみましょう（図表4-18）。

メビウス運動を回すには、ボックスが5つあるので5人必要だと考えがちです。しかし私の経験では、3人いれば十分です。3人はそれぞれ別のミドル機能をつかさどります。

顧客側の視点に立つのが、フロントミドル。オペレーションの視点に立

図表4-18　メビウス運動モデルを実現する3つのミドル機能

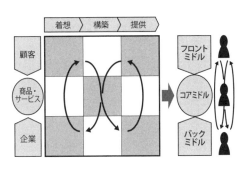

つのが、バックミドル。最後に、この両方を結合させて事業を構築するのがコアミドルです。これら空間軸を代表する3人が、横軸の「着想」「構築」「提供」という時間軸上に沿って動いていけば、変革は実現できます。

トヨタのBRの3人も、基本的にこの3つのミドル機能を担うことになります。3人というのは、本質的な運動を展開するための必要かつ十分な人数なのです。

ところで、なぜ「ミドル」なのかを疑問に感じた方もいるでしょう。これには理由があります。フロントであれば営業担当、バックなら生産や開発担当、コアであれば事業担当が、一見ふさわしそうに思えます。

しかし、これらの担当部門は、通常の業務やノルマをこなしていくので、すでに手いっぱいになっています。特に優秀な人財ほど、現業の重要なタスクを任されてパンパンに張りつめている。そのような環境では、将来に向けて溜めの利いた骨太な取組みは期待できません。

これに対してミドルは、現業のノルマやルーティンを持たない人財を指します。いわば「遊軍」のような存在です。企業変革にじっくり取り組むためには、組織にそのような「遊び」を持たせることが必須です。

遊軍の人たちが次の成長を考えるうえでまず行うことは、顧客現場（①）に立つことです。しかし、そこでの学びをすぐに事業現場（⑤）に落とさず、しっかり企業DNA（②）、顧客洞察（③）、成長エンジン（④）

第4章　メビウス（永久反転）運動モデル　｜　197

というプロセスを通じて、本質に立ち返った深い考察を行うことが求められます。

メビウス運動の担い手として、ミドルほどふさわしい人財はいません。それはまた、五感を研ぎ澄ませてU字を下りていき、啓示（本質）をつかんだうえで、骨太な事業モデルに落とし込んでいくという意味で、U理論の実践でもあります。

3人の中でも核になるのが、コアミドルです。プリウスやEVなど、次世代車両開発の場合には、先の豊島さんのような主力チーフエンジニアがこの役を担います。

そもそもトヨタのチーフエンジニアは、1つの車両の開発から生産、販売までの責任を一手に担っています。そのためには開発・生産などのバックオフィスや、営業・サービスなどのフロントオフィスを束ねる動きをしなければなりません。車両開発におけるトヨタの強みは、こうした組織全体を動員していくチーフエンジニアの巧みな動きにあります。

車両開発と同様にBRという「経営開発」においても、コアミドルがフロントミドル、バックミドルを束ねて、全体の「ゆらぎ」を作っていきます。ミドル機能の3人が、チーフエンジニアならぬチーフトランスフォーマーともいうべき動きをするところが、トヨタ独自の強みになっています。

10 永遠のベンチャー企業・リクルート

◆——— リボンモデルのアルゴリズム

リクルートも、メビウス運動が組織にしっかり根づいている代表例の1つです。基本的なビジネスモデルは「リボンモデル」として有名で、それがそのままリクルートの静的DNAを表しているのは、前述したとおりです（図表4-5参照）。

消費者側のニーズ（需要）とサプライヤー側のシーズ（供給）をマッチングさせて新しい市場を創るという新市場創出モデルは、メビウス運動に

おける縦の空間軸に相当します。ただし、単に顕在化したニーズとシーズをマッチングさせるありきたりのマーケットプレイスモデルとは大きく異なり、「育てる」プロセスが埋め込まれているところが特徴です。

両側（需要と供給）が同程度の大きさでなければ、歪んだリボン（市場）ができあがってしまうので、どちらかが小さな場合は均等になるように「育てる」のです。

まずはリボンの両側、すなわち需要と供給をそれぞれ「集める」。そして、何らかの働きかけをして、それらをリボンの真ん中（市場）に「動かす」。そして、その両者をしっかり「結ぶ」。この「集める」「動かす」「結ぶ」の3つが、リクルートのリボンモデルのアルゴリズムとなっています。

◆─────「雪マジ！」を支えた地方の現場力

リボンモデルのアルゴリズムがよくわかるのが、旅行サイト「じゃらん」の「雪マジ！」企画です。

最近は若者のスキーやスノーボード離れが進み、冬になっても閑散としているゲレンデが珍しくありません。普通なら、スノーリゾートの需要が下火になったのであれば、別の顕在化した需要（たとえば、冬の味覚ツアーや雪見温泉ツアーなど）にシフトしようと考えるのが普通でしょう。

ところがじゃらんは、スキー客の創出に活路を見出そうとします。「雪マジ！」企画を始め、「19歳になったら、ぜひスノースポーツを体験しよう」というキャンペーンを展開したのです。

大学に入った最初の冬にスノースポーツを体験すると、その楽しさがクセになり、翌年の冬になるとまた行きたくなる心理を見越したものです。受験などで忙しくて機会がなかっただけで、きっかけさえあれば、今どきの若者もスノースポーツを楽しむに違いない、と考えたのです。

その一方で、スノーリゾート側にも働きかけて、19歳の若者が無料でリフトに乗れ、若やいだひと時が過ごせる企画を仕掛けました。そうすることで、需要（スノースポーツ初心者）と供給（スノースポーツの体験価値）を、蝶結びにしたリボンの両側のように同じ大きさに広げていったのです。このように需要と供給を育てるところが、ありきたりの旅行サイト

の「送客」モデルとの決定的な違いといえます。

じゃらんが仕掛けた新しい旅行体験価値は、スノースポーツだけにとどまりません。ペットと一緒に過ごせる宿。経済的なゆとりが出てきた中高年層が、プチ贅沢を味わうフルムーン旅行。事情があって（？）他の宿泊者と遭遇したくない人のための、プライバシーが保たれる隠れ宿……。それまで閑古鳥が鳴いていた宿泊施設にさまざまな企画を持ち掛け、見事に新しい需要を開拓していったのです。

こうした宿泊施設やリゾート施設側への働きかけを担ったのは、地方在住のリクルートOB・OGたちでした。地元にUターンしたり、結婚などで地方にIターンしたリクルートの元社員が今度は契約社員となり、自分が住む地域の施設に働きかけて、供給側を1つずつ開拓していったのです。

これは単なる営業活動ではなく、旅行を切り口に、地方創生を巧みに仕掛けているともいえます。こうした地方にしっかり根を下ろした現場力こそ、リクルートの「育てる」モデルのパワーの源泉といえます。

リクルートはじゃらん事業で、優れた日本企業に贈られるポーター賞を2012年に受賞しています。「育てる」というユニークな事業モデルが、高く評価された結果といえます。

◆─────「伸化」を止めない

リクルートがこれまで、まだ誰も手をつけていない白地市場をいくつも発見し、リボンモデルを結んで進化してきたことは、すでに述べたとおりです。ここでは白地市場の開拓と「ずらし」を、販促メディア「ホットペッパー」を例に、詳しく見ていきましょう。

ホットペッパーは各地域の飲食店や美容院、マッサージなどのリラクゼーション施設、各種スクールなどの情報を掲載するフリーマガジンです。北海道から九州まで46エリアで配布していて、供給サイドを細かいメッシュで編集し、地域の住民や訪問者（需要サイド）に紹介しています（2018年8月現在）。

需要側にとっては無料なうえ、クーポンまでついているので、利用しない手はありません。もう片方の供給側からは掲載料を取りますが、広告メ

ディアというよりチラシなどの販促メディアに近い料金設定のため、費用対効果がきわめて高いのが特徴です。

このフリーペーパーを全国に展開したのが「R25」です。駅などに置いてあるラックから取って、移動中のわずかな時間で時事的なトピックや豆知識を手軽に仕入れられるとあって、若い層を中心に人気を呼びます。

特にターゲットとしたのが、M1層（25〜34歳男性）でした。彼らは新聞やテレビなどのマスメディアに触れる時間が極端に少ないため、そこにリーチするメディアは貴重です。こうして、全国の大手広告主からも一躍注目されるまでになります。

しかし、情報誌というアナログメディアはやがて、インターネットの普及でデジタル・ディスラプションの波に呑まれることになります。この事態にリクルートは、これまでの雑誌事業とのカニバリゼーションをものともせず、主戦場をネットへと急速にシフトしていきます。

現在、ホットペッパーは紙媒体としても発行していますが、検索・予約サイトに軸足を移しました。R25は2015年に紙媒体としては休刊した後、2017年までインターネットで展開しました。

求人情報を祖業として生まれたリクルートは、人材ビジネス、販促メディア、ビジネス支援、教育などにも事業領域を広げ、ネットビジネスの旗手として、さらに「伸化（ずらし）」を続けています。

◆——— リクルートの成長エンジン

次々に新規事業を生み出し、それを大きくスケールさせていくリクルートの力の源泉がどこにあるのかを、メビウス運動モデルで考察してみましょう。

リクルートの成長エンジン（④）は、ボストン コンサルティング グループ日本支社代表の杉田浩章さんの著書『リクルートのすごい構"創"力』に詳しく描かれています。ここでは、杉田さんの説明に少し手を加えて、0→1、1→10、10→100という3つのステップで捉え直してみます（図表4-19）。

0→1は、新しい事業のアイディアを生み出すプロセス。1→10は、そ

図表4-19　リクルートの事業開発手法

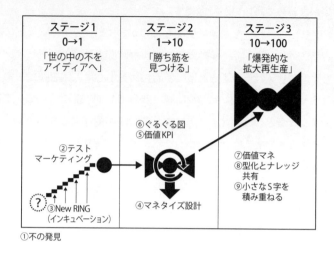

(出所) 杉田 (2017) p.11を一部修正。

れを単発ヒット級のニッチ事業として、そこそこの規模に育てるプロセス。最後の10→100は、さらにホームラン級の事業へと大きくスケールさせていくプロセスで、まさに指数関数的な成長を実現する方程式といえます。

　経営層はよく、新しいアイディアが出てこないと嘆きますが、新しいアイディア自体には希少価値はありません。若い社員や社外のコミュニティを対象にアイディアコンテストなどを仕掛けると、ユニークなアイディアが山ほど出てきます。0→1のアイディアそのものは、コモディティなのです。

　難しいのは、1→10のアイディアを「事業」にまで仕立て上げるプロセスです。多くの日本企業が不得意科目としている事業モデルを、ここできちんと描く必要があるからです。

　さらにハードルが一挙に高くなるのが、10→100のプロセスです。事業コンセプトを横展開させ、業界のデファクト・スタンダードにまで広げていく。そのためには、プラットフォームとして他社に活用させる工夫が

図表4-20　CSVとは

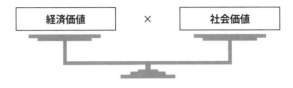

必要になってきます。自前主義にこだわりがちな日本企業にとっての最大の関門が、この圧倒的なスケール力です。

◆――――「不」を解消するCSV先進企業

　0→1はコモディティと述べましたが、効率良く行うためのやり方があるのも事実です。

　リクルートの流儀は、世の中の「不」を見つけ出すことです。潜在的な需要と供給が出合う場（白地市場）を作るという方程式の基本は、世の中の「困り事」に注目することにあります。この手の「不」は、実は無尽蔵に存在しますが、たいていの場合、既存の市場に気を取られていて見落としてしまいます。

　しかしリクルートは、顧客現場（①）をしっかり掘り下げることで「不」を発見します。その際に重要なことは、「既」顧客ではなく、「未」顧客の声に耳を傾けることです。

　たとえば、就職や結婚がしたくても、なかなかその機会に恵まれない人に着目する。その人たちの困り事を解消することが、新事業が提供すべき新しい価値となるわけです。

　この発想は、CSVに通じるものです。CSVは社会価値と経済価値の両立をめざす経営思想です。世の中の「不」（社会課題）を解消することで、収益（経済価値）を挙げるというリクルートモデルは、まさにCSVを地で行っているといえるでしょう（図表4-20）。

◆──── 「不」から「未」へ

ハーバード・ビジネススクールの看板教授であるクレイトン・クリステンセンが、最新の著書で提唱しているのが「ジョブ理論」です。

その中で、「商品Aを選択して購入する」ということは、「片づけるべき仕事（ジョブ）のためにAを雇用（hire）する」ことであると説いています。そしてイノベーションは、顧客の「困り事（pains）」または「望み事（gains）」に注目し、「困り事解消策（pain reliever）」または「望み事達成策（gain earner）」を提供することから生まれると論じています。

リクルートは、世の中の「不（pains）」を解消するという着眼点において、この前者を見事に追求してきました。ただし、「不」だけでは「不平」や「不満」といったネガティブなものに、どうしても目が奪われがちです。よりポジティブな価値を生み出すためには、顧客の「未（gains）」にもっと目を向ける時期が来ているように思われます。

私は2015年から17年まで、リクルートのCSR諮問委員を務めていました。そこで、同社の経営幹部に対して、「不」から「未」へギアチェンジしてはどうかと進言してみたのです。創業者がこだわっていたフレーズだけに一筋縄ではいかないかもしれませんが、リクルート2.0をめざすうえで、1つの指針となるのではないでしょうか。

◆──── 「勝ち筋」を見つけて、スケールアウトする

もう1つリクルートには、0→1を生む仕組みがあります。「RING」と呼ばれる社内コンテストです。RINGは、Recruit Innovation Groupの略称です。

いろいろな社員が、われこそはとばかりに新事業を提案する。そこにトップがしっかりと立ち会って、独自の選球眼と経験に基づいて、10、そして100へと成長するポテンシャルの有無を判断したり、事業化のツボをアドバイスしたりします。

結婚サイトの「ゼクシィ」や、先に紹介した「ホットペッパー」や「R25」なども、このプロセスから生まれたものです。まさに「スター誕生」の場といってよいでしょう。

204 | 第Ⅰ部　変革の4モデル（What）

図表4-21 リクルート流事業開発の仕掛け──CDOの設置

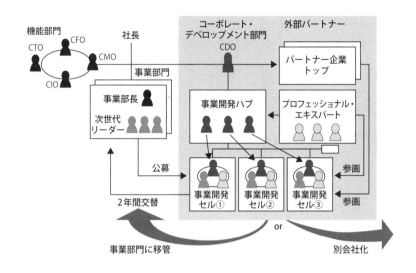

　この手のアイディアコンテストは、最近多くの企業が取り入れています。確かにイベントとしてうまくプロデュースすれば、従業員の士気向上という成果は達成できるでしょう。ただし、そこからヒット商品やホームラン事業が生まれることはほとんどありません。リクルートが高い成功確率を誇るのは、この0→1を見出す選球眼に理由があります（図表4-21）。
　しかし、前述したように、より重要なのは1→10、10→100のプロセスで、ここでもリクルートはスケールさせるための方程式をしっかり確立しています。1→10のプロセスの最大の着眼点は、「勝ち筋」を見つけることにあります。前述の著書の中で、杉田さんは3つのポイントを指摘しています（順序は筆者が修正しています）。
　第1に、収益モデルの仮説をしっかり描くこと。第2に、「価値KPI」、すなわち価値につながる行動や指標を特定し、測定すること。第3に、「ぐるぐる図」を回すこと、すなわちPDSを高速に回して、収益モデル仮説や価値KPIを検証することです。
　これは、実はエリック・リースが提唱するリーン・スタートアップのプ

ロセスそのものでもあります。リクルートは、このリーン・スタートアップ手法が世の中に広まるはるか前から、このような勝ち筋を見極める方程式を、組織にビルトインしていたのです。

最終ステージの10→100では、「爆発的な拡大再生産」を狙います。単発ヒットにとどまらず、連打、そしてホームランへとつなげるプロセスです。そこでは特に2つの仕組みがポイントとなります。

1つ目が「型紙化」です。1→10のプロセスで生まれた知恵を「型紙」に落とすことで、暗黙知が形式知化され、組織を超えて共有されていくことを指します。知識経営（ナレッジマネジメント）の基本技で、すべてを1から作るのではなく、知恵を水平展開することによって「伸化（ずらし）」のプロセスを駆動するのです。

2つ目が「S字の積み重ね」です。1つのイノベーションはS字カーブをたどって、いずれ需要飽和状態を迎えます。しかし、現場の知恵を重ねることで、その先に今まで気づかなかった需要を発見し、新たなS字カーブを始動させることができる。金融業界でいうところのデリバティブ（派生物）であり、より本質的には、第3章で述べたオプション・バリューです。S字の積み重ねによって、より垂直型の成長をめざすことが可能となります。

このような独自の仕組みを通して、リクルートは指数関数型の事業成長を実現しているのです。

◆──── 新事業「スタディサプリ」

この成長プロセスを実践した最近の例として、インターネットを活用した学習サービス「スタディサプリ」が挙げられます。

0→1段階として、当初「受験サプリ」の名前で2011年にスタートします。経済的な理由や地方在住のため予備校に通えない学生に、有名予備校講師の講義をネットで配信するもので、月額980円（2018年10月現在、サービス開始当初は月額5000円）で全講座を無制限に視聴できることが話題を呼びます。

1→10段階では、意外な展開が見られました。学校の補助教材に使い

206 第Ⅰ部 変革の4モデル（What）

たいという問い合わせが高校から入り、2015年には700を超える高校で採用されるまでになります。小中学生向けの「勉強サプリ」も加わり、2016年にはスタディサプリに名称を変更。こうして、教育産業に1つの革新をもたらしました。

しかし、もちろんここで終わりません。次の10→100段階が、リクルートが2015年に買収したイギリスの教育ベンチャー、クイッパーを核とする海外展開です。

同社はインドネシア、フィリピン、メキシコなどで、子ども向けのeラーニングを提供しています。この事業にスタディサプリを融合することで、日本のみならず世界中の恵まれない子どもたちに教育の機会を提供するという志に向かって、さらに大きく進化し始めています。

この事業も、RINGから生まれたものです。現在、リクルートマーケティングパートナーズ社長の山口文洋さんが進学関連の情報発信に携わる中で、教育機会そのものが平等に行き渡っていないことに気づいたのが始まりでした。「不」への注目です。

しかし、それを善意だけで提供しても限界がある。そこで、きちんと収益モデルを構築することで大きくスケールすることを志したのです。0から1、1から10、10から100へと、出世魚のように成長の階段を駆け上がった好例といえるでしょう。

◆───── リクルートのDNA

ここまで、リクルートの成長エンジンを見てきましたが、同社のもう1つの強みは圧倒的な実践力です。

リクルートのDNAについては、本章でも述べましたし、これまでもいろいろな形で語られてきました。その原点は、創業者の江副浩正さんの著書『リクルートのDNA ──起業家精神とは何か』に見ることができます。

「『不』の発見」「白地市場」「リボンモデル」は、いずれもリクルート独自の事業モデルですが、DNAはそのさらに奥、深層に脈打ったリクルートならではの精神といえます。江副さん自身が残した「自ら機会を創り出し、機会によって自らを変えよ」という社訓。そして、「お前はどう思

う？」という部下への問いかけ。どちらもリクルートのDNAを解き明かす重要なヒントを与えてくれます。

おそらく同社の本質的なDNAは、「圧倒的な当事者意識」という言葉に集約されるのではないでしょうか。1人1人がサラリーマンではなく、事業の当事者意識を持つ。それも「圧倒的」という形容詞が持つ重みを噛みしめながら、そこから、やり抜く力、やり切る力、途中で投げ出さず最後までやり遂げる力が生み出されます。

事実、リクルートはアイディア力があってイノベーティブな今どきのベンチャー企業とは対極の存在です。その本質は、体育会系とでもいうべきオペレーションの足腰の強さにあります。

顧客現場で発見したアイディアをリクルート独自の事業モデルに仕立て、事業現場までつなげていく連結力。それを何度も地道に繰り返す持続力。そして途中で市場の変化や自社の戦略のズレに気づけば、大きくピボット（方針転換）する決断力。いずれも「圧倒的な当事者意識」に裏打ちされたものといえます。

メビウス運動になぞらえれば、（未）顧客現場（①）を出発点とし、不屈の組織DNA（②）を起爆剤に、仕組みでスケールアウトしていく（④）という右上から左下への斜めの軸に、本質的な強みがある。この「溜め」の利いたメビウス運動で自己変革を繰り返す限り、リクルートは永遠のベンチャー企業として進化し続けていくはずです。

| Column |

ヤマトは我なり

メビウス運動が組織に根づいているという意味では、ヤマト運輸もベストプラクティスの1つです。「ヤマトは我なり」という教育を通じて、人に指示されるのではなく、自分が主体的にヤマトのすべきことをしっかり考えさせています。その現場での徹底ぶりは、「ヤマト教」とでもいうべき、宗教にも似た迫力があります。

高齢者向けの見守りサービスが生まれたのは、ある東北の過疎地

での出来事がきっかけでした。セールスドライバーが何度配達に行ってチャイムを鳴らしても、応答がありません。老婦人が１人で暮らしているのを知っていたので、意を決して庭に回ってみたところ、縁側に倒れているのを発見したのです。

この一件は、当のセールスドライバーや周囲の社員が、自分たちの存在意義を考え直すきっかけになります。家族構成や生活スタイルを知っているからこそできる高齢者支援があり、その責任を果たすのが地域に密着したヤマトの責任ではないのか。そう考えたセールスドライバーは、CSRの一環として支援事業を行うことを会社に提案します。

しかし、CSRで行う限り、「善意」の範囲を超えることはできません。そこでヤマトの幹部は、「見守りサポート」という事業メニューに仕立て上げることを構想します。発注者は地方自治体で、住民サービスの一環としてヤマトに委託するという仕組みです。善意で終わるところだった発想を、ビジネスモデルに変えてしまったところが、ヤマトの幹部のすごさです。

アイディアが生まれるのは現場です。特に日本的な企業、現場が強い企業ではその傾向が顕著です。この現場の気づきをどうやって事業に落とし込んでいくか。経営の力が問われます。

11 メビウス実現に向けた勘所

◆─────Ａプロの前にＫプロ

これまで見てきた事例でもわかるように、メビウス運動の実際は、企業やそれぞれの置かれた環境によって異なります。その一方で、理解しておくべきポイントと、これをするとまず間違いなく破綻するという忌避事項は、共通して挙げることができます。

第4章　メビウス（永久反転）運動モデル　　**209**

まず、避けなければならないのは、準備ができていないのにもかかわらず、変革に取りかかってしまうことです。良品計画はシュリンク・トゥ・グローで普通の会社になった後、本当に良い会社であり続けるためにメビウス運動を回して成長を持続していますが、その前段を飛ばしてしまうケースが少なくありません。

　ある大手小売企業の経営トップは、次世代成長に舵を切ろうと「明日（A）を創るプロジェクト」（略して「Aプロ」）をスタートさせました。しかし、すぐに壁にぶつかります。プロジェクトを担う人財がいなかったのです。みんな日々の仕事で手いっぱいで、明日のことなど考える余裕はない。誰か1人をAプロに引き抜けば、現場は崩壊しかねない状況でした。

　結局、まずは「Kプロ」に着手することになります。業務改善によって「今日（K）を変革するプロジェクト」です。明日に向かった新しい活動ができるようになるには、現在を無駄なく過ごせていなければならない。単に「あすなろ」をうたっているだけでは、いつまでも明日は来ません。

　逆に、シュリンクの過程をしっかりやっておけば、グローにつながる芽が見つけられるし、リソースも確保できます。メビウス運動モデルを志向する会社は少なくありませんが、贅肉がたくさんついたままでは蝶（バタフライ）は飛べません。

◆───── 点から線へ

　メビウス運動は一見すると複雑系モデルのように思えますが、実現するうえではいくつかのポイントがあります。

　第1に、内側では、クロス・ファンクショナルに動くということです。自分の持ち場はここだと決めずに、お互いがどれだけコネクトしているかが、メビウス運動を回すうえでのカギとなります。キーワードは「つながる（コネクト）」です。

　第2に、出発点が顧客現場であることです。日本人は「現場」が大好きですが、たいていの場合、それは事業現場を指しているにすぎません。そうではなく、本当の顧客現場、つまり「顧客が困り事に直面している現場」が本来の出発点でなければなりません。既存の常識にとらわれず、未

顧客、そして、顧客の集合体としての社会から発想し直すことが求められます。

第3に、自社らしさとは何かということを考え抜くことです。本来なら磨けばすごく光る原石（DNA）があるにもかかわらず、磨き切れずにいるために、自分らしさがうまく打ち出せなかったり、他社に真似られたりするケースが少なくありません。自分を見つける度合いが相当深くないと、ひねったものや、自分らしい独自性のあるものは発見できません。

第4に、着想した顧客洞察をいきなり現場に落とす前に、成長エンジンを設計することです。シリコンバレーでは「10X」という言葉が呪文のように問われ続けますが、いかに今の10倍以上の大きさにスケールさせるかは、世界共通の課題です。自社のリソースだけではなくて、周りを巻き込んで、一桁違うビジネスモデルを考えるプロセスが求められます。

◆─────「逆上がり」運動

上記の4つのポイントのうち、特に第2と第3のポイントで失策を犯したのが、先に登場したスターバックスのオーリン・スミスです。彼は、顧客現場からではなく、左上の顧客洞察から右下の事業現場へと、3×3のマトリクス空間を一気に駆け抜けようとしました。マッキンゼーでも、最初にそのようなロジカル・シンキングを叩き込まれますし、経営の教科書にも「顧客洞察から始めよ」と書かれています。しかし、そのような当たり前の運動論からは、通り一遍のものしか出てきません。

繰り返しになりますが、このトポロジー上の最も重要な運動は、右上の顧客現場から左下の組織DNAに落ちてくるところです。そして、もう1つの勝負どころが、真ん中の成長エンジンで、他社を巻き込んでスケールすることができるかどうかにあります。本質的な変革やイノベーションは、教科書的な動きとは逆の動きから生まれるのです。

このように、何かを現実の中から発見しようとすれば、どうしても右上からスタートして左下へと逆戻りしたうえで、左上へと上っていく必要があります。これを私は「逆上がり」運動と呼んでいます。実はこの動きは、第3章で紹介したU理論がいうところの「センシング」（右上から左下へ）、

第4章　メビウス（永久反転）運動モデル　211

「プレゼンシング」(左下から左上へ)、「リアライジング」(左上から右下へ)という3つの運動にほかなりません。

ロジカル・シンキングでは、本質的な変革やイノベーションは起こせないことを理解すべきでしょう。

◆──── ミケランジェロが掘り出す手

本質を現実の中から発見しようとするとき、客体の現実から出発して主体に同一化していく「主客逆転プロセス」が必須となることを示すエピソードが、U理論の中に登場します。第3章で紹介したミケランジェロにまつわる逸話です。

ミケランジェロは彫刻を創作するとき、大理石の中に初めから存在する手が、「自分を彫り出してくれ」と言っているのが見えたのだそうです。自分が勝手に造形しているのではなく、埋め込まれた本質を大理石の呪縛から自由にしているだけだというのです。このように、客体（手）が主体（ミケランジェロ）を通して実現（造形）されていくプロセスこそ、イノベーションが生まれる時空間となるのです。

経営論の文脈でこれと同じことを論じているのが、ヘンリー・ミンツバーグです。本質的な戦略はマイケル・ポーターに代表されるロジカル・シンキングからは決して生まれないというのが、その主張です。そして、「戦略クラフティング」という論文の中では、戦略プロセスの本質はクラフティング、すなわち工芸のように客体から自らの手を汚して紡ぎ出していくものだと述べています。

客体を顧客現場、主体を自社のDNAに置き換えると、「逆上がり運動」の意味がより理解しやすくなるはずです。本質は客体（顧客現場）の中にあるものを、主体（自社DNA）を研ぎ澄ましてかかわることで唯一生み出すことができる。そのためには、ロジックを封じて、後ろ向きに逆上がりする覚悟が出発点となるはずです。

212　第Ⅰ部　変革の4モデル（What）

どのモデルを選ぶべきか？

1 GE──イメルト物語

◆───パーフェクトストーム

　ここまで4つの変革モデルを紹介してきました。前章で述べたとおり、私が特に勧めたいのはメビウス運動モデルですが、それぞれの企業の特性や置かれている状況に応じて最適なモデルは変わってきます。そこで本章では、どのような状況で、どのモデルを選択すべきかを考察します。

　この問題について考えるうえで重要な示唆を与えてくれるのが、ジェフ・イメルトによるGEの企業変革です。16年間に及ぶCEO在任期間中、何回も変革を仕掛けましたが、そのたびに異なるモデルを採用しているのです。

　イメルトの前のCEOであるジャック・ウェルチは、IBMを再生させたルー・ガースナーとともに、20世紀最高の経営者という名声をほしいままにしました。ウェルチはM&Aで事業規模を拡大するとともに、第2章で紹介したセルフ・ディスラプション（自己破壊）モデルで、GEを大きく揺さぶりました。きわめて外科的なアプローチで、GEを変革していったのです。

　イメルトがウェルチの後を引き継いだのは2001年、45歳のときでした。就任のわずか4日後の9月11日に、アメリカ同時多発テロが発生。ただでさえウェルチの後任は大役なのに、まさに嵐の船出となったのです。

航空機エンジンや保険ビジネスを展開していたGEは、9・11テロの影響をまともに受けることになります。

その後、ほどなくして世界は景気後退局面に突入。まさしく「パーフェクトストーム」（複数の災厄が同時に起こり、破滅的な事態に至ること）状態に陥ったのです。こうなると、いくらジタバタしても意味がありません。そこでイメルトは、こういう時期だからこそ本質的な課題をじっくり考えようと腹をくくりました。

◆──── アンストッパブル・トレンド

イメルトが全社で取り組み始めたのが、「アンストッパブル・トレンド」の抽出作業です。世の中には絶えず一過性のトレンドが生まれては消えていきますが、今後決してやむことのないトレンドは何か。いわば不易流行の「不易」を見極めるプロセスです。

当初、貧困や紛争など、100を超えるトレンドが抽出されます。そこで次に、そのリストから、GEが大きなインパクトを及ぼすことができる領域を絞り込んでいきました。その結果残ったのが、環境（エコロジー）とヘルスケアの2つ。それにイノベーションを意味する「X−マジネーション」という言葉を付け足して、「エコマジネーション」と「ヘルシーマジネーション」という2つの活動をスタートさせたのです（図表5−1）。

GEの主力事業領域の1つが、創電、送電、蓄電、そして消電といったエネルギー関連。これを主軸の1つと位置づけました。もう1つは、CTスキャナーやMRIなどの大型医療機器を展開しているヘルスケア事業。イメルトは、この2つ以外の事業をポートフォリオから外していくという大英断を下します。

その結果、ユニバーサル・スタジオのようなエンターテインメント事業や、金融事業を手掛けるGEキャピタルなどは、ノンコア事業として売却の対象になりました。また、ウェルチもイメルトも事業部長を務めたことがあるプラスチック事業も、早々に売却を決断します。

こうしてウェルチがM&Aを武器に拡大した事業ポートフォリオは、イメルトの手によって大幅に縮小されていくことになりました。

図表5-1　GEのX-マジネーション

ecomagination＋healthymagination＝for a better world

（出所）GE。

◆──────イメルトのX経営

その一方で、M&Aに頼らない有機的な成長（Organic Growth）に大きく舵を切ります。その際のカギを握ったのが、イノベーションとマーケティングという2つの機能です。

第3章で「X経営」モデルをご紹介しました（図表3-5参照）。X経営とは、事業モデル構築（イノベーション）力と市場開拓（マーケティング）力を成長エンジンとして組織に埋め込む、次世代の経営モデルです。イメルトが実践したのも、実はこのX経営でした。

前任者のウェルチが展開したのは、いわば「W経営」です。トップの経営力と現場のオペレーション力をダブルで併せ持っているのが「W」型。M&Aに代表される経営力と、シックスシグマを基軸とした現場力を武器としたウェルチ時代のGEは、典型的なW型でした。

これに対してイメルトは、イノベーションとマーケティングを新たな武器として位置づけ、X型経営を実践していきます。まず、想像力を駆動してイノベーションを引き起こす「イマジネーション・ブレークスルー」を全社の最優先イニシアティブに掲げ、先述した2つの「X-マジネーション」活動を展開します。

もう片方のマーケティングは、顧客現場に入り込み、困り事（pains）の解消を徹底するというソリューション提供力を磨き上げていきました。「コマーシャル・エクセレンス」と呼ばれる活動です。

このような初期のイメルト変革は、典型的なシュリンク・トゥ・グローとして捉えることも可能です。大なたを振るってノンコア事業を切る（シュリンク）とともに、2つの成長エンジン（グロー）を駆動させていっ

第5章　どのモデルを選ぶべきか？　**215**

図表5-2 GEのバタフライモデル

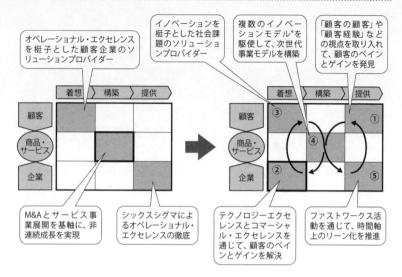

（注）＊イノベーション・ブレークスルー（CSV）、オープンイノベーション、リバースイノベーション、リーン・スタートアップなど。

たからです。

　また、この成長局面のメカニズムをズームアップすると、メビウス運動として捉えることができます（図表5-2）。①の顧客現場がマーケティング、②の組織DNAがイノベーションにあたります。そこから③のX-マジネーションという顧客洞察が生まれ、それを⑤の事業現場のオペレーション力で実践していく運動です。

　ただし、こうして見てみると明らかなように、④の成長エンジンそのものは、取り立てて磨きをかけられていません。そのため、M&Aで力強い成長を実現してきたウェルチ時代に比べて、イメルトの経営に対する資本市場の評価は低迷します。

◆────2つのイノベーション

　イメルトは資本市場からの厳しい評価を覆すため、スケールアウト型のイノベーションモデルを、④の成長エンジンに組み込み始めます。

1つは、オープンイノベーションです。「エコマジネーション・チャレンジ」と銘打ったアイディアコンテストを開催し、外部のベンチャー企業や個人から5000にのぼる事業化アイディアを集めたのです。いわば0→1の加速です。

このコンテストで採用されたアイディアを、1→10へとブーストする役割を担うのが、クライナー・パーキンスです。シリコンバレーを代表するベンチャーキャピタルである同社は、GEとともにこのコンテストを共同主催し、ベンチャーの発掘・育成を行います。

そして、最後に10→100へとスケールさせる役割を担うのは、やはりGE自身です。このプロセスにおいては、GEが持つブランド、顧客基盤、知財、ネットワークなどの無形資産が武器となるからです。

イメルトは医療機器の領域でも同様に、「ヘルシーマジネーション・チャレンジ」を展開し始めました。このように外部の知恵をうまく活用して、イノベーションのエンジンをパワーアップしていったのです。

もう1つの取組みが、リバースイノベーションです。

通常、イノベーションは先進国で誕生し、やがて発展途上国にも伝播するというパターンをたどります。リバースイノベーションはその逆で、まず発展途上国でイノベーションが生まれ、それが先進国に逆輸入されるというパターンです。

従来のイノベーションは、より高い効用を実現しようとするものでした。一方、新興国では顧客の支払い能力はきわめて限定的で、求める効用も必ずしも高くない。むしろ必要とされるのは、徹底的に機能を絞り込んだイノベーションで、「Frugal（倹約的）Innovation」「Adequate（必要最低限の）Innovation」「Good Enough Innovation」などと呼ばれています。

GEは中国とインドで、現地スタッフが中心となってこのような現地発イノベーションを積極的に展開しました。そして、そこで生まれた簡易型の心電計や超音波検査器が、先進国にも持ち込まれ、新しい市場開拓を実現したのです（図表5-3）。

イメルトはこのようなアプローチをリバースイノベーションと名づけ、BOP（Bottom of Pyramid）という未開拓市場への切り札と位置づけまし

図表5-3　GEのリバースイノベーション

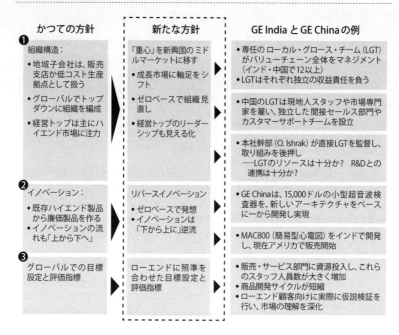

（出所）Harvard Business Review, Business Week, Wall Street Journalなどより作成。

た。イノベーションと市場開拓が一体となった、まさにX経営型の成長エンジンといえます。

　しかし、こうした成長に向けた取組みの最中、2008年にリーマンショックが発生します。まだ整理しきれていなかったGEキャピタルが大きな焦げ付きを出し、GEは破産寸前にまで追い込まれます。そのときイメルトが頼ったのが、高名な投資家ウォーレン・バフェットでした。

　長期投資家として定評のあるバフェットにとって、GEはアメリカを象徴する企業。この苦境を乗り切ることを確信して、5％の株式取得を決定します。結局、この投資が「バフェットが買うのだからGEは大丈夫」という安心感を呼び、市場の信頼回復につながります。

◆───── インダストリアル・インターネット

こうして危機から脱し、再浮上したイメルトは、さらなる全社変革に取りかかります。デジタル技術による変革、デジタル・トランスフォーメーションです。

その際のトリガーとなったのが、イメルトが「インダストリアル・インターネット」と名づけた新潮流でした。ものづくりや産業構造そのものが、IoTやAIによって非連続な進化を遂げる。イメルトはこのデジタル技術を積極的に取り込むことで、全社変革を推進していったのです。

まず、ソフトウェア開発の拠点であるGEソフトウェアをシリコンバレーに設置し、GEの知恵のソフトウェア化に大きく舵を切ります。同時に、コネティカット州フェアフィールドにあった本社をボストンに移転することを決意。西海岸と東海岸というデジタル・ディスラプションの2つの震源地に自分たちの中心を移して、ハード中心の会社からソフト、サービスを主軸とする会社に変貌させることを狙ったのでした。

なかでも切り札となったのが、「プレディクス」というミドルウェアでした。機械をネットワーク化する際のOSにあたる基本システムです。このプレディクスを産業用プラットフォームとして他社に開放することで、自社のエコシステムを産業界全体に広げていくことを企図したのです。

実現すれば、他社の資産を梃子に事業を大きくスケールすることが可能になります。④の成長エンジンが、これで大きくパワーアップするはずです。

◆───── デジタル・トランスフォーメーション

2014年以降、イメルトは総仕上げに取りかかります。デジタル技術を活用して、経営そのものを変革する試みの「デジタル・トランスフォーメーション（DX）」です。

その中核となる方法論として着目したのが、「リーン・スタートアップ」でした。この手法の提唱者であるエリック・リースをGEに招き入れ、ソフトウェアとサービス産業に広がり始めたこのモデルを、産業機械という完璧な品質と信頼性が要求される世界に、いかに取り入れるかという難問

第5章　どのモデルを選ぶべきか？　**219**

図表5-4　GE「ファストワークス」のフレームワーク

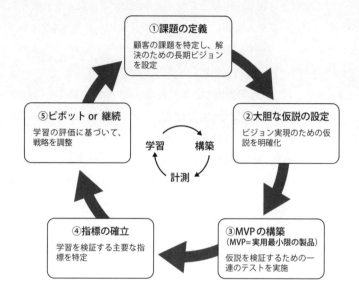

(出所) GE。

に、正面から取り組むことにしたのです。

　そして生まれたのが、第3章でもご紹介した「ファストワークス (FastWorks)」という活動です。「構築─計測─学習」というサイクルを、可能な限り短時間で、何度もグルグル回していく。まさに「リーン・スタートアップ」のプロセスそのものです。その成果は大きなものでした（図表5-4）。

　たとえばディーゼルエンジン分野では、製品開発プロセスを従来よりも1年半短縮することが可能になりました。また航空機においては、エンジニアの生産性を倍増させることができました。こうして、品質や信頼性には妥協を許さず、その一方で徹底的に無駄を省くという手法が、GE全社に展開されていったのです。

◆ イメルトのセルフ・ディスラプション

以上、16年間にわたるイメルトの全社変革を駆け足で見てきました。シュリンク・トゥ・グローに始まり、メビウス運動につながったわけですが、別の見方をすると、セルフ・ディスラプションモデルとして捉えることもできます（図表5-5）。

ます初期の「イマジネーション・ブレークスルー」はタイプ1の典型です。M&Aに偏りがちなこれまでの成長に決別し、自社の中に自律的な成長エンジンを埋め込みました。

中期の「オープンイノベーション」と「リバースイノベーション」は、タイプ3といえるでしょう。プロセスとアセットは整合している領域に、大きく揺さぶりをかけて、自前主義、先進国中心を乗り越えようとしました。

後期の「インダストリアル・インターネット」は典型的なタイプ2です。価値観は整合しているけれど、プロセスとアセットは自社にない領域です。ここではソフトウェア資産を構築すべく、大きな投資を決断しました。

そして最後の「デジタル・トランスフォーメーション」は、さしずめタイプ4といえます。価値観もプロセスとアセットも整合しない領域です。

図表5-5　GEイメルトのセルフ・ディスラプション

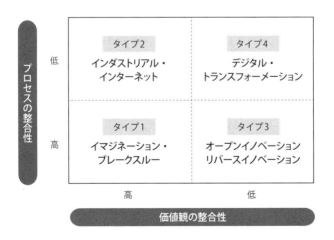

これが実現できれば、GEは異次元の成長カーブに飛び乗ることができる——イメルトは、そう考えていたはずです。

◆——— 市場の評価

　しかし、イメルト改革の最大のボトルネックは、時間がかかる点にありました。オーガニック・グロースを主軸としている以上、ウェルチ時代のようなM&Aによる一足飛びの成長は不可能です。しかも、いずれの施策も投資が先行し、リターンが確実に見込めるものはありません。

　このようなイメルト経営に対して、資本市場は懐疑的な姿勢を持ち続けていました。ウェルチが20年間で株価を30倍以上にしたのに対し、イメルト時代の16年間、GEの株価は2割ほどその値を下げていたからです。

　そしてついに、そのときが来ます。2017年6月、しびれを切らしたアクティビストのネルソン・ペルツ代表が率いるトライアン・ファンド・マネジメントの圧力により、イメルトはCEOを退任しました。

　一連のイメルトの経営改革は、高い技術力で世界が抱える難問を解決していくCSVを主軸に据え、オープンイノベーションやリバースイノベーションなどの「飛び道具」を成長エンジンに埋め込むなど、時流を先取りするモデルであり続けました。今なお進行中のデジタル・トランスフォーメーションが実現すれば、GEは21世紀の旗手として、見事に蘇ったことでしょう。

　しかし資本市場は、時間がかかり、大きな成果が見えないイメルト改革に「ノー」を突きつけたのです。

◆——— スピードとスケール

　ある意味で、アメリカ資本市場の短期志向が災いしたともいえるでしょう。もしヨーロッパや日本であれば、巨艦のGEを次世代に向けて大きく転換させたイメルトは、ヒーローとして称賛されたかもしれません。しかし、アメリカの資本市場は教科書的な「正しい」経営だけでは評価しません。あくまで結果を出すこと、それもスピード感をもって実現することを強く求めるのです。

裏返せば、イメルトの退場は次世代の日本的経営を考えるうえで、きわめて示唆に富んでいます。イメルトの変革は先に見たとおり、CSV、オープンイノベーション、リバースイノベーション、リーン・スタートアップ、デジタル・トランスフォーメーション……。日本企業でもてはやされている最先端の経営モデルのオンパレードです。

　しかし、それを取り入れたからといって、成功が保証されるわけではありません。逆に、このような経営モデルを手掛けていることが気休めになって、本質的な企業変革が進まない原因にもなりかねない。日本でもそうした企業が少なくありません。

　決定的に欠けているのが、スピードとスケールです。「やっている」つもりでいても、成果に結びついていなければ何の意味もありません。21世紀型の成長企業に求められるのは、「10倍速のスピード」と「10倍のスケール」という「2つのS」です。自らの資産の大きさに押しひしがれ、「2つのS」を駆動させられずにいる企業は、いずれ淘汰されることになります。

　「インターネットという隕石が落ちて、マンモスは滅びる」と言ったのは、ソニーのCEOだった出井伸之さんです。そのソニー自身が今も苦悩しているように、V字回復の先に、「2つのS」を実現する次世代成長エンジンをいかに構築するかが、多くの日本企業が直面する最大の経営課題といえるでしょう。

◆────コーポレート・ガバナンス再考

　このケースから得られるもう1つの重要な示唆は、ステークホルダー・マネジメントの重要性です。イメルトの変革は、顧客、サプライヤー、従業員、そしてコミュニティや政府など、多様なステークホルダーから前向きに受け入れられました。ウェルチに比べれば地味ではあるものの、オーガニック・グロースという本質的に持続可能な成長モデルであることが評価されたのです。

　しかし、ステークホルダーの重要な一角を占める株主にとっては、満足のいくものとは言い難いものでした。ウォーレン・バフェットのような長

第5章　どのモデルを選ぶべきか？　　**223**

期志向の株主は、アメリカでは例外的な存在です。その他大勢の株主は、ウェルチ時代のような急成長を期待していた。そして、しびれを切らしてしまったのです。

イメルト自身、投資家対応（IR）が必ずしもうまくなかったのは事実です。投資先行型で時間がかかるとしても、全体の時間軸と、そこに至る道筋、途中のプロセス指標を、きちんとコミュニケートして、投資家の支持を取りつけるべきでした。しかし、どれだけ説明を尽くしても、そのような時間軸と規模感では、短期志向の投資家はとうてい納得しなかったであろうことも容易に想像されます。

だとすれば、そもそも投資家そのものを選別するようなプロセスをビルトインすべきだったのかもしれません。短期的なリターンを狙う投資家が敬遠するような仕組みを周到に準備して、ふるいにかけるのです。

たとえばグーグルでは、持ち株会社アルファベットの株式を、2人の創業者と会長のエリック・シュミットの合計3人で全体の20％しか保有していません。にもかかわらず、議決権なしの株式を発行することで、3人で75％の議決権を握っています。こうすることで会社の支配権を外部の株主の手に渡さず、長期的な成長をめざせるようにしているのです。

日本ではトヨタが、2015年に議決権付きのAA型種類株式を発行しています。5年間は譲渡制限がついているので、基本的には売却できません。配当は初年度が0.5％で、以降は毎年0.5％ずつアップするので、5年目以降は2.5％となります。

5年経過後に普通株式の株価が発行価格を下回っていれば、トヨタが発行価格で買い取り、上回っている場合は普通株式に転換できる（年利2.5％の社債として保有し続けることも可能）。つまり、事実上の元本保証です。こちらは議決権付きですが、長期投資を前提とする株主を積極的に引き寄せようという意図がうかがえます。

日本は産官学を挙げて、アメリカ型のコーポレート・ガバナンス導入に拍車をかけていますが、表面的に受け入れることは厳に慎まなければなりません。長期的・安定的な株主の存在があってこそ、時間のかかる抜本的な技術革新や、本質的な経営改革に取り組むことが可能となる。この日

本型経営システムの利点を、安易に手放すべきではありません。

イメルトの経営変革の顛末を反面教師として、アメリカの20世紀型コーポレート・ガバナンスを超えた、持続的成長に向けた仕組みの設計が求められています。

2 | 日本企業にとっての選択肢

◆——— ワントリック・ポニー

ここまで読んでも、本心では、できれば変革などせずにすませたいと思っている読者も少なくないのではないでしょうか。『企業変革の教科書』というタイトルの本を手に取ってくださったのにもかかわらず、です。

各変革モデルの優れた点や難しいところ、変革の具体的な進め方（これについては、第Ⅱ部で紹介します）をいくら理解したところで、結局のところ「その気」がなければ何も始まりません。

業績好調のタイミングで、あえてリスクを冒す必要があるのだろうか。やらなければならないのはわかっているが、今はまだ着手したくない。こうした疑問や抵抗が、優れた日本企業の変革を遅らせ、ひいては国際競争力の低下につながったと私は考えています。

ですから、なぜ変革が必要なのか、今でなければならないのかを改めて伝えたいと思います。「その気」を高めて、第Ⅱ部の変革のプロセスに移っていただきたいからです。

「ワントリック・ポニー」という言葉があります。直訳すると「一芸に秀でた馬」という意味ですが、何をやらせても自分の得意技しかできない、という揶揄がこもった言葉です。

ただし、必ずしも否定的に捉える必要はありません。いろいろな技ができるのは一見器用なようでいて、実はこれという得意技がなく、こだわりもないことの裏返しでもある。だからワントリック・ポニー、すなわち駄馬ではないということです。

第5章　どのモデルを選ぶべきか？　225

もちろん、そのまま変わらなければ、これはやはりダメでしょう。しかし、もがきながらさまざまな強みを獲得していくスタートポイントとしては、決して悪くはない。むしろ良い会社の出発点になりえます。

私はこれまで「失われた20年」にあっても成長を遂げた日本企業100社や、グローバルトップ100社の研究をしてきました。その結果わかったのは、あれもこれもできる総合力で戦う企業は、これらのランキングにほとんど入っていないということです。

むしろ強いのは一芸に秀でた企業です。たとえば、グローバルトップ100社の8位に入ったノボ ノルディスクは、糖尿病に特化しています。糖尿病患者は世界中で爆発的に増加していて、製薬会社にとっては成長余地の大きい事業です。そこに特化することで、糖尿病治療薬市場の拡大とともに急成長を遂げました。

ダイキン工業も、立派なワントリック・ポニーです。ちなみにグローバルトップ100社に入った日本企業は、ファーストリテイリング、ダイキン、アステラス製薬、コマツ、アサヒ、キリン、ブリヂストン、デンソー、トヨタ自動車、本田技研工業の10社のみで、総合家電メーカーは1社も含まれていません。

そんな中、基本的に空調事業にこだわり抜いたダイキンがランクインしたのは、覚悟の違いに理由があります。仮に空調が落ち込んでも、テレビや冷蔵庫でカバーすることはできない。だから進化を止めずに顧客に選ばれ続けなければなりません。

その覚悟があったから、業務用はもちろん家庭にもエアコンが普及した後も業績を伸ばすことができました。省エネや快適な温度管理、空気清浄や除菌の機能を進化させて、世の中のニーズの変化に対応したことで、ダイキンは空調一本で生き抜いてきたのです。

第3章で述べたように、ルー・ガースナーがIBMを再生できた最大の要因も、本質的な強みを正しく読み替えたことにあります。顧客がIBMに対して求めているのは、メインフレームというハードではなく、安心感をもってミッション・クリティカルなシステムを提供することである。そう見抜いたうえで、たとえオープン系のシステムにおいても、その価値が失

われるものではないことを再認識したのです。

　どんな優れた一芸も、時間の経過とともに、そのままでは必ず通用しなくなるときが来ます。そうした局面における最大のリスクは、何もしないこと。すなわち、不作為のリスクです。自分が得意とするファミリアーゾーンに安住せずに、アンファミリアーな領域ではそこを得意とする第三者と組んで、またアンサートンな領域は誰よりも早く実験することで、ファミリアーゾーンを広げていくことができます。

　一芸に秀でているということは、学習能力が高い証です。表面に見える製品や技術にとらわれずに、その本質的な強みに着目すれば、ワントリック・ポニーのままで終わることはありません。

◆────「ゆらぎ」から始める

　ワントリック・ポニーからの脱却は、「ゆらぎ」から始まります。これまでやってきたことの拡大再生産を抜け出すためには、何らかの仕掛けが必要です。

　よく知られているのが、創造的な製品を生み続けてきた3Mの「15％カルチャー」です。勤務時間全体の15％は、今の仕事と直接関係しない自分の好きな研究に費やすことを認めるもので、その割合を20％にまで引き上げたのがグーグルの「20％ルール」です。

　実は3Mは、このルールをいったん廃止していた時期がありました。しかし、その結果独創性が失われ、業績にも陰りが見えたため、復活させています。グーグルもあまりにも急成長したためにリソースが不足し、「20％ルール」は形骸化してしまったとの指摘もありました。停滞しても、成長しすぎても、15％なり20％なりの「遊び」を確保するのは難しい。だからこそ意識的に、「ゆらぎ」を生む仕掛けを用意しておかなければなりません。

　こうして生まれた「ゆらぎ」を「つなぎ」、「ずらし」ていく過程は、第3章の日東電工の「三新活動」で述べたとおりです。また。第4章で紹介したリクルートも、「ずらし」によって事業領域を次々と拡大してきました。

第5章　どのモデルを選ぶべきか？　　**227**

IBMは人工知能「ワトソン」と量子コンピュータ「Q」を次世代成長戦略の柱に位置づけていますが、その源流は彼らが長年コア事業としてきたメインフレームに見ることができます。その中枢をなす技術を環境変化に合わせて読み替えた。これもまた「ずらし」といえるでしょう。

◆───── ノマドのすすめ

アメリカや、最近であれば中国の多くの企業が狩猟型だとすれば、日本のほとんどの企業は農耕型といえるでしょう。自らの土地を豊かに耕して、可能な限り多くの実りを得ようとする。野生動物を狩って、獲物がいなくなればまた新しい土地をめざす狩猟型とは対照的です。

しかし、農業もいつまでも同じ所で同じ作物だけを作っていると、土地は痩せてしまいます。だから、次の新しい土地を見つけて、ゼロから耕作しなければなりません。農業だけにこだわる必要もありません。酪農もするノマド（遊牧民）になればよいのです。

ハンターほど動的ではないけれど、狭い土地に縛られずに、耕作技術をもって新しい土地をどんどん開拓する。一定のリズムで定着と移動を繰り返すノマドの姿は、決められた小さな場所に根を深く張り巡らすことだけに注力しがちな小作農型の日本企業にとって、変革の大きなヒントになるはずです。

---

3 | 変革のトリガー ── 最高益という崖っぷち

◆───── ROE信奉の誤謬

変革に消極的な人がよく口にするのが、「今、このタイミングではない」という意見です。特に業績が好調の場合に、こうした意見がよく聞かれます。たとえば最高益を記録したタイミングで、どうして変革を仕掛ける必要があるのか、といったものです。

しかし、その過去最高益が、真の力を表しているとは限りません。次の

228　第Ⅰ部　変革の4モデル（What）

成長に必要な投資を十分にせず、その結果、利益が上積みされている可能性もあるからです。

私はROE（Return on Equity: 自己資本利益率）という財務指標に、きわめて懐疑的な見方をしています。純利益を自己資本で割ったのがROEなので、この値を大きくしようとすれば、まず自己資本を小さくする手が考えられます。ひと頃、せっかく稼いだ利益を配当や自社株買いにつぎ込んでROEを引き上げる愚行が多く見られたのも、そのためでした。

そもそもROEのE（equity）は株主ですが、そうした将来の成長を犠牲にしたROE向上で喜ぶのは、短期志向の株主だけです。たった今の瞬間風速でしか企業を見ていない。だから人財やR&Dのための投資を削っても、全く問題視しません。これはその他のステークホルダーとは全く異なる、偏った見方です。

そうした株主の意向、もっといえば圧力に負けた結果としての「過去最高益」であれば、決して喜べるものではありません。2016年にファナックは大規模な自社株買いを行いましたが、それもアメリカの投資ファンド、サード・ポイントの要求によるものでした。ファナックが力を入れているロボット事業は、本当ならば多額の投資を必要とするタイミングです。それなのに、株主還元に資金を回さざるをえなかったのです。

高い成長性と、それに伴う将来の株価上昇が期待されるグロース株に対して、投資家は基本的に株主還元を期待しません。そんなことをする余裕があるなら、しかるべきところに資金をつぎ込んで、さらに成長を加速させることを望んでいる。アマゾンなどはその典型で、ほとんど利益を出さないことで有名です。それでも株価は上がり続けています。足元の業績や株主還元などに関心のない、長期的な視点を持った株主がついているからです。

もしかしたら、株主還元にだけ熱心な企業は、他にすべきことがないのかもしれません。過去最高益が次の成長に向けた打ち手がないことの結果であるなら、変革は待ったなしの状況ともいえるでしょう。

◆───凸レンズから凹レンズへ

　私は最近、多くの企業経営者に「アリバイ工作はやめましょう」とアドバイスしています。アリバイ工作とは、それらしい中期計画を立てて、主に株主に対して「やったふり」をすることです。

　中期計画の期間はたいてい3〜5年程度ですが、これは実に中途半端な期間と言わざるをえません。3年で成果を挙げようとすればできることは限られるし、仮にめでたく達成できたとしたら、それは成長スピードが遅すぎることを意味します。3年前に考えたのと同じことしか実現できないようでは、環境変化に完全に遅れている。中期計画は、良くて気休め、もっといえば、百害あって一利なしでしょう。

　良い会社は軒並み長期ビジョンに重きを置いています。近視眼的な経営が凸レンズだとすれば、凹レンズで20年後、30年後に焦点を当てているのです。

　花王は少し前まで典型的な凹レンズ会社で、2013年まで一度も中期計画を公表したことがありませんでした。2012年に就任した澤田道隆社長の下で3カ年計画を発表するようになりましたが、今でも主軸は長期的な成長にあります。

　ただし、良い会社は実際には、長期と同じかそれ以上に短期もしっかりと見ています。計画を立て、実績を評価し、問題を改善して、次の計画に反映する。アップルにしても、ファーストリテイリングにしても、あるいは日本電産にしても、規律の利いた会社ほど、これを月単位はおろか、週単位できっちりと回しています。

　中期計画の策定と達成、あるいは修正とそれに伴う言い訳づくりに躍起になるのではなく、大胆に先を見通すのと同時に、そこにつながる足元をしっかり回す。遠くと近くを視野に入れる遠近両用アプローチが必要なのです（図表5-6）。

　ROE信奉も、中期計画に振り回される「中計病」も、成長の最大の敵は環境変化や新たな競合の登場などではなく、自らの内にあることを示しています。

230　第Ⅰ部　変革の4モデル（What）

図表 5-6　遠近両用アプローチ

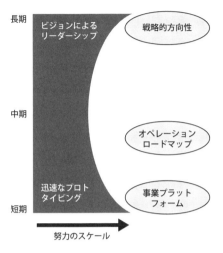

◆──── 収穫逓増の法則

　なかなか変革に踏み出そうとしない人たちが好んで持ち出すもう1つの言い訳が、新事業はどれも小さすぎて、本業の代わりにはならない。うち（当社）がやるようなスケールの事業ではない、といったものです。第2章で紹介したNTTのマルチメディア革命も、危うくこの隘路にはまるところでした。

　0から1を生み出して、それを仮に10まで育てたところで本業に比べればおもちゃのような規模でしかないので、自社の強みである主流の人財や技術などの資産が十分に使えません。変革には常に、自分自身のスケールとの戦いが待ち受けています。

　しかしこれは、20世紀的な思い込みにとらわれているにすぎません。自社の資産は有限で、その制約の中でしか事業モデルを描けないと考えている。成長を直線的に捉えているからです。しかし、インプットの量に比例したアウトプットしか得られないというのは、あまりにも機械的と言わざるをえません。

　ネットワーク時代の成長は、収穫逓減ならぬ収穫逓増カーブを描きま

す。ユーザーが増えるほど価値が増し、さらに多くのユーザーを取り込んで、時間とともにカーブがどんどん起き上がっていく現象です。そうなれば固定費を1社だけで負担する必要もないし、そもそも自社の資産に限定する理由もない。第3章で紹介した「資産の三枚おろし」（競争・協創・共層）の考え方を用いて、外部の資産を有効に活用すればよいのです。

たとえばGAFA（ガーファ）と呼ばれるグーグル、アップル、フェイスブック、アマゾンという株主価値で世界トップクラスの4社は、21世紀に入っていずれも指数関数的な成長を果たしました。これらの「シン・ゴジラ」のように外部エネルギーを取り込んで超成長を遂げる新世代企業群は、ExOs（エグゾス）と呼ばれます。指数関数的に成長する企業（Exponential Organizations）の略です（図表5-7）。

「競争」「協創」「共層」の3つの資産のうち、収益逓増型の事業モデルを考えるうえで最も重要なのが、一番上の「競争」、スキルの経済のところです。スキルに物理的な制約はなく、使えば使うほど価値を増すからです。ここで自社の強みを徹底的に磨き、「協創」領域で自社と他社の資産

図表5-7　指数関数的成長

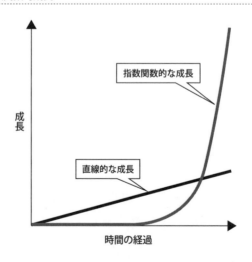

（出所）イスマイルほか（2015）p.21を一部修正。

を組み合わせて新しい価値を生み出し、一番下の「共層」領域では他社と資産を共有することでスケールを取る。これができれば、これまで100年かかっていた成長を、わずか1年で実現することも不可能ではありません。

　小さすぎると馬鹿にしていた新事業が、あっという間に本業を凌駕する可能性は十分にあります。あるいはそれは自社の新事業ではなく、ベンチャー企業生まれのものかもしれません。本業のスケールにとらわれることがいかに危険なのかを、理解していただけるはずです。

4 ｜ 超成長企業への変身？

◆──────誇大妄想狂のすすめ

　シリコンバレーにあるシンギュラリティ大学は、収穫逓増の法則を利用してスケールとスピードを獲得していくExOsには、共通の特徴があると説きます。それをまとめたのが、「MTP＋SCALE＋IDEAS」というフレームワークです（図表5-8）。

　まず、MTP（Massive Transformative Purpose: 野心的な変革目標）から説明していきましょう。ExOsは例外なく、このMTPを掲げています。いくつか挙げてみましょう。

- Xプライズ財団「人類にとって有益な飛躍的技術革新を実現する」
- グーグル「世界中の情報を整理する」
- シンギュラリティ大学「10億人の人々に良い影響を与える」

ほとんど誇大妄想と言っても過言ではありません。しかし、こうした非連続的な目標を持ち、MTPを掲げることによって優秀な人財を引きつけて鼓舞し、あるいは外部の人々までも巻き込むことが可能になります。

　こういう荒唐無稽とも取れる巨大な目的を持つと、兆円企業であっても

第5章　どのモデルを選ぶべきか？　233

図表5-8 ExOsに共通するMTP＋SCALE＋IDEAS

（出所）イスマイルほか（2015）p.63を一部修正。

駆け出しのベンチャーとほとんど変わらないし、今の本業と新事業のスケールの差などないに等しいと考えられるようになります。大企業病にかかっている暇はありません。

◆─── アイディアをスケールする

ただし、MTPだけでは本当の誇大妄想に終わってしまいます。これを実現可能にするのが「SCALE」と「IDEAS」で、前者が外部環境を対象とした特性、後者が内部に持つ性質です。これら10の要素を満たすかどうかが、指数関数的成長のカギを握ることになります。

SCALE

S：Staff on Demand

必要なときに、必要な人財を獲得するオンデマンド型の人財調達。内部に固定化した資産を持たない。

C：Community and Crowd

同じ興味やニーズを持つ人々からなる強固なコミュニティ。必要に応じ

て支援してくれる群衆（Crowd）がいる。

A：Algorithms

ビッグデータの収集や分析などにより、自律反射的にサービスが提供できるアルゴリズムを持っていて、人手を介さないサービス提供ができる。

L：Leveraged Assets

外部資産の有効な活用による、レバレッジを利かせた経営。

E：Engagement

評価システムやゲーミフィケーション、インセンティブプログラムの導入などにより、顧客やパートナー企業、外部人財を強力にエンゲージメントする。

IDEAS

I：Interfaces

外部要素を取り込み活用できるプラグ・アンド・プレイ型のインターフェース。

D：Dashboards

OKR、すなわち、目標（Objective）と主な成果（Key Results）の定義。

E：Experimentation

実験を行い、その結果を計測するための仕組み。実験と小さな失敗を奨励する文化。

A：Autonomy

権限と管理の分散による自律分散型の組織。

S：Social Technologies

ソーシャルツールの導入と、協調的な文化の醸成。

いかにもシリコンバレーらしい成長の方程式ですが、日本企業にとっても参考になる点が多く含まれます。少なくとも以下の4つの打ち手は、検討すべきでしょう。

第1に、経営者そのものが、この21世紀型の指数関数型成長モデルの存在を十分理解することです。企業間競争は、相対的な成果を競うゲー

ムです。いくら「やっているつもり」になっていても、リニアな成長を続けている限り、あっという間にExOsに差をつけられることは避けられません。アメリカでは伝統的な小売りのチャンピオン企業が、アマゾンの後塵を拝して次々に窮地に立たされています。明日はわが身と受け止めるべきでしょう。

第2に、このようなExOsとのパートナリングを模索することが考えられます。自社をExOsに変身させるのはハードルが高いとしても、まずはそのような企業と提携して、その生態をしっかり学ぶことから着手するのです。

シリコンバレーには日本の大企業のCVC（コーポレート・ベンチャーキャピタル）が、雨後の筍のように繁殖しています。しかし、そのほとんどが投資機会をうかがうだけで、これらの企業の実態をじっくり観察し、学習するというサイクルが回っていません。出資する前に、まずは事業提携などを通じて、相手を知ることが重要です。

第3に、ExOs的経営をエッジ、つまり周縁または辺境でトライすることです。これならばすぐにでも始められるはずです。先述したように「ゆらぎ」は周縁から起こります。本体の中枢は本業を守ろうとするため、破壊的なモデルは基本的に拒絶します。海外支社や子会社などで、小さく実験的に取り組んでみることをお勧めします。

そして第4に、先のSCALEとIDEASの一部を、実験的に取り込んでみることです。比較的ハードルが低いのが、SCALEのうちのCommunity and CrowdとAlgorithms、IDEASのうちのDashboards、Experimentation、Social Technologiesの5つでしょう。これらを取り込むことによって、新しい動きやリズムを体得することがExOsへの近道となります。

◆——— グーグルの錬金術

超成長企業になるといっても、いきなり100をめざすのは賢明とはいえません。着眼大局、着手小局で、まずは0から1を生み出し、先述した4つのSを重ねてそれを10、そして100へとスケールさせる。そうでないと大振りをして、三振の山を築くことになりかねません。

この点、日本企業で秀でているのはリクルートです。ただしリクルートの場合、外部経済を活用するというよりも、自前でやろうとする傾向が強く見られます。対照的なのがグーグルです。あれほどの人財を擁しながら、彼らは今、0→1は自分たちではやっていません。アラン・ケイの「世界で一番賢い人たちは、自分たちの会社では働いていない」という有名な言葉を、実践しているともいえるでしょう。

　優れたアイディアや技術を持つベンチャーはいくらでもあるし、グーグルには潤沢な資金がある。買ったほうが早いのです。ただし、並みのCVCと違うのは、1→10、10→100にするスキルとスピードです。

　とても真似できないと感じるかもしれませんが、既存の大企業はもれなく過去に本業をスケールさせた歴史があります。ただし、それを体系化できていない、すなわちアルゴリズムになっていないのです。そのため、自前でしかスケールできずに、外部経済を取り込めません。超成長を実現するためには、このボトルネックを解消する必要があります。

　ヒントになるのが、ナレッジマネジメントです。ナレッジマネジメントの神髄は、ケイパビリティを「型紙化」して組織内で共有することです。グーグルはこの「型紙化」ができているから、買収したベンチャーを高い確率でスケールさせることができるのです。

◆──── シンギュラリティを超える知恵

　何もグーグルと同じことをしましょうと、勧めるわけではありません。グーグルが逆立ちしても真似のできない強みが、過去に成長を実現した日本企業にはあるからです。それは「アナログの力」です。

　デジタル経済の時代と言われて久しいですが、どれほどデジタル化が進んでもアトムの質量を持ったものづくりは、デジタル技術だけで完結することはありません。これがGEのイメルトが直面した課題でもあり、トヨタがリーン・スタートアップに踏み切れない1つの理由にもなっています。

　アップルもまた、ここにジレンマを抱えています。デジタル経済の旗手のように思われていますが、ものづくりにおいてはきわめて高い完成度を

追求するため、中途半端なリーン・スタートアップはしません。

　自分たちでは作らないものの、ハードとしての美しさや手触りには一切の妥協を許しません。デジタル的なサービスやソフトの世界に身を置きながら、ビットだけでなくアトムの世界に片足を残しているのです。日本人がアップルの製品を好むのは、このあたりにも理由があるのかもしれません。

　こうしたアナログの価値は、世の中がデジタルに振れれば振れるほど、希少化すると考えられます。「デジタルカンパニー」を標榜したコダックが消えて、アナログ技術を捨てなかった富士フイルムが生き残ったのも、その1つの表れでしょう。

　昨今、中国の会社が次々と日本の会社を買収していますが、彼らが最も狙っているのが金型メーカーです。金型づくりはスキルの塊で、再現性がない。だから買収によって、企業ごと技術を取り込もうとしているのです。

　3Dプリンターの技術も進化していますが、今のところ制約が大きいようです。育児用品メーカーのピジョンは、こだわり抜いた付加価値の高いものづくりで、中国などでも人気です。哺乳瓶の飲み口は、赤ちゃんが母乳を吸っているときの乳首を忠実に再現したもので、触感といい動きといい、3Dプリンターで作れるようなものではないそうです。

　では、AIならどうでしょうか。たとえばAIが金型職人の匠をディープラーニングによって習得することは、理論的には十分に可能です。そもそも日本国内でも職人の高齢化によって、匠の技の伝承は難しくなっています。人類の生物的進化には限界があっても、そこにテクノロジーがあれば、進化曲線は無限大になる。デジタルの技術とアナログの知恵を併せ持つことが、ますます重要になってくるはずです。

5 | 第二の創業

◆───── 第二の創業の難しさ

ディスラプション（破壊）が時代のキーワードとなっています。ほとんどの業界が非連続な変化に直面して、今までの延長線上でやっていては一気に失速するおそれが高まっています。その中で、「第二の創業」という悲壮な決意を掲げる企業も少なくありません。

第4章で述べたように、ハーバード・ビジネススクールのケースの中で、「第二の創業」というタイトルとして知られているのが、富士フイルムの古森改革です。富士フイルムのように本業喪失という局面では、他に選択肢がないだけにわかりやすいのですが、そのように劇的なケースは稀で、多くの場合、第二の創業は、第一の創業よりはるかに困難です。

第二の創業は第一の創業と何が違うか。第一の創業はゼロからの出発であり、守るものはなく、ただ攻めればよいというものです。第二の創業の難しさは、富士フイルムのようなケースを除くと、まだ第一の事業が本業として存在している中で、これを守りながら新たな攻めを同時に仕掛けるところにあります。

これがクレイトン・クリステンセンの言う「イノベーターのジレンマ」です。これまで勝利してきた事業を自ら否定し、それを新たに超えることは非常に困難です。新しい潮流の下では、多くの場合、これまでの勝ち組は従来の勝ちパターンにこだわって、負け組に転じてしまいます。メインフレームの終焉とともに、世界最強の地位から転がり落ちたIBMなどは、その典型です。

歴史的に見ると、ノキアの第二の創業が有名です。第一の創業は19世紀後半、製紙会社としてスタート。その後、ゴム靴を扱うなど、フィンランドの森林を仕事場にしていました。戦後は電気通信機器部門に進出。そして1990年代に思い切って携帯電話事業に集中し、第二の創業を果たしました。

しかし、その後、ガラケーからスマートフォンに市場がシフトする中で失速し、現在は電話の基地局を主軸に据え替えたものの、一世を風靡した面影はありません。第二の創業の成功例であったはずのノキアですら、その座を10年も維持することはできなかったのです。

もちろん、成功例もないわけではありません。たとえば、豊田自動織機の一部門としてスタートしたトヨタ自動車、NTTの携帯部門が独立したドコモ、富士通の生産制御部から分離独立したファナックなどです。いずれも、今やかつての親会社を超えて大成長を遂げています。

もちろん、これらの成功事例ですら、いつまでも現在の栄華を保っていられるという保証はどこにもありません。しかし、本業が隆々としているだけに、それを超える「新・第二の創業」は、きわめてハードルが高い。あらゆる新規事業が、本業に比べると、あまりにも矮小に見えてしまうのです。

◆─── パープルオーシャン戦略

前述したとおり、私はマッキンゼー時代に、多くの企業で新規事業や事業開発の支援をいやというほど手掛けました。そこで最初に聞くのはいつも、ブルーオーシャン戦略のような話です。

しかし、実際にはブルーオーシャンなるものは、ほとんど存在しません。その企業からはブルーオーシャンに見えても、中に入ってみると、とてつもなくレッドオーシャン、というケースがほとんどなのです。たとえ、万が一、本当にブルーオーシャンだったとしても、それはあっという間にレッドオーシャンに変わってしまいます。みんなが放っておくわけがないのです。全くの新規事業というのは、まず眉唾だと思ったほうがよいでしょう。

今をときめくGAFAの4社にしても、ブルーオーシャン戦略で未踏の市場を切り開いたわけではありません。グーグルは検索エンジンとしては、きわめて後発でした。アップルも前述したとおり、「後出しジャンケン」で勝ってきました。フェイスブックやアマゾンのネットサービスも、当時流行したモデルの受け売りです。彼らが勝利したのは、ブルーオーシャンに

240　第Ⅰ部　変革の4モデル（What）

漕ぎ出したからではなく、自社の独自性と徹底した現場力で泳ぎ抜いたからです。

　ですから、私はブルーオーシャンという幻想を求めたがる経営者には、ブルーでもレッドでもないパープルオーシャンをお勧めしています。本業のど真ん中は、あまりにも血みどろのレッドオーシャンです。そこで本業の周辺をよく見渡してみると、まだそれほど赤く染まっていないような領域があります。ブルーオーシャンと呼べるような新天地ではないにせよ、まだそこまで血生臭くなっていない。レッドとブルーの間のパープル。題して「パープルオーシャン戦略」です。

◆─────軸足と360度

　これを私は「拡業」と呼んでいます。本業の周辺にこそ、その企業ならではの新規事業機会が潜んでいるからです。

　また、第3章で述べた「アンゾフの成長マトリクス」を使うと、いきなり右上の多角化に飛ばずに、市場または技術（商品）という2軸の1つを軸足にして、もう1つをずらして隣の象限を狙うことを意味します。日東電工が「三新活動」と呼ぶ戦略です。

　本業喪失の危機に直面した富士フイルムが、このアンゾフの成長マトリクスを3×3に拡張することによって、「渡り廊下」を伝って第二の創業を果たしていったことも、前述のとおりです。第二の創業を行うにしても、全く新規のブルーオーシャンを求めるのではなく、本業の強みをうまくずらすことが肝要です。

　アメリカでは、「ピボット」がキーワードとなっています。非連続な環境変化の中で、いかにピボットできるかが、企業の命運を握ります。ピボットの特徴は、軸足は動かさず、もう一方の足は360度動かせる自由度を持つこと。軸足を保ちながら、新しい方向に大きく踏み出すことが求められているのです。

　新しい領域に素手で臨むと、ベンチャー同様、全くのゼロからの出発となってしまいます。そこで、軸足をうまく使うことがカギとなります。自社独自の資産や競争優位を活用することが、第二の創業の基軸となるの

第5章　どのモデルを選ぶべきか？　　241

です。

ただし、軸足を表面的に定義してしまうと、本業から離れづらくなって、ごく周辺にしか事業機会が見出せません。本業をいったんよく噛み砕いて、自分たちの本質的な強みを深く定義し直すことによって初めて、大きく踏み出すことができるのです。

たとえば、前述したIBMのケースを考えてみましょう。メインフレーム時代は今や昔、世の中はリーン・スタートアップのブームで、未完成な商品を市場で進化させるというプロセスが主流です。しかし、そうはいっても自社にとって最も重要な情報資産をしっかりと守りたいというニーズは、どんな時代になっても変わりません。絶対に確実ということはありえない世界の中で、IBMは顧客の業務を深く理解し、顧客の資産を守りきることを独自戦略として掲げています。

これは、スピードとスケールを標榜するアマゾンやグーグルとは全く違う立ち位置です。メインフレーム時代に培った独自の強みを、顧客業務の深い理解と顧客の信頼という本質的な次元で捉え直したときに初めて、IBMらしいプレイが展開できるようになったのです。

トヨタについても同様です。テスラのような未完成な車は、トヨタとしては出せないでしょう。自動車業界は激変しつつありますが、トヨタというブランドが出す商品については、それが電気自動車であろうと、自動運転車であろうと、そこにトヨタならではの安心感や快適な移動体験を演出する。それができれば、トヨタブランドの強さは変わらないはずです。

ただし、いつまでも車の走る喜びのような20世紀的な価値観だけにとらわれてしまうと、そういう新しい世界に入っていけません。いってみれば、ブルーオーシャンに飛び込むものの、自分の強みをレッドオーシャンからしっかり引き揚げてきて、パープルオーシャンの中でしっかり展開することが必要になるのです。

この軸足の強みさえ忘れなければ、ピボットによって、360度という幅広い領域で自分の強みを再現することができるようになります。

242　第Ⅰ部　変革の4モデル（What）

◆───── アンチテーゼからジンテーゼへ

前述のとおり、新事業を「非○○」という定義の仕方をする企業が非常に多い。たとえば電話会社における非電話事業、自動車会社における非自動車事業など。しかし、「非」本業というアンチテーゼでは、成功の確率は限りなくゼロに近くなります。強みが生かせないからです。

ジェフ・イメルトがGEのCEOになった直後、9・11テロで市場が乱気流に突っ込む中で、事業領域を環境とヘルスケアの2つに絞り込んだことは、前述したとおりです。とはいえ、GEは必ずしも環境や医療の専門知識が高かったわけではありませんでした。そこでGEは機械メーカーとしての出自を生かして、これらのサービス産業の工業化を目論みました。

たとえば医療の世界にQCDを持ち込む。メーカーにとって、クオリティ、コスト、デリバリーはオペレーションの要。デリバリーという言葉を「医療サービスへのアクセス」という意味合いに読み替えたうえで、医療におけるQCDを守り抜くというメーカー的な強みを切り口に、GEらしいヘルスケアビジネスを展開していきました。このように、本業の本質的な強みをどこまで新しい分野に生かしきるかが勝負となります。

非○○といって、本業をいったん否定して考えてみると、自由度が生まれます。そしてもう一度、本業の本質を深いレベルで捉え直し、新領域にずらしていくのです。

この「ずらし」においてカギを握るのが、重心をどう移動させるかです。ゴルフをメタファーとしてイメージしてみましょう。

ゴルフのスイングでは、体重移動が肝となります。軸足に体重が残ってしまう打ち方が、いわゆる「明治の大砲」です。球は高く上がるだけで、遠くへは飛ばない。遠くに飛ばすためには、前足に体重移動をする必要があります。

逆に、体重移動が早すぎて、重心がぶれると、いわゆる「スエー」という打ち方になってしまい、今度は球が真っ直ぐ飛ばなくなります。右にスライスしたり、左にフックしてしまうのです。ゴルフコースで私がよく陥る癖です。

正しいスイングは、体重を後ろ足から前足に、適切なタイミングで移動

第5章　どのモデルを選ぶべきか？　　**243**

させ、最後は完全に前足に乗せる。そうすると、真っ直ぐ遠くに飛びます。

第二の創業においても、このピボットの重心移動が決め手となります。軸足（本業）に宿ったパワーを梃子に、新しい一歩（新事業）に大きく踏み込んでいくこと。体重が軸足（本業）に残っていてはダメなのです。

たとえば、電話事業から非電話事業に移ったNTTは、今では電話よりもインターネットに完全に軸足を移しています。一方、トヨタが自動車事業からモビリティ事業に本当に軸足を移すのには、もう少し時間がかかるかもしれません。その際にも、自動車事業で培った本質的な強みをどこまでモビリティ事業に移し替えることができるかがカギを握るはずです。

「非＝アンチテーゼ」から「合＝ジンテーゼ」へ。単に振り子を振るだけでなく、これまでの強みを生かして、新天地において、より高次元の価値を追求する知恵が求められるのです。

◆——— M&A という媚薬

セルフ・ディスラプションモデルには、4つのタイプがあることを思い出してください。なかでも最も難しいのがタイプ4、プロセスも価値観も非整合な領域です。クリステンセンによれば、ここで成功するには、非主流の重量級の組織が必要となります。

そのために、よく使われる打ち手が、他社の買収です。自分たちにはない価値観とプロセスを持った会社を丸ごと買えば、自分たちがゼロベースで作るよりはずっと手っ取り早い。いわば時間を買うという選択です。

しかし、2000年初頭にマッキンゼーが行った調査では、クロスボーダーM&A、すなわち海外での企業買収で成功したケースは、20％しかありませんでした。そもそも高値づかみをしてしまい、その分を取り戻せないケースが大半です。自分の本業と掛け合わせることによって初めて出てくるシナジーを、プレミアムとして先払いしているためで、これを実現させるためには、買収した事業と本業とをいかに融合させるかが成功のカギを握ります。

本業から離れた企業や事業を買収して、本業とのシナジーを実現する

244　第Ⅰ部　変革の4モデル（What）

のは相当な離れ業です。プロセスが違うし、価値観も違います。そこに下手に本業のエッセンスを注入すると、シナジーどころか拒否反応や価値破壊を起こしかねません。したがって、本業の強みを深いレベルで捉え直す必要があります。

その際に有効になるのが、自社が持つ無形資産に注目することです。たとえば、ブランドや顧客資産、ネットワークや知的資産、多様な人財。このような無形資産は、プロセスや価値観がたとえ同質でない場合にも、活用できる可能性が高いのです。

異質な企業や事業を買収すると、一見、ダイバーシティが増します。しかし、ダイバーシティが異物のまま放置されてしまっては、単に資産が増えるだけで、新しい成長に向けた変革は始動しません。

最近はダイバーシティだけでなく、「ダイバーシティ・アンド・インクルージョン（取り込み）」がキーワードとなっています。いかに異質な細胞を、組織全体のファブリック（生地）の中に織り込んでいくかが問われています。これは、タイプ4のM&Aを成功させるうえで、最も重要な試金石となります。

◆————買収企業からのリバースラーニング

M&A巧者は、むしろ買収した会社からの学びを、本業の中に逆輸入することで本業の価値を上げることを試みます。こちらのほうが難易度は高いものの、うまくいくと買った会社を梃子に本業がバージョンアップする、という逆シナジーが生まれます。

たとえばJTは、海外で買収した企業をベースにJTインターナショナル（JTI）をジュネーブに設立し、そこを世界本社として位置づけました。JTからJTIに出向していた日本人で、30代後半にして執行役員・経営企画室長に抜擢された筒井岳彦さんは、その後JTに戻って、JTIの優れた経営手法を逆輸入しています。

たとえば、会議の運営方法です。JTIで、会議を開くのは命懸けだったといいます。顧客を飛び回ったり、少数精鋭で経営管理をしている社員を集めて会議を開くのは、相当の覚悟がいるというのです。

会議を開く以上、3つのことをきちんと守らなければなりません。①会議の目的を明確にする、②決まったことを明確にする、③実行されたかどうかをしっかりフォローする。いわれてみれば、ごく当たり前のディシプリンですが、これによって会議の生産性は圧倒的に向上します。

　JTは、元はといえば専売公社、すなわち役所なので、会議は山ほどありました。しかし、このルールを入れたとたん、会議の数があっという間に減ったといいます。この種の業務の抜本的な見直しを通じて、「働き方改革」が大きく前進しました。

　NTTも、2010年のディメンション・データ社の買収をきっかけに、グローバル経営手法に磨きをかけています。同社は世界49カ国に拠点を持ち、グローバル企業のICT機器の保守を手掛けています。グローバル標準化と地域のローカリティをうまくバランスさせる経営手法は、まさに世界水準です。グローバル化に拍車をかけるNTT持ち株会社元社長（現・相談役）の鵜浦博夫さんは、同社を自社に取り込むというより、まず学ぶことを優先課題に掲げました。

　日本電産も、M&Aには定評があります。2018年9月現在で60社を買収し、全戦全勝。永守会長はある会見の席上、「私、失敗しないので」とドラマの決め台詞を引用して、自信のほどをのぞかせていました。同社は、最近ではエマーソン・エレクトリックなどの海外の老舗企業の事業部門を買う機会が増えています。そのような企業では、経営管理や人財育成などの仕組みがグローバル規模で確立されているため、逆に学ぶことも多いといいます。

　M&Aで新天地をめざすだけであれば、学習効果は限定的です。むしろ買収企業の異質性から学ぶものがあると、軸足側の本業そのものへのインパクトが大きい。そういう意味で、タイプ4のM&Aは、シナジーとともに逆シナジーをうまく取り込めれば、全社をバージョンアップする絶好の契機となりうるのです。

◆─── NIHと戦う

　そもそもM&Aはなぜそこまで成功率が低いのでしょうか。その真因の

246　第I部　変革の4モデル（What）

1つが、再三お話ししているNIH（Not Invented Here）症候群です。これは、別の組織が先に発見した良いアイディアや製品、サービスには、関心を示さない自前主義を指します。自社の力に自信のある優良企業に多く見られる傾向です。

確かにこれまでの成功は、自社の努力の積み重ねでつかみ取ったものです。しかし、力を過信することこそが、「イノベーションのジレンマ」に陥る最大の落とし穴でもあります。

このような企業ほど、異質なものを拒絶しがちです。したがって、ダイバーシティを取り込むというM&Aに必須な柔軟性を持つことができません。同質なものからずらすことができなければ、「第二の創業」も絵に描いた餅に終わってしまいます。

さすがに自前主義では大変革時代には立ち向かえないことを痛感し、今、多くの企業がオープンイノベーションを取り入れようとしています。しかし、重心を軸足（＝本業）に残したままでは、大きなピボットを踏み出すことはできません。NIHといかに決別するかが、第二の創業に向けた大きな分岐点となるのです。

◆─── 退路を断つ

第二の創業のもう1つの落とし穴は、いざとなれば本業にいつでも戻れるという甘えが潜みやすいことです。したがって、第二の創業に携わるメンバーには、戻れるとは思うなと、引導を渡す必要があります。退路を断つ覚悟が求められるのです。

保守的な企業には、石橋を叩いて渡らないところが多くあります。それどころか、管理系の役員などには、石橋を叩いて潰すとうそぶくツワモノも少なくありません。

そのような人たちに、私は「石橋を壊すのは名案。ただし、渡ってから壊しましょう」とアドバイスすることにしています。渡らせたうえで、退路を断つ。あとは、持ち前の現場力、転んでもただで起きないファイター精神で生き抜いてもらうのです。大本営を頼るのではなく、目の前の戦局を自らの判断で読み切り、先に進むためには不退転の覚悟が必要です。

第5章　どのモデルを選ぶべきか？　　**247**

たとえば、NTTドコモはそういう形で退路を断って、NTTから産み落とされた別動隊です。その結果、第一の創業よりもむしろ大きく成長しています。退路を断つことで、本業に甘えないビジネスのディシプリンが生まれるのです。

本来、日本企業は、きわめて高い学習能力を有しています。そうだとすると、いつまでも自分が慣れ親しんだ本業で同質の学習を繰り返すより、新しい領域に挑むほうが、その学習能力を思い切り発揮できるはずです。ポートフォリオ・オブ・イニシアティブモデルのところで説明したように、アンファミリアーな領域、アンサートンな領域で、もう一度自分の強みを作り直す営みを始める。高い学習能力がある限り、手掛けたものはすぐにファミリアーな領域に変わるはずです。

その意味では、第一の創業の中で最も重要な資産は、組織的な学習能力です。学習にはもちろんスキルが求められますが、より重要なのがコミットメントです。全力でトライし、失敗から学び、先に進んでいくコミットメント。そのようなコミットメントを引き出すためにも、退路を断つ必要があります。そしてそれによって、今までの成功をもう一度再現することができるはずです。

◆───── ユニ・チャームの片道切符

ユニ・チャームも、そのような不退転の覚悟で、東南アジア市場というフロンティアを開拓していったことで有名です。

創業者の高原慶一朗さんは、1970年代に、自社の将来を相当悲観したといいます。本業としてきたおむつと生理用品事業は、花王やP&Gが本気を出せば、いっぺんで叩きのめされてしまうのではないか、と。

そこで活路を求めたのが、タイやインドネシアなどの東南アジアでした。これらの日用品が普及するのは、GDPが3000ドルを超えたタイミングだとされます。当時の東南アジアはまだそのレベルに達しておらず、ホワイトスペース（白地市場）状態。その段階から進出して、市場創出そのものを手掛ければ、国民的ブランドの地位を確立できるのではないかと考えたのです。早速、東南アジアに優秀な人財を送り込みました。将来の

成長が日本では難しいとすれば、彼らもこの新しい市場に骨を埋めるしか
ありません。そのような決意の下で、「マミーポコ」という東南アジア発の
新ブランドを生んでいったのです。

　日本人は市場を仔細に観察し、そこから顧客目線で商品開発をする現
場力に優れています。現地にコミットし、現地の人たちの生活をしっかり
見る力があれば、現地に合ったこだわりの商品を生み出すことができま
す。ユニ・チャームは、そのようなコミットメントを糧に、東南アジアと
いう未踏の地を切り開いていきました。

　同様に、50年ほど前、ホンダがアメリカに進出したときの逸話は、今
でも語り草になっています。創業者の本田宗一郎さんがホンダ・アメリカ
の初代社長として送り込んだ入交昭一郎さんに、「第二のホンダを作れ。
第二のホンダは、アメリカのホンダになれ。日本のホンダが朽ちても、第
二のホンダは生き残れ」と語ったといいます。

　入交さんは、30歳代でホンダの役員に抜擢され、エース中のエースと
いわれていた人物です。その後5年間、ホンダ・アメリカの創業をリード
し、日本企業初のアメリカ生産会社を立ち上げていきました。その後に帰
国しますが、社長レースには後れを取り、同期の川本信彦さん、吉野浩
行さんに、ホンダの社長の座は譲ることになってしまいます。

　しかし、「イリー」という愛称で呼ばれていた入交さんは、当時を知る
アメリカ人の間では抜群の人気です。第二の本田宗一郎として、ホンダ・
アメリカを創業した功績は、本体の歴代社長に名を連ねるより重みを持ち
ます。これも退路を断った1つの結果といえるでしょう。

　片道切符といえば、YKKが最右翼です。世界のジッパー市場の過半数
を押さえる同社の社是は、「土地っ子になれ」。10年くらいの海外駐在は、
社内では「出張」扱い。20年を超えないと一人前ではないといいます。
土地っ子になるためのコミットメントは、並大抵のものではないでしょう。

　日本人の器用さと熱意をもってすれば、新天地で第二の創業をすること
は決して不得意科目ではないはずです。それは新事業であっても、新市
場であっても変わりません。軸足の魂をもって、新天地に骨を埋めるつも
りで行く人たちがどれだけいるかが、第二の創業のポイントなのです。

第5章　どのモデルを選ぶべきか？　249

◆━━━━━ 海洋国家としての日本

　日本人の祖先は、実は島国に閉じこもらず、海を渡って外国に乗り出していました。

　縄文時代の日本人は、木をくり抜いたカヌーで、太平洋まで漕ぎ出していたという記録が残っています。鎖国前の日本人は、果敢に東南アジアに渡っていました。そして現地では、チャイナタウンのような日本人村を作りませんでした。現地の人たちに溶け込み、農業やものづくりの知識を伝授して、現地にしっかりと同化していきました。ベトナムやカンボジアなどに行くと、そういう日本人の墓が残っています。

　「和僑」と呼ばれた日本人の祖先。彼らは日本人としての伝統芸を現地に植え替えることで、見事に第二の創業を果たしていたのです。

　前述のユニ・チャームやYKK、ホンダの入交さんなどは、さしずめ現代版和僑ともいえます。より多くの日本人が、この海洋国家としての自覚と自負を取り戻せば、島国根性を脱ぎ捨て、世界に繰り出していく覚悟が生まれるはずです。

---

6 ｜ 5次元経営

◆━━━━━ 事業モデルの本質

　変革を進めていくうえで、新たな事業モデルを構築することは不可欠です。ここでは事業モデルを練り上げるうえでの座標軸を考察します。

　たとえば、スイスのザンクトガレン大学のオリヴァー・ガスマン教授は、長年事業モデルを研究し、成功企業の事業モデルは55種類のモデルパターンのいずれかに分類されると突き止めました（図表5-9）。詳しくは、『ビジネスモデル・ナビゲーター』をご参照ください。

　そのような類型化は大変参考になりますが、より本質的な考え方として、私は3つの「ずらし」が有効だと考えています。時間をずらす、空間をずらす、そして資産をずらす、の3つです。

図表5−9　『ビジネスモデル・ナビゲーター』で分類される55種のビジネスモデル

アドオン	稼働保証	サプライ品モデル
アフィリエイト	隠れた収益源	レンタルモデル
合気道	素材ブランディング	レベニューシェア
オークション	インテグレーター	リバースエンジニアリング
バーター	専門特化プレーヤー	リバースイノベーション
キャッシュマシン	顧客データ活用	ロビンフッド
クロスセル	ライセンシング	セルフサービス
クラウドファンディング	ロックイン	店舗内出店
クラウドソーシング	ロングテール	ソリューションプロバイダー
カスタマーロイヤルティ	保有能力の活用	サブスクリプション
デジタル化	マスカスタマイゼーション	スーパーマーケット
直販モデル	格安製品	低所得層ターゲット
E コマース	オープンビジネス	廃品リサイクル
体験の販売	オープンソース	両面マーケット
フラット料金	オーケストレーター	究極の逸品
部分所有	従量課金	プロシューマー
フランチャイズ	賽銭方式	OEM 製品
フリーミアム	個人間取引	
プル戦略への移行	成果報酬型契約	

(出所) ガスマンほか（2016）より作成。

　時間をずらすとは、たとえばお金を最初にもらわずに、使用するごとにあとからお金をもらうといった利用ベースの課金モデル。カミソリの本体ではなく替え刃で儲けるジレット方式や、携帯端末は無料で配って、通信量に応じて課金するといったモデルが代表的です。

　空間をずらすとは、たとえば相対取引ではなく、別の財布をあてにするという考え方。個々の売上でなく、コストコのように会員料金で稼ぐ方式や、利用料を無料にしてスポンサー企業の財布を狙う広告モデルなどがあります。

　資産をずらすとは、物理的な資産ではなく、無形資産を価値の源泉とする方法。たとえばデータや情報、そして知恵（インテリジェンス）の集積から価値を紡ぎ出すナレッジユーティリティモデルや、気や念、共感などの精神性を基軸に新しい価値を現出させるマインドフルネスモデルなどが挙げられます。

第5章　どのモデルを選ぶべきか？　　251

実は、55パターンの既存の事業モデルも、多くは時間と空間の「ずらし」を応用したものです。さらに今後の登場が期待されるのが、資産をずらすモデルです。有形資産は使えば使うほど減価していきますが、無形資産はむしろ増価する点が大きく異なります。

◆─── 時間をずらす

　時間軸を過去にずらすのは、比較的わかりやすいのではないでしょうか。先の55のパターンは、過去数十年のビジネスモデルを紐解いたものですが、さらにもっと前にさかのぼってみると、より深い示唆が得られます。

　たとえば、市場や貨幣がなぜできたかを、考えてみましょう。そもそも市場は、人々が出会っていた所で物々交換が行われるようになったことが起源です。そう考えると、人や情報の結節点をどう作るかが市場の原点であることがわかります。

　しかも市場の価値は、そこに参加する人が多ければ多いほど高まります。したがって古典的に財が相対取引されるだけではなく、市場の参加者が増えることによって、財そのものの価値が増幅していきます。ネットワーク経済といわれる効果です。このように考えると、市場のメカニズムをビジネスモデルに取り込むためには、55のパターンが出現した時点よりはるかにさかのぼって考察する必要があることが理解していただけるはずです。

　貨幣は本来、物々交換の際の媒介物、いってみればシンボルです。シンボルがコインや紙幣の形をとる必要はなく、流通性があればビットコインでも全く構いません。であれば、私たちが慣れ親しんだ物理的なシンボルとしての貨幣は、今後いくらでも進化していくはずです。

　今度は逆に、未来に時計の針を回してみましょう。それも50年、100年と大きく進めてみます。今でこそ、AIやIoTが騒がれていますが、いずれ日常の当たり前の風景になっていることが予想されます。

　AIが人間の知性を超える瞬間をシンギュラリティ（技術的特異点）と呼びます。かつてそれは2029年頃に到来し、2045年までにはAIが人間

の能力と社会を根底から覆すことになるだろうと予言されました。今では
その実現は、さらに早まるだろうと見られています。

その時点を前提に考えてみると、私たちの活動の中のさまざまな無駄が
見えてきます。将来そのような活動が全部ロボットやAIに代替されたと
き、人間としての価値は何になるのか。そこから逆算すると、私たちがこ
れから磨きをかけるべきことが浮かび上がってきます。

それ以外のものはどんどん標準化し、ロボット化していく。働き方改革
の議論も、AIをどこに適用するかという入り口論よりも、究極の議論から
逆算したほうが本質に迫りやすいはずです。

◆───── ネット・フューチャーバリュー

20世紀の経営学では、事業の価値を現在価値（NPV）に換算すること
が常識となっていました。しかしこれは、現在の一点を偏重する、きわめ
て刹那的な考え方です。

当然ながら、企業も人も時間の中を移動しています。であるならば、5
年先、10年先の事業価値がどうなっているかこそが、ゴーイング・コン
サーン、すなわち継続する企業としての正しい関心事であるべきです。

NPVは、今すぐ換金したい短期的なステークホルダーにとっては重要
かもしれません。しかし、将来のステークホルダーにどのような価値を残
すかという視点がない限り、事業としての持続性は担保されません。

経験の蓄積が価値を生む無形資産は、時間とともに増価します。将来
の価値を測るには時間分を割り戻すのではなく、時間分を上乗せして将来
価値（NFV: Net Future Value）で測定する必要があります。

当然NFVは、時間分をディスカウントする従来の計算式より大きくな
ります。つまり企業としては単にNPVで投資価値を図るのではなく、
フューチャー・バリューを作れるような無形資産にこそ、優先的に投資す
べきなのです。

さらに、「オプション・バリュー」にも注目する必要があります。何かの
投資をすることによって、当初想定していなかった新しい可能性（オプ
ション）が開けてくるという考え方です。投資を判断する時点では、具体

第5章　どのモデルを選ぶべきか？　　253

的な見通しも価値の測定もできない。かつてドイツの実存主義哲学者マルティン・ハイデッガーは、未来の可能性に向かって自分自身を投げかけていくことを「自己投企」と定義しました。同様に企業も、未来に自己投企することによって初めて、価値の連鎖を掌中にすることができるはずです。

たとえば、新興国のあるインフラプロジェクトの事業性は、NPVでしっかり計算することができます。しかし、それだけで投資判断をすると、間違いなく「ノー」という答えが出ることになってしまいます。新興国のインフラ事業は、それ自体では高い収益率はまず期待できません。

それどころか、下手をするとマイナス（持ち出し）になることもあるし、元を取るだけでも時間が相当かかることも少なくありません。1つのプロジェクトだけで判断すれば、投資できるわけがないのです。

しかし、そのプロジェクトをきっかけとして、次のプロジェクトにつながることは十分に考えられます。逆に、そのプロジェクトを手掛けない限り、次のチャンスを手にできない可能性も高い。だとすると、個別のプロジェクトだけの採算で判断するのではなく、そのプロジェクトがもたらす将来価値を（一定の期待値の下に）勘案し、投資判断をしなければなりません。

このように可能性の広がりを期待して、目の前の投資機会にコミットすることこそ、先が読めない時代の勝ちパターンとなります。なぜならば、それによって1つ先が見える立ち位置に、確実にコマを進めることができるからです。将来価値をディスカウントするのではなく、将来価値を評価するという発想の転換が求められています。

◆─── タイムマシン経営

ソフトバンクの孫正義さんは、かつてタイムマシン経営を標榜していました。アメリカ西海岸を見れば、必ず未来の現実を見通せるというのです。確かに破壊的イノベーションの多くは、西海岸発グローバルという道筋をたどります。孫さん自身、アメリカ発のヤフーを日本で展開し、次に中国でアリババへの出資を通じて大きな投資機会につなげていきました。

このようにイノベーションが時間差をもって雁行型の展開を遂げる時代には、まず時代の最先端を押さえれば外すことはありませんでした。しかし、イノベーションが世界多発的、かつ同時的に勃興する今日、現実を追いかけるだけでは間に合わなくなっています。

　孫さんには、次の名言があります。「近くを見るから船酔いするのだ。100キロ先を見れば目標はぶれない」というものです。未来を読み込むのだから、こちらは正真正銘のタイムマシン経営といえます。

　真正タイムマシン経営を行うためには、あるべき姿を実現するうえで、何がボトルネックになっているのかを見極めなければなりません。たとえばコンピューティングパワーをあらゆるところに広げていくためには、ソフトとハード、半導体とネットワークのいずれかがボトルネックになります。そのボトルネックをビジネスの対象とすれば、必ず当たるはずです。

　孫さんも最初は、コンピューティングパワーの使い方に限界があると見込んで、ソフトウェアの流通会社を立ち上げました。「ソフトバンク」（ソフトウェアの銀行）の誕生です。次に、ネットワークの帯域がボトルネックになると踏んで、ブロードバンドビジネスに乗り出す。これが「ヤフーBB」です。

　さらに、ネットワークをいつでもどこでも使えるようにするためには、有線では限界があることに目をつけ、ボーダフォンジャパンを買収し、モバイル事業への参入を果たします。そして、最近ではいよいよ端末のパワーがボトルネックになると見込んで、半導体ビジネスに乗り出しています。買収額3兆3000億円にのぼる、イギリスの半導体設計会社アームの買収です。

　このように3つの関数のボトルネック度に着目し、時間の推移とともに何が次のホットスポットになるかを想定することで、未来を確実に見通してきた。これが孫さん流のタイムマシン経営2.0です。

　リバースイノベーションも、イノベーションが新興国で先に起こって、それが先進国に輸入されるという点では、逆タイムマシンの1つといえます。新興国ではインフラも販路も、人々の財布の大きさも期待値も、きわめて限定的で、制約だらけです。しかし、そうした厳しい環境だからこ

第5章　どのモデルを選ぶべきか？　　255

そ、費用対効果を研ぎ澄ませたイノベーションが生まれたり、一足飛びに最新のイノベーションが導入される「リープフロッグ」現象が起こります。

　20世紀的なインフラや規制が整備されすぎた先進国は、それが逆にハンディキャップとなるおそれがあります。そのような場合、新興国発のイノベーションが、もう1つのタイムマシンとして威力を発揮するはずです。

◆――― 空間を再編集する

　次に、空間の「ずらし」について考えてみましょう。

　20世紀型の組織論は、ピラミッド型のトポロジーを基盤としていました。トップからボトムまで、コマンド・アンド・コントロールを効率的に行き届かせることを目的としたからです。現場との距離を縮めるためには、階層をできるだけ少なくすることが望ましいとしながらも、司令塔と現場という文鎮型の構造を引きずっていました。

　空間がグローバルに広がっても、基本的には変わりません。本国のHQ（ヘッドクォーター）が非本国をコントロールするという構造を踏襲してきました。とはいっても、本国がそれぞれのローカル市場の事情に精通することは不可能です。その結果、重心をグローバルにとどめるか、ローカルに移すかという典型的なトレードオフ議論が延々と繰り返されることになります。それでも、本国対非本国という基本構造は変わることがありませんでした。

　しかし、情報伝達がネットワーク化していくと、古典的なピラミッドストラクチャーで伝言ゲームをする必要はなくなります。現場同士がネットワークでつながり、部分最適から全体最適な意思決定ができるプロセスが埋め込まれればいい。情報伝達経路をいくつかの結節点でくくるほうが効率的だという選択はあっても、意思決定をHQに集約する必要性はほとんどなくなります。

　経営資源は有限なので、その最適配分はHQで行うべきだ、という議論をよく聞きます。しかし、繰り返しになりますが、無形資産は専有化されることはなく、無限に多重化することが可能です。そもそも既存組織の中に不足している資源（たとえば人的資源）は、ネットワークを経由して、

図表5-10　ネットワーク型組織への進化

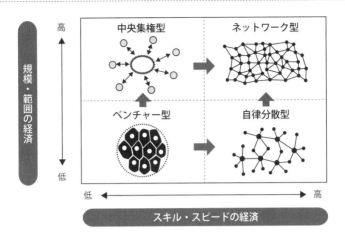

いくらでも外部から調達できます。有限な経営資源を最適配分しようとする考え方そのものが、無形資産の増価的性質とネットワーク社会のダイナミズムを理解していない前時代的な発想と言わざるをえません。

　プロフェッショナルファームの多くは、すでに20世紀後半から、そのようなネットワーク型組織として運営されています。たとえばマッキンゼーには、そもそも本社というものは存在しません。またKPMGは、各地域のプロフェッショナルファームの緩やかな集合体になっています。人財や情報など、無形資産を基軸とした組織には、そのようなフラットなトポロジーがふさわしいはずです（図表5-10）。

　IoTやAIが企業の活動の隅々にまで浸透していくと、ピラミッド型の組織構造はますます不要になります。いかに早くネットワーク型の組織と仕事の仕方に移行できるかが、企業存続のための前提条件となるでしょう。

◆─── シェアード・オーガニゼーション

　新しい潮流として、ウーバーやエア・ビー・アンド・ビーに代表されるシェアード・エコノミーが注目されています。日本でもメルカリの人気を見ればわかるように、ミレニアル世代は、衣類や小物、日用品までを共有

することに何の抵抗もなくなっています。

　企業経営においても、シェアード・エコノミーが当たり前になってきました。事務所や物流設備など、不動産も動産もモノは自社で持たないほうが、身軽な経営ができます。無形資産も同様で、知識は自社内で専有するより、他社と共有することで価値が増します。これはヒトについても同様で、自社内で囲い込むよりも多様な経験を積むことで、ヒトの価値は高まります。

　カネやヒトが足りないので、思うようにプロジェクトが進まない。そんな言い訳をする事業責任者がいます。しかし、それはプロジェクトの魅力のなさを公言しているのにほかなりません。

　カネ余りの時代において、カネはすでにコモディティとなっています。事業性が高いプロジェクトであれば、クラウドソーシングで外から資金を集めることもできます。ヒトについても同様で、面白いプロジェクトであれば、外からいくらでも集めることができる。シンギュラリティ大学が「スタッフ・オンデマンド」と呼んでいる経営手法です。

　人財の流動性が高い現代においては、1つの企業に滅私奉公するのではなく、どれだけ有意義な経験をしたかがヒトの価値を高めるドライバーとなっています。つまらない言い訳をしている暇があるなら、いかにしてプロジェクトに磨きをかけ、カネとヒトを引きつけることができるかを本気で考え直すべきです。

　1980年代初め、経済学者の今井賢一さんが、企業と社会の間に、第三の組織としての「中間組織」が台頭すると看破しました。その後、ネットワーク時代が本格的に到来し、そのような中間組織が、新しい価値創造ユニットとして大きな力を持つようになってきました。エコシステム、あるいは経済生態系といわれるバーチャルな組織体です。

　ここで、そのようなネットワーク社会において、なぜ「企業」という器が必要かという疑問が湧いてきます。器の中でやり取りされる情報の精度や密度、そして、ヒト同士の信頼と価値観の共有が、マーケットで調達できないほど高いレベルに達していないと、そもそも企業の存在意義がなくなってしまう。言い換えれば、野中郁次郎さんのいう「場」を共有する力

258　第I部　変革の4モデル（What）

が問われるのです。

ただしその場は、企業という閉鎖系である必要はありません。むしろ、広く外とつながることで、企業が持つ無形資産の価値は高まるはずです。したがって企業の外縁を外に向けて大きく広げると同時に、自分がかかわるプロジェクトにカネとヒトを集める「磁力」をいかに築けるかが、勝負どころとなるはずです。

人生100年時代を唱えた『ライフ・シフト』が話題となっています。その著者リンダ・グラットンは、前著『ワーク・シフト』の中で、1つの企業に属さず、フリーランスとして多様な企業のプロジェクトにかかわっているプロフェッショナルの生き方を、1つの将来像として描いています。

有能な人財ほど、自分を多重化し、自分のシナプスをさまざまなネットワークにつないで活躍することができる。また、そのような人財でなければ、実は企業にとっても価値がない。企業がそうした人財を引きつけ続けるためには、その中で共有化される情報の密度・精度、そして、そこで得られる経験やチャレンジが、よそでは簡単に得られないほど素晴らしいものであることが最大の条件となります。

◆───── **空間の磁場**

グーグルは、まさにそのような企業です。またGEも、そのような新しい企業像をめざしています。

GEの全従業員30万人中、実に半分が、この5年以内に入社したIoTやアナリティクスの若手専門家たちです。彼らを従来のようなGEバリューで縛るのではなく、グーグルやアップルよりここで仕事をしたいと思うような、達成感や一体感のある場にGEをしなければならない。ジェフ・イメルト前CEOは、GEを去るにあたって『ハーバード・ビジネス・レビュー』に寄せた論文の中で、こうした空間の編集の難しさを吐露しています。

そもそもIoTやアナリティクスの専門家たちは、シリコンバレーやボストン、バンガロールやテルアビブで仕事をしています。そうなると、本国対非本国という発想自体が意味を持たず、さらには自社対他社という区別

さえ曖昧になる。半透明膜、あるいは回転ドアのように、人が出たり入ったりすることが当たり前の世界で、場としてのパワーをいかに保てるのかが課題となります。そのような空間を自在に再編集する力と、人を引きつける磁力が、これからの企業の価値を決めると言ってもよいでしょう。

参加者が増えるほどに1人当たりの価値が高まるネットワーク外部性のように、企業も開放型のネットワーク化トポロジーをめざすことで、参加企業当たりの価値が高まる。それもリニアではなく、指数関数的に高まるのです。

◆──── キャパシティとケイパビリティ

同じことが、個人レベルにおいても当てはまります。通常、人のキャパシティ（量）は有限です。1日は24時間しかなく、しかも最近、多くの国で労働時間は8時間以下に制限されています。その中で処理できる仕事量は、当然限られてきます。

もちろん、同じ仕事に関する習熟度が高まれば、作業の効率は上がります。そこで20世紀では個人の専門化が奨励されてきました。それを風刺的に描いた映画が、チャップリンの『モダン・タイムス』です。「ネジを巻き続ける」など、全体のごく一部の仕事をさせるという人の使い方は、工業化時代においては正しかったといえるのでしょう。

しかし、そのような単純な反復作業は、次第にロボットに代替されていきました。ロボットは24時間休みなく働き続けることができる。仕事のキャパシティ（量）の競争では、人間の限界は明らかです。

一方、人間のケイパビリティ（質）に、物理的な制約条件はありません。一定の時間の中でも、ケイパビリティを上げることで、アウトプットの質を高めることが可能です。このような発想の転換から生まれたのが、1人で製品の組立て工程をすべて受け持つセル生産です。

従来のライン式生産に比べると作業者1人が受け持つ範囲が圧倒的に広いため、パーソナリゼーションが進み、多品種少量生産が求められる現代にはぴったりです。こうしたセル生産は日本で生まれ、世界に広がっていきました。

◆───── マルチタスクのパワー

　このような多能工化は生産現場だけではなく、サービスの現場でもパワーを発揮します。その好例を、星野リゾートに見ることができます。

　旅館では従来、掃除や接客など、仕事ごとに担当が分かれていました。掃除係や接客係は自分の仕事が終わると、いったん自宅や宿舎に帰されていました。

　これに対して星野リゾートでは、1人の従業員がフロント業務から客室の掃除、食事のサービスなど、幅広い仕事を受け持つようになっています。そうすることによって、空き時間がなくなるだけでなく、いろいろな工夫が生まれてきました。

　たとえば、同じカップルのゲストでも夫婦なのかそうでないのか、どんな過ごし方を希望しているかなどが理解でき、顧客目線でいろいろなことに気がつくようになる。こうした仕事の仕方は業界の常識とは異なるので、これまでの旅館の分業システムに染まっていない新人ほど、星野リゾートのやり方にすぐなじむようになるそうです。

　もう1つ、ウォルマート傘下の西友の例を紹介しましょう。ウォルマートは西友を買収した当初、自社流の分業システムを徹底させようとしました。しかし、それによって画一化が進んで店の活気が失われ、顧客離れが進んでしまったのです。

　そこで、日本流のマルチタスクの導入に切り替えることを決めます。レジ打ち、陳列、接客などの作業全体を、フロアごとにチームを組んで交代で行わせたのです。主なスタッフであるアルバイトの女性たちは、実は顧客でもあります。マルチタスクに切り替えたことで意欲が高まり、フロアをどう変えると買い物がしやすいかなど、顧客目線の知恵がどんどん出てくるようになったといいます。

　最も象徴的な例が、「お母さん用売り場」の新設です。20世紀の小売業では、カテゴリーマネジメント、略して「カテマネ」が現場づくりのキーワードでした。食品、日用雑貨、衣類、家具など、カテゴリーごとにきちんと商品マーチャンダイジングや陳列などを管理する手法です。小売りの雄ウォルマートが長年にわたって、このカテマネを究めてきたのは言うま

でもありません。

しかし西友は、カテマネから「顧客の買い物体験」に店づくりをシフトさせることで大成功を収めます。最初に実験したのが、赤ちゃんを連れているお母さんを対象とした売り場でした。

お母さんは、赤ちゃんがぐずり出さないうちにすべての買い物をすませたいので、粉ミルクやおむつはもちろん、バギーでさえ、1カ所に集まっていれば大変ありがたく感じるそうです。ところが従来の西友の店舗では、下手をすると階段を上り下りしていくつもの売り場を回らなければならず、とても不便だったのです。そこでこれらを1カ所に集めると、西友は買い物がしやすいという口コミが広まり、赤ちゃんを連れたお母さんの来店数が一気に増えました。

この発想は、中村真紀さんという当時の商品部長（その後バイスプレジデントを経て、子会社・若菜の社長も務めました）が、アルバイトの女性たちと一緒に、女性視点でフロアのあり方を考えたところから生まれたものです。この成功談をウォルマート本社が聞きつけ、カテゴリーマネジメントならぬ、西友流のライフスタイルマネジメントを学びに来たそうです。まさに小売り「後進国」、日本発のリバースイノベーションです。

◆─────知恵というネットワーク資産

科学的なマネジメントは効率を何よりも優先しますが、人間の知恵に着目すると全く新しい価値軸が生まれてきます。西友のアルバイトの女性たちは、1つの歯車として決められた仕事を効率的にこなすのではなく、マルチタスクを通じて顧客視点を取り戻すことにより、ライフスタイルという新しい軸を発見したのです。

限られた仕事を1人でこなすのではなく、全体を見渡してチームでアイディアを出し合うことで、イノベーションが創発されます。このように、人間のケイパビリティ、なかでも知恵には限界はありません。特にインプットが多く、アウトプットのスペースが広がるほど、発想力が豊かになります。

近年の脳科学によれば、異なる事象を結びつけることで、新しいインサ

イト（洞察）が生まれるそうです。脳は神経細胞の巨大なネットワークです。最近注目されているディープラーニングも、まさにこの脳の動きを模したニューロコンピューティングで再現したものです。そう考えると、脳の働きがネットワーク外部性を持つことは、何の不思議もありません。

異質な情報をつなぎ合わせることで、脳内でイノベーションがスパークする。これはジョセフ・シュンペーターが、「新結合」こそがイノベーションの源泉である、と看破したこととも符合します。異質性を強調するために、私はこれを「異結合」と呼んでいます。知恵のネットワーク効果に注目することで、異次元の価値を創造することが可能になるはずです。

最近、ダイバーシティ経営が注目されているのは、そのような文脈からも当然でしょう。同様に、1人1人の脳の働きを活性化させるためには、できる限り多様な経験を積ませるとともに、外部とのネットワークを広げることを奨励する必要があります。

知恵という無尽蔵の資産をいかに活性化できるかが、これからの経営の要諦となります。

◆───── 精神というもう1つの無形資産

これからの経営にとって、もう1つカギを握る無形資産があります。「スピリチュアリティ（精神性）」です。

精神性は、これまで経営の世界では正面から取り上げられてきませんでした。宗教的なにおいがして、どうも胡散臭い。科学的経営の全盛期であった20世紀においては、まさに異端の教えでした。

しかし、スポーツの世界では、精神性がパワーの源泉であることは、広く知られています。チームが1つの目的意識を高次元で共有することで、各メンバーが限界を超える力を出す現象は、よく見られます。

アーティスティック（シンクロナイズド）スイミングのコーチとして日本代表、そして中国代表チームにオリンピックのメダルをもたらした井村雅代さんの話を聞くと、肉体ではなく、いかに精神を鍛えるかが、チーム力の源泉であることがよくわかります。

肉体的に劣るラグビー日本代表を率いて、世界の強豪である南アフリカ

第5章　どのモデルを選ぶべきか？　　263

代表を撃破する快挙をなしとげた、当時のヘッドコーチのエディー・ジョーンズも、こう語っています。

　「『勝って日本のラグビーの歴史を変えよう』という目標は、個々人が能力の限界を超えた力を引き出す、大きな動機づけとなった。何か特別なことにかかわることは、自分が変われるということだから」

　人間はオフリミットで、力が出せるようになることがあります。いわゆる、火事場の馬鹿力です。特に高い次元の目的意識（志）を共有しているとき、チームが一丸となってとてつもない力を発揮します。

　よく例に出されるのが、東日本大震災のときの現場の人々の行動です。ヤマト運輸やオリエンタルランドのケースが広く知られていますが、他にも同じようなケースがたくさんあったはずです。日本でも海外でも、きちっとしたマネジメントをしている企業では、極限状況において、人々がそういう限界を超える知恵を出す。そのためには、普段からどれだけそのような目的意識（志）を現場の1人1人が自分事として共有しているかが勝負となります。

　ヤマト運輸では、第4章でも紹介したように、「ヤマトは我なり」という志を、セールスドライバーに植えつけています。木川眞会長によれば、それは「洗脳」教育にも似た徹底ぶりだそうです。そこには「ヤマト教」とでもいうべき狂信的な精神性が貫かれています。

　オリエンタルランドでは、キャスト（従業員）が守るべき行動基準を「4つの鍵（The Four Keys）」として教えます。Safety（安全）、Courtesy（礼儀正しさ）、Show（ショー）、Efficiency（効率）の4つで、ゲストに最高のおもてなしを提供するための判断や行動の拠り所になっています。

　SCSEの並びそのものが優先順位を表しているのがポイントです。ショーや効率は重要ではあるけれど、礼儀正しさや、ましてや安全に勝るものでは決してない。大地震とそれに伴う東京ディズニーリゾート周辺地域の液状化という緊急時に、ゲストの安全を最優先した数々の行動が取れたのは、キャストがこのような「ディズニー教」の敬虔な信者だったか

らではないでしょうか。

近年GEでは、従来のGEバリューを「GEビリーフ」へとシフトさせようとしています。バリュー（価値観）は、とかく企業側からの押しつけになりやすいものですが、従業員1人1人の内側から湧き上がってくるビリーフ（信念）にまで内面化できれば、これほど強いことはありません。信念もまた、きわめて宗教的な魔力を帯びた言葉です。

◆─── キーワードとしての共感

ただし、個人の信念を高めるだけでは、精神世界に閉ざされたままで終わってしまいます。U理論も、個人で座禅や瞑想をしただけでは、単に悟りを開くだけに終わってしまう。そこから現実の世界に戻って、いかにそれを実現するかが問われています。

企業として社会に大きなインパクトを与えるためには、信念を共有し、大きな活動のうねりにしていかなければなりません。しかも、そこで巻き込むべき対象は、従業員や顧客のみならず、コミュニティやクラウド（群衆）全体に広げる必要があります。

その際には「共感」を集められるかどうかが勝負となります。特にSNSによって社会全体がつながる時代には、共感がキーワードとなります。言うまでもなく、社会に共有化される価値観は、高度な社会性を持ったものでなければなりません。

このように社会性の高い価値観は、ネットワーク外部性をもたらします。共鳴する人がどんどん集まり、より強い信念に高まっていく。その最たる例はキリスト教でしょう。同様に宗教のレベルにまで高まった企業理念は、多くの人々（信者）の共感をパワーに、指数関数的に広がっていくはずです。

◆─── パーポス・ブランディング

「パーポス（目的）」は、自分たちは「何のために存在するのか」という存在意義を定義するものです。ミッション（理念）が「こうありたい」という未来への願望を表現したものであるのに対して、存在の原点（軸足）

第5章　どのモデルを選ぶべきか？　**265**

を表現したものがパーパスです。個人として「何のために生きるのか」が哲学的な問いかけであるように、企業としても「社会にいかに役立つために存在するのか」が、経営の根源的な問いかけになるはずです。

最近、「パーパス・ブランディング」が注目されています。ブランディングはコミュニケーションのツールとして捉えられがちですが、独りよがりの自己主張では、誰の共感も得ることはできません。問われるのは、その企業ならではの社会的な目的意識です。

当然ながら、まずは従業員にパーパスが共有化されていなければ、話になりません。実体（原点）ではなく、単なる美辞麗句に終わってしまうからです。自社のパーパスを信念として従業員1人1人に内在化させることが、パーパス・ブランディングの第1の目的となります。

そして、次にその目的意識が顧客に共感されることにより、ブランドへの顧客のロイヤルティ（忠誠心）を高めていきます。目的意識に共感した顧客は企業のアンバサダー（宣伝大使）となり、口コミなどによってブランドをプロモートしてくれます。

さらに、広く社会に目的意識を伝えることで、顧客以外の人々からも共感を勝ち取り、企業としての存在意義を広く認めてもらうことが可能となります。そうなれば、そのコミュニティで活動するための「社会的ライセンス」を獲得できるし、そのような良質な企業には、未進出の市場からも誘致の誘いがかかるはずです。

社会的な存在意義を規定するパーパス・ブランディングは、CSV（共通価値の創造）にも通底するものです。事実、ネスレやナイキ、イケアなど、CSV経営を標榜する世界企業は、パーパス・ブランディングを熱心に実践しています。日本では、三菱ケミカル、味の素、ファーストリテイリングなどが、CSVにおいても、パーパス・ブランディングにおいても先進企業といえるでしょう。

私がシニア・アドバイザーを務めているブランドコンサルティング会社のインターブランドでは最近、企業のブランド資産を評価する指標に「共感共創度」（Engagement）を追加しました。ブランドとしての資産価値を上げるためにも、さまざまなステークホルダーとエンゲージし（かかわ

り合い）、共感をともに作り上げていく力が求められているのです。

◆─────欲望経済から共感経済へ

　マズローの「欲求5段階説」はご存じかと思います。

　第1、第2の段階は、生死や安全といった物理的な欲求が主体になっています。新興国や紛争国では、これが人々の経済活動を律する最大のドライバーとなるでしょう。いわば「恐怖（fear）」に支配された経済です。

　第3〜第5段階では、個人個人の利己的な欲求が前面に出ます。高度成長期の日本や今の中国などに見られる現象です。いわば「欲望（greed）」経済を指します。

　実はマズローは晩年に、第6段階となる「自己超越欲求」を付け加えています。自分のためだけでなく他者を豊かにしたいという欲求で、主に成熟社会において見られるものです。いわば心（mind）を基軸とする「共感」経済です。

　最初の「恐怖」から逃れたいという欲求は強烈です。生きるか死ぬか、安全は確保されるのかといった最低限の欲求で、人々はそうした恐怖から逃れようと必死になります。しかし、恐怖が去れば、それ以降は進化のドライバーとはなりえません。

　一方、次の「欲望」は、自制が働かない限りいつまでも満たされることがありません。しかし、世界の人口が100億人を超えるまで増え続ければ、食料も水も空気すらも枯渇してしまう。20世紀型の欲望経済を続けると、地球は破綻してしまうのです。

　しかし、幸いなことに日本を含む成熟国では、欲望に無秩序に突き動かされること自体が「クール」ではないという価値観が、急速に広がり始めています。利己的な欲求に代わって、「共感」が時代のキーワードとして定着しつつあります。

　かつてマズローは、自己超越の領域に達することができるのは、全人類の2％程度だと語りました。しかし、ミレニアル世代はコミュニティへの帰属意識が高く、消費するよりも他人とシェアする傾向が強く見られます。21世紀を担うこの新世代の登場によって、共感こそが、持続可能社

図表5-11 マズローの欲求段階説とCSVの関係

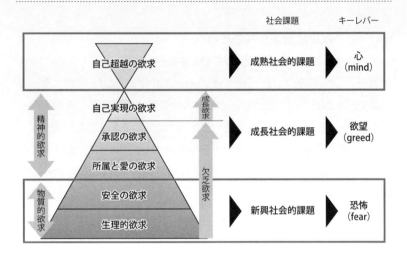

会の実現に向けた新たな価値観として広がっていくものと考えられます（図表5-11）。

◆─── マインドフルネスのすすめ

さて、ここまで、事業モデルを練り上げるうえでの大きな座標軸を考察してきました。

空間は3次元、これに時間軸を入れると4次元です。この空間と時間、トポロジーとクロノロジーは、経営を大局的に捉える際の重要な軸となります。

しかし、21世紀の経営を考えるうえでは、もう1つの軸が必要です。知恵と精神性という無形資産をいかに重層化させていくかという、5次元目の軸です。しかも、それは占有すると価値が薄れ、共有すればするほどネットワーク外部性を発揮するという、他にはない特徴を持っています。

シンギュラリティが到来すると、ロジックを武器とする左脳、パターン認識をつかさどる右脳を駆使しても、AIを超えることは困難となります。そうなると人間の最後の砦は、精神性になるのかもしれません。そのよう

な時代を見据えて、経営者は今から精神性に磨きをかける必要があります。

　今、アメリカを震源地として、「マインドフルネス」活動が世界中に広がっています。日本マインドフルネス学会は「マインドフルネスとは、今この瞬間の体験に意図的に意識を向け、評価をせずに、とらわれのない状態で、ただ観ること」と定義しています。先に紹介したU理論は、まさにマインドフルネス活動を経営理論として昇華させたものといえます。

　アップル創始者のスティーブ・ジョブズが、座禅と瞑想から新しいインサイトを生み出していたことは、よく知られています。今ではアップルだけでなく、グーグルやフェイスブックなどのExOs（指数関数的成長企業）がこぞって、イノベーティブな発想を身につけるためにマインドフルネス活動を実践しています。

　マインドフルネスの原点は、瞑想であり、禅です。瞑想や禅は精神性を高める修行として、日本的な価値の原点であったはずです。それがアメリカで再発見され、逆輸入されているというのは皮肉ですが、これもまたリバースイノベーションの変形といえなくもありません。

　日本企業も今こそ、マインドフルネス思想の元祖として、精神性を経営の主軸と位置づけ、知恵だけでなく「社徳」を磨くことを心掛けるべきです。それができれば、日本が新しい経営モデルの発信地として、再度世界から注目される存在になる可能性は十分にあります。

◆─── そこに義はあるか

　ジム・コリンズは衰退の5段階説を説いた『ビジョナリー・カンパニー3』に続く、『ビジョナリー・カンパニー4』で、意志を持って成長する企業の存在を示しています。インテル、マイクロソフト、サウスウェスト航空など7社の名前が挙げられていますが、このシリーズの宿命なのか、その後の業績はいずれも目を見張るようなものではありません。

　ただし、私がここで指摘したいのは、コリンズの企業選球眼の悪さではありません。問題は、成長の原動力に「野心」を置いていることです。10倍成長するための野心ですが、そもそも量的な成長に焦点を当てているこ

第5章　どのモデルを選ぶべきか？　**269**

と自体、何とも前世紀的と言わざるをえません。

　繰り返し述べているように、持続的な成長は野心ではなく、「志」によってしか実現しません。追求すべきはMTP（Massive Transformative Purpose）の実現で、成長はそのための手段または結果にすぎない。ここを間違えると、企業はその存在意義さえ見失いかねません。

　量的な成長が悪いわけではありません。むしろ、掲げる志が道理にかなったもので、そこに「義」があるなら、小さいままで満足していられるわけがない。成長して、世界中で影響力を高めて、世の中を変える。それこそが企業が存在する唯一の理由と言っても過言ではないはずです。変革のトリガーは危機や野心などではなく、自らの「志」にあるのです。

第 **II** 部

変革のプロセス
（How）

CHANGE MANAGEMENT

第6章 変革を仕掛ける

1 変革の必要条件

◆──── コッターの8段階説

　第Ⅰ部では、大きく4つの企業変革モデルを紹介しました。しかし、変革の成否はこれらのWhatではなく、How、すなわち変革の実践にあります。いつ、どのような状況で、どの変革モデルを、どのように行うのかで、得られる結果は全く異なります。この第Ⅱ部こそが、変革の本丸なのです。

　途方に暮れる必要はありません。変革を成功させるには「定石」があるからです。変革プログラムを設計するうえでは、次の4つの基本要素をすべて明らかにする必要があります（図表6-1）。

　①なぜ今、変革が必要なのか（必要性：Why）
　②どこに向かうのか（方向性：Where）
　③次世代の儲かる仕組みは何か（事業モデル：What）
　④どのように変革を推進するのか（方法論：How）

　Howはさらに、変革の担い手となる「人」と、確実に遂行するための一貫性のある「打ち手」の2つに分かれるので、3W2Hが変革プログラムの基本要素となります。まずは①の、変革の必要性が満たされているか、

図表6-1　変革のエネルギーと全体の変革プロセスの設計

Why：必要性	「変わりたい」「変わらなければならない」という強い思いが醸成されている
Where：方向性	めざすべき方向性や目標が明らかになっている
What：事業モデル	自社ならではの「戦略の型」が明らかになっている
人に関するHow：担い手	変革の「核」となる担い手が存在し、強く動機づけられている
仕組みに関するHow：一貫した打ち手	変革を確実に進めるためのプログラムが存在し、組織がその実現に向けて動くような一貫性のある打ち手がとられている

変革のプロセス：これら5つの要素をどのタイミングで満たすのかを設計

そうでないなら、いつ、どのように満たすのかを検討します。

　ハーバード・ビジネススクールにおける企業変革の第一人者、ジョン・コッターは、「変革の8段階説」を提唱しています（図表6-2）。今や企業変革の教科書となっていますが、1つ1つは当たり前といえば当たり前のことばかりです。しかし、これらをすべて正しく実践することは、決して簡単ではありません。

　この8段階の中で最も重要なステップが、第1段階の「Sense of Urgency」です。直訳すれば緊急意識、または切迫感。流行語風に言えば、「今でしょ！」というところでしょうか。

　人は一般的に変化を嫌うものです。できれば慣れ親しんだことをやり続けたい。企業においてもそれは変わりません。従来どおりの勝ちパターンを踏襲したいという慣性の法則が強く働き、全社変革のような大仰なことはできるならやりたくないと、誰もが思うのです。

　変革が先送りにされる理由はそれだけではありません。マッキンゼーでは、問題解決をする際にインパクトとスピードを重視します。経営にとってインパクトが大きく、実施のスピードが速いものが最優先されます。企業変革は、確かにインパクトは大きいけれど、実施には周到な準備と多段

第6章　変革を仕掛ける　**273**

図表6-2　変革の8段階説

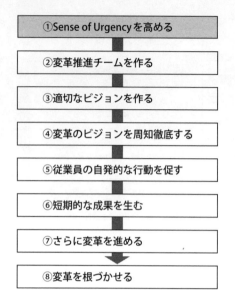

（出所）コッター（2002）p.45を一部修正。

階に及ぶアプローチ（コッター的には8段階）が必要となるため、後回しにされがちなのです。

　だからこそ、全社変革を始めるためには、「今やらなければならない」という切迫感が欠かせません。この切迫感をいかに醸成するかが最初の大きな関門で、それがない限り、変革はそもそも始動しません。たとえ無理やり火をつけても後が続かず、変革の火はクスぶってしまう。では、どのように「Sense of Urgency」を醸成すればよいのでしょうか。

◆─────「危機」という安易な選択

　ちなみに、変革の8段階について述べられている『企業変革力』では、「Sense of Urgency」が「危機意識」と訳されています。コッター教授自身、「Sense of Urgency」は危機意識（Sense of Crisis）とは違うと明言しているにもかかわらず、です。これは、明らかな誤訳と言ってよいで

しょう。

　確かに、危機はわかりやすい変革のトリガーです。会社が危機に瀕して追い詰められると、再生に向けて変革しなければならなくなる。まさに待ったなしの状況です。しかし、それではダメなのです。

　実際に危機に直面するとじっくりと問題解決に取り組む余裕がなくなり、緊急避難をするのがやっと、ということになりかねません。そもそも、危機に頼ろうとすると、危機に直面しない限り、何も起こらないことになってしまいます。

　では、現実にはない危機を演出すればいいのかといえば、これも簡単ではありません。仮にうまく演出できたとしても、V字回復して危機を乗り切ると、とたんに変革の機運は雲散霧消してしまうのは前述したとおりです。

　悪くするとせっかく変革しても、定常状態になると、形状記憶合金のように元の姿に戻ってしまうことすら珍しくありません。そうなると、すぐにまた危機を迎え、V字回復をスタートさせなければならなくなる。実際、そういう企業が少なからず見受けられます。

　懲りないと言うべきか、癖になると言うべきか。何回もV字回復を繰り返すので、W字回復だと揶揄したくなってしまいます。

◆─── オオカミおじさんの連呼

　危機感をやたらに煽る経営者や経営コンサルタントもいます。このところ彼らが好んで使うのが、ディスラプション（破壊）という言葉です。危機を連想させるし、これまでのやり方が通用しなくなると思わせれば、変革を迫りやすいからでしょう。

　VUCA（ブーカ）も便利な言葉です。環境変化をVolatility（不安定）、Uncertainty（不確定）、Complexity（複雑）、Ambiguity（曖昧）という4文字で表せば、不安を煽り、聴く人を変革に駆り立てやすくなります。

　しかし、危機感を煽るだけでは意味がないのは、先に述べたとおりです。それどころか副作用さえある。誰しも危機に直面すると、まず身構えて現状をできるだけ守ろうとするものです。本土決戦に向けて竹槍を磨いている兵士といったところでしょうか。第3章で紹介した中では、IBMの

第6章　変革を仕掛ける　　**275**

ジョン・エイカーズがメインフレームを死守しようとした動きが典型です。

本丸の周りを固めても仕方がないものの、さりとて、どこに向かっていくべきか。そもそもVUCAは方向が見えないと言っているだけなので、現場はどうしてよいかがわからず、ジタバタしてしまう。群集心理を煽っても、浮き足立つだけでむしろ変革に力が入りません。それどころか、本業にも力が入らないので、本業そのものが失速していく。これでは、完全にマイナス効果です。

「オオカミが来るぞ」と連呼するのが好きな経営者もいます。しかし、実際には「大山鳴動してねずみ一匹」というケースも少なくありません。さしずめオオカミ少年ならぬ、オオカミおじさんというところでしょう。そうした脅しまくるだけのトップの下では現場に不信感が鬱積し、先がよく見えている社員ほどしらけきってしまう。これもまた悲劇です。

もちろん本当に危機に陥っているのであれば、それに真正面から向き合わなければなりません。しかし、そういうときこそ冷静さが求められます。危機だ危機だと煽り立てれば、優秀な人ほど辞めていく。これは実際に、シャープや東芝で起こった現象です。本当の危機のときこそ、浮き足立つことなく正しい方向を示す必要があるのです。

たとえばジェフ・イメルトは、GEのCEOに就任した直後に9・11テロに見舞われます。追い打ちをかけるように世界経済は停滞期に入り、乱気流に突入しました。そこで危機感を煽って、浮き足立ってしまっていたら、取り返しのつかない間違いを犯していたはずです。

しかしイメルトは、じっくりと将来構想を練る絶好の機会だと割り切って、「Unstoppable Trends（決して止むことのない潮流）」を見極める作業に専念し、危機を乗り切っていきました。不運に見舞われたことを逆手に取って、本質に迫っていったのです。

もちろん変革を仕掛けるならば、平時のほうが望ましいのは言うまでもありません。欲を言えば、過去最高益といった頂点に立ったタイミングで、体力的にも時間的にも余裕をもってじっくり変革を仕掛けるのが望ましい。企業変革において、危機感を煽るのは百害あって一利なしであることを、まず理解してください。

◆──── 変化を味方につける

　では、そのような平時において、または頂点に立ちながら、どうすれば「Sense of Urgency」が生まれるのでしょうか。1つの有力な方法は、「危機（crisis）」ではなく、「好機（chance）」に着目することです。あらゆる環境変化は、守る者にとっては危機、攻める者にとっては好機となります。しかも風の変わり目に動くのと、後から動くのとでは大きな差が生まれます。

　「幸運の女神には前髪しかない」と唱えたのは、レオナルド・ダ・ビンチだといわれています。慌てて後ろから髪をつかまえようとしても遅すぎるのは、15世紀も21世紀も変わりません。環境変化の下では待つことそのものがリスクとなり、変化を好機と捉えて先取りした者が次の覇者となります。

　マッキンゼー時代に、2000年代初めの世界同時不況期の前後で、企業の業績を比較してみたことがあります。すると、不況期に守りに入ったトップ企業群（たとえばIBMやソニー）が失速し、逆にその間に事業や市場開拓に積極投資した企業（たとえばオラクルやサムスン）が、好景気を迎えてトップグループに躍り出たことが判明しました。

　こうした飛躍を実現するためには、環境変化にただ対応するのではなく、自ら仕掛ける勇気が必要です。かつてGEの破竹の成長を演出したジャック・ウェルチも、「Lead change before you have to（変化を迫られる前に、自ら変化を仕掛けよ）」と語っていました。

　仕掛けるタイミングは、絶好調のタイミングが最適です。頂点に立ったということは、何もしなければ下り坂しか待っていません。成長し続けるためには新しい目標を定めて、現地点をふもとと捉えて、そこからまた新しい頂点をめざすほかないのです。

　トヨタ自動車の奥田碩さんが、トップに就任して早々、「打倒トヨタ」を旗印に掲げたことは前述したとおりです。「トヨタの敵はトヨタ自身。（自分たちの）慢心こそが最大の敵だ」と言い放ったのです。頂点に立つと、とかく慢心してしまいがちです。目標を達成したときこそ、「次」をめざして新しく旅立つ絶好のタイミングなのです。

第6章　変革を仕掛ける　277

◆───── フューチャー・クロス・ベンチマーキング

内側から「Sense of Urgency」を醸成するには、これから何が起こるのかを洞察する試みも有効です。

企業のパフォーマンスを客観的に測定するために、あらゆる産業でベンチマーキングが盛んに行われています。たとえば、トヨタであれば、フォルクスワーゲンや現代自動車とのベンチマーキングに余念がありません。

今の瞬間風速であれば、トヨタは業界でも間違いなくトップクラスにいます。しかし、成長のスピードとスケールで比較すると、話は変わってきます。中国の長城汽車やインドのマヒンドラ・マヒンドラ、そしてアメリカのテスラといった新興勢力が、欧米日それぞれのビッグ3を圧倒します。

今でこそそうした新興勢力との差は小さくありませんが、この傾向が今後10年、20年と続き、かつ内燃機関からEVへのシフトが大きく進めば、将来逆転されることも十分考えられます。したがって、競合との今の実力の差ではなく、成長スピードとスケールの差を考慮して、将来のパフォーマンスを比較する必要がある。これを「フューチャー・ベンチマーキング」と呼びます。

実際、10年前に東芝とサムスンをベンチマーキングした際、東芝はテレビではやや劣後、パソコンでは優勢、そしてメモリや半導体ではほぼ互角という結果が得られました。しかし、両社の10年後をフューチャー・ベンチマーキングしてみると、少なくとも東芝がテレビや半導体は圧倒的に劣後することは明白でした。もっとも、頼みのパソコンがここまでタブレットやスマートフォンという別のカテゴリーに食われるとは、その時点ではなかなか予測できませんでしたが。

それでもフューチャー・ベンチマーキングを行ったおかげで、西田厚聰社長（当時）率いる東芝は、平時において大きな変革に着手できたのです。その顛末は、次章でじっくり振り返ってみることにしましょう。

このパソコンのケースが示すように、同じ産業のプレーヤー同士のベンチマーキングを行っても、業界の常識の罠から逃れることはできません。技術革新、規制緩和、グローバル化などの環境変化によって業界の垣根

が消滅すると、「異業種格闘技」が始まります。したがって異業種プレーヤーとの比較が、より重要になります。これを「クロス・ベンチマーキング」と呼びます。

自動車業界でいえば、グーグル、アップル、ダイソン、ファーウェイなどが、クロス・ベンチマーキングの対象となるでしょう。これらの企業は、前述したExOs（指数関数的成長企業）です。ネットワーク外部性を取り込んだそのスピードとスケールをもってすれば、EV、自動走行、コネクテッドサービスなどのフロンティアにおいて、既存の自動車会社を大きく突き放す成長を遂げていくのは間違いありません。

アマゾンがあらゆる企業や産業を呑み込む「アマゾン・エフェクト」や、金融業界以外にも多大な影響を与えるとされる「ブロックチェーン」が、猛威を振るい始めています。アメリカでは次のようなブラックジョークが流行っています。

「あなたの業界にアマゾンが来たら、一巻の終わりだ。もしアマゾンが来ないなら、よっぽど将来性のない業界だ」

アマゾンの参入可能性はともかく、どんな業界に属していようと、フューチャー・クロス・ベンチマーキングの実施は必須です。その結果が、変革に向けた「Sense of Urgency」を高めることは間違いないでしょう。

◆──── シナリオプランニング

未来を予測するという意味では、シナリオプランニングも有効です。

シナリオプランニングが広く知られるようになったのは、シェルが1973年の初めに導入したことに端を発します。その年の10月に勃発したオイルショックを「シナリオ」によって事前に予測していたおかげで、石油メジャーの中でシェルだけが危機を回避でき、一気に注目度が高まりました。その後も、ベルリンの壁の崩壊を予測するなど、数々の伝説が残っています。

シナリオプランニングは、起こりうる未来の具体像を複数シナリオとして準備し、イメージトレーニングを通じて学習するプロセスです。それに

より、ありがちな「想定外」という失敗を避けることが可能となります。

　2017年にノーベル経済学賞を受賞したシカゴ大学教授のリチャード・セイラーによれば、人はさまざまな思考のバイアスを持っています。その最も初歩的なものが「現状維持バイアス」、つまり、できる限り今の状態が続くことを期待するという傾向です。だからこそ、あえて現状維持以外のシナリオを準備し、「想定外」の未来をシミュレーションしておく必要があるのです。

　ただし、そのような「想定外」の未来を、危機だとして喧伝すると、オオカミ少年になってしまいます。かといって、現状維持バイアスにとらわれていると、思わぬディスラプションに足をすくわれてしまう。いったい、どうすればよいのでしょうか。

◆——— プランB

　そのような事態を避け、シナリオプランニングの結果を有意なものとするためには、複数のシナリオを想定し、それらに合わせてプランを複数準備することが効果的です。

　最善の未来として想定されるシナリオAは、往々にして「都合のいい」シナリオになりがちです。通常、このシナリオをベースにプランAが策定されます。もちろん、シナリオどおりに事が運べば何よりですが、環境変化が常態化する中で、そのような虫がいい話は残念ながらめったにありません。

　そこで、都合の悪い未来もシナリオBとして描き、それに合わせてプランBを準備します。来てもいない危機を演出するのではなく、「想定外の事態に備える」というスタンスを取ることで、現場も冷静に対応をシミュレートできるようになります。そして想定外が現実化した際には、あらかじめ策定したバックアップ・プランを直ちに発動させることができます。

　しかし、実際によく見られるのは、都合のいいシナリオAに基づくプランAだけを準備する光景です。中期計画を策定している企業はすべて、そのような行動を取っていると言っても過言ではありません。

　問題は、現実にはシナリオどおりに展開しないということです。プラン

280　第Ⅱ部　変革のプロセス（How）

Aは前提そのものがぐちゃぐちゃになり、修正に次ぐ修正を迫られる。その結果、予測可能な短期プランだけが実施されることになる。中期計画の策定がいかに有害無益かは、この点だけを見ても明らかでしょう。

　こうした事態を回避するためにも、時間を長めに設定したシナリオBを準備しなければなりません。そこでは「想定外」（多くの場合、「不都合」）の環境変化を取り込んでおきます。必然的にシナリオBに基づくプランBは、現状維持を否定し、変革を迫るものになります。

　このアプローチを取れば、シナリオAとシナリオBのどちらが正しいか、といった不毛な神学論争を避けることもできます。あとはシナリオBに基づいた変革プランを、着々と準備すればいいのです。

　ある自動車部品会社の例を紹介しましょう。自動車業界は、現在100年に一度といわれる大変革期に突入しています。EV、自動走行、シェアードサービス、コネクテッドなどの環境変化がいかなるスピードとスケールで進むかは、誰にも読み切れません。

　そこで経営陣は、都合のいい「ソフトランディング（できる限りのベスト）」寄りのシナリオを本案に据えて、中期計画を策定しました。一方、私は海外の次世代リーダーを結集して、ハードランディングも視野に入れたシナリオBを、時間軸が長いプランB（長期計画）として経営陣に提示しました。その結果、とりあえずはプランAを前提に短期的なアクションを確実に取りつつ、シナリオBに沿ったアクションを早めに準備することができるようになったのです。

　前述のように、先が読み切れない時代には、凸レンズ型ではなく凹レンズ型で見通すことが重要です。この自動車部品会社は、プランAとBを巧みに使い分けることで経営のリズムそのものを、中期計画の実践を主眼とする凸レンズ型から、短期と長期を重視する凹レンズ型へと大きく変革させることができたのです。

◆─────ホンダの「既・転・新」

　プランAとプランBの使い分けは、本業を守りながら新しい事業機会を切り開こうとする際に、とりわけパワーを発揮します。本業を守るために

は現状維持が基軸となりますが、それだけでは縮小均衡に陥ってしまうからです。

そこで、多くの企業は、本業の枠組みの外で新規事業を仕掛けようとします。しかし、本業から離れた所で、本業と肩を並べるような「第二の創業」を実現するのは至難の業です。したがって、本業のカニバリゼーションを恐れず、本業そのものの質的変化をいかに自ら仕掛けるかが勝負となります。

2017年6月、ホンダの八郷隆弘社長は、同社の2030年ビジョンを発表しました。その中で、「既・転・新」という3つの戦い方を明確に示しています。

「既」はガソリンエンジンを中心とした従来型の二輪・四輪事業、「転」はEVや自動走行などの新潮流を取り込んだ次世代モビリティ事業、そして「新」はモビリティも超えた生活支援事業です。「新」には、これまでの枠組みにとらわれないワクワク感がありますが、「既」事業を凌駕するスケールが期待されるのは「転」の領域です。

図表6-3は、いわばプランAというべきでしょう。2030年には既存事業が半減し、そのへこみを「転（transformation）」が補う構図になって

図表6-3　ホンダの2030年ビジョン策定の考え方

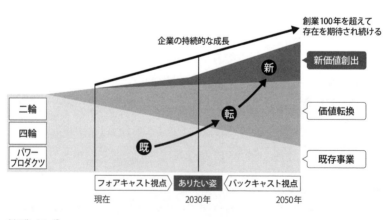

（出所）ホンダ。

います。成り行きのシナリオとしても、かなり踏み込んだ前提といえるでしょう。

　一方、2030年以降、新規事業が一気に加速し、2050年には既存事業と同様の規模になるという想定は、かなり楽観的と言わざるをえません。全体に現状維持から右肩上がりになるという意味では、基本的にソフトランディング・シナリオといえます。

　しかし、世の中の環境変化は、このシナリオ以上に速く、大きなマグニチュードで進む可能性があります。「転」や「新」が想定ほどのスピード、スケールで立ち上がらない可能性も否定できません。そのようなシナリオBを想定したプランBをいかに準備するかが、先が読めない時代に腰の強い経営をめざすうえでは必須となります。

◆─────動的平衡

　プランAを実施する場合でも、既存事業を守りながら、それに置き換わる事業（ホンダにおける「転」）を仕掛けていかなければなりません。単なる新規事業（ホンダにおける「新」）であれば別枠で粛々と進めればいいのですが、この置き換え事業は既存事業とカニバリゼーションを起こすため、進め方が難しくなります。下手をすると、既存事業の弱体化を自ら加速することになりかねないからです。

　当然ながらプランBでは、「転」により踏み込む必要があり、ますます矛先が鈍ってしまいます。これがまさに、「イノベーションのジレンマ」です。既存技術（たとえば内燃機関）で本業を築き上げた企業は、それに置き換わる新しい技術（たとえば電動化）への取組みにはどうしても消極的になります。

　「第二の創業」の難しさは、先にも指摘したとおりですが、これも同じ文脈によるものです。第一の創業（本業）をできるだけ守らなければ、第二の創業が大きく立ち上がる前に、企業全体が失速してしまう。したがって、やみくもに全社変革を掲げることは、単に混乱を引き起こすだけでなく、必要以上に企業の衰退を加速することになります。

　企業変革の成否を握るのは、守りと攻めをいかにバランス良く進めるか

という点にあります。しかもプランAを基軸としつつも、想定シナリオどおりに進まない場合には、プランBに切り替える決断も求められる。経営には、このように平衡感性と動的感性が同時に求められるのです。

分子生物学者の福岡伸一さんによれば、生命は「動的平衡」を原動力として進化を続けるといいます。経営も、まさにこの動的平衡を身につけることで、次世代への進化を加速していくことができるはずです。

◆──── 守備チームと攻撃チーム

具体的には、守るチームと攻めるチームに組織を大きく分けると、現場の混乱は避けやすくなります。

先述したように、NTTの児島仁社長（当時）は電話事業から非電話事業へと大きくシフトする際に、電話を「墓守」事業、非電話を「マルチメディア」事業と位置づけ、組織も大きく二分しました。日産のカルロス・ゴーンは、日々のオペレーションを従来型の経営陣と現場に任せ、変革チームと明確に切り離すことによって、変革を仕掛けつつも、現業を守らせたのです。

ただし守備チームは、単にこれまでどおりの経営を続ければいいというわけではありません。経営資源のインプット量を大きく削減しつつ、現状のオペレーションを維持するためには徹底した効率化が求められるからです。同時に、既存事業の枠組み（自動車会社であれば内燃機関）の中でも少数精鋭でイノベーション（たとえばゼロエミッション・エンジンの開発）を続け、残存者利益の拡大に努める必要があります。

同様に、攻撃チームも単に「破壊」するだけでは、いつまでも先行投資を回収することができません。効率的にオペレーションを回す仕組みをいかに早く構築するかが、金食い虫を第二の本業へと羽化させるうえのカギを握ります。それは、次のディスラプション（たとえば、ブロードバンド革命の後のモバイル革命）に備えるためにも必須となります。

攻守を動的にマネージできる2つのチームを、いかにバランスよく仕立てられるか。これが、動的平衡を基軸に全社変革を進めるうえでの要諦となるのです。

284　第Ⅱ部　変革のプロセス（How）

◆─── 黒澤アクターズ

　では、変革の攻撃チームには、どのような人財を登用すればよいでしょうか。どのような組織にも、「2：6：2の原則」が働きます。20％のハイパフォーマー、60％の普通の人財、そして20％の問題児です。

　変革を仕掛けるうえでの難しさは、20％のハイパフォーマーは当てにできないという点にあります。彼らは、今までの仕組みに順応してパフォーマンスを上げてきた「体制派」の筆頭で、ゲームのルールが変わることに対しては、きわめて保守的です。

　ただしハイパフォーマーの中にも、志が高く、先がよく見えている人財が一握り存在することがあります。そのような人財が運良く見つかれば、変革チームのコアに抜擢します。それ以外は20％の問題児グループから、隠れた逸材を見つけ出せるかどうかが勝負となります。

　このグループの中には、体制に順応しきれず、好き勝手なことをしている放れ馬や浮浪雲、あるいは昼行燈と呼ばれるような人財が紛れ込んでいます。彼らをうまく拾い上げ、その志に火をつけることができれば、変革の旗手となって目覚ましく活躍してくれることがあります。

　このような変革のコア人財を、私はよく「七人の侍」、あるいは英語で「Kurosawa Actors」と呼んでいます。そう、変革を仕掛けるうえでは、まさに7人くらいの非主流人財がいれば十分なのです。

　たとえば、NTTドコモの初代社長となった大星公二さんは、NTTの本流の間では、昼行燈のニックネームで呼ばれていました。また世界初のモバイルインターネットサービスとして注目された同社の「iモード」を立ち上げたのは、栃木支店長という傍流のポジションにくすぶっていた榎啓一さんです。

　トヨタの変革をリードした奥田碩さんも、若い頃の暴れ馬ぶりがたたって、フィリピンに流されていた逸材でした。ゴーンの下で日産の変革を陣頭指揮した志賀俊之さん（現・産業革新機構会長）も、傍流のマリーン事業育ちで、直前はインドネシア支社長に甘んじていました。

　「サラブレッド」として自他ともに認められてきた人財が、変革の旗手となるケースは、きわめて稀です。「七人の侍」をいかに見つけて、経営

の中枢に登用するか。変革人財を育成するためにも、「ダイバーシティ＆インクルージョン」が重要な組織要件となっています。

◆————志を起爆剤に

Sense of Urgencyを駆り立てる最善の方法を、お教えしましょう。それは、志に火をつけることです。

企業はすべて、「大志」を持っています。なぜ自社が存在するのか。そもそも、どのような使命を果たしたいのか。その本質的な企業の大志を、各人がしっかり胸に抱いていれば、現状では決して満足することはないはずです。

たとえば、ファーストリテイリング創業者の柳井正さんの成長意欲は、とどまるところを知りません。売上1000億円を達成したときには1兆円を目標に掲げ、1兆円を達成したかと思うと、次は10兆円をめざすといった具合です。

やっと目標を達成した矢先に、さらに10倍に成長しようといわれても、社員は高揚感よりも疲弊感が先に立ってしまうのが普通でしょう。それでも「服のチカラ」を信じ、ライフウェア（究極の普段着）を世界に届けたいという志が本物であるなら、いくらでもまだやるべきことがあるし、使命感に火がつくはずです。

ファーストリテイリングより一回り小さいビジョンを見てみましょう。哺乳瓶などの赤ちゃん用品で定評のある企業です。同社のキーワードは「愛」。ミッションは、「『愛』を製品やサービスの形にして提供することによって、世界中の赤ちゃんとご家族に喜び、幸せ、そして感動をもたらすこと」です。

この志は、社員全員の信念となっています。だとすれば、欧米や中国、東南アジア、インドなどしかカバーできていない現状に、満足できるはずがありません。事実、「これからは南半球だ」「早くアフリカの赤ちゃんも助けたい」といった思いが、社員の志に火をつけています。売上が1000億円を超えたからとか、ROE（自己資本利益率）20％を達成したからといった理由で、成長意欲が鈍化することなどありえないのです。

286　第Ⅱ部　変革のプロセス（How）

もちろん、そのような志を実現するためには、商品力、コスト競争力、経営力すべてにおいて、量子的跳躍（Quantum Leap）が求められます。危機意識ではなく、志に火がつけば、全員がSense of Urgency（切迫感、本気度）をもってさらなる高みをめざしていくことができるはずです。

◆——— ２つのP

志を変革の起爆剤にするためには、従来の延長線では到達できないほど高い地点をめざした志でなければなりません。

シリコンバレーに拠点を置くシンギュラリティ大学が説く指数関数的超成長企業の第一条件は、MTP（Massive Transformative Purpose）です。巨大で革命的な目的とはいかにも大仰ですが、各人がそれぐらい遠くをめざさない限り、変革しようというSense of Urgency（強い意欲）は湧き上がってきません。

事実、ファーストリテイリング、日本電産、ソフトバンクなどは、まさにこのMTPによって、企業全体を常に変革モードに保ち続けています。それぞれの企業を率いる柳井正さん、永守重信さん、孫正義さんは揃って大風呂敷を広げるので、よく「大ボラ３兄弟」といわれます。しかし永守さんは、「私は実現不可能なこと（ホラ）は言っていない」と一笑に付します。この壮大な志と確信こそが、社員の成長意欲を掻き立てるのでしょう。

このような壮大な目的意識（パーパス）を実現しようとすれば、現状に安住せず、大転換をし続ける勇気が生まれてきます。パーパスという軸足を踏みしめつつも、もう一方の足を大きく一歩踏み出していく、ピボットが必要とされます。

先にも紹介したグローバルトップ100社の調査では、世界の超成長企業は例外なく、このパーパスとピボットという「２つのP」を経営モデルの中枢に埋め込んでいることが明らかになっています。

危機意識ではなく、パーパスとピボットこそが、変革を正しく駆動するエンジンであることを、肝に銘じていただきたいと思います。

第6章　変革を仕掛ける　287

2 変革のエネルギー

◆ ─── 3つのキークエスチョン

　前節では危機に頼らず、Sense of Urgencyを醸成することの重要さについて述べました。しかし、当然ながらそれだけでは変革に着手することはできません。次の3つのキークエスチョンに答えて、変革を仕掛けるための準備が整っているかどうかを判断します（図表6-4）。

　問1は、変革のターゲットです。成長の目標、つまり将来の「あるべき姿」の具体的なイメージと、達成のために押さえるべきレバーが明確になっていなければなりません。

　問2は、変革のリーダー（グループ）は誰かというものです。変革の担い手がいなければ何も始まりません。また、そのリーダーの変革に対する目線やスタイル、制約条件なども見極める必要があります。

図表6-4　企業変革の全体設計

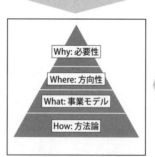

問3は、変革のエネルギーに関するものです。変革を推進するエネルギーが組織のどこから来るのかと考え、明らかにします。組織の重たい現状維持バイアスを打破して、変革を推進するためには、不屈の意志が求められます。そのようなエネルギーが、組織のどの層に潜んでいるのかを探り当てなければなりません。

このうち問1は、いってみれば決めればすむことです。問2も、リーダーが決まればおのずと見えてきます。最も読みづらいのが、問3の変革のマグマがどこに溜まっているかです。活火山ならわかりやすいマグマの所在も、休火山になると、探り当てるのに一苦労させられます。さんざん探したあげく、死火山だったとなると、もはや内側から火をつけることは困難です。

◆──── 変革のマグマを見極める

マグマの見極めがいかに難しいか、ある素材メーカーのケースを例にとって説明しましょう（図表6-5）。

変革のリーダーは退任間近の経営者でした。辞める前に何とか遺産を残したいと思っていたのです。しかし、実際には変革をした経験もスキルもない。思い先行型のリーダーでした。

一方、彼以外のトップマネジメント・グループを見ると、不活性の塊であることは明らかでした。手にした権限を手放したくない一心で、むしろ変革にとって最大の抵抗勢力になりかねません。

では、現場はというと、これも現在のオペレーションをしっかり回すことに専念したいという現状維持派が大勢を占めています。しかも、変革にはリストラというネガティブなイメージがつきまとうため、積極的な姿勢は期待できそうにありません。

そんな中で唯一見込みがあるのが、一部のミドル層でした。彼らは一見オペレーションを回すことで手いっぱいのように見えますが、本来であれば自分たちはもっと上をめざせるはずだという思いを内に秘めている。基本的な経営スキルも学んでいて、新しいことに挑戦してみたいという意欲も高い。まさに変革のマグマの溜まり場だったのです。

第6章 変革を仕掛ける　289

図表6-5 変革エネルギーの源泉の評価（ある素材メーカーのケース）

	おそれ・目線	信念	能力	潜在的なキャパシティ	エネルギーの増幅または吸収		利用可能なキャパシティ
					パワー	危機感	
変革リーダー	・退職の前に「遺産」を残したいという意向	・変革への信念が強い	・実績ほとんどなし	・潜在キャパシティはあるがスキルがない	・制約あり	・あり	・レバレッジが不足しており、低い
トップマネジメント・グループ	・権限に対するためらい	・現在が限界という考え方	・マーケティング能力が高い。しかし経営能力は低い	・阻害側に回るおそれあり	・パワーあり	・なし	・低い
ミドルクラス・リーダー	・変化することへの意向 ・他からの「認識」	・会社はベストになれるはず	・よく訓練されている	・新しいことに取り組む準備ができている	・閉じ込められている	・個人的にあり	・現在弱いが、潜在的なキャパシティが高い
現場	・給料 ・雇用	・変革＝リストラ	・職務の遂行能力あり	・傍観者	・弱い	・なし	・低い

結局、この素材メーカーは、退任間近の古参リーダーの下、ミドル層が核となって、変革プログラムを実践していきました。トップ層が非協力的なため、非連続な打ち手は難しかったものの、現場の改善を超えた抜本的なコスト削減や、メリハリの利いたマーケティング手法などが次々に導入されていきました。

　ミドルが強い日本企業では、このようなミドルの変革エネルギーをうまく引き出すことが1つの成功パターンになるケースが少なくありません。

◆───── 成長余白を診断する

　変革への意欲を診断するために、ベンチマーク調査を行ったことがあります。日本を代表するいくつかの企業の部長クラスを対象に、経営や事業のスキルについて自己採点してもらったのです。5段階評価（1が最低、5が最高）で、30分もあれば回答できるという手軽なアンケート形式のものでした。

　たいていの企業では、自己評価に大きなばらつきが見られました。全般的に高評価の人や低評価の人、項目ごとの差が大きい人などです。ところが面白いことにそのうちの2社だけは顕著な傾向が見られました。1社は東芝で、大半の部長が見事に5の自己評価をつけてきました。もう1社はトヨタで、こちらは判で押したように1ばかり。非常に興味深い結果でした。

　行動経済学のリチャード・セイラーの著作にも、MBAの学生の大半が、自分が学生の中でトップ20％に入っていると答える傾向が強いというエピソードが登場します。もちろん理屈からいえば、トップ20％に入るのは5人に1人しかいないはずです。（自称）優秀人財が集まっているところでは、「自分たちは優秀だ」という思い込みが蔓延しがちであることを物語っています。

　では、東芝とトヨタの違いは、どう理解すればよいのでしょうか。実はここに、変革に対する意欲の差が如実に表れています。

　東芝の場合、確かに1人1人は優秀なのかもしれません。しかし、そのような自己認識が、いわゆる「指さし運動」（悪いのは自分ではなく、上

か下、または左か右）につながることは想像に難くありません。

　より深刻なのは、最高だと自己認識したとたん、結果的に成長の可能性を否定してしまっていることです。現状維持がベストで、下手なことをすると点数が下がりかねない。このような企業の変革のレディネス（心身の準備）は、当然ながらきわめて低くなります。

　一方、トヨタの人たちは、そもそも最高点をつけるのを体質的に嫌がります。最高だとすると、これ以上は成長する余地がないことになってしまうからです。上をめざしたい人たちほど、できるだけ現状を低く見積もりたがるものです。

　自動車用語に「ヘッドルーム」という言葉があります。車のシートに座ったときの頭の上の空間を指すもので、このヘッドルームが広いほど開放感があることになります。同様に、人も成長のヘッドルーム（余白）が広ければ広いほど、飽くなき成長が望めるのです。トヨタはまさに、成長のヘッドルームを求めてやまない人たちの集団です。このような企業には、当然ながら、変革のマグマが常に煮えたぎっています。

◆─── 失うものがない強み

　変革のエネルギーは、部門ごとにも異なります。好調な部門より、不調でもがき苦しんでいる部門のほうが、往々にして変革のマグマが溜まっているものです。

　かつての三井金属もそうでした。派手なところのない会社ですが、たとえばスマートフォン向けの極薄銅箔では世界市場を独占しています。今後は、電子化や自動運転技術が進む中で、自動車分野での成長も期待されています。

　そのような優良企業に変身したきっかけは、宮村眞平さん（現・同社相談役）が社長になった1990年代にさかのぼります。宮村さんは、金属相場に左右されない安定した収益構造の確立に向けて、全社改革を決意します。

　まず全部門の収益改善目標（「あるべき姿」）を設定するとともに、各部門の変革リーダーを指名。変革リーダーは、コンサルタントの支援を得な

図表6-6 三井金属のケース

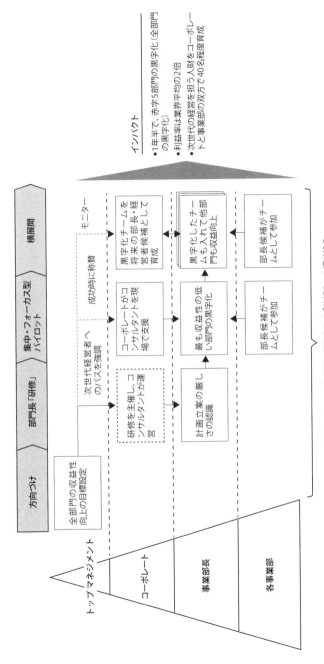

第6章 変革を仕掛ける | 293

がら、自社の悪い癖（計画倒れに終わり、実行が担保されないなど）を洗い出し、変革に向けた施策を考案していきました。

　最初に大きな成果を挙げたのが、最も収益性が低かった部門でした。部門の変革リーダーが、失うものがないことを強みに、コスト構造改革に徹底的に取り組んだのです。その結果、1年後には、見事に黒字化を実現しました。

　これを見て他の部門も、「あそこができるなら、自分たちも」と勢いをつけ、1年半後には、全部門の黒字化を実現します。全社の利益率は、業界平均の2倍という数字を達成しました。同時にこのプロセスを通じて、次世代の経営を担う人財が多数育成され、その後の成長を支えていくことになったのです（図表6-6）。

◆─────「いい会社」の変革

　変革のマグマが溜まりにくいのが、いわゆる優良会社です。もともといい会社が、さらなる成長に向けて変革をめざすにはどうすればいいか。ここでは、旧・松下電工（現パナソニック・エコソリューションズ）の例を紹介しましょう（図表6-7）。

　同社は、これまで一度も赤字を出したことがない優良企業です。したがって、社内の危機意識は希薄です。しかし将来を見据えると、さらに成長をめざして、早いうちに経営変革に着手しておく必要がありました。

　そこで、まずメリハリの利いた業績評価の仕組みを導入することにしました。その結果、各事業部門で業績向上に対する意識が高まります。もともと業績の良いところは、より高次元の事業モデルをめざし、全体の足を引っ張っていた部門も、抜本的な事業構造の改革に着手する機運が高まっていったのです。

　その結果、従来のどんぶり勘定から脱することができました。平均としてのいい会社から、それぞれが磨きのかかった事業集団に向けて、変革へのスイッチが入ることになったのです。

　日本の伝統的な企業は、いまだに部門別業績評価と報酬が連動していないところや、多少連動しているもののメリハリが利いていないところが

図表6-7 旧・松下電工のケース

業績目標
- 株価
  - 成長性
  - 収益性
  - キャッシュフロー
- 顧客への価値・満足度
- 財務的余裕度
- 環境課題への適合性

	抽象的なレバー	間接的なレバー	直接的なレバー
本社	・企業の共通価値と理念 ・経営陣の構造 ・経営ビジョン	・本社の構造・役割 ・企業戦略 ・戦略立案、実施能力	・事業ポートフォリオの見直し
トップマネジメント 各事業部門	・責任・権限体系 ・マネジメントプロセス -戦略立案 -業績管理 -人材開発システム -コミュニケーション -チェンジマネジメント	・事業部の構造 ・事業部戦略 ・業績目標と評価基準	・産業全体のリストラクチャリング ・間接業務削減 ・販売ネットワーク再編成 ・新規市場への参入
事業部門内の機能グループ		・カギとなる機能の能力 ・カギとなる事業部の能力	・製品ラインアップ ・統合ロジスティックス
各課・ユニット	・倫理観 ・モラル	・カギとなるユニットの能力	・サプライマネジメント ・工場のオペレーション ・販売・プライシング
アウトプット	・業績を向上させる環境づくり ・社員にとっての共通価値醸成 ・株主にとっての価値提供目的	・成功するためのやり方、構造、能力 ・顧客に対する価値訴求 ・競合に対する対応方法	・成果を生み出すビジネスシステムの強化・再構成 ・活気の出るような業績レベル

第6章 変革を仕掛ける 295

少なくありません。これをしっかりと連動させることで、部門だけでなく、個人としての変革のスイッチも入りやすくなります。

ただし、赤字になったとしても、そこで働いているメンバー全員がサボっていたわけではありません。業績が振るわない部門でも、前年と比較して大きく改善しているといった成果を残したのであれば、その部門長の貢献を正しく評価し、報酬に反映させなければなりません。

たとえば、アメーバ経営で知られる京セラは、業績の絶対額ではなく改善幅を評価し、それを報酬にリンクさせています。そうすることで、誰もが変革をめざし、それが報われるようにしているのです。こうした工夫を取り入れ、一層の高みを自らめざすような仕組みを組織に埋め込むことができれば、企業は止まることなく進化し続けられるはずです。

3 変革のトリガー

◆──── 政権交代

せっかくの変革エネルギーも、放出するタイミングを見誤ると無駄に消費してしまうおそれがあります。いつ、どのタイミングで仕掛けるかは、慎重に判断しなければなりません。

欧米ではトップ交代がきっかけになることがよくあります。そもそも業績悪化がトップ交代の引き金になることが多いためです。

また、それまで恣意的に隠してきた不良債権や不良資産を一気に処理するために、初年度に意図的に大きな赤字決算に踏み切ることも新トップの常套手段です。悪いことはすべて前社長のせいにして、なおかつ、社内の危機意識も煽れるので、まさに一石二鳥といえます。

ただし、この手は日本ではなかなか使えません。日本のトップの多くは、「花道」を準備させて「勇退」し、しかも会長なり相談役としていつまでも経営にかかわり続けることが珍しくないからです。これでは前社長の指名で選ばれた新社長が、前社長を貶めたり否定したりできるわけがあ

296　第Ⅱ部　変革のプロセス（How）

りません。残念ながらこの欧米的な手口は、日本では禁じ手なのです。

　日本の場合、新任トップがきちんと政権基盤を作って新機軸を出すのに、最低1～2年はかかるのが一般的です。前任者も実力のある人ほど財界や社外取締役など、外から声がかかることも多いので、その頃になるとあまり社業に口出ししなくなります。

　マッキンゼーでは欧米流を踏襲していて、トップが交代すると、必ず「100日プラン」を営業します。新社長が就任100日までに練り上げる、新政権の変革プランを支援しますという提案です。しかし私は、日本の実情をふまえて社長就任から2～3年目に、次世代成長に向けた変革プラン作成を提案するようにしています。

　この場合、すでにしっかり助走期間を経ているので、「満を持した」骨太な変革プランが準備されることが少なくありません。私の周りでも、味の素の西井孝明社長、デンソーの有馬浩二社長はいずれも、任期2年目で新たなビジョンや変革構想を発表しました。

◆───── ビジョン再構築

　新政権発足時に限らず、企業のビジョン再構築は、変革のトリガーとして有効です。私は、変革プログラムの前段階として、よくビジョン再構築を仕掛けます。

　ビジョン再構築に際しても、前述した2つのPを見極めることが肝要となります。

　1つ目のPはPurpose（大義）。その企業の創業の精神などに立ち返り、そもそもその企業は何のために存在するのかをしっかりと再認識します。自社の原点を見つめ直すことによって、初心を取り戻すことができます。

　ただし、単に原点に戻るというだけでは進歩がなく、単なる懐古趣味に陥るおそれもあります。そこで重要になるのが2つ目のP、すなわちピボット（Pivot）です。一歩踏み出して、将来の方向性やあるべき姿を見極め、そちらに向けてさらに大きく一歩踏み出します。

　この2つのPによって、原点と新しいベクトルを設定して、正しい変革活動を始動できます。逆に座標上にこの2つをプロットしないままの変革

は、海図を持たずに荒海に漕ぎ出すようなもの。緊急避難時でもない限り、まずはしっかりビジョンを描いてから変革に着手すべきです。

◆━━━━ 「出島」から始める

　本業の変革が守旧派の抵抗に遭いやすいのは、前述したとおりです。特に、本業がそれなりに順調なときに下手に変革すると、肝心な本業が失速しかねません。第二の創業を本業で仕掛けるのは至難の業なのです。自己否定をしなければ踏み込んだ改革はできないけれど、否定することによってこれまで築き上げた優位性を喪失するリスクもある――これがイノベーションのジレンマの本質です。

　そのような場合には、成長が望める新分野への攻勢を、組織の優先課題にしなければなりません。「守り」より「攻め」に専念するほうが、はるかにエネルギーレベルが上がるからです。アンゾフの成長マトリクスでいうと、市場が新しいところか、技術なり事業が新しいところという、1つずらした「拡業」領域を狙います。

　その際には、本業から切り離した別部隊を組成するのが定石となります。いわゆる「出島」です。出島に本業と同じ価値観を持ち込んでは意味がありません。そこで「ダイバーシティ・アンド・インクルージョン」という異質なものの取り込みがカギとなります。

　進取の気性にあふれた自社の人財と、外部の人財の混合チームを作り、できれば物理的な活動の場所も本業から切り離す。「エッジ（辺境）」で「実験」を仕掛けることで、「ゆらぎ」の演出を狙うのです。

　前述のように、トヨタの奥田さんは3年限定でVVC（バーチャル・ベンチャー・カンパニー）を設立し、そのオフィスを本社から離れた地に構えさせました。さらにパナソニックや花王など6社を巻き込んで、WiLLという共同ブランドを立ち上げることで、トヨタの強烈な磁場からの脱出を試みた。まさしく出島だったのです。

◆━━━━ 「ずらし」と「つなぎ」

　ただし、いつまでもエッジに置いていては、本体そのものの変革のトリ

ガーとはなりません。アメリカ東海岸に本社を構えるゼロックスが、あえて西海岸に構えたパロアルト研究所（PARC）は、いつまでも本体から切り離されたままで、出島どころか離れ小島になってしまいました。皮肉なことに、PARCの素晴らしい成果はアップル誕生のトリガーにはなったものの、ゼロックス自身の変革には結びつきませんでした。

オープンイノベーションが21世紀の1つの潮流になっています。外部の異質な知恵と自社の知恵の異結合がイノベーションの源泉であることは、古くシュンペーターの時代から言い尽くされていたことです。

自前主義をよしとしてきた日本企業も、遅ればせながら「イノベーションハブ」などといった出島を作り始めています。しかし多くの場合、先進的な出会いの空間を作っているように見えるものの、中身が伴わないところがほとんどです。

そもそも出合い頭に、共創のテーマが生まれるなどということはありえません。たとえそれなりに時間をかけてすり合わせても、お互いの狙いや思惑の違いで空中分解することがほとんどです。万に一つ、成功する案件があったとしても、そこを本社から切り離している限り、本体そのものの変革の芽として機能することはありません。

それくらいなら、むしろオープンイノベーションの場は、発展的に解消してしまうほうがましでしょう。トヨタの奥田さんはVVCを3年で予定どおり打ち切らせ、そこで生まれた新しい価値観を、トヨタ本体の変革の導線に使うことに成功しました。

出島はいずれ陸続きとなって初めて、本体そのものの変革のトリガーとなるのです。「ずらし」ただけでは、残された本業の変革には寄与しません。その後、いかに異質性を本業に「つなぐ」かが、全社変革を仕掛ける際の知恵の絞りどころとなります。

◆─── 「明日」から「今日」へ

「ずらし」が「つなぎ」につながった、もう1つの例を振り返ってみましょう。

第4章で紹介した、ある大手小売企業でのAプロとKプロです。次世代

の成長をめざしたＡプロ（明日を創るプロジェクト）の検討が始まりました。慣れないこととはいえ、攻める話なので、プロジェクトチームにはある種の高揚感がみなぎっていました。

しかし、実践に移そうとしたところで、はたと困った事態に気づきます。Ａプロを担う人財が確保できないのです。社員は全員、今の仕事をこなすだけで精いっぱい。とても新規事業までには手が回りません。

Ａプロに着手するには、まず、今の本業の仕事の効率を、大きく向上させなければならないことが明白になったのです。こうして急きょ、Ｋプロ（今日を変革するプロジェクト）という本業の変革プロジェクトがスタートすることになりました。

もしこれをまずＫプロから先に手掛けていたとすると、ただでさえ忙しく絶好調の本業の改革には、なかなか進まなかったでしょう。しかし、Ａプロによって明日の成長の可能性が見えてきたおかげで、何とかそちらに向かいたいという思いが高まり、その前哨戦となるＫプロにも本気で取り組むことになった。まさに出島の先に広がる未来（「ずらし」）が見えてきたおかげで、本業そのものの変革に火がついた（「つなぎ」）のです。

そもそも「シュリンク・トゥ・グロー」とは、「トゥ・グロー」つまり成長するため、「シュリンク」すなわち、筋肉質になろうという試みのはずです。しかし実際には、まずは手前の「シュリンク」から始めようとする企業がほとんどです。これだと実は守旧派の抵抗に遭って、思うように進みません。

まずはグロー側、すなわち「ヘッドルーム（成長の余地）」を確認したうえで、そのためには現状をシュリンクしなければという思いを駆り立てる必要があります。Ａプロで現状から「ずらし」た所で「あるべき姿」を描いたうえで、現状からその地点に向かうためのＫプロ（現状変革）に「つなぐ」という進め方が望ましいというわけです。このあたりは、行動経済学の中でも、かなり上級編に入るかもしれません。

◆───── アクションラーニング

先のケースでは、人財不足がＡプロに着手しようとしたときの壁となり

ました。このように変革の担い手がいないことが、全社変革の最大のボトルネックとなることがよくあります。

　ただし、次世代経営人財を育成することから手をつけようとすれば、いつまでも変革に着手できません。むしろ、変革プログラムにポテンシャルの高い人財を投入することで、育成と変革の実践を同時に進めることを検討すべきでしょう。

　私はマッキンゼー時代、数えきれないくらい全社変革にかかわりました。教員という立場に移った今は、企業の経営人財の育成をお手伝いする機会が増えました。しかし、いくら座学で理論を教えても、実践で使いこなせるようにはならないのです。

　そこで必ず取り入れているのが「アクションラーニング」というモジュールです。ここでは、学んだことを自社に当てはめて10年後の「あるべき姿」を描き、そこに向けた変革のプログラムをトップに提案してもらいます。しかも、提案内容が良ければ、即実践となります。

　アクションラーニングの提案内容は、大きく3つの軸で評価されます。

①Impactful：企業のボトムラインにどれだけインパクトがあるか？
②Innovative：従来の延長線を超える、革新的な内容か？
③Implementable：やりようによっては、確実に実施可能か？

　Iで始まる3つの評価軸を掛け合わせるので、I^3（アイ・キューブ）と呼んでいます。

　この中で、変革の非連続度を測る指標は、言うまでもなく②の革新性です。しかし、それが経営にとって、大きなインパクト（①）があり、かつ実施可能（③）でなければ意味がありません。

　現在このプログラムを通じて、毎年1社当たり30人前後の次世代経営者育成を支援しています。これらの企業では、この数年で100人を優に超える国内外の人財が育ったことになります。同時に、そこから生まれたアクションラーニングのテーマの実践を通じて、これらの企業は次世代成長に向けて、大きく前進しています。

◆──── 社外取締役の役割

　最近のもう1つの変革のトリガーは、社外取締役でしょう。コーポレート・ガバナンス改革の掛け声の下、日本でも複数の社外取締役が存在する企業が増えてきました。異質な価値観を持つ社外人財が加わることで、「当社（当業界）の常識は、世の中の非常識」という正論が、経営の中枢にしっかり撃ち込まれることになります。

　もちろん、中途入社の人財も、異質な価値観を持ち込む効果が期待できます。しかし、彼らはその会社に溶け込もうとすればするほど、なかなか異を唱えられません。そのうちいつの間にか、すっかり同質化してしまうことになります。

　同様のことは社外取締役にも当てはまります。7〜8年も経つと、その企業の体質を知り尽くし、体質に沿った経営判断に傾きがちです。いつの間にか、当初の緊張感が薄れてしまうのです。そういう意味では、むしろ第三者としての立ち位置を保った社外コンサルタントや社外アドバイザーのほうが、経営者に厳しい変革を迫れることもあります。

　社外取締役がきちんと機能するためには、人選が肝要なのは言うまでもありません。私も現在、4社の社外取締役を兼務していますが、その経験に照らしてみると、以下のような点が社外取締役の必要条件といえます。

①経営に深くかかわった経験があること。他社のトップの経験がある人財が最も望ましい。最も不向きな人財は、アカデミックな世界しか知らない学者である。

②幅広い業界についての経営知識があること。たとえば、戦略系のトップ経営コンサルタントなど。最も不向きな人財は、同業界でしかも資本関係がある企業などの経営者である。

③「空気」を読まず、正論を臆することなく主張できること。典型的には、外資系企業の経営トップ。最も不向きな人財は、日本の伝統的企業で「和」を最重視してきた管理系人財である。

　ダイバーシティを重視するという観点から、女性や外国人の採用も有効

です。シニアな日本人男性という同質的なグループからは得られない新鮮な切り口やアドバイスが期待できます。

たとえば、前述したように日立製作所では現在8人の社外取締役中、4人が外国人で、うち2人は女性です。男性も3M元社長のジョージ・バックリーなどの大物が名を連ねています（2018年6月現在）。「利益率が一桁の事業をなぜいつまでもやっているのか」という日本的には過激、しかし欧米流では常識的な指摘が矢継ぎ早に繰り出され、日本人の執行役員が冷や汗をかきまくる光景がよく見られるといいます。

◆─── コーポレート・ガバナンス2.0

ただし、日本型経営の良さや、その企業のパーパス（存在意義）を深く理解しない社外取締役ばかりでは、その企業の持続的成長は期待できません。従来のコーポレート・ガバナンス論は、取締役は株主の「エージェント（代理人）」であり、企業価値を高めることを最優先すべきとされてきました。しかしそのために、ROEやEPS（1株当たり利益）、そして株価を高めることだけに気を取られていると、企業価値を長期的には毀損するおそれがあります。

経営の本質的な役割は、長期的に企業価値を高めることです。そのためには、次世代成長に向けた、健全なリスクテイクと投資が不可欠となります。それを行わず、当面の利益の数字をよく見せるように努力したり、余剰利益を再投資せずに株主還元に回すというのは、本末転倒と言わざるをえません。

欧米も、そのような短期的思考（short-termism）の弊害に気づき、長期的視点に立った次世代型モデル（コーポレート・ガバナンス2.0）にシフトしています。そこでは、株主視点といっても、アクティビストに代表される株の短期売買で利ザヤを稼ごうとするような株主ではなく、長期的な安定株主の視点を優先します。

さらに、株主だけではなく、顧客はもちろん、社員、取引先、コミュニティ、一般社会など、多様な関係者（マルチ・ステークホルダー）に対して幅広く配慮することが求められます。彼らのサポートなくして、長期的

第6章 変革を仕掛ける　　303

な企業活動、ひいては企業価値の向上など、実現しえないからです。

欧米に比べ、日本でようやく始まったコーポレート・ガバナンス論議は、ROEが優先されるなど、残念ながら周回遅れもいいところです。このような短期的な株主視点に基づいて変革を進めようとすれば、ブランド資産、知的資産、人的資産など、長期的成長に不可欠な無形資産への投資がなおざりになる可能性が高くなります。

資本の論理を入れること自体、間違ってはいません。しかし、それが長期的な資本の論理であるべきことを忘れてはならないのです。経営者は、そのような「正しい」株主、幅広いステークホルダー、そして社外取締役を味方につけて、長期的視点に立った本質的な企業変革に取り組む必要があります。

4 変革の十分条件

◆──── エネルギー診断

変革のエネルギーが溜まっている場所を探り当てることは、変革の必要条件です。同時に、マグマがどこにあるかを確認しておかないと、変革を仕掛けてもなかなかうまく噴出しません。したがって、変革の十分条件としても見逃すことができません。

そこで、組織診断がカギを握ることになります。実際にやってみると、口先では変革の必要性を説くわりには様子見をして決して動かない人が、どこの組織でも多数派を占めます。ここにどんなに変革を仕掛けたところで先には進みません。また、オペレーションを効率良く回すことで評価されてきた管理職のほとんどは、変革という先の見えない活動には及び腰になります。

そもそも、多くの人は「新しく獲得する」期待感より、「今持っているものを失う」喪失感に敏感に反応するといいます。行動経済学が「現状維持バイアス」と呼ぶ行動原理です。だとすると、「失うもの」がさほど多

くないと思われる30代後半くらい（つまり、会社生活が10年ちょっと）の層に、変革のエネルギーが溜まっている例が多いことになります。

◆─── 反革命勢力を取り込む

　一方で、用心しなければならないのは、反革命勢力の存在です。彼らを変革の蚊帳の外に置くと、変革の妨害をそこここに仕掛けかねません。そこで、彼らを無視せずに、いかにこのプロセスに取り込むかが知恵の絞りどころとなります。

　その1つの成功例が、前にも紹介した日産のゴーン改革です。守旧派に日々のオペレーションをしっかり回すという役割を担わせることで、変革に伴う現場の混乱を最小限に抑えることができました。NTTが、マルチメディア革命を大きなうねりに仕立て上げる際に、電話事業にこだわる守旧派を「墓守」と位置づけたことは前述したとおりです。

　P&Gは、これら反対勢力をより積極的に取り込もうとします。同社の元社長A・G・ラフリーは『P&G式「勝つために戦う」戦略』の中で、反対勢力をあえて新事業実証チームのリーダーにする利点を説いています。

　反対派はそれなりの懸念を持っているはずで、彼らのほうがよりシビアな目で変革の実証実験を行い、事業性を客観的に評価することができます。しかし、実験で当初の懸念が杞憂であることがわかった場合には、自ら納得して新事業を積極的に推進するようになる。まさに「ミイラ取りがミイラになる」現象です。

　反対勢力を排除しようとすればするほど、彼らは意固地に反対を続けます。逆に何らかの役割を担わせることで、変革にうまく組み込むことができるようになる。その結果、反革命の火種を早いうちに消すことができるのです。

　ただし、旗色を鮮明にして反対を唱えている人たちはまだわかりやすいのですが、やっかいなのは「隠れ守旧派」です。変革の初期には巧妙に「死んだふり」をしていても、いったんV字回復が終わると、また元の慣れ親しんだやり方に揺り戻そうとする。放っておくと社員の大半はこの流れに同調します。そうなると、組織は「形状記憶合金」のように驚くほど

第6章　変革を仕掛ける　305

元の形に戻ってしまいます。

◆───── 変革の導線

そこで、いかに変革の導線をつなげていくかが課題となります。たとえ
ば、先述した三井金属では、まず最大の赤字部門の立て直しに成功。そ
れを他の赤字部門、そして健全な収益部門へと広げていきました。

コッターの8段階でも、「初期の成功」というのを非常に大事にしてい
ます。そのうえで、それを1～2年で、全社に横展開していきます。変革、
特に破壊的な変革ほど現場に不安と混乱をもたらすので、できるだけ速や
かに実施し、完了させることが望まれます。しかも、「リバウンド」を起こ
さないためには、いかにその後、新しい仕組みを現場にしっかりと定着さ
せられるかに注力する必要があります。

ただし、初期の成功が必ずしも、他の部門にも有効であるとは限りませ
ん。たとえば赤字部門と黒字部門では、変革のレディネスやアプローチに
違いが出てきます。部門ごとに変革のマグマのレベルや場所が異なること
も少なくありません。

一律の「クッキーカッター」アプローチではなく、変革のパターンをい
くつか準備することで、よりスムーズな水平展開が可能になります。

◆───── ノアの方舟

創世記の一節に、ノアの方舟の話が出てきます。大洪水から脱出する
ための救済船です。

企業変革においても、大洪水が来るとわかってから船を造り始めたので
は遅すぎます。来るべき「大洪水（ディスラプション）」に備えて、早め
に新大陸に大移動することができるかが問われます。

そのためには、先述したように、時間軸と空間軸をいかにずらして発想
できるかがカギとなります。今直面しているリアリティとは違う世界を疑
似体験し、その事態に備えて今何をすべきかを考えるのです。

時間軸を動かす際に最近効果的なストーリーは、シンギュラリティで
す。AIが人間の知能を超える技術的特異点。2045年にやって来るといわ

306　第Ⅱ部　変革のプロセス（How）

れて久しいですが、もっと早く来る可能性も高いとされます。しかし、重要なのは、それがいつ来るかではなく、どこかの時点で必ずそれが来るということでしょう。その時点で、私たちはどう振る舞うべきか。ロボットと共存する社会を想定すると、今の「働き方改革」論議がいかに稚拙なものかが実感できるはずです。

一方、空間軸を動かす際には、たとえばアメリカや中国、アフリカで起こっている「不都合な真実」を直視します。そして、そういう現実の下、日本はいつまで「ガラパゴス」状態でいられるかを議論します。グローバリゼーションとナショナリズムが同時並行で進む中で、私たちはアクセルとブレーキ、そしてハンドルをいかに操作していくべきかを考えるのです。

もちろん、単に危機感を煽っても、みな浮き足立ってしまうだけです。一方で、リスクを取らないことこそが最大のリスクとなることを、しっかり理解してもらう。そのうえで、このような変化を機会と捉え、今からすべきことを自分事として考えてもらう必要があります。

NTTのケースでも、電話事業は当分なくならない。しかし、確実に右肩下がりであることを現実として突きつけました。その結果、「墓守」となることをあえて選んだ電話屋と呼ばれる技術者も中にはいましたが、多くの優秀な社員が、大挙して「マルチメディア号」に乗り移ってきたのです。それはまさにノアの方舟さながらの情景でした。

5　変革始動時の躓きの石

◆───── Whyの躓き

せっかく正しく変革のシナリオを描いても、変革が不発に終わることが少なくありません。ここでは、5W1Hで失敗パターンを整理してみます。

まずはWhyです。なぜ、今変革しなければいけないかが腹落ちされていないままでは、変革は確実に失敗します。会社の方針というだけでは、

誰も本気で現状を変える気にはなりません。

　危機に直面すれば変革せざるをえないのでわかりやすいですが、それでは、そもそも遅きに失する。サバイバルに向けてやれることが限られてしまうからです。

　「今ここにある危機」がトリガーにならないときこそ、Whyの納得感が重要になってきます。将来の危機を感じさせるのも1つの手ですが、それだけでは「今でしょ！」の感覚（Sense of Urgency）は生まれません。それよりも志を駆り立て、現在とは桁違いのインパクトを世の中に与えたいという思いを共有させることが効果的です。

◆────── When/Where/Whoの躓き

　変革の成否を大きく左右する3つの仕掛けどころを、TIPs（ティップス）と呼びます。Timing（When）、Issue（What）、Person（Where/Who）の3つです。

　When、すなわちタイミングを外すと、いくら正しく青写真を描いても、変革は不発に終わってしまいます。たとえば変革の担い手となるべき人財が今のビジネスを回すのに手いっぱいであれば、「七人の侍」は集めようがありません。したがって、腰を据えた変革を仕掛けるのは、余裕のあるときに限ります。危機に直面しているときと、逆に絶好調でリソースがストレッチしているときには、どちらもパスしたほうが得策です。

　次にWhere、どこから仕掛けるか、そしてWho、誰と仕掛けるかです。マグマが溜まっている場所をうまく探り当てられないと、その変革は不発に終わることになります。そもそも担い手が見つからなければ、変革は始まりません。

　このような躓きの石を避けるためには、事前の確認が不可欠です。たとえばコンサルタントのような外部の人間であれば、変革を仕掛ける前に企業に奥深く入り込み、しっかりと変革に向けた温まり具合を確かめる必要があります。これを私たちは、「体温測定」と呼んでいます。

◆——— Whatの躓き

Whatは、何を対象に変革を仕掛けるかという問題です。

新規事業的な変革、たとえば、先述した「A（明日の）プロジェクト」的なものから仕掛けようとしても、現状で手いっぱいで、資源（特にヒト）が全く回せないという現実が立ちふさがることは少なくありません。そのためには、まず「K（今日の）プロジェクト」で現状のオペレーションのリーン化（無駄を省く）を先行させる必要があります。

逆に、現状の事業を抜本的に変革しようとするのは、それ以上にリスクを伴います。今まさにフル回転している体を、麻酔もかけずに外科手術するようなものだからです。しくじると命取りになりかねず、そのため変革のメスを入れにくい。今のビジネスそのものに手を加えず、新しい仕組みを外付けで作っていくといった知恵が必要になることもあります。

一方、「What not」、すなわち、やらないものを決めておくことも必要です。あれもこれもと、全社で工事をやろうとすると、あちらこちらから問題が噴出して手がつけられなくなります。一方、手をつけないことを決めた部門に対しては、なぜ今、手をつけないのかをきちんと伝えないと、残された人たちは不安になって浮き足立ってしまいます。何を残し、何を変えるか。守るべきものは何で、変えるべきものは何かを、しっかりと決断し、明確にコミュニケートする必要があります。

◆——— Why not yet

最大の躓きの石が、Why not yet、なぜこれまで行われてこなかったのか、という問題です。「What（すべきこと）」はすでにわかっていたはずなのに、これまで手がつけられずにいた。その背景を深く理解しないままに変革を仕掛けても、表面的な取組みに終わってしまいます。

そうなると、変革が途中で失速することが多く、たとえ遂行されたように見えても、すぐリバウンドしてしまいます。したがって、私が変革を仕掛けるうえで最も大事にしているのが、このWhy not yetの分析です。

よくある誤りは、What・Why・Howと直線的に考えてしまいがちなことです。「あるべき姿（What）」が明示され、「なぜそれが必要か（Why）」

の理由が明確で、「だからこうしましょう（How）」という流れは、確かに一見わかりやすいロジックです。しかし、これでは、変革は確実に失敗します。

　正しい流れは、「起承転結」に近いものです。WhatとWhyが「起承」にあたる、いわば理想論です。しかし「転」のところで、さはさりながら、そのとおりに進まないボトルネックだらけの現実をしっかりえぐり出す。そのうえで、「結」すなわち、Howで取るべき打ち手は、理想論の実践ではなく、これらのボトルネックの解消にしっかりチューニングしたものでなければなりません。

　経営も現場も、よほど目が曇っていない限り、「やるべきこと」は実はよくわかっています。しかし、それができない、またはやりたくない理由が山ほどあります。その真因をきちんと探り出さない限り、問題は解決しません。

　「起承転結」は、詩や物語として味わい深い半面、ロジカルではないといわれます。しかし、現実はロジックどおりには動きません。企業も人間の集まりである以上、行動経済学が指摘するように、「ホモエコノミクス（合理的な経済人）」ではなく「ホモサピエンス（非合理な生身の人間）」の心理と行動を、問題解決の対象としなければなりません。ロジカル・シンキングを武器にする薄っぺらな経営コンサルタントなどには、全く歯が立たない深淵です。

◆─── チョークポイントを見極める

　この真因を私は「チョークポイント」と呼んでいます。レスリングや柔道で、相手の動きを封じるには、首を絞めるのが一番です（もっともレスリングでは反則技ですが）。その際に、仕掛けられたほうのヒクヒク震えている手足をいくらさすってみたところで、状況は好転しません。絞め技に対抗する唯一の方法は、絞められている首を自由にすることです。

　組織は、首のどこが絞められて正しいアクションが取れないのか。どうすれば、首を絞めている手を外すことができるのか。そのようなチョークポイントを見極めることこそ、組織の本質的な問題解決に直結する唯一の

アプローチなのです。

このチョークポイントを特定できずに変革を実践しても、表層的な「変革ごっこ」に終わるのが関の山です。タイタニック号のデッキで、椅子を並べ替えるようなもので、何の意味もない。迫られているのは、タイタニック号の針路を変えるか、タイタニック号から降りるかという決断です。変革ごっこは、気休め以外の何物でもありません。

チョークポイントに手をつけないままで変革を始めると、組織の思わぬ地雷を踏んで、命取りになることもよくあります。地雷とは、たとえば組織に深くはびこる慣習や、伝統的な（しかし時代遅れの）理念といったものです。外部から乗り込んできたプロの「ターンアラウンド・マネージャー（変革請負人）」が途中で反乱軍の抵抗に遭ったり、現場の面従腹背に遭って身動きが取れなくなる場合が多いのも、このような落とし穴にはまってしまうからです。

患者の病巣を外科手術で切断除去しても、それはいわば応急手当にすぎません。そもそもなぜ、そのような症状が誘発されたのかという根本の原因を絶たない限り、その病気はいずれ再発する可能性が高い。いかに真因（チョークポイント）を根絶するかが、変革の成否を決するのです。

◆───── Howの躓き

したがってHowは、Whatの各論にとどまっていては、きれい事に終わってしまうことになります。Why not yetでえぐり出した本質的なボトルネックをいかに解くか（How）、ここに照準を当てる必要があります。

前述のNTTの場合、「ユニバーサル・サービス・オブリゲーション（USO）」がチョークポイントとなっていました。全国どの世帯でも公平かつ安定的に電話を利用できるようにしなければならないという責務です。それに対して、インターネットは全国津々浦々に普及しておらず、かつ、安定的な通信環境を保証しないサービス。電話に比べれば、きわめていい加減でご都合主義的な代物だったのです。

そこで、私たちは「ギャランティード・サービス」である電話事業と、「ベストエフォート・サービス」であるインターネット事業の違いを説得し

第6章　変革を仕掛ける　**311**

ようとしました。電話は通信速度やサービス品質が保証されなければならないのに対して、インターネットは最大限の努力はするものの保証はしない。サービスレベルが本質的に異なります。

しかし、USOの価値観に縛られていた守旧派の幹部や現場には、インターネットは自分たちが守ってきた電話事業の価値観を否定するものにさえ思えたようです。このような「マインドコントロール」を解くには、ロジックは役に立ちません。結局、先に紹介したように、大前研一さんの大芝居がトップの背中を押し、トップの大号令の下、先進的な社員がようやく呪文を解かれてマルチメディア革命を推し進めていきました。

もちろん最後まで、USO的な価値観を大切にしたい社員も少なくありませんでした。彼らは「墓守」としての責務を最後まで果たすことを腹に決め、人員が大幅に減ってもサービスレベルを維持すべく、効率化と自動化に邁進します。こうして、それぞれの変革劇が始まったのです。

また、小売りチェーンのA社の場合は、「チェーンストア理論」に縛られていることがチョークポイントになっていました。しかし、トップを含む社員全員が、それに気づいていませんでした。創業者がチェーンストア理論で大成功したことが呪縛性を強め、すべての仕組みや価値観が、この工業化時代の古い思想に縛られていたのです。このマインドコントロールを解くことが、A（明日の）プロにせよ、K（今日の）プロにせよ、本質的な変革を実践する際のまさに「1丁目1番地」となったのです。

312　第Ⅱ部　変革のプロセス（How）

変革の青写真を描く

1　全社変革の見取り図

◆――― 変革の4点思考

変革の必要条件と十分条件が揃っていることを確認しながら、見取り図の作成に取りかかります。

第6章で述べた変革の4つの基本要素でいえば、②どこに向かうのか（方向性：Where）、③次世代の儲かる仕組みは何か（事業モデル：What）、④どのように変革を推進するのか（方法論：How）、をスケッチする作業です。

私は全社変革を構想する際には、時間軸上の4つのポイントを熟考することを勧めています。

1つ目が、将来の「あるべき姿」です。これは前章でも述べたようにMTP、すなわち簡単には達成できない目標点でなければなりません。変革の途中で迷っても、この一点をぶれずにめざしていくという意味で「北極星」と名づけています（南半球であれば、南十字星というべきかもしれません）。

「あるべき姿」の要件は、次の3つです。

- 非連続であること。これまでのやり方で到達できるようであれば変革は起こらない。

- 自社らしい姿であること。他の企業を主語に置き換えても通用するようなイメージでは、市場からも内部からも共感は得られない。
- 工夫次第では、実行可能であること。どう逆立ちしても実行できそうもない目標は、それこそ単なるホラになってしまう。

　2つ目は、これまでの自社の「悪い癖」（「前科」または「持病」と言い換えてもよいでしょう）を猛反省することです。どの企業もDNAを持っていますが、ここでは特に克服すべき悪いDNAを抽出します。悪いDNAを自覚しない限り、これまでどおりのパフォーマンスを繰り返すだけで、成長の角度やスピードを変革することは不可能です。
　ここでは、次の3つのポイントをチェックします。

- 意思決定のスピードとキレ。トップはタイムリーに、厳しい意思決定を下しているか。
- 組織間の連結。トップと現場、各機能間はしっかりとつながっているか。
- 実行の徹底。決まったことを規律を持ってやりきっているか。

　3つ目が、この「悪い癖」を矯正して、あるべき姿に向けて非連続な成長を実現することです。DNAは自己を再現し続けるので、悪いDNAを自覚するだけでなく、組み換えなければ、過去のパターンを繰り返すだけです。変革の本質は、「あるべき姿」にいかに到達するかではなく、いかにDNAを組み換えるかにあります。
　ここでの留意点は3つです。

- 「やるべきこと（イニシアティブ）」の明確化。同時に「やめること」も決断する。
- 変革チームの組成。組織横断、少数精鋭の専任チーム（七人の侍）を選定する。
- 成功体験の伝播。各イニシアティブで初期の体験を演出し、組織全

図表7-1　自社における全社変革

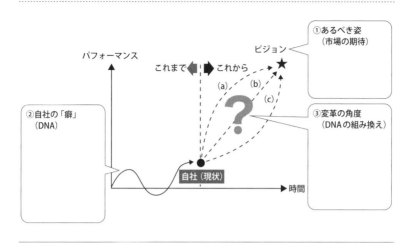

体に横展開する。

　多くの企業はここから、あるべき姿に向けてがむしゃらに突き進もうとします。しかし、それでは、これまでの失敗を繰り返すのがオチでしょう。「悪い癖」を根治しない限り、本質的な問題解決にはなりません。

　4つ目に、変革の角度を決定します。図表7-1にあるように、大きく3つの選択肢があります。

(a) 最初に大きく踏み出し、徐々に着地する（over-shooting）。「悪い癖」を最初から徹底的に潰し、元に戻らないようにするには効果的である。

(b) 最短の距離を走り抜ける（straight-shooting）。変革の時間が迫っているときや、痛みを伴う変革を短期間で終わらせたいときに有効である。

(c) 最初は小さく始め、徐々に弾みをつけていく（under-shooting）。慣性の法則をうまく利用して、無理なく組織全体に変革を波及させるときの選択肢である。

この4点思考のフレームワークを使って、「来し方（before）」と「行く末（after）」の差異をしっかり見極め、変革の対象（悪いDNA）とその克服（DNAの組み換え）方法、そして、変革の角度を見定めることが、変革を実践する第一歩となります。

`Column`

西田改革を読み解く

いわゆる東芝問題は、西田厚聰さんが社長の時代に端を発するといわれています。東芝の大変革を仕掛けたのは西田さんですし、原子炉メーカーのウェスチングハウス買収を決めたのも西田さんが社長の時代だったことを考えれば、そういわれても仕方がない側面もあるでしょう。

私はマッキンゼーに在職中、西田さんが専務の時代に、東芝の全社改革を全面的に支援したことがあります。その私から見ても西田改革は強烈で、それだけに光と影が同居していました。単に結果を批判するのではなく、その両面をしっかり見定める必要があるでしょう。この「変革の見取り図」を使って、西田改革を読み解いてみましょう（図表7-2）。

まず「あるべき姿」を描くうえで、前述したフューチャー・ベンチマーキングを駆使しています。現状をベンチマーキングしても、GEやサムスンなど世界の強豪との差は大きく出ない。そこで、変革のスピードとスケールを加味した将来地点での彼我の差を見極め、その差を縮められる位置に目標を定めたのです。まさに非連続地点といえます。

一方で、これまでの東芝の悪い癖を洗い出しました。その結果、大きく3つの「罪状」が明るみに出ます。

①アリバイ工作……東芝の幹部には優等生が多くて、何を指摘しても「わかっている」とか「やっている」という答えが返って

図表7-2　次世代成長に向けた全社変革──東芝・西田改革の例

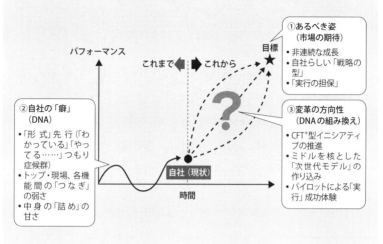

(注) *Cross Functional Team

くるが、実際には十分踏み込んでやれていない。

②指先運動……悪いのは上（トップ）か下（現場）、または横（別機能・部門）だと指をさして、自分の潔白を主張する。上下、横をつなぐのは自分の役目だという認識が欠如している。

③PPPP……PDCAであるべきにもかかわらず、プランばかり作り続ける。効果を検証し、アクションを取る規律が欠けている。

典型的な大企業病といえばそれまでですが、それにしても重症と言わざるをえません。このままでは、非連続な成長など実現できるはずもありませんでした。そこで、悪いDNAを組み換えるために、3つのアクションプランが策定されました。

まず10前後のクロス・ファンクショナル型イニシアティブが新たに選定されます。たとえば、サプライチェーン・マネジメント。設計、調達、製造、販売といった各機能部門で部分最適が追求されていたことに対して横串を刺すことで、キャッシュフローの大幅な

改善が見込まれました。

　次に、これらのイニシアティブを推進する改革チームが発足しました。いわば「七人の侍」の選出です。そこで頭角を現した一人が、田中久雄さんです。購買のプロとして、パソコンのサプライチェーン全体の最適化を実現し、業績向上に貢献しました。その後、西田さんの2代後の社長に抜擢されています。もっともその後、東芝事件の渦中で社長を辞任することになるのですが。

　さらに西田さんの出身母体のパソコン事業部での成功を、他部門へと横展開します。これによって、西田改革は、全社変革の大きなうねりへと広がっていきます。

　西田さんは、この変革プランを一気呵成に進めようとしました。Over-shooting型の変革パスを選んだのです。しかも、結果にこだわり「アリバイ工作」や「PPPP」を徹底的に排除した結果、パソコン事業は1年間で黒字化。西田さんは社長に昇格し、さらに全社の業績も大きく改善していきます。

　ここまでは、まさにゴーン張りの見事な全社変革劇でした。しかし、「悪癖」に浸っていた企業体質は、一朝一夕に変わるものではありません。結果にこだわる強烈なプレッシャーの中で、現場は利益水増しという姑息な手段に手を染めてしまったのでしょう。

　変革の見取り図でいえば、4つ目の「変革のパス」が、あまりにも短兵急であったことが悔やまれます。Under-shooting型のパスを選んでいれば、体質改善はもう少し無理なくできていたのかもしれません。歴史に「たら・れば」は禁物ですが、この点だけは残念でなりません。

◆─── マッキンゼーの7S

　変革の見取り図を描く際に有効なフレームワークを1つ紹介しましょう。数あるマッキンゼーのフレームワークの中でも最も有名な「7S」です（図表7-3）。

図表7-3　マッキンゼーの7Sフレームワーク

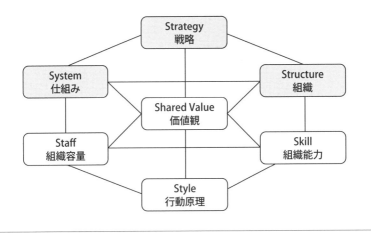

　組織を考えるうえでの7つの要件で、4つのソフトSと3つのハードSに分かれます。

- 4つのソフトS……Shared Value（価値観）／Style（行動原理）／Staff（組織容量）／Skill（組織能力）
- 3つのハードS……Strategy（戦略）／Structure（構造）／System（仕組み）

　組織変革に取り組むうえでは、Strategy（戦略）、Structure（構造）、System（仕組み）という3つのハードSをレバーとして、Skill（組織能力）、Staff（組織容量）、Style（行動原理）、Shared Value（価値観）という4つのソフトSを組み換えることをめざします。

　繰り返し論じてきたように、変革の本丸は「価値観」です。変革の本質的な課題は、変えてはならない価値観（良いDNA）と、変えるべき価値観（悪いDNA）を峻別し、前者を伸ばし、後者を組み換えることにあります。ただし、価値観に直接手を突っ込んで、外科的に「切った張った」をすることは不可能です。

変革の二の丸は、残りの3つのソフトSです。Shared Valueが内に秘めたものであるとすると、Styleはそれが行動様式として外に表現されたものといえます。また、それを担う人に注目すると、Skillは組織に内在する能力（Capability）であり、Staffはそれらの物理的な集積としての容量（Capacity）を指します。これらの3つもShared Value同様、実体を把握しにくく、かつ即座に変革できるものではありません。これが、ソフトSと呼ばれるゆえんです。

それに対して、比較的変えやすいのがハードSです。組織構造（Structure）は、その気になれば即座に変えられる。ある意味、最も安易な変革レバーです。戦略（Strategy）も描くだけなら難しいものではなく、戦略コンサルタントであれば一筆書きで書けてしまいます。しかし、そのとおり実行できるかどうかは、すべてソフトSにかかっています。そちらを変えない限り、戦略は遂行されず、変革も実現しません。

一方、ハードSの中で最も有効なレバーとなることが多いのが、System（仕組み）です。各種の業務フローや意思決定、業績評価など、さまざまなプロセスが対象となる、いわば組織の神経系で、組織がうまく機能するための要となるものです。

◆─── 戦略論、組織論の限界

戦略と組織の主従関係については、昔から盛んに議論が交わされてきました。

かつて「組織は戦略に従う」と語ったのは、経営史家のアルフレッド・チャンドラーでした。この戦略論の現代の旗手は、マイケル・ポーターです。

一方、経営学者のイゴール・アンゾフは、「戦略は組織に従う」と真逆の主張を展開しました。この組織論の現代の旗手は、ヘンリー・ミンツバーグです。

しかし、そもそも企業は生き物です。解剖し、要素分解して、組織が重要か、戦略が重要かなどと議論しても、ほとんど意味はありません。変革こそが経営が取り組むべき最重要の課題であることは、繰り返し述べてき

320　第Ⅱ部　変革のプロセス（How）

ました。その変革を論じる際に、構造論に終始していても意味がありません。

　先の見取り図でいえば、現状の姿もあるべき姿も、変革のビフォーとアフターの静止図でしかない。本質的な課題は、これまでの運動パターン（自社の癖）を乗り越え、新しい運動パターン（変革のパス）を確立するかにあるのです。

◆——— 構造から力（運動論）へ

　経営の本質を、戦略論から運動論に進化させたのが「イノベーションのジレンマ」で知られるクレイトン・クリステンセン教授です。また「学習する組織」で有名なピーター・センゲは、組織論を運動論に進化させたといっていいでしょう。

　野中郁次郎教授も、後者の系列の泰斗です。たとえば2010年の著書『流れを経営する』では、組織を「流れ」すなわち動的平衡と捉え、経営はこの流れという運動をいかにマネージするかであると説いています。これこそ、変化が常態化している21世紀型経営を捉える本質的な視座といえるでしょう。

　マッキンゼーに代表される経営コンサルタントは、構造主義者が圧倒的多数を占めています。戦略や組織が変わると企業が変わると勘違いしているのです。確かに外からは一見変わったように見えますが、それは企業を、ビフォーとアフターの2つの時点で切り取ってみた断面図にすぎません。永続的に進化し続ける企業が、そのような構造論から生まれることはありません。

　構造論を運動論へと橋渡しした化学者が、ノーベル化学賞を受賞したイリヤ・プリゴジンです。彼の散逸構造論によれば、従来の熱力学がエネルギーは平均化に向かうとしていたのに対し、非平衡な開放系はエネルギーを散逸し続けます。

　非平衡開放系の代表が生命です。散逸構造を持つ生命は「ゆらぎ」を起こし、それが自己組織化運動につながっていく。同様に企業も、非平衡（ダイバーシティ）でオープンな状態を保つことにより、自己組織化して

第7章　変革の青写真を描く　　**321**

いくパワーを獲得することができると考えられます。

このような運動論こそが、企業変革が究極的にめざすべき姿ではないでしょうか。

---

2 ロードマップの功罪

◆───────終わりのないジャーニー

海図なき航海が単なる漂流になってしまうことは、第6章でも述べたとおりです。それは誰もがよくわかっているはずなのに、VUCAという言葉を言い訳に、海図を持たずにさまよっている企業が少なくありません。

とにかく今の危機から脱出しなければならないというときは、それもやむをえないでしょう。しかし、本来ならそのような緊急事態に陥る前に、向かうべき方向を定めておくべきです。前述した「北極星」の見極めです。

すると、いずれ「新大陸」にたどり着くはずです。しかし、そこが未踏の地であることは、まずありません。もし誰もいないとすれば、それは大洋の孤島か、ひょっとすると生存に適しない島かもしれません。いわゆる「ブルーオーシャン」戦略は多くの場合、幻想にすぎないのです。

新大陸にはたいていの場合、先住民がいたり、海賊が出入りしたりしています。その場合、自分たちは「招かれざる客」でしかありません。それでも運良く自分たちなりの居場所を見つけられれば、そこに居住を試みます。その際に成否を決するのが、先住民や他の侵略者たちといかに「棲み分け」をするかです。経営学における「ポジショニング」論です。

しかし、そこが「目的の地」でない限り、定住しても時間をロスするだけです。海図を頼りに、次の新大陸に向けて再度出帆しなければなりません。経営をこのように「定住（ポジショニング）」ではなく、「航海（ジャーニー）」と捉えることが、構造論から運動論へと発想を転換するヒントとなるはずです。

◆ ── MVOのすすめ

　新事業開発手法として、「リーン・スタートアップ」が注目されていること、このモデルでカギとなるのがMVP（Minimum Viable Product）というコンセプトであることは前述しました。未完成な試作品を市場に出してみて、顧客のフィードバックから学び、商品の完成度を高めていくというアプローチです。

　しかし、私がここで提唱するMVOは、Minimum Viable Organization、すなわち「最低限機能する組織」です。フル装備の空母での航海では、機動力が発揮できない。かといって、救命ボートは緊急避難にしか役に立たない。その間を取ったのがMVOで、軽量の駆逐艦か巡洋艦をイメージしていただければよいでしょう。

　新しい市場がどのように立ち上がるのかが見えていない以上、そこに攻め込む組織は小回りが利く（adaptive）ことと、いかようにも変容できる（transformable）ことが必要条件となります。本業はオペレーションを主軸とした再現性と効率性を重視した剛構造組織であったとしても、新規事業は市場との開放性と創発性に力点を置いた柔構造組織で推進する必要があります。

　たとえば、トヨタの奥田碩さんが仕掛けたVVC（バーチャル・ベンチャー・カンパニー）はその典型例でしょう。3年限定の組織で、本社から離れた場所に設けられた拠点には、外部のプロや共同でWiLLブランドを立ち上げた5社のメンバーが頻繁に出入りしていました。3年経ってVVCが解散した後、トヨタの限界を突破するという変革の火の手が、トヨタ本体から上がっていったのは、先にお話ししたとおりです。

　また最近の例では、パナソニックがシリコンバレーに発足させた「パナソニックβ」が注目されます。若手技術者やデザイナーら約30人で構成され、現地で買収したAIベンチャーのメンバーも参加しています。綿密な計画をもとに製品を量産する従来手法ではなく、少量の試作品を短期間で市場に出すような仕組みをめざしています。狙いは従来の家電や住宅の枠を超えた「全く新しい住空間サービス、ホームX」を生み出すことにあります。

第7章　変革の青写真を描く　**323**

このβ会社は、α会社すなわちパナソニック本体とは違い、きわめて柔構造といえます。β会社が今後も進化を続け、変容していくであろうことは想像に難くありません。特筆すべきは、このβ会社にα会社の各事業部から3カ月ごとにメンバーを派遣している点です。リーン・スタートアップの手法をα会社に持ち帰り、α会社自体の変革を仕掛けることが狙いです。

しかもパナソニックβのトップである馬場渉さんは、同時に本社（α会社）のビジネスイノベーション本部長も兼任しています。シリコンバレーではジーンズとTシャツ姿の馬場さんは、大阪・門真の本社では、背広姿に変身してシリコンバレー流の伝道師になっているのです。

このような仕掛けを通じて、オペレーショナル・エクセレンスに長けた門真と、事業モデルイノベーションの宝庫であるシリコンバレーを通底させることができれば、次世代の成長市場として注目される「サイバー・フィジカル」（バーチャルとリアルが融合する）の世界で、新たな覇者に躍り出ることも、夢ではないはずです。

このように、従来の枠組みの外で、MVOにのびのびと新しい動きを演じてもらう。その一方で、変革の先兵、そして触媒の役割を担わせることによって、本体そのものの変革を仕掛けていく。まさに「@Edge（淵、辺境）」からの変革劇といえます。

◆───── フィードバックとフィードフォワード

日本企業の現場は、フィードバックが得意です。たとえば、トヨタのレクサスは「源流主義」を売り物にしています。不具合があると、源流に戻って根本原因を探り、完治させる。徹底した品質へのこだわりです。

実は昔、ホンダは違うという話を聞いたことがあります。ホンダでは「フィードフォワード」を大切にしているというのです。トヨタは生産ラインの途中で少しでも精度にブレがあれば、源流からもう1回正しく流し直す。そうすると、そこまでの仕掛品は当然、全部お釈迦になってしまいます。

ところが、トヨタほど資本に余裕がないホンダは、そのブレを後の工程

にフィードフォワードし、そこで手直ししてしまうというのです。「このほうが技能のレベルとしては、よっぽど高度な技なんですよ」と、ホンダの人に言われて驚きました。

「フロント・ローディング」というコンセプトも、日本企業の設計現場でよく耳にします。初期工程に負担をかけて、作業を前倒しで進める考え方です。最近ではゼネコンなどで3次元デジタルデザインによる設計情報をライフタイムで管理するBIM（Building Information Modeling）の導入が進んでいて、ここでもフロント・ローディングがキーワードとなっています。事前に設計の検討や問題点の改善を図ることにより、早い段階で設計品質を高めることが狙いです。

しかし私は、この手法に懐疑的な見方をしています。確かに、すべて初めから完璧に想定できるのであれば、品質は完璧なものとなるでしょう。しかし、設計、施工、竣工後の修繕更新、そして解体されるまでの建築物の一生にわたる環境変化を、最初からすべて想定することは不可能でしょう。むしろ、そのような変化に合わせて柔軟にリノベートできる設計こそが、次世代の手法として求められているのではないでしょうか。

変化量が少なかった時代は、源流主義が有効だったかもしれません。しかし、資産価値が所有価値から利用価値にシフトし、利用形態が変化することが当たり前の時代には、いかに変化に追随できるかが腕の見せどころになります。

企業変革も同じです。初めから完璧なゴールを想定することは不可能というより、意味がありません。生き残れるのは、環境の変化に合わせて柔軟に進化する企業だけです。複雑系の研究で知られるサンタフェ研究所のスチュアート・カウフマンは、生命は自己組織化という柔構造を保つことによって、進化し続けることができると主張しています。企業も生命の自己組織力を学ぶことで、進化し続けられるはずです。

第7章　変革の青写真を描く　325

Column

アフターマーケットからリアルマーケットへ

「アフターマーケット」という不思議な言葉があります。ウィキペディアでは次のように説明されています。

> 「自動車業界用語の一種、いわゆる中古車ディーラー、解体屋、それを主とするカスタム・チューニングショップ、社外用品ショップなどの正規ディーラーではない業者。転じて純正ではない部品、用品の市場を指す」

それにしても、このような「純正主義」は、時代錯誤もはなはだしいと言わざるをえません。純正でないものは「まがい物」といわんばかりです。

そもそも顧客が利用する環境を「アフター」と呼んで平気でいる神経が、売り手至上主義を端的に表しています。アフターこそ「リアル」なマーケットであって、自動車の製造販売は「ビフォーマーケット」または「プレマーケット」とでも呼ぶのが筋ではないでしょうか。

最近ようやく自動車業界も、クルマを市場で進化させることこそが次世代の技であることに気づき始めたようです。テスラは、顧客が乗っているクルマのソフトウェアを毎週のように書き換えています。

従来この業界では、不完全なソフトを書き換える際には、リコールという手続きが取られてきました。ところが、テスラはこれを「バージョンアップ」と平然と呼んでいます。変化が激しい時代にあっては、販売した時点でクルマの進化を止めてしまうことこそ、顧客に対する不誠実だというテスラの理屈は、きわめてまっとうに思えます。

OTA（Over-the-Air）と呼ばれるこの手法を、ようやくトヨタや

ホンダも取り入れ始めました。クルマは売ったら終わりではなく、マーケットで顧客とともに進化すべきものであることに、自動車業界はやっと気づいたようです。

　同様に、企業もいかに市場とともに進化し続けられるかが問われています。第4章で詳しく述べたメビウス運動モデルでいえば、事業現場から出たら終わりではなく、顧客現場から次の進化がスタートするのです。そのような創発型の関係性を構築できるかどうかが、これからの企業変革の本質的な課題となるはずです。

◆─────着眼大局、着手小局

　「着眼大局、着手小局」あるいは「think big, act small」。これはファーストリテイリングの柳井正さんが好んで口にする言葉です。

　着眼大局、すなわち北極星がはるか高い所にない限り、今の延長線で手が届いてしまいます。グーグルのように、現在と桁違いのインパクト（ムーンショット）を狙って初めて、イノベーションが起こるのです。

　しかし、そこに向かうためには、着手小局、すなわち、確実な手を打ち続ける必要があります。1つ1つの変化量は小さくても、変化の角度を毎回同じ量だけ上に向けていくと、いつの間にか大きな変化量を達成できる。まさに指数関数的な成長です。日本電産の永守重信さんの手法も、同じように構想は大きく、打ち手は手堅いものです。

　これに対して、ソフトバンクの孫正義さんの手法は、2人とは明らかに異なります。着眼も大局ですが、着手も大局。同じ「大ぼら3兄弟」と揶揄されながらも、孫さんだけは毎回の博打の掛け金が桁違いです。永守さんや柳井さんに言わせれば、「孫さんは事業家というより投資家」ということになります。

　さて、「着眼大局、着手小局」を続けた先に全く違う景色が見えてくるのは、筋トレやマラソンも同じです。いきなり無理をしても続きませんが、慣れるに従ってレベルを上げていくことで、いつの間にかきつい運動も軽々とこなせるようになる。そしていずれ、「ランナーズハイ」現象が訪

れます。

　ご存じのようにランナーズハイは、ランニング中に恍惚感や陶酔感を経験する現象です。脳の中にモルヒネのような麻薬作用と同様の効果のある物質の分泌が増すことが原因とされています。こうした現象は何もランニング中に限ったことではなく、仕事中にこのような現象が起きることを「ワーカーズハイ」と呼びます。このように「ゾーン」に入ってしまうと、不可能なことまで可能になってしまう。こうなったら、変革も怖いものなしです。

◆─────学習優位 (ファミリアリティ・アドバンテージ)

　先述したとおり、ロードマップは初めから完成図が描かれているのではなく、常に進化します。なぜなら、未知の地点に行けば、さらに先まで見えるようになるからです。

　これを私は「ファミリアリティ・アドバンテージ」と呼んでいます。日本語でいうと「学習優位」、すなわち、これまで「アンファミリアー (慣れていない)」なことを、自ら体験することによって、ファミリアーなものに変える力です。

　先が見えない時代である以上、見えるようにするためには、そこ (未来) に踏み出してみるしかない。そうすれば、目の前が開けてくるはずです。

　言い換えれば、常に非連続な学習ループを作動させ続けることが、次世代の優位性の源泉となるのです。

　マイケル・ポーターの説く競争優位の時代は終わりました。競争相手がいるとすれば、それは過去、そして現在の自分自身なのです。いかにこれまでの、そして現在の「コンフォートゾーン (心地よい空間)」を抜け出して一歩大きく踏み出せるかが、問われているのです。

　非連続な変化は、想定外の多くの機会の宝庫です。それを危機にすり替えてしまうのは、競争相手ではなく、現状維持バイアスに陥った自分自身なのです。敵は外ではなく、内にいる──そして、この「自分との競争」に勝ち続けることができる者だけが、真の競争力を身につけることができるのです。

328　第Ⅱ部　変革のプロセス (How)

かつてポーターが指摘したように、日本企業は戦略脳の発達が遅れているかもしれませんが、現場の学習能力の高さに定評があります。しかし、同じところを反復学習していたのでは、学習効果はやがてピークアウトしてしまいます。大事なことは、学習の場を「ずらす」ことです。これを「脱学習（アンラーニング）」と呼びます。そして、その新しい場で、得意の学習能力を思う存分発揮すればいいのです。そのようなアンラーニングとラーニングのループを回し続けることこそ（メビウス運動）が、非連続な変化の時代における日本企業の勝ちパターンとなるはずです。

かつて本田宗一郎は、理屈ばかりこねて何もしようとしない社員に対して、「やってみもせんで！」と一喝したそうです。やってみることによって初めて、見えなかったものが見えるようになる。先に「学習」することによってのみ、競争優位を築くことができるのです。

最初から「正解」を求めても始まりません。まずは先に進み、そこで、海図を修正しながら、さらに先に進んでみる。戦略のロードマップは、そのようにいつまでも未完のものであるべきなのです。

組織も常に状況に合わせて進化させなければなりません。生物は、外部環境に接している周辺細胞が、環境変化を捉えて「ゆらぎ」、それを中核へと「つなぎ」続けることで、常に全体の「ずらし」を誘導していく。これが自己組織化のメカニズムです。同様に企業が進化を続けるためには、周辺組織（edge）がMVOとして常に「ゆらぎ」続けることで、本体そのものの変化を誘発させるといった動きが求められているのです。

3　変革設計時の躓きの石

◆——— あれかこれか

変革の見取り図を描く際に犯しがちな失敗を、挙げていきましょう。1つ目は、「あれかこれか」という単純な思考です。

確かに、正しい経営の要諦は「あれかこれか」を正しく選択・決断する

ことにあるとされてきました。「あれもこれも」という虫がいい考えではどちらも中途半端に終わり、場合によっては、どちらも実現できずに終わりかねないという考え方です。

　変革においても、現在の延長線と決別する「決断力」が問われます。しかし、「あれかこれか」という二者選択ですませられるほど、事は単純ではありません。現在の強みを守りつつ、非連続な機会に挑戦することが求められます。

　「決断力とは、何を断ずるか（やめるか）を決める力だ」とトヨタの豊田章男社長は語っています。しかし、その言葉とは裏腹にトヨタは、次世代環境カーとして、ハイブリッド、EV、FCV（燃料電池自動車）の3つとも看板を下ろしていません。まさに「あれもこれも」の状況です。ドイツ車がディーゼルからEVへと急旋回しているのとは対照的です。これは決断力のなさに由来するものなのでしょうか。

　私はそうは考えません。将来が予想できない中で、「あれかこれか」を決めてしまうのは、単に博打でしかありません。より確かな判断を下すためには、まずはいろいろとやってみて、学習優位を確立することです。「あれもこれも」が正解なのです。

　ただし、「二兎を追う者は一兎をも得ず」にならないようにするには、大きく2つの打ち手を行わなければなりません。

　まず、時間軸をずらすことです。ウェーブ1、2、3といった具合に、波状攻撃をかけるのです。これにより、ウェーブごとに集中して対応することができるようになります。たとえばトヨタのエコカー対応の場合、ウェーブ1はハイブリッド、ウェーブ2はFCVで、ウェーブ3（市場での展開上はウェーブ1と2の「中継ぎ」という位置づけ）はEV。

　もう1つは、自らやり切るのではなく、仲間を募ることで、自分たちの負担（掛け金）を軽減する方法です。トヨタはEVを選択肢の1つとして本格的に推進するにあたり、マツダ、デンソーとコラボする道を選択しました。将来の大本命であるFCVですら、特許を他社に開放して仲間づくりに余念がありません。

　そこには、ホンダと2社だけで孤高を保ったために、海外市場でエコ

カー標準から外されてしまうという憂き目に遭ったハイブリッドからの学びも織り込まれています。

「あれもこれも」は、判断力が欠如しているかのように映るかもしれません。しかし、情報がない中で可能性を1つに絞り込まない、時間軸をずらして取り組む、自前主義から決別するという経営判断も、優れた判断力によるものです。

「あれかこれか」は判断力として一見勇ましいですが、先が見えない時代には稚拙な経営判断となりかねないことを理解しておくべきです。

◆——— トンネルの長さ

2つ目の過ちが、変革期間をどのくらいにするかという不毛な議論に、時間とエネルギーを割くことです。

「現状維持バイアス」を抱える通常の企業にとって、現状打破を迫る変革は、苦痛以外の何物でもありません。大手術が必要な場合などは、あたかもICU（集中治療室）に運び込まれるときのような悲壮な空気に包み込まれます。だとすれば、いつまでもダラダラと「変革モード」を続けることは、耐えられません。一刻も早くICUを出て、「平常モード」に戻りたいと考えるのが当然でしょう。

したがって、企業変革の期間は、短いほうが望ましいとされます。変革のトンネルが長すぎると、息切れしてしまうのです。ただし、短期間にできることは限られます。緊急対応の後はいったん浮上して息継ぎをして、再び本格的な変革プログラムに着手するといった段階的なアプローチが有効でしょう。

たとえば上記のトヨタのウェーブ1、2、3といった波状攻撃は、その好例のように見えます。しかし、トヨタの場合は変革が特別なものではなく、したがって変革のウェーブも果てしなく続いていることを見落としてはなりません。

トヨタのような例外を除けば、「平常モード」がまさしく常態です。そういう企業にとって、「変革モード」はトンネルの中にいるような特殊な状態です。だからトンネルを1つ抜けると、平常モードに戻りたくなる。そ

第7章 変革の青写真を描く 331

の結果、陥るのが「W字回復病」です。V字回復だと言いつつ、実は何回もICUに逆戻りするパターンです。

トヨタ以外にも、ファーストリテイリングや日本電産など、「変革モード」が常態の企業はあります。「変革マニア」ともいうべき動的企業です。変化する環境の中で学習優位を築くために、常に進化し続けるこうした企業は、現状維持は即、衰退に直結すると考えています。

これらの企業から見ると、トンネルすなわち変革の長さを議論していること自体が、相当にズレていることになるでしょう。彼らにとっては内側にこもって暗闇に包まれている状態こそがトンネルで、外を疾走している時間は大きく成長している変革のときにほかならないからです。

「その場にとどまるためには、全力で走り続けなければならない」。これは『鏡の国のアリス』に出てくるハートの女王の名セリフです。柳井さんは「Change or Die」が口癖ですが、普通の企業は変革の長さより、変革していないことをまず心配すべきでしょう。

◆──── サバイバルの錯覚

「V字回復」の深刻な副作用がもう1つあります。トンネル（危機）を抜けたという、サバイバルの錯覚です。多くの企業は、ここで平常モードに戻ってしまいますが、それが実は命取りになります。

2000年に富士フイルムの社長に就任した古森重隆さんは、写真フィルムという「本業喪失」に直面しても、絶望することはありませんでした。全員が一致団結して、この危機から逃れるために必死になっていたからです。そこから第二の創業へと、力強くピボットしていくことを確信していたのです。

古森さんが最も危惧したのは、その後、高機能化学会社としての再生の手応えが、実際に見え始めたときです。危機意識が薄れ、変革モードから平常モードへと戻ろうとしていたからです。

たとえ本業喪失の危機は免れたとしても、事業環境は常に変化するので、変革を怠ったとたんに、また奈落の底に落ちてしまう。生き残ることができたという安心感の蔓延が、古森さんには最大の危機と映ったので

す。

　案の定、世界景気はその後リーマンショックに突入し、富士フイルムも再度赤字に逆戻りしました。これにより社員も一時のサバイバルは錯覚にすぎなかったことを痛感し、そこから終わりなき変革劇がスタートしていくことになりました。

◆─── トップダウンという神話

　全社変革には、トップのリーダーシップが不可欠です。特に欧米の全社変革は、すべてトップ主導です。しかも、カリスマ型のトップが陣頭指揮を執るケースがほとんどです。

　一方、日本にはそのような決断力と推進力を持ったカリスマ型のトップは、めったに出現しません。現場では優柔不断なトップへの失望や、カリスマ型トップ待望論がよく見られます。しかし、それではいつまで経っても、変革は始まりません。

　一方、トップ主導で劇的な復活劇は実現できても、変革が体質化することは稀です。組織のDNAに「現状維持バイアス」が蔓延している以上、たとえトップがどうであれ、組織は遅かれ早かれ「平常モード」に戻ってしまうのです。

　そこで問われるのは、カリスマ性を超えたトップの真のリーダーシップです。組織を牽引したり追い立てたりするのではなく、組織の体質そのものをいかに変えられるか、です。

　そのようなリーダーシップの特性については、最終章でじっくり検討してみたいと思いますが、ここでは1つの切り口として、「戦略ミドル」の活用を取り上げましょう。

　ミドルとは、文字どおり「間」です。ただし、組織論では通常ミドルは、トップとボトムの間の存在という垂直関係で捉えられています。たとえば野中郁次郎さんは「ミドル・アップダウン」が変革運動の要だと説いていますが、その場合のミドルがこれに該当します。

　しかし、ここでいう「戦略ミドル」は、垂直関係だけでなく、部門横断といった水平関係の立ち位置を含んでいます。つまり、垂直と水平、360

第7章　変革の青写真を描く　　**333**

度の「つなぎ」を実現する役割を担っているのです。将棋にたとえれば、飛車・角とでもいった機動力を持った存在です。

先に、メビウス運動の要として「フロントミドル」「コアミドル」「バックミドル」という3つのミドル機能の必要性を説きました。戦略ミドルとは、このようにフロント（顧客）とバック（オペレーション）を事業（コア）につなぐ働きをします。変革を体質化するためには、定型的な役割を持たず、組織の奥深くに入り込み、縦横無尽に動き回るような存在が不可欠となります。

◆──── 定点化、定型化の功罪

究極的な目標（「北極星」）は、高ければ高いほど、不動のものであって構いません。しかし、そこに至る道筋や通過点は、環境変化や学習効果をふまえて、頻繁に変える必要があります。学習優位の本質は、先にコマを進めてそこで初めて見えてきた現実に基づいて、今後の針路を調整し直すことにあります。

したがって当面のターゲットは、「定点」ではなく常に「ムービング・ターゲット」でなければなりません。いつまでも定点として置いておくことは、環境変化から後れを取るばかりか、正しい学習をしていないことの証左となります。「朝令暮改」も大いに結構。1日で新たに学べることの量や質を鑑みれば、目標の絶え間ない再設定は必然ですらあるのです。

第8章 変革を実践する

1 ボン・ボヤージュ！

◆──── 海図なき船出

 さて、いよいよ変革という大海に向けて、母港（コンフォートゾーン）から旅立つときがきました。手にしているのは「片道切符」。いつでもまた母港に帰れるとなると、すぐ里心がついてしまうからです。

 しかも、もう片方の手に握られている海図は、なくてはならない半面、実はあまり役に立ちません。かつてコロンブスたちが大航海に旅立ったときのように、順風満帆な海路が長く続くことは稀で、途中海賊たち（伏兵競合）に出くわしたり、インド（目的地）だと思ってたどり着いたところが新大陸だったり……。

 「パーフェクトストーム（壊滅的な悪天候）」に見舞われることすら、決して珍しいことではありません。2008年の世界金融危機がその最たるもの。景気循環説が正しいとすれば、今の好景気がそう長く続くはずはないのです。

 もちろん、景気の波とは無関係に、いきなり暗礁に乗り上げたり、渦に呑まれたりすることも覚悟しなければならないでしょう。しかも変革のジャーニーは、終わりがありません。北極星（MTP: Massive Transformative Purpose）をめざして、巧みに舵を切り続けなければならないのです。

◆─── ステルス飛行のすすめ

　変革は、「第二の創業」に向けて大きなうねりにしていかなければなりません。しかし、初めから力んでしまうと、大振りして三振ということになりかねません。小さく生んで大きく育てるためには、まずは正規戦というよりゲリラ戦のようなスタートが適しています。

　やはり、参考になるのはリクルートの手法です。0から1、1から10のところのフェーズを切って、事業化に向けた仮説が、それぞれの段階で何回も回るように工夫しています。商業化する前に小さな資金を提供して市場で実験させ、起案者たちのラーニングカーブが上がるのを待ちます。1年くらいかけて、いろいろなことで試行錯誤を繰り返し、事業化に向けた準備運動をさせるのです。

　これは、CSV型の事業についても当てはまります。経済価値（Economic Value）と社会価値（Social Value）の2つを高い次元で両立させるのがCSVですが、いくら社会価値が高い事業であっても、最初は収益化が難しいケースがほとんどです。

　その場合、無理やり収益化を追い立てると、大きな事業として結実する前にしぼんでしまう。そこで、収益化の目途が立つまでは、収益管理のレーダースクリーンに映らない「ステルス飛行」をさせるのです。あるいはCSRという社会貢献活動のように装うことも一案でしょう。基金として別勘定にしてしまう方法も効果的です。

　このステルス戦略で新興国ビジネスを小さく生み、大きく育てた好例が、フランスのシュナイダーエレクトリックです。同社はグリッド（電力網）がない新興国にエネルギーを提供することをめざした「Access to Energy」という活動を、インドやバングラデシュ、アフリカなどで展開しています。

　最初は基金を設立し、CSR活動としてスタートさせました。それだけでも、世界中のミレニアル社員が立ち上がり、われ先にと現地での支援活動に馳せ参じます。そうこうするうちに現地活動も軌道に乗り、収益化の目途が立つ。そこで、CSRから収益事業に移行させ、そこからさらに収益化と再投資を加速させることで、新興国ビジネスを大きく成長させていっ

たのです。

　味の素も、ガーナの貧しい子どもたちに、栄養価の高い「ココプラス」というサプリメントを供給するプログラムを展開しています。社会価値は高い半面、短期間で採算に乗せることが難しい事業です。そこで、あえてASV（Ajinomoto Group Shared Value）と名づけられた同社のCSVの仕組みから外す決断をしました。現在は基金の下での活動に切り替え、将来の事業化を視野に入れつつも、当面はCSR活動として継続しています。

　1から10の事業化のプロセスを短兵急に進めようとすると、せっかくの成長の芽を摘んでしまうことになりかねません。ここのプロセスは、じっくり時間をかけて仮説・検証を繰り返す。その間はステルス戦で臨むのが賢明です。

　そして、事業化の目途が立ったところで、一挙に勝負に出ましょう。指数関数的成長が見込めるビジネスであれば、10から100までのプロセスは一気呵成に進むはずです。

◆─── リスクを手なずける

　アメリカ西海岸では「Fail Fast, Learn Faster」が合言葉になっています。早く失敗し、そこからより早く学ぶという原則です。

　グーグルでは失敗が明確になると、セレブレーション（お祝い）をするという習慣があります。1つの可能性が行き止まりであることを証明すれば、次の可能性の追求に進むことができる。早く失敗することが祝福されるというグーグルらしい文化です。

　あれこれ考えても先が見えないのであれば、まず漕ぎ出してみること。そしてそこから学び、必要に応じて針路変更（ピボット）する。私の説く「学習優位の経営」のシリコンバレーバージョンともいえます。

　日本でこの経営スタイルを地でいっているのが、ファーストリテイリングです。同社のミッション・ステートメントは、「服を変え、常識を変え、世界を変えていく」。つまり、変革こそが経営理念そのものなのです。柳井正さんの著書に『一勝九敗』というベストセラーがあります。新しいことに挑戦する以上、失敗はつきもので、仮に全戦全勝ならそれはリスクを

第8章　変革を実践する　337

恐れて真の挑戦をしていないことになる。一勝九敗は柳井さんの経営に対する姿勢そのものといえるでしょう。

日本電産の永守重信さんも、「リスクの裏側には、チャンスが張りついている」と語っています。

「一番駄目なのはチャレンジしないこと。駄目な経営者も同じで、失敗を恐れてリスクを取りたがらない」

「社員の評価において、私は徹底的な加点主義なのです。減点主義は一切取っていません。つまり、失敗してもよいのです。加点主義だから良いことをやればプラスですし、失敗してもマイナスにはならない」

こうした発言の数々に、柳井さんと同じ姿勢が表れています。

ただし、二人とも口を揃えて、「会社を存続の危機に追い込むようなリスクは取るな」と釘を刺します。柳井さんは、「(SPAとして) 全部のリスクを取ることで、リスクをコントロールできる」と言っています。また、永守さんは、「どんな問題が起きても対応できるように、リスクを減らす仕組みを作ること。たとえば徹底した地域分散」と述べています。周到なリスク評価とコントロールのうえでの挑戦であることがわかります。

いかに「計算されたリスク」を取り、そこから早く学習して次のアクションに結びつけていくか。変革実践の基本指針として、この点を肝に銘じなければなりません。

2 「ゆらぎ」の演出

◆——「悪い子」はどこに？

生物の進化のプロセスが、「ゆらぎ、つなぎ、ずらし」の3つのリズムによって構成されることは、前にも指摘したとおりです。企業変革の最初のステップも、「ゆらぎ」の演出から始まります。

第6章で紹介したジョン・コッターの8段階説の5番目は、「従業員の自発的な行動を促す」です。全社変革を組織に体質化させるためには、変

革を各従業員がいかに自分事にできるかが、カギを握ります。

　TQCのように方法論が確立していて、その徹底した実践が求められるカイゼン活動は、簡単に現場に落とすことができます。しかし変革のように、これまでのやり方を抜本的に見直さなければならない活動は、金太郎飴的な組織にはなかなか根づかせることができません。一枚岩となってオペレーションを回している現場に、いかに「ゆらぎ」を仕掛けるかが問題です。

　外部人財、たとえば、変革のプロやコンサルタントの採用は、1つのトリガーとなるでしょう。しかし、外からの力だけでは組織は変わりません。また、第6章で述べた「七人の侍」も、内側から変革の波を立てることはできても、変革が大きな潮流となって組織全体の活動へと広がっていくためには、より現場に根差した活動が必要となります。

　その担い手となるのが、組織になじみきらない「悪い子」です。かつて成長企業には、常に何割かの尖った「非」主流人財がいました。いや、変革という時間軸を織り込むのであれば「未」主流と呼ぶべきでしょう。いずれにせよ、「一枚岩」の金太郎飴的な組織からはみ出そうとする人財です。

　本田宗一郎は、かつてこう語っていました。

　「世間でいう『悪い子』に期待しています。なぜなら、そういう子どもこそ個性にあふれ、可能性に満ちた本当の意味の『いい子』だからです」

　また、盛田昭夫は、入社式に次のようなウェルカムスピーチをしたといいます。

　「君たちには、ぜひ『出る杭』になってほしい」

　しかし、創業から時が経つにつれ、そのような「悪い子」や「出る杭」は姿を消していきます。「悪い子」はメインストリームから弾き出されるか、いつのまにか「普通の子」に去勢されていく。それどころか最近では、「出る杭」は引っこ抜かれてしまうことが多いようです。もっとも、その前に自分から外に「出る」ことを選ぶ、真正「出る杭」人財のほうが多いわけですが、いずれにせよ、大企業病の典型的な症状です。

　ホンダやソニーですらそうなのだから、良くも悪くもより伝統的で保守

第8章　変革を実践する　339

的な企業で、「悪い子」にお目にかかることはまずありません。同質的になりがちな組織に異質性をもたらし、自律的な運動をもたらす「ゆらぎ」を現場に仕掛けることは、もはや不可能なのでしょうか。

◆──────立ち上がるM世代

しかし、この点に関して私は、最近かなり楽観的に考えるようになりました。ミレニアル世代（以下、M世代）が、変革の「ゆらぎ」となる可能性が高いからです。

M世代とは、1980年代から2000年代初頭に生まれた世代です。年齢にすれば10代後半から30代、まだ「半人前」扱いされている人財群です。

一昔前、栗本慎一郎さんが命名した「新人類」という言葉が流行りました。それからしばらくすると、今度は「ゆとり世代」というネーミングがもてはやされるようになり、「草食系」という言葉も便利に使われ始めました（もっとも、こちらは主に男子を対象にしていますが）。

言葉は違いますが、いずれも「最近の若者は火がつきにくい」と揶揄している点では一致しています。確かに「ワークライフ・バランス」を優先し、先輩からの「教育」をパワハラと捉えがちな彼ら／彼女らに、仕事の文脈で火をつけようとすると、ブラック企業と非難されかねません。「旧世代」から見ると、とても扱いにくい人種に見えるし、そうした中から「悪い子」や「出る杭」などのような、骨のある人財が見つかるとはとうてい考えられません。

しかしM世代は、どうやら共通の「導火線」を持っているようです。1つはデジタルネイティブらしく、SNSでの「つながり」と「共感」。もう1つは、その先にあるコミュニティや社会への、自分らしいかかわりや貢献です。仕事や金儲けなどにはさほど興味がなくても、仲間との絆、社会との共生には、スイッチが入りまくるのが彼ら／彼女らの特徴です。

被災した地域への支援活動などが、その典型です。休日に会社から支援活動のバスを出そうとすると、真っ先にM世代のボランティア社員で埋まってしまう。そもそも、社会にどれだけ役に立てるかが、彼らが企業を選ぶうえでの最大の決め手です。

面白いことに、これは世界共通です。私が奉職する大学院は英語で教えていることもあって、世界中から毎年MBA志望の学生が集まります。全員M世代です。中国、インド、ミャンマー、フランス、カナダなど、出身国は多様ですが、社会価値の向上に対する思いが、その年代だった頃の自分自身も含めて、旧世代のMBA学生よりはるかに熱いのに驚かされます。

　彼らは仕事のため、ましてや会社のために燃えることはなくても、社会のためなら火がついて本気で取り組む。したがって、企業の都合を「会社事」として押しつけるのではなく、社会課題を「自分事」として受け止めてもらい、それを一緒に解決しようと語りかける（engaging）ことが必要です。それができれば変革の担い手に事欠くことはないはずです。

Column

「不屈」のインスタ映え

　ミレニアル世代がその気になったときのエネルギーの大きさを物語るケースを紹介しましょう。

　武田薬品工業は、長谷川閑史社長の時代にグローバル企業に変身していきました。数々の大型海外M&Aで海外売上高は50％を優に超え、長谷川さんの後任の社長にもフランス人のクリストフ・ウェバーさんが就任しました（もっとも長谷川さん自身もアメリカ生活が長く、「宇宙人」と言われていました）。

　とはいえ、タケダは江戸中期（アメリカ建国とほぼ同じ時期）にまでそのルーツをさかのぼる老舗企業で、「誠実＝公正・正直・不屈」という「タケダイズム」を代々大切にしてきたことでも知られています。

　グローバル企業となれば、世界中の社員の間でこのタケダイズムを浸透させ、共感してもらわなければなりません。しかし、この深い価値観を、全く違う文化の下で育ち、仕事をしてきた人々に伝えるのは簡単ではありません。

特に「不屈」という言葉の真意を言葉で伝えるのは、至難の業と思われました。そこでタケダブランドの社内普及活動を手伝っていたブランドコンサルティング会社のインターブランドが、一計を案じます。「不屈」を象徴するような写真を、世界のタケダ社員から集めてみてはどうか、というものです。

　その後の半年間、世界中のタケダ社員はスマホを片手に、「不屈」のシーンを探し回りました。社内インスタグラムには、1000を超える写真がアップされたといいます。選考の結果、最優秀賞に輝いたのは、コンクリートの地面の間からすっくと1本だけ頭を出した雑草をフィーチャーしたものでした。この生命力こそ、万国共通に通じる「不屈」魂の象徴だとされたのです。

　写真自体も素晴らしいのですが、最大の成果は、世界中のタケダ社員が半年間にわたって「不屈」の本質を探し求め続けたプロセスそのものでした。なぜなら、このプロセスを通じて、理解してもらいにくかった「不屈」の精神が、1人1人の胸の中にしっかり刻み込まれ、体質化していったからです。

　言うまでもなく、このプロセスを通じて主役を演じたのは、世界中のM世代の社員です。「インスタ映え」は2017年の日本の流行語大賞に選ばれましたが、そのはるか前から世界のM世代に火をつける共通プラットフォームだったのです。

　タケダでは英語を共通言語化する活動を進めていますが、苦労も多いようです。それに対して、インスタグラムの写真やユーチューブの画像は、あっという間にM世代の共通言語になりました。そのスピードとパワーに、「旧人類」も早く注目すべきでしょう。

◆─── M世代の南十字星

　ときにM世代は立ち上がり、企業の将来像を描くことだってやってのけてみせます。私は最近、ある企業でそのようなパワーを目の当たりにしました。仮に、B社と呼ぶことにしましょう。中核企業を母体に、3社が合

併して再スタートを切ることになった会社です。3社はいずれも独自の価値観を持っており、PMI（Post Merger Integration）のプロセスは一筋縄ではいきそうにありませんでした。

中核企業出身の新会社社長は、自社の価値観を押しつけるのではなく、みんなでとことん話し合い、腹落ちしてもらいたいと願っていました。しかし、ワールドカフェと称するインフォーマルな対話の機会を幾度となく設けても、それぞれが自社の価値観を主張する場に終わっていたのです。

そこで私は、インターブランドと組んで、新しい「コーポレートブランド」を策定するという企画を提案しました。行き詰まり感のあったトップはすっかり乗り気になり、各社から8名ずつ、精鋭の若手メンバーを招集します。もちろん、みんなM世代です。最も若いメンバーは20代半ばの女性でしたが、多くは30代半ばくらいでしょうか。

何が始まるのだろうと、いかにも困惑した様子のメンバーでしたが、それも最初の間だけでした。暑い夏の時期に3カ月間をかけて数回にわたるワークショップを開くと、みるみるうちに全員にスイッチが入っていったのです。環境分析や各社のDNA分析、あるべき姿やそこに至るボトルネック（チョークポイント）などを議論する中で、3社それぞれの独自性と共通点が浮き彫りになっていきました。

そのような過程から、メンバー自身の言葉で、新会社のミッション、ビジョン、バリューが作り込まれていきました。そして、それらを凝縮させたブランドステートメントと、それを短いメッセージに昇華させたタグラインが練り込まれていったのです。

何度となくこのようなプロセスをお手伝いしたコンサルタントとしての経験を振り返っても、このプロジェクトはきわめて異質でした。社長以下トップは、自らの思いを一切語りません。プロセスもすべて若手に任せきり。最後まで彼ら／彼女らの主導権の下に、会社の未来像が作られていったのです。

その結果、2つの大きな成果が得られました。まず、このプロセスを通じて、メンバー1人1人が自分事として将来像を語り、合意できたことです。途中からメンバー全員の目がキラキラと輝き出し、まぶしいくらいで

した。

　そして2つ目は、メンバーがそれぞれの現場に戻り、新ブランドや企業理念の作成プロセスや、そこに込められた思いを、周りの社員に自分事として語ってくれたことです。上から目線でのトップの発信より、仲間同士が同じ目線で共感し合えたことが、今後、ブランドや理念が組織に浸透し、体質化していくうえで、大きな力になるのは間違いありません。

　私たちコンサルタント側は、当初「北極星」を作ろうと声をかけました。しかし彼ら／彼女らは、途中からまだ見たことのない「南十字星」をめざそうと言い出した。M世代の感性は、私たちを未知の地平まで誘う不思議なパワーを秘めています。

◆───── 切り札としてのCSV

　21世紀になり、「社会価値」の創造が、企業の「パーポス」を形作る中心概念となりつつあります。社会全体が豊かになっていく中にあっても、紛争や貧困は根絶されず、気候変動や水・食糧不足は深刻さを増すばかりです。一方、健康やQoL（Quality of Life）が、長寿化とともにますます求められています。

　このような潮流をふまえて、2011年、ハーバード・ビジネススクールのマイケル・ポーターが「共通価値の創造」という論文を発表し、世界から注目されました。そこでは、企業は経済価値と社会価値の双方を高めることを戦略の中枢に据えるべきだと説かれています。

　ポーターといえば、競争戦略の大家です。競争戦略の究極の目的関数は、企業価値（経済価値）の向上にあります。その彼がなぜ、社会価値の向上をもめざせと言い始めたのでしょうか。

　社会価値（たとえば環境や人権）を毀損すれば、企業は社会からバッシングを受け、企業価値を毀損します。逆に、社会価値を高めることができれば、顧客や従業員の共感が得られ、その結果、売上や生産性が高まり、企業価値が増す。そもそも、社会課題は顕在化した需要の大きな塊であり、それを解決することそのものが、大きな事業機会になります。ポーター教授のCSV戦略は、世界の優良企業にそのように受け止められ、

344　第Ⅱ部　変革のプロセス (How)

広がっていきました。

　私はこのCSVをテーマに、2013年より毎年、「CSVフォーラム」という
プログラムを開催しています。そこでは日本企業が世界に発信すべき次世
代型CSV（J-CSV）を、日本の優良企業30社とともに考案しています。
CSVに関しては拙著『CSV経営戦略』で詳しく述べていますが、ここで
は世界でも日本でもCSVが新たな成長エンジンとして認識されているこ
とを、まずは理解してください。

　時を同じくして、資本市場でもESG投資の波が急速に台頭していきま
した。Environment、Society、Governanceの3つは、CSV実現に向け
た中心課題でもあります。ESGに注力しない企業は、投資対象から外さ
れることになりかねず、すべての公開企業が意識せざるをえなくなったの
です。

　そして、さらに駄目押しするように2015年、国連サミットで、SDGs
（Sustainable Development Goals）が採択されました。正式名称は「持
続可能な開発のための2030アジェンダ」。2030年までに達成すべき17の
目標が掲げられています。これらもすべて、CSVやESGの流れを汲んだ
ものです。日本でも優良企業の多くが、SDGs推進にどう取り組むかを発
表しています。

　このようにCSV、ESG、SDGsといった潮流は、現代の経営者にとって
もはや無視できない時代の要請になっています。事実、経営の中心課題
として、真正面から取り上げる企業も年々増えています。しかし、トップ
がいくら高らかに課題を掲げても、現場は簡単には動きません。儲けが増
える、企業価値が高くなるなどという企業側の論理は、社員の勤労意識や
愛社精神には直結しないのです。

　一方、社会課題の解決や共感の創造を旗印に掲げると、がぜん社員の
心に火がつきます。企業を通して自分たちがより良い社会を作り、仲間の
輪を広げることには、自分事のように身を乗り出す。特にM世代に顕著に
見られる傾向なのは前述のとおりです。

　企業研修でサステイナビリティの講義をすると、20代、30代の若い社
員でいっぱいになります。サステイナビリティ本部などを新たに立ち上げ

第8章　変革を実践する　　345

るために人財を社内公募すると、若い世代からの応募が殺到するとも聞きます。

　私が社外取締役をしているB2C系の2社でも、彼らの熱い思いを何度も目の当たりにしました。ファーストリテイリングが最貧国の1つのバングラデシュで展開しているグラミンユニクロには、立ち上がり時から20代の女性が大活躍しています。また、味の素のガーナの子どもたちを対象とした栄養改善プログラムでも、20代の女性研究者が生き生きと働いています。

　「ゆらぎ」を作り出すうえで、CSVやESG、それにSDGsが、1つの切り札となることは確かでしょう。

◆───── ダイバーシティ・アンド・インクルージョン

　「ゆらぎ」を作るうえでのもう1つの触媒は、異質な人財です。典型的には非日本人や外部人財で、彼らが異質なDNAを持ち込むことで既存組織に化学反応が起こり、それが変革の波を醸成していくのです。

　近年「ダイバーシティ」が盛んに喧伝されるのは、このような効果を期待したものです。ただし、女性や障碍者の登用に議論が偏りがちな点が、まだまだ入り口論という感は否めません。女性だからといって、日本や自身が所属する企業の常識（そして世界の非常識）にとらわれていないとは限らない。いえ、むしろとらわれている可能性が高いでしょう。

　また、「ダイバーシティ（異質人財）」の数だけを議論する傾向も、きわめて表面的なものに終わっています。ダイバーシティの数合わせをするのではなく、彼ら／彼女らの新鮮な発想を、経営や事業に取り込むことが肝要です。近年「ダイバーシティ・アンド・インクルージョン（D&I）」の重要性が説かれているのは、そのような文脈によるものです。

　非日本人を経営に参加させるという名目で、グローバル会議という場を設定している企業も少なくありません。私も数々の企業で、そのような会議に何度も出席しています。しかしほとんどの場合、本社側からの大本営発表や現場からの報告、そして質疑応答といった形式的な内容に終始してしまう。これでは化学反応も起こりようがありません。

346　第Ⅱ部　変革のプロセス（How）

「報告」の場ではなく、「議論」の場でなければならないはずです。そのためには、まず論点を明確にして、それをしっかり深掘りしていくファシリテーションが不可欠です。ただし、そのようなインタラクティブな議論は、10人以上の場では困難です。ダイバーシティを考慮した小グループに分けて、しっかりと議論を尽くすような進め方が効果的でしょう。マッキンゼーなどでは当たり前の光景ですが、残念ながらこのようなグローバル会議を運営している企業はまだ一握りです。

しかも、そのような場合においてすら、ナショナルスタッフの「ガス抜き」に終わってしまっている企業がほとんどです。議論し、決まったことが何で、それを誰が、いつまでに、どのように実践していく（あるいはさらに検討する）のかを、明確にするところまでしっかり落とし込んでいるところは稀有といってもいい。ダイバーシティもさることながら、インクルージョンへの道のりは遠いと言わざるをえません。

◆─── アーリーウィン

変革を実践する中で重要な一里塚が、初期の成功（アーリーウィン）です。「現状維持バイアス」を抱える大多数の社員を、混乱と不安の渦に突き落とすのが変革です。その成果を早く実証することで、渦を新しい流れに変えることができるからです。

たとえば、先述した三井金属のケースでは、まず最大の赤字部門を半年で黒字化することに成功しました。日産のカルロス・ゴーンは、1年目でサプライヤー数を半減することで、業界内の「甘えの構造」を断ち切りました。トヨタの奥田さんは、社長就任後2年あまりで、初代プリウスを世に出すことに成功しています。いずれも、初期の成功が、その後の大きな変革のうねりへとつながっていったのです。

ジョン・コッターは「変革の8段階説」の中で、「短期的な成果を生む」を第6段階に置いています。全社変革を仕掛けるためには周到な準備が求められるため、ここに位置づけたのでしょう。しかし、変化のスピードが速い時代においては、全社変革の前触れとなるような象徴的な成功事例は、早期に実現すればするほどよい。

求められているのは、MVS（Minimum Viable Success）なのです。

◆─────勝ち癖をつける

　永守重信さんは「負ける人」を近くに置かないという、有名なエピソードがあります。永守さん自身、これまでに負けたことがないというツワモノです。なぜ負けないのかといえば、勝つまでやめないから負けないのだそうです。おそらく「Fail Fast, Learn Faster」を実践することで失敗から学び、それを勝ちに変えていくという癖が身についているのでしょう。

　それに比べると、確かに世の中には「負け癖」がついている人が案外多くいます。志は高くても、実行が徹底しない。あるいはリスクを取らないために、どんどん運命に追い詰められていく人たちです。「勝つ」ことにこだわらない限り、勝利の女神が微笑むことはありません。

　プロ車いすテニスプレーヤーの国枝慎吾選手が、ファーストリテイリングのグローバルコンベンションに登壇したことがあります。国枝さんは同社の契約選手で、年間グランドスラムを5回も達成した世界の第一人者です。

　3000人を超えるファーストリテイリングのグローバル幹部社員を前に、国枝選手は強さの秘密を教えてくれました。「試合前には、ホテルの部屋いっぱいに、優勝したときの写真をかけまくっています」。

　負け癖がついている人は、ミスショットを心配します。勝ち癖がついている人は、ベストショットしかイメージしません。これが大きな差になって表れるのです（もっとも、私もゴルフコースでは常にベストショットのイメージしか持たないことにしているのですが、なぜか狙いを定めたようにバンカーや池につかまってしまう。やはり単なる強気だけでは通じないということでしょうか）。

　このような自己暗示は、個人競技に限らず、チームや企業にも当てはまります。小さな成功をたたえ、弾みをつけることが、組織としての勝ち癖を作るうえで効果的です。

348　第Ⅱ部　変革のプロセス（How）

◆──── スポットライトを当てる

アーリーウィンが達成できたら、思い切りスポットライトを当てましょう。ヒーローやヒロインを作り、その努力と成果をたたえるようにします。金銭的な見返りやプロモーションもさることながら、本人たちにとっても周囲にとっても、最も効果的なのは、そのような「晴れ」の場の設定です。

「レコグニション（承認）」願望は誰にでもあります。アブラハム・マズローは「Esteem（承認）」を5段階説の上から2つ目に置きましたが、ソーシャルネットワークの時代においては、周りから認められることの重みは一層増してきています。

リクルートは、「サクセスストーリー」の共有化の場を、お祭り仕立てで行っています。登場するヒーローやヒロインたちにとって、まさに晴れ晴れしい舞台です。

たとえば、顧客接点から新しい価値を創造した人をグループ横断で表彰する「TOP GUN AWARD」などでは、受賞者はみんな「TEDトーク」を研究して、自分自分の思いでステージを務めます。その姿を見て聴衆側の社員も、自分もいつかあそこに立ちたいという思いを強くする。チャレンジ精神に火がつく「真実の瞬間（Moment of Truth）」です。

日本の伝統的な企業は、この手のお祭り騒ぎを自重しがちです。「大人げない」とか「ベンチャーでもあるまいし」などといった「良識派」が主流派を占めていて、特に幹部層ほどその傾向が強く見られます。

このような「平常モード」を装う重たい企業ほど、「変革モード」になると、決死の覚悟で全社に上から目線で大号令をかける傾向があります。しかし、そうした変革指令で、現場の心に火がつくはずがありません。コッターの8段階説の第5段階「従業員の自発的な行動を促す」で大きく躓くのは、こうした企業です。

第8章 変革を実践する　349

3 「つなぎ」の連鎖

◆————— Connecting the Dots

「ゆらぎ」が演出できたら、次は「つなぎ」です。GEのジェフ・イメルトの変革劇は、第5章で詳しく紹介しました。その初期を振り返ってイメルトは、自分の役割は「Connecting the dots（点と点を結びつける）」ことだと表現しています。

各事業部門や機能部門がそれぞれの立場でベストを尽くすだけでは、単なる事業や機能の寄せ集めになってしまう。企業全体としてシナジーを追求し、全体最適を実現するためには、トップが各部門を結ぶ役割を担わなければならないという考えです。

では、点と点を結ぶStrings（糸）は何か。イメルトは、事業軸において2つのStringsを選びました。「環境」と「健康」です。しかも、その2つのStringsから外れる事業からは撤退するという、徹底した姿勢を示したのです。さらに機能軸においては「Imagination Breakthrough」と「Commercial Excellence」、すなわちイノベーションとマーケティングを選びました。

前任のジャック・ウェルチは、M&Aという飛び道具を武器に、世界でナンバー1かナンバー2になれる事業を買いあさりました。それに対してイメルトは、環境と健康という2つの事業ドメインにフォーカスし、オーガニックな価値創造プロセスの構築にこだわります。全く対照的な経営手法です。

企業価値の増大という尺度では、明らかにウェルチに軍配が上がります。もちろん、外部環境や資本市場の地合いも大きく違うので単純な比較はできませんが、それにしても差は歴然としています。

しかし、長い目で見たときにGEを持続的な成長企業に育成したのは、イメルトではないでしょうか。少なくとも事業のドメインを社会課題から見直し、成長エンジンを組織の中にしっかり埋め込んだ功績は高く評価す

べきでしょう。

◆──── 内の声と外の声

　変革を実践するためには、組織の中に変革プログラムの目的（Why）や方向性（Where）がしっかり「腹落ち」されていなければなりません。同時に、次世代の事業モデル（What）や方法論（How）も、トップダウンの指示でやらされるものではなく、自らの創意工夫でやり遂げようという思いによって突き動かされなければなりません。変革のエンジンを外付けではなく、自走する仕組みへと組織の奥深くに埋め込む必要があります。

　そのためには、組織のあらゆる領域、あらゆる階層との対話が不可欠です。特に重要な相手は、中枢からの距離が遠い現場であり、海外や子会社など辺境組織です。トップ自らが、機会があるごとに現場や辺境組織に出向いて、社員と円陣を組み、腹を割って対話をする。

　イメルトは、それを「タウンホール・ミーティング」と呼んでいました。JALの再生劇を指揮した稲盛和夫さんも「車座」と称して、幾度となく繰り返しています。

　それと同時に、それぞれの現場で変革リーダーを育てる必要があります。変革の目的や方向性を深く理解したうえで、自組織を束ねて、変革のうねりを育て上げていく。各組織が変革を自分事として受け止め、自走していけるかどうかは、そのような現場の変革リーダーの力量次第です。

　こうして現場を1つの方向に動かしていくことができた人財が、次世代の全社変革をリードできる人財として頭角を現してきます。そのようなプロセスを通じて、変革は組織の中に深く体質化されていくはずです。

　一方、外の声が組織の中に届く仕組みづくりも必須です。組織は内側の論理に固まりがちで、変革という大きな工事の最中は特にその傾向が高まります。しかし、それでは独善的で、自己都合の変革に陥ってしまいかねません。

　正しい方向に向かい、環境変化のスピードとスケールから乖離せず、周囲の理解と共感を勝ち取るためにも、変革時こそ外部との双方向コミュニケーションが必要となります。顧客や株主はもちろん、サプライヤーや

チャネル、競合やパートナー企業、そしてコミュニティやメディアなど、あらゆるステークホルダーとの対話が不可欠です。

それも、企業側の一方的な発信だけでは相互理解は深まりません。さまざまなソーシャルメディアを通じて、双方向コミュニケーションを取り続ける必要があります。

さらに見落としてはならないのは、「内の声」と「外の声」が共鳴するということです。顧客やサプライヤー、チャネルなどは、変革に取り組む社員の姿に直接触れる機会が頻繁にあります。また社員の声は、SNSを通じて直接外に広がっていきます（最近では、不祥事の内部告発を企業がネットを通じて知るなどという事態も頻発しています）。

一方、社員は外の声に敏感です。ソーシャルメディアで「いいね！」が多い企業の社員は愛社精神が高いとされ、顧客満足度と従業員満足度には一般に、強い相乗効果があります。変革についても、メディアで好意的に報道されると、社員のモチベーションが高まります。逆に、思うように変革が進んでいないといったネガティブな報道には、思い切り士気が下がってしまうのも事実でしょう。

外の声と内の声を、いかにポジティブな相乗効果でつないでいくか。この演出も変革リーダーの重要な役割となります。

◆———— 共感共創力

そのような文脈の中で、最近注目されているのが共感共創力です。社内、そして社外に共感の輪を広げていくための力です。特にソーシャルネットワーク時代には、変革を実践するうえで必須の要件となります。

これを測るための「共感共創度」は、インターブランドが企業のブランド資産を評価する際の指標でもあります。同社は10番目の指標として最近、この項目を追加しました。ブランド資産を測定するうえで、社内、社外の共感をインタラクティブに作り上げる力が、ますます重要になっているからです。

ブランドが、社員や顧客など、さまざまなステークホルダーとともに進化するものである以上、共感共創力がなければ、ブランド資産を増殖させ

ることはおろか、維持することすらできません。同様に変革においても、社内、社外に共感を醸成することが成功のカギを握ります。

そもそも社内から共感を得られなければ、組織自体の自己変革は不可能です。また、社外の多様なステークホルダーから支持されない限り、変革は独りよがりな空回りに終わってしまいます。

共感共創力を高めるうえでのキーワードが、エンゲージメント（engagement）です。なかなか日本語になりにくい言葉ですが、「絆」や「深くかかわること」などといったニュアンスが近いでしょう。表面的なコミュニケーションではなく、心が通い合うような濃い関係を構築することが求められます。

変革においても、社員、そして、社外のさまざまな関係者と、どこまでそのような深い「つながり」を築き、共感を共創できるかが勝負となります。第11章で詳しく検討しますが、変革リーダーには、そのような高い人間力が求められるのです。

◆──────「横展」

通常、変革は、特殊解（1）として始まります。そのアーリーウィン（初期の成功）をいかに全社に展開していくか。これが、全社変革の最大の関門となります。トヨタ用語で「横展」といわれる運動論（間違っても「横転」と書かないこと。これでは車が倒れて大事故になってしまいます）で、これにより特殊解（1）を一般解（10）へとつなげていきます。

ただし、それを一気呵成にやろうとすると、現場は再び混乱と疲弊にさいなまれます。有効なのは、変革メニューを1つから2つ、4つ、8つへと幾何級数的に広げていく打ち手で、そうすることで徐々に変革へのモメンタムが生まれてきます。

さらに、そのプロセスを通じて、変革を現場で牽引できるリーダーの数が幾何級数的に増えていくことも見逃せません。変革リーダーの数しか、変革を仕掛けることはできないからです。

トヨタは、全社変革においても筋金入りの横展を見せます。幾何級数的に増えるので、数年後にはそこら中で変革運動をしていることになります

が、それでは小粒なカイゼン運動と変わらなくなってしまいます。そこで、全社変革プロジェクトは毎年十数個に限定して、それを1年ずつやり切るBR（ビジネス・リフォーム）活動を行っているわけです。

しかもそれを、1993年から四半世紀以上やり続けているのだから半端ではありません。同じリズムで横展することを通じて、全社変革を体質化しているのです。

このように、変革そのものを「体質化」できるかどうかが、持続的成長を実現するための最大のチャレンジとなります。

◆─── 特殊解（1）から一般解（10）へ

特殊解を一般解にするといっても、各部門はそれぞれ固有の事情や課題を抱えています。同じアプローチをクッキーカッターのようにはめ込もうとしてもうまくいきません。しかし、すべてをゼロベースで始めるのではなく、共通の仕組みや仕掛けを見つけ出すことで、特殊解を一般解へと広げることは可能です。

第Ⅰ部で紹介した4つの変革モデルは、いわばその原型ともいうべき汎用性の高い一般解です。各企業はこれらを参考に、それぞれの企業の風土、体質、環境などに合った変革モデルを編み出していくことが肝要です。

志の高い社員がいる（残っている）企業では、必ず現場に変革の芽は眠っています。カルロス・ゴーンは、日産の外から来ていきなり大胆な全社変革を手掛けたかのように見えますが、変革のアイディアはすべて現場から拾ったものだと語っています。停滞感や閉塞感を打破しようと、現場で「ゲリラ戦」が始まっている企業も少なくありません。

これらの現場の小さな芽や動きを全社運動に広げていけるかどうかが、企業変革の成否を決することになります。変革のさざ波を大きなうねりへとスケールさせていく知恵が求められているのです。

たとえば、良品計画の変革において、松井忠三さんが「MUJIGRAM」という仕組みを導入したことは前述したとおりです。これは単なる標準化のための店舗運営マニュアルではありません。各店舗で新しいアイディア

が生み出されたら（N＝1）、それを新しい標準として全社に広げる（N＝10）プラットフォームとして機能しています。いわば全社の持続的変革を仕掛けるための「進化するマニュアル」なのです。

◆─────── 新たな潮流（100）へ

　全社変革を、自社の中だけで完結させたのでは、自作自演の一人芝居に終わってしまいます。厳しい環境変化の中では、「タイタニック号のデッキでの椅子の並び替え」にさえなりかねない。異次元の成長軌道に舵を切るためには、周りを巻き込んで、新しい潮流を引き起こさなければなりません。

　そのためには、自社の知恵や仕組みを外にも開放し、それを共通プラットフォームとして提供します。同様に、他社が優れた知恵や仕組みを持っていれば、それを徹底的に活用する。オープンイノベーションの本質を理解し、それを成長エンジンとして組み込むことができた企業だけが、指数関数的成長企業（ExOs）に変身することができるのです。

　ただし、外ばかりに気を取られていると、外から相手にされないという逆説的な現実に直面します。外部にとって魅力的な企業であるためには、少なくとも3つの必要条件を満たさなければなりません。

　第1に、企業理念レベルで2つのPがあること。1つはパーパス（Purpose）、すなわち高い志です。ExOsにおけるMTP（Massive Transformative Purpose）のPです。もう1つはピボット（Pivot）、すなわち未知の世界に踏み出してみて、そこでの状況によって戦略転換ができる柔軟性です。

　第2に、戦略レベルで、価値創造のアルゴリズムを持つこと。アルゴリズムがあって初めて、スケールさせる力が再現可能となります。逆にその企業としての価値方程式がなければ、外部から見て全く魅力が感じられません。

　第3に、組織レベルで、内部と外部が通底する構造を持っていること。ExOsでは、これをインターフェースと呼んでいます。外部の人財が組織内にすぐにプラグイン（はめ込み）され、内部の人財と同じように活動で

きるような仕組みを指します。同様に、内部の人財が自由に外部のプロジェクトに参加できる「プラグアウト」も重要です。

これらの必要条件を揃えることで初めて、外部経済を力に、10から100へと指数関数的な成長を遂げる企業に変身できるのです。

---

4 「ずらし」のテクニック

◆――― 重心をコントロールする

最後に「ずらし」で、企業変革の1つのステップが完結します。ただしこれは、タイミングが難しいのが特徴です。

すべての企業には、当然のことながら本業があります。本業が100だとすると、新事業は10なり1なりといった規模感なので、そこに重心を移すわけにはいきません。しかし、いつまでも重心を本業に置いたままにしていると、非連続な成長は実現できない。これが、多くの企業が直面する「イノベーションのジレンマ」です。

同じことが企業変革にも当てはまります。変革前の状況が「今日」、変革後は「明日」だとすると、軸足は当然フル回転している「今日」の現業(オペレーション)にあります。しかし、その状況を続けていては、いつまで経っても「明日」は来ません。

「明日」に重心を移すためには、「今日」の仕事の仕組みそのものを抜本的に変えなければなりません。それが、前述した「明日の(A)プロ」に乗り出すために、まずは「今日の(K)プロ」から始めなければならなかった企業が直面した現実でした。

◆――― 本業は何か

したがって、本業を脇に置いた変革シナリオはありえません。その際に重要なのは、本業をいかに捉え直すかという点です。本業のコア(主軸)を見極めることによって、そこを軸足に、業態を広げることが可能にな

356 第Ⅱ部 変革のプロセス (How)

る。これが「拡業」で、単なる飛び地の「新規」事業ではないところがポイントです。

　たとえば、トヨタグループの祖業は織機です。その主軸を、機械を使った精密加工にあると定義すれば、自動車への拡業がイメージできます。同様に、写真フィルムという「現業」の喪失の危機に直面した富士フイルムは、「本業」を化学品の高機能化という軸で捉え直すことによって、高機能化学品企業へと「第二の創業」を遂げることができました。このように「現業」から「本業」を切り離すことによって、「現業」のくびきから解かれ、次世代の本業へとずらすことが可能になります。

　イゴール・アンゾフは有名な成長マトリクスで、技術と市場という2つの軸にそれぞれ既存と新規という刻みを入れることによって、既存の技術、または既存の市場を軸足に、もう一方の前足を大きく新規側に踏み出すという進化のプロセスを提示しました。

　クレイトン・クリステンセンはプロセスと価値観という2つの軸の上に、整合・不整合という刻みを入れ、整合しているほうを軸足に、不整合のほうに一歩大きく踏み出すことが、イノベーターのジレンマから脱するカギになると説いています。

　アンゾフ、そしてクリステンセンは、第4象限を「多角化」または「自己破壊」と名づけていますが、そこでの成功率はきわめて低いものです。本業とのシナジーが期待できないからで、そのような飛び地を「ブルーオーシャン」だと勘違いしてはなりません。突然変異が起こる確率は、きわめて小さいからです。まずは本業のコアを正しく見極め、それをずらすことこそが企業変革の正攻法です。

◆─── 足し算か、引き算か

　本業のコアを軸足にして、大きく一歩踏み出す。そのうえで、ずらすことによって生まれた拡業と現業との関係をいかに設計するかが知恵の絞りどころとなります。

　ありがちなのは、2つの極端なパターンです。1つ目は、現業と相似形に作る「現業ライト」パターンです。この場合、現業とのシナジーは実現

しやすい半面、変革は期待できません。

　もう1つは、現業から全く切り離した「New Co（新会社）設立」パターンです。ゼロベースで新しく出発するので、現業にとらわれない発想が生まれます。その半面、現業とのシナジーがなく、独立した新事業を生み落としただけに終わることがほとんどで、現業そのものの変革ももたらしにくい。どちらのパターンからも、変革を生む「ゆらぎ」は期待できません。

　それらの中間解は、さらに大きく2つに分かれます。1つ目は「引き算」の発想です。現業との相似形をベースに不要な要素を減らしていく、現業の悪いDNAを取り除く「リフォーム」パターンです。しかし、単に引き算をしただけでは外科手術を行ったにすぎず、本質的な変革は起こりません。

　もう1つは、「足し算」の発想です。現業の本質的な強みだけを注入し、それ以外に必要な資産は新事業が自ら新たに生み出すか、外から調達します。その結果、本業の強みと異質な強みが融合し、そこに非連続な進化が生まれ、それがいずれ「へその緒」でつながっている現業にも伝播する。理想的な「ゆらぎ、つなぎ、ずらし」の連鎖が期待できるのです。

　現業からの「引き算」ではなく、ゼロからの「足し算」。それが外付けのNew Coを核に、本体そのものの変革を仕掛ける際の成功パターンです。

◆─── 企業理念を読み替える

　本業のコアを見極めてずらす際、時に必要となるのが企業理念の読み替えです。

　どの企業も、ミッション、ビジョン、バリューを設定しています。社員の心の中に埋め込まれているケースは稀ですが、少なくともウェブサイトには高らかに掲げられています。しかし、ありきたりのきれい事が並んでいるケースが多く、少なくとも同業であれば、どこの会社にも当てはまりそうなものがほとんどです。

　それよりもっと問題なのは、そのような美辞麗句が時代の価値観とずれてしまうことです。私の古巣である三菱商事は、三菱創業以来の経営理

358　第Ⅱ部　変革のプロセス（How）

念である、三綱領を大切にしています。「所期奉公」「処事光明」「立業貿易」の3つです。私が辞めたのは四半世紀以上前のことですが、にもかかわらず、すらすら思い出すのだから、たいしたものです。しかし、当時の私がその意味するところを腹落ちしていたかと問われると、自信がありません。

しかも最初の2つは今でも（あるいは、今こそ）素晴らしい理念ですが、「立業貿易」はかなり時代錯誤と言わざるをえません。もっとも、三綱領を見直そうなどという不届き者（？）が、三菱商事のトップになる時代はなかなか来ないかもしれませんが。

三井物産は、2000年代初めの2つの不祥事を契機に、ミッション、ビジョン、バリューをゼロベースで見直しました。そこでキーワードとなったのが、「良い仕事（Good Quality Work）」です。「良い仕事」とは、社会課題を解決することで経済価値を創出するような仕事です。CSVを先取りする時代感覚の高さが光ります。

これを契機に、三井物産は「金儲け」より「社会価値の創造」を第一義に考える企業に大きく変身していきました。もっとも最近は、それを経済価値にマネタイズできる力が弱くなってきた感が否めません。真のCSV企業に向けて、もう一段の変革が求められるタイミングに来ているのかもしれません。

かつてパナソニックの大変革を仕掛けるにあたって、中村邦夫さん（当時の社長）は、何度も創業者・松下幸之助が生前PHP活動の拠点としていた京都の「真々庵」にこもったといいます。そして「幸之助さん、あなたが今ここにいたら、どうしますか」とずっと問いかけ続けたそうです。幸之助翁が自分に乗り移ってくるのを祈るかのように。それはちょうど、U字理論の実践に似ています。U字の底で幸之助翁の言葉が未来を告げるのを待ったのです。

そして、いよいよ意を決して「破壊と創造」と名づけられた大変革をスタートさせます。まず「破壊」の目玉にしたのが、創業者が育て上げた事業部制の撤廃です。「幸之助翁が生きておられたら、同じ決断をしたはずだ」という信念の下に。

第8章　変革を実践する　359

最近では、フェイスブックCEOのマーク・ザッカーバーグが、同社の企業理念を刷新したことが注目されます。従来は「世界中の人々をコネクトする（つなぐ）」でしたが、もはや単につなぐだけでは、たいした価値は生まれない。そこで、「絆を作る」というフレーズに変更したのです。人と人がつながって初めて、意味のある交感やコラボレーションが生まれる。まさに「共感共創」をめざした企業理念として、時代の先端を行くものです。

　このように時代に合わせた企業理念の読み替えは、企業変革を力強く牽引するターボエンジンとなりえます。折に触れて、企業理念そのものの見直しに着手する勇気を持つ必要があるでしょう。

◆─── 「現」から「未」、そして「超（合）」へ

　顧客や事業の対象を「現」から「未」にずらすという話は、何度か指摘しました。「現顧客」だけでなく「未顧客」を見る。「現業」にとらわれるのではなく、「未業（本業の拡業化)」を見据える、ということです。

　ここで重要なのは、「非」と「未」の違いです。非はいつまでも、取り込むことはできません。アンゾフやクリステンセンの、マトリクスの第4象限です。しかし、現顧客や現業の周辺に重心を「ずらす」ことで、「未」を取り込むことが可能です。

　さらに重要なのはその先で、残された「非」を取り込もうとすると墓穴を掘ることになります。そうではなく、「現」と「未」を融合させる新しい次元を模索するのです。これを「超」または「合」と名づけましょう。

　顧客軸でいうと、顧客のセグメントを超えて、顧客の集合体としての「コミュニティや社会」に照準を当てるのが「超（合）」です。顧客はコミュニティや社会の一構成員であるなら、コミュニティや社会にとっての価値が顧客の共感を生むはずです。マズローの6段階目、「自己超越の欲求」という21世紀型価値観にも沿った考え方だといえるでしょう。

　フィリップ・コトラーは、マーケティング1.0は製品中心、マーケティング2.0は顧客中心、そしてマーケティング3.0は社会中心のコンセプトであるとし、3.0を21世紀型マーケティングの進化形であると提唱してい

360　第Ⅱ部　変革のプロセス（How）

ます。これはまさにCSVとも通底した思想です。

　事業軸でいうと、モノとコトを融合させた事業モデルが、「超（合）」の1つの形です。今まではモノからコトへ、というピボットが提唱されてきました。たとえば、MaaS（Mobility as a Service）です。直訳すれば、サービスとしての移動（手段）となりますが、モビリティを自動車やバイクといった乗り物で提供するのではなく、シェアードサービスや多様な交通手段の組合せとして提供するようなモデルです。

　しかしコトは、モノがなければ実体が生まれません。むしろ、モノを出入り口（ゲートウェイ）としてコトを取り込む発想の転換が求められています。アップルが「体験（コト）」の重要性を唱えつつ、完成度の高いハードにこだわり続けるのはそのためです。コトをモノに取り込んだMSasP（Mobility Service as a Product）こそが、次世代の事業モデルといえるでしょう。

　かつて東京大学で教鞭を執った石井威望さんは、ソフトとハードの融合による「ニューハード」文明を提唱しました。パナソニックの中村邦夫さんは、「超・製造業」を志向しました。IoTやAI、ビッグデータなどの道具が揃った今こそ、日本企業はモノとコトを融合させた新しい産業の創生をめざすべきでしょう。

Column

「サイバー・フィジカル」の時代

　最近、インドのバンガロールとアメリカのシリコンバレーを訪問した際に、現地のプレーヤーと日本企業の協業の現状を、つぶさに見聞きする機会がありました。

　その際のキーワードの1つが、「サイバー・フィジカル・システム（CPS）」です。サイバー、すなわちデジタル技術を、フィジカル、すなわち現実を物理的に動作させる世界にいかにドッキングするかが問われているのです。

　たとえばバンガロールでは、大きな地殻変動が起こっています。

かつてインドのIT企業は、比較的安い人件費と高いITスキルを生かして、業務用のソフトやシステムのオフショアリングで大きく成長してきました。しかし、AIやクラウド、RPAなどの技術革新により、人海戦術的な開発手法は時代遅れとなりつつあります。

代わって期待されているのが、スマートシティやスマートファクトリーなど、IoTやビッグデータを駆使してインフラ全体を成業する社会ソリューションや産業ソリューションです。そこではITに加えて、リアルのインフラを駆動し、制御するオペレーショナルテクノロジー（OT）のノウハウが不可欠になります。

そこで、たとえばテックマヒンドラは、日本電産やデンソーなどと連携して、サイバー・フィジカルなソリューション構築と保守・運営などのサービス提供を行っています。OT技術に長けた日本企業は、同社にとって、シリコンバレーのITベンチャーなどと比べものにならないほど頼りになるパートナーだということです。

シリコンバレーでは、「ホンダイノベーションズ」がグーグルのお膝元のマウンテンビューで、ベンチャー企業とのコラボレーションを加速しています。AIやアプリケーションソフトは、実機に実装してみない限り、本当の有用性は実証されません。自動車会社のほうは、コラボする以上、まずは自社に囲い込みたがります。

一方、ベンチャー企業側は、それだと自動車会社の思惑一つで、技術がいつまでも日の目を見なかったり、広く拡販する自由度を奪われることを危惧します。そこでホンダイノベーションズでは、このような「縛り」なく、ベンチャーの技術を本社側に紹介し、実機に実装する仕組みを提供しています。その自由度が好感されて、地元のベンチャー企業群が腕によりをかけた技術を持ち込んできているのです。

同社の隣にオフィスを構える「パナソニックβ」の取組みもユニークです。そもそも同社はオペレーショナル・エクセレンスを極めるパナソニック本体（いわば「パナソニックα」）とは全く異なり、シリコンバレー流のリーン・スタートアップ方式を採用してい

ます。オフィスの中にプロトタイプが簡単に作れる工房を備え、現地企業とまさに「同じ釜の飯を食う」関係を作り上げているのです。

それだけでは、どこにでもありがちなシリコンバレーの出島部隊でしかありませんが、前述したように、本社の若手を3カ月の期限で同社に駐在させ、シリコンバレー流をしっかり刷り込んでいます。その結果、本社側の現場そのものが、シリコンバレー流の仕事の仕方を身につけるようになるのです。

ジョセフ・シュンペーターはかつて、「新結合」がイノベーションをもたらすと看破しました。非連続な時代には、ただ新しいだけではなく、より異質性が高いことが必須となるので、私はこれを「異結合（クロス・カプリング）」と読み替えています。

オペレーションと戦略をいかに融合させるのか？　日本企業は自社のオペレーショナル・エクセレンスを切り札としつつ、バンガロールやシリコンバレー、あるいはテルアビブや深圳の異質なプレーヤーとの異結合を加速することで、次世代の成長へと大きく舵を切っていくことができるはずです。

◆─────── n.0へのバージョンアップ

フィリップ・コトラーも使っているように、1.0から2.0、2.0から3.0へという進化型のモデルが大きな潮流となっています。ちなみにコトラー教授は最近、マーケティング4.0として、デジタル経済を取り込んだマーケティングモデルを提唱しています。

このように新しいモデルをバージョンアップとして捉えるのは、ソフトウェアの世界ではおなじみです。常に進化を続けるソフトをバージョンアップして顧客に届ける考え方で、最近ではOTA（over-the-air）の手法を用いて、顧客の手元にあるソフトまで進化させてしまいます。

経営モデルの進化も、バージョンアップとして捉えるとわかりやすいでしょう。まず、今のモデルは仮の姿でしかない。しかも完成形はなく、どこまでも、いつまでも進化し続ける。このように経営を捉えると、まさに

「経営＝変革」という運動論がスッとイメージできるのではないでしょうか。

　私はいろいろな企業で、このバージョンアップを提唱しています。業界や企業によってバージョンアップの周期はまちまちです。IT業界のように変化のスピードが速いところでは、1〜2年のインターバル、インフラ業界などのように標準化が必須となるところでは、5年前後というイメージでしょうか。

　あまりバージョンアップの頻度が高いと、「型決め（プラットフォーム化）」が中途半端となるおそれがあります。スケールを支えるためには、一定の基盤が必要です。スケールとスピードをトレードオンさせていく知恵が、ここでも決め手となります。

◆─── 兵糧を積み替える

　バージョンアップしていく過程で、変革チームそのものの入れ替えが必要となるケースが少なくありません。新しいバージョンに取り組むチームは、新しい価値観やモデルをめざしますが、いったんそれが実現すると「型決め」モードに入ってしまいます。

　上記のとおり、それ自体はスケールを獲得するうえで必要なプロセスですが、ややもすると新バージョンを守ることが目的になってしまう。その結果、例の現状維持バイアスに縛られるおそれが高まります。そこで、次のバージョンにさらに大きく飛躍させるには、新たな変革チームを組成する必要が出てくるのです。

　たとえばドコモは、通話サービスからデータサービスに変革するにあたり、松永真理さんや夏野剛さんなどの外部人財を採用し、iモードを開発します。当時としては世界をリードする画期的なサービスでした。しかしその後、世の中がスマートフォンにシフトすると一気に失速し、新たに社内人財を中心とした次世代事業チームを組成しなければなりませんでした。

　良品計画も2000年当初、松井忠三さんが見事なV字回復劇を演出し、同社を新たな成長軌道に乗せました。その後社長になった金井政明さん

（現・会長）は、特に日本において良品計画のプロデューサー機能に磨きをかけて、「諸国良品」などの新しい活動を展開していきました。さしずめ、新生・良品計画バージョン2.0というところです。

そして、その後に社長を引き継いだ松﨑曉さんは、世界での店舗拡大を加速し、バージョン3.0を力強く展開しています。このように、経営トップの交代はバージョンアップを仕掛ける絶好の契機となります。

海外では、トップの在任期間が10年を超える長期政権の企業がよくあります。それに比べて、日本のトップは4〜5年で交代することが多い（もっともその後、会長や相談役として居座り続けることも少なくありませんが）。それでは長期的な視点で変革を実践することは困難だと、嘆きとも言い訳とも取れる声をよく耳にします。

しかし、変化が常態化している今日、変革は短いサイクルで、畳みかけるようにバージョンアップし続ける必要がありますが、同じ経営者が自分が仕掛けた変革を否定するのは簡単ではありません。むしろ、変革を1サイクルしっかりやり遂げたうえで、次世代の変革チームに主役の座を譲る覚悟があれば、4年間はちょうどいい期間ではないでしょうか。事実、トヨタの奥田さんは、4年間でトヨタを見事に変革させてみせました。

彼我の差を嘆くのではなく、日本的経営の枠組みをむしろ絶好の変革の機会と捉えて、4年サイクルでバージョンアップをし続ける。その結果、日本企業ならではの指数関数的な成長を遂げ続けることも不可能ではないはずです。

◆─────ホールディングによるトレードオン

「ホールディング会社」づくりが流行っています。複数の事業会社を束ねて、シナジーやガバナンスを利かせることを狙ったものです。そこで期待されるのは、GEでジェフ・イメルトがめざした「Connecting the dots」の役割です。

しかし、実際のホールディング会社の多くは、期待どおりの機能を果たせていません。財務、法務、人事などのコーポレートサービス機能や、IR、PRなどの対外活動が主体で、事業価値を高めるどころか、オーバー

第8章　変革を実践する　　365

ヘッドになっているのが実態です。

特に日本企業の価値創造の主体は、経営ではなく現場です。現場を持たないホールディングスは、まさに徒手空拳での立ち回りになりがちです。

海外においても、ホールディングスをもって事業を束ねなければならないほど事業領域が広がった企業は、企業価値が個々の事業の価値の総和よりも低く評価されるコングロマリット・ディスカウントの対象になってしまいます。

そうならないように、1＋1が3になるような仕掛けを作ることが、ホールディングスが発揮すべき機能です。そして、それはホールディングスという形態をとるか否かにかかわらず、本来なら総司令部（GHQ）が果たすべき役割にほかなりません。

GEはホールディングスという形態はとっていませんが、ジャック・ウェルチはM&Aによってポートフォリオの中身を大胆に入れ替えてみせました。ジェフ・イメルトはイノベーションとマーケティングをツインエンジンとして、新興国戦略にも拍車をかけることで、GE全体のオーガニック成長を演出しました。

また、IBMのルー・ガースナーはPOI（Portfolio of Initiative）という手法で、IBMという巨艦をハード会社からソフト・サービス会社へと大旋回させました。しかも、ハード事業を切り離すべきだという社内外の声に、断固としてノーを突きつけたのです。そして、ソリューションという軸で、これら3つの事業を束ねることで、IBM独自の「超製造業」モデルを提示してみせました。

ホールディングスを単なるオーバーヘッドにしてしまうのは本末転倒です。GHQも事業をコントロールするというガバナンス機能だけでは価値がありません。ホールディングス、そしてGHQは、個々の事業の価値の総和を大きく上回る価値創造の役割を果たすために何をすべきかを、いま一度真剣に考え直すべきときに来ています。

366　第Ⅱ部　変革のプロセス（How）

◆──── XRをパワーに

　IRやPRなどのコミュニケーション機能は、ホールディングスやGHQに帰属するケースがほとんどです。企業としての「公式発言」は、混乱を避けるためにも一元管理しておきたいというコントロール型の発想が、ここでも顕著に見られます。

　しかしコミュニケーションは、対外、対内を問わず、事業活動の根幹をなすものです。なかでも、カスタマーリレーションズ（CR）やエンプロイーリレーションズ（ER）は、顧客、社員という事業の要となる資産との関係づくりを担うものです。

　さらに、顧客を超えた社会（パブリック）との関係づくり（PR）、そして単に結果（株価、配当）だけでなく、企業の活動そのものに関心の高い株主との関係づくり（IR）も、事業側が主体的にかかわるべき活動です。

　ジェフ・イメルトは卓越した経営者でしたが、株主との対話を十分に行わなかったことが致命傷となり、辞任に追い込まれました。変革構想は的を射たものだったのに、残念ながら資本市場では評価されていなかった。それは、株価の低迷となって端的に示されています。

　一方、日立では川村改革の一環として、各事業のトップにもIRを直接行わせることにしました。それによって各事業主体が、株主の期待を正しく理解したうえで、現場変革に拍車をかけることができました。また、コモンズ投信やみさき投資などの長期的な企業投資に定評があるファンドも、GHQの公式発言より、現場のリーダーとの対話にしっかり時間をかけています。

　このような多様なコミュニケーション活動を、私は「XR」と呼んでいます。上記のIR、PR、CR、ER、さらにはSR（Supplier Relationship）、GR（Government Relationship）など、幅広いステークホルダーとの対話は、共感共創力を高める最大かつ唯一の手段です。XRは経営トップや本社の一専門部門に任せるには、事業運営にとってあまりにも重要すぎる活動といえます。

5 | 変革実践の実際──ダイキン中国のケース

◆────最後のバスに飛び乗る

本章の終わりに、変革実践のケースとしてダイキンの中国事業を取り上げます。ここまで紹介した変革を実践するうえでのポイントを頭に置きながら読んでください。

ダイキンにとって中国は、世界中で最も多くの収益を計上している市場です。他のほとんどのグローバル企業にとっては、市場が大きいので売上高こそ計上できるが、競争が激しいため収益は厳しいというのが中国事業の常識です。では、ダイキンはなぜ中国で、現在のようなポジションを築けたのでしょうか。

ダイキンが中国に進出したのは1996年。松下幸之助翁が鄧小平と握手してからほぼ20年後のことです。当時は「最後のバスに飛び乗った」と揶揄されました。

最終便に乗り込んだのは、日本の空調販売会社の営業本部に勤めていた田谷野憲さんでした。近畿での営業一筋だった田谷野さんは「中国行き」を命じられ、てっきり中国地方の拠点・広島行きと勘違いしたというエピソードが残っています。

ほとんどの日本のエアコンメーカーは、とっくに中国に進出していましたが、どこも安い家庭用エアコンを卸経由で販売しており、全く利益が上がっていませんでした。そこで田谷野さんは、発想を逆転します。高級な業務用エアコンを、専売店か直販店で売り切る戦略に出たのです。

◆────「べたつき営業」

そこで仕掛けたのが、日本の営業手法をそのまま中国に持ち込もうというもの。社内では「べたつき営業」と呼ばれる、どぶ板営業です。

日本におけるダイキンの業務用エアコンの営業は独特でした。日立、三菱、パナソニックなどの大手とは違い、ダイキンには施主や施工主からは

368 | 第Ⅱ部 変革のプロセス (How)

なかなか声がかかりません。そこで下請けとして図面を書く設計事務所を丹念に回り、自社製のCADを配り歩いたのです。当然、設計図にはダイキンの空調システムと、それに適した配管が組み込まれることになります。

設計事務所に空調機の決定権はありませんが、施主や施工主もせっかく描かれた設計図を書き直させてまで、他のメーカーの空調機を入れる強い動機が働きません。こうして業務用において、ダイキンはトップの座に躍り出ることになったのです。

これと同じやり方を中国に持ち込もう。田谷野さんはそう考えて、日本の営業マンを中国に送り込みます。そして中国人学生を通訳に雇い、販売代理店に「べたつき営業」のコツを徹底的に刷り込んでいきました。

代理店もこの方法だと確実に成約に結びつくことにすぐに気づき、ダイキン方式に飛びつきます。ちょうど上海や北京などで、高層ビルやホテルの建設ラッシュの火ぶたが切られたタイミングでした。ダイキン中国の「べたつき営業」はその波に乗り、瞬く間に中国のB2B市場を席巻していったのです。

◆———— 最大の敵を味方に

業務用で成功したダイキンは、次に家庭用市場に参入します。当初は業務用と同じハイエンドに狙いを定め、そこでブランドイメージを確立することに成功します。その結果、「空調のベンツ」とまで称されるようになります（ちなみに、TOTOが「トイレのベンツ」と呼ばれるようになったのもこの頃です）。

しかし、急激な経済発展により中間（MOP: Middle of Pyramid）層が新たなボリュームゾーンとして急浮上。この主戦場をいかに攻略するかが新たな課題となりました。低級品市場を押さえていたのは、中国企業の格力電器。空調の売上高では世界ナンバーワンの強豪です。中間層をめざして、下から上がってこようとする格力電器と、上から下りてこようとするダイキン。両社の一騎打ちは避けられないかと思われました。

ここで田谷野さんは、奇策を講じます。空調のコア部品であるインバー

第8章 変革を実践する　369

ターを格力に提供し、それを組み込んだ空調本体を格力に販売してもらうというものです。インバーターはすり合わせ技術の塊で、日本の大手企業しかうまく作れないという競争力の源泉。まさに捨て身の技でした（図表8-1）。

ダイキン本社で、大反対が起こったのは当然でしょう。その急先鋒は、CTO（Chief Technical Officer）です。最大の武器を世界最大の競合に提供するなど、ありえないという強硬姿勢でした。それに対して、井上礼之会長は「そんなことを言うなら、CTO失格だ！」と一喝したとされます。

自分が開発した技術を世界中に売って開発費を回収し、その資金でどこにも真似のできない次のバージョンを開発するのがCTOの役割だ。中国という大市場をものにせずして、いかに世界で戦うのかと、諭したそうです。

技術を守るのではなく、あえてコモディティ化を進めてスケールを稼ぎ、どんどんバージョンアップしていくのがCTO本来のミッションであるはず。この考えは、松下幸之助翁の「水道哲学」を、現代、そして中国という新興市場に展開したものともいえます。

もっともダイキンは技術供与ではなく、あくまで部品提供にこだわりました。格力は供給された部品を使い、その持ち前の安いものづくり力と、中国の津々浦々まで広がった販売網を武器に、「ダイキン・インサイド」のエアコンを売りまくります。

ダイキンは自ら完成品を組み立てたり、膨大な販管費を供出する必要がなかったため、大きな利益を手にすることになりました。格力が自分たちの代理店になってくれたようなものです。こうしてダイキンは、最大の敵である格力の力を借りて、中国のMOP市場に深く浸透していくことに成功しました。

同業他社でありながら、お互いが持つスキルをうまく組み合わせ、補完し合うことで、自社単独では不可能な大きな市場創造と価値獲得を実現していく。どちらが勝ち、どちらが負けるかというゼロサムゲームではなく、Win-Winをもたらすプラスサムゲームをめざすことがカギとなることを、この事例は教えてくれます。なれ合いではなく、常に緊張感を持って

図表8-1　ダイキン流コラボレーション──空調事業フェーズ2（B2C）

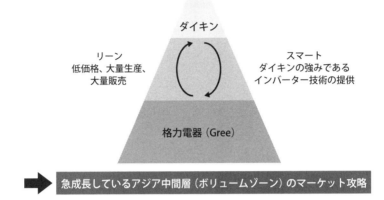

切磋琢磨し合うことで、持続可能な関係が築けるのです。

　第3章でも述べたように、オープンイノベーションは、もてはやされているわりには、成功例は稀です。ダイキンは最大の敵とあえて組むことによって、オープンイノベーションを成長のエンジンに組み込むことに成功しました。

◆─── **ダイキン万歳！**

　2012年、日本の尖閣国有化を背景に、中国との関係が悪化したことは、まだ記憶に新しいところです。大規模な反日デモが発生したわずか数カ月後、私は上海にあるダイキン中国本社を訪問しました。ちょうど代理店大会のタイミングでした。

　スクリーンには次々に、ダイキンの代理店のオーナー夫婦がフィーチャーされています。例の「べたつき営業」で地道に顧客を開拓し、短期間で事業を拡大。今ではカリブ海やエーゲ海で2週間もバカンスを満喫している姿が映し出されると、来場者からは祝福と羨望の視線が送られます。そして最後には「ダイキン万歳！」と全員でシュプレヒコール。

　私は思わず周りを見渡してしまいました。とてもジャパンバッシングの

嵐が起こっている中国国内の光景とは信じられません。

　すると田谷野さんが「ダイキンは中国人パートナーから熱烈歓迎を受けます。なんたって、社名が『大金』ですから、こたえられませんよ！」と、笑いながら説明してくれました。政治問題と金儲けは別問題ということのようです。

　中国市場に適合した大胆な戦略を矢継ぎ早に展開する姿を、GHQには「関東軍」と揶揄する声もあったようです。しかし、田谷野さんは「ここに骨を埋める」と全く意に介さず、猛進しました。まさに確信犯的な変革リーダーでした。

　その田谷野さんが20年ぶりに本社に呼び戻されたのは、2013年のことです。井上会長の右腕として、十河政則社長とともに、ダイキンの次世代成長を駆動する役割を担っています。大本営に帰還した「関東軍」がどのような変革を繰り出すか、今後も目が離せません。

---

6 ｜ 変革実践時の躓きの石

◆───── KPIという気休め

　経営においてはKPIが常に求められます。定量的にモニタリングできない限り、経営管理ができないからです。しかし、オペレーションを磨き込むうえでは必須なディシプリンですが、変革という新しい世界に踏み出すときには、KPIが必ずしも有力なツールになるとは限りません。

　そもそも変革がアンファミリアー・ゾーンやアンサートン・ゾーンへの旅立ちである以上、KPIを初めから設定すること自体に無理があります。何がKPIとなりうるかというところから、新たなゲームのルールを学びながら考えていかなければなりません。

　仮に、変革前に策定したKPIのとおりに事が運ぶようなことがあれば、それはむしろ失敗と捉えるべきでしょう。なぜなら、それは変革後の学びを何も反映していないことの証だからです。そのような予定調和型の発想

は、中期計画と同じく、気休め以上に有害無益です。

　もし変革後の進捗を計測したいのであれば、変革後にどれだけ新しい学びがあったかどうかを測定すべきです。そして、その新しい学びをベースにKPIを新たに作成する。変革の目的が「差異」を生むことであるとすれば、変革前と後とでKPIにどれだけ差異が生まれたかということこそが、真に意味のあるメジャーメントであるはずです。

◆─── 変革ごっこ

　変革劇でよくある失敗は、ちょっと意表をつくような取組みをして、それで変革を演出するといった手口です。アーリーサクセスにスポットライトを当てるのは正攻法ですが、成功もしていないのにそれをもてはやすのは禁じ手です。周囲からも社内からもあきれられ、むしろ本質的な変革の芽を摘むことにもなりかねません。

　社長直轄の新規事業創出プロジェクトやアイディアコンテストなどが、世の中で流行っています。たとえばソニーは、2014年から、当時の社長だった平井一夫さんの直轄で「シード・アクセラレーション・プログラム（SAP）」を始めました。アロマディフューザー「アロマスティック」など13のアイディアが事業化されたことで注目されています。

　しかし、果たして、これは高く評価されるべきでしょうか。単なる奇抜なアイディア商品を作り出すことだったら、誰にでもできます。アイディアそのものはコモディティといってもよいでしょう。

　そのアイディアを事業として成功させ、しかも、本業を超えるくらいの骨太なプラットフォームに育てていくことこそが変革の本筋で、0から1ではなく、1から10、10から100が経営の勝負どころなのです。1ができただけであたかも成功したように錯覚するのは、変革の本質を完全に外しているし、「変革ごっこ」の域を出ていないと非難されても仕方がないでしょう。

　そのようなレベルで会社の資源を費やすのは、無駄以外の何物でもありません。若者のガス抜きになるという言い訳もよく耳にしますが、事業としてモノにならない以上、若者たちの努力も報われず、負け癖をつけるだ

第8章　変革を実践する　373

けに終わってしまいます。

変革ごっこは、経営者もやらされるほうも、何かやっている気になるだけに質が悪いといえます。変革をしているふりを装う「アリバイ工作」にすぎません。このような錯覚は、まさに有害無益です。

◆──── 直線志向の落とし穴

指数関数的な成長カーブを読み違えると、せっかく軌道に乗り始めた変革の芽を摘むことになりかねません。たとえば、変革が遅々として進まず、成果が出ないと、こらえきれずに方向転換（ピボット）してしまいがちです。

しかし、指数関数的なカーブに乗っている場合には、1から10まで進めば、10から100まではあと一息。成功は見えたも同然です。それなのに、直線的な発想にとらわれていると、まだ10％しか進んでいないことに業を煮やしてしまいがちです。発想の転換ができていないと、このような判断ミスを犯しかねません。

一方、指数関数と思っていたら、実は直線だったというケースも少なくありません。先述した東芝の例のように、最初は低成長で、あとから急成長するという中期計画をよく目にします。「ホッケースティック」と呼ばれるものです。もっとも、相当上向きにそりが入ったホッケースティックですが。この場合は、10までしか行っていなければ、100まで育つには本当にあと10倍は時間を要するので、注意しなければなりません。

◆──── バーンアウト現象

ただし、爆発的な成長をひたすらドライブしていくと、組織細胞が炸裂してしまう危険があることも忘れてはなりません。「バーンアウト現象」と呼ばれるものです。「燃え尽き症候群」とでも訳せるでしょうか。

適度なストレッチであれば、徐々に筋肉がついてくるので、組織も変革そのものを体質化していくことができます。トヨタなどがまさに好例です。しかし、無理なストレッチを矯正しすぎると、組織は長くもちません。東芝が「チャレンジ」を迫りすぎて、組織がバーンアウト寸前に追い込まれ、

会計不正に手を染めるようになったことは、よく知られているとおりです。

　バーンアウトを避けるために、ワークライフ・バランスを取る工夫をしたり、サバティカル（長期休暇）などの制度の導入を検討する企業が増えています。最近ではアメリカ西海岸を中心に、「マインドフルネス活動」が広がっています。ヨガやストレッチ（こちらは目標値ではなく、筋肉を伸ばすほうのストレッチです）のような体を動かすものから、呼吸法、さらには座禅や瞑想まで、いろいろな幅やレベルがあります。

　頭だけでなく、体と心の健康を気遣うだけで、バーンアウト現象を回避することができるようになります。それどころか、翌日からの活力や新しいアイディアが湧いてくるので、ますます良いリズムが保てるようになる。うまく取り入れることをお勧めします。

◆─────戦勝碑が墓碑に

　最も多い躓きは、「成功の復習」です。変革を成功させたことでほっとして、変革の手を緩めるパターンです。Ｖ字回復後に「平常モード」に戻ってしまい、継続的な進化を止めてしまう。戦勝碑が墓碑に変わる瞬間です。

　ＩＢＭはルー・ガースナーによる大変革で見事に蘇りましたが、その後を継いだサム・パルミサーノは組織の一体化に舵を切りました。「バリューズ・ジャム」と呼ばれる企業理念そのものの見直し活動です。それ自体、次の変革の準備運動としては効果的だったはずです。

　しかし、そのような内向きの活動に注力している間に、本格派のネット企業が急成長していきました。たとえばアマゾンとグーグル。それまでガースナーの指揮の下、ｅビジネスなどネットサービスの先頭を走っていたはずのＩＢＭは、ここで大きく躓いてしまいます。それらの指数関数的成長を遂げる企業群（ExOs）との距離は、その後もどんどん開いていくばかりです。

　最近の好景気の中で、史上最高益の美酒に酔いしれている企業が少なくありません。新社屋を建てようなどという企業は、その典型例です。しかし、歴史を振り返っても、最高益でピークアウトする企業は数知れませ

ん。新社屋を建てたとたん、業績が悪化するという都市伝説があるくらいです。最高益ということは、後は下り坂が待っていると考える必要があります。

　変革が成功したとき、最高益のときこそ、次世代成長を始動させる絶好の機会です。正しい「Sense of Urgency」、すなわち「今でしょ！」感覚を組織にチャージし、さらなる高みに向けて旅立ちましょう。

　ボン・ボヤージュ！

変革を継承する

1　仕組み化のパワー

◆─── カリスマはいらない

　カリスマ経営者による華麗な企業変革劇は、よく目にする光景です。GEのジャック・ウェルチ、IBMのルー・ガースナー、P&GのA・G・ラフリーなど、いずれも歴史に残る企業変革の立役者です。

　しかし、カリスマ経営者の腕力が光れば光るほど、その引退後は大きなリバウンドが避けられません。ウェルチを継いだイメルトは、それでもまだオーガニック成長への道筋をつけることに成功しました。

　しかし、ガースナーの後のサム・パルミサーノは、IBMを長期低迷に逆戻りさせてしまいました。また、P&Gの株価はラフリー退任後にピークアウトし、後を引き継いだボブ・マクドナルドは業績不振の責任を追及され、4年目で辞任を余儀なくされました（もっとも、その後でトップに連れ戻されたラフリーも、P&Gの変革第2幕はうまく演出することができませんでした）。

　変革が一過性のものであれば、カリスマによる劇場型変革も悪くはないでしょう。しかし、それでは変革という運動論を組織の中に体質化することはできません。また次のカリスマが登場するまで企業は進化が止まってしまう。「カリスマ待望論」という病気です。

　変革を継承し続けるためにはカリスマは不要、いえ、それどころか有害

です。組織のあらゆるレベルで「ゆらぎ・つなぎ・ずらし」を引き起こすためには、カリスマという属人的な装置に頼るのではなく、より再現性の高い仕組みに落とし込む必要があります。

いわば「誰がトップに就こうと、変革のリズムはぶれない」企業こそ、本質的に強い企業といえます。日本には「誰がトップに就こうと、オペレーションのリズムはぶれない」という企業がたくさんありますが、それではトップは「お神輿」に乗っているだけ。変革など起こりようがありません。

変革をいかに仕組み化・体質化するか──それがチェンジリーダーの本質的な役割です。

◆─── 盤上の駒を「成り駒」に

ぶれない変革のリズムを作るためには、現場の人たちが変革を自分事としてやり遂げていかなければなりません。カギを握るのは、現場が自走しながら自ら変革の必要性に気づき、ギアチェンジをしていくような体質をいかに作るか、という点です。

日本電産の永守重信さんは、今まで手掛けた50社を超える買収をすべて成功させたと、豪語しています。そして、その秘訣を将棋にたとえて、「歩を『と金』に変える」ことだと打ち明けます。現場の普通の人財（歩）の心に火をつけて、変革リーダー（と金）に変えてしまうのです。

将棋に詳しくない人のために解説すると、「と金」は、歩（歩兵のこと）が敵陣の中に入って金将と同じ動きをするように成ったもの。歩の駒を裏返して「と」という字が書いてある面を使うので「と金」と呼びます。このように「歩」から「金」に変身（昇格）した駒を「成り駒」ともいいます。

それまで「負け癖」がついていた現場に、基本を徹底させる。それだけで赤字続きだった会社が、翌年には黒字化します。そこからさらに2桁の利益率に向けて、オペレーションの改善を徹底させる。一方で、「新顧客」「新市場」「新製品」という「グローバル3新展開」を通じて、「ずらし」に挑戦させ、非連続な成長を実現する。これが、永守流現場変革の方程式です。

378　第Ⅱ部　変革のプロセス（How）

「頭でっかちは駄目」と、永守さんは言い切ります。「IQの差はせいぜい2倍程度。心に火がついた現場の人間は10倍の力を発揮する」。この言葉どおり、盤上の駒を「成り駒」に変えれば異次元の変革が実現できることを、永守マジックは何度も再現してみせてくれます。

◆──── **自走する現場**

永守さんに限らず、日本の優れた経営者は現場に火をつけ、現場が自走する組織に作り替えるのが巧みです。

伝説的なところでいうと、稲盛和夫さんの「アメーバ経営」でしょう。アメーバと呼ばれる小集団が自ら目標を立て、それを達成していく。そうすることで、現場の社員1人1人が主役となり、自主的に経営に参加する「全員参加経営」を実現する。このやり方で稲盛さんは、京セラとKDDIを日本を代表する超優良企業に育て上げました。またJALの再生劇は、アメーバ経営が持つ企業変革の手法としてのパワーを見せつけるものでもありました。

ユニ・チャームの2代目社長、高原豪久さんが編み出した「SAPS経営」も同様です。社員1人1人が自らの目標を設定し、行動し、成長し続けることをめざした運動論です。その根底には、自立した現場と経営が「共振」し合うことで組織が進化していく「共振の経営」という思想が脈々と流れています。

「商品と違って、優れた経営モデルとそれを使いこなす社員の実行力は、他社が簡単に模倣できない」と高原さんは語っています。

良品計画も現場が自走している企業です。社員全員が良品計画の価値観に共鳴し、自分事として新しいことにチャレンジし続ける。その浸透ぶりは、ほとんど「MUJI教」というべき様相です。社員1人1人がMUJI教の信者となって、その布教活動にいそしんでいます。

日本企業は、経営力では欧米企業の後塵を拝しますが、現場力では圧倒的に世界一です。その現場が自走するメカニズムを仕組み化した企業は、間違いなく強さを手にすることになります。

第9章 変革を継承する　379

◆———仕組みが9割

　現場の創意工夫に任せることで、変革の「ゆらぎ」は現場発で次々に生み出されます。しかし、その1つ1つは「カイゼン」レベルのアイディアで終わることが多い。マネジメントの役割は、そのような現場発のイノベーションを、組織全体の運動にまで「つなぐ」ことです。その結果、変革が大きなうねりとなって、組織全体の「ずらし」が引き起こされます。

　良品計画は「仕組み化」の代表例です。松井忠三さんの著書のタイトルではありませんが、『無印良品は、仕組みが9割』と、1割の創意工夫で0から1を創出し、9割の仕組みでそれを1から10へと組織の中に横展していく。この両輪がうまく回り続けることによって、現場のアイディアを組織全体の変革へとスケールさせることができるのです。

　仕組み化のもう1つのベストプラクティスは、リクルートです。同社が0から1、1から10、10から100へと3つのステップで、事業創造を仕組み化している話は、すでに紹介したとおりです。

　0から1で大切なのは、「圧倒的な当事者意識」です。現場の1人1人が自分事として、事業化のアイディアを捻出します。次の1から10でカギとなるのは「勝ち筋」です。事業として成長し、しっかりと儲かる仕組みを構築するためのストーリーを考え抜き、実践します。そして10から100では、いかにプラットフォームとして社内・社外のリソースを多重化できるかを模索します。

　それぞれのプロセスに、リクルート流の「アルゴリズム（価値創造の方程式）」があります。それを1人1人の現場がしっかりと実践するところが、リクルートの組織としての圧倒的な強みになっているのです。

◆——— Will Can Must

　リクルートは、人財開発の仕組みもユニークです。その主なツールの1つがWCM（Will Can Must）シートです。本人が今の仕事で実現したいこと（Will）、活かしたい強み（Can）、自分の仕事（Must）の3項目からなる目標管理シートです（図表9-1）。

　社員は半期に一度WCMシートを記入します。「WCMシート」の「Can」

図表9−1　リクルートのWCMシート

| Will Can Mustシート | 対象期間： | 名前： | 所属： |

Will

| 今の仕事において実現したいこと | キャリアイメージ |

Can

| 活かしたい強み
克服したい課題 | 能力開発テーマ |
| | 具体的行動 |

Must

| 目標
レポート先
達成基準
ウェイト | プロセス
（方法など） |

（出所）リクルートホールディングス。

にまとめられた強みや課題に対して、どのような仕事やポストが適切かを人材開発委員会で検討します。管理職はWCMシートに基づいて、部下1人1人の将来と今の仕事に真剣に向き合う必要があるため、大変な時間と労力を費やすといいます。

　大きいWillに対して、今のMustがあまりにも矮小に過ぎると、その仕事はWillに向かっての能力開発の場としてふさわしくない、という判断が下されます。逆にWillが小さいと、一見充実した仕事をしているように見えて、いずれすり切れてしまう危険があります。Will、Can、Mustそれぞれをできるだけ大きく定義し、その動的バランスをいかに保ち続けるかが肝となります。

　そもそもは、経営学の泰斗ピーター・ドラッカーが『経営者の条件』の中で、「Must-Can-Will」の重要性を説いたところに着眼したようです。ただし、リクルートはWillから入るという、いかにも未来志向企業らしいひねりを加えています。いずれにせよ、個の変革の総和が企業の変革をもたらすという、現場を基軸とした経営理念です。

◆── KPIからOKRへ

現場に「ゆらぎ」を生み出すためには、個々人のモチベーションを高めると同時に、それを組織の力に一体化させていく必要があります。そうした目標管理手法として、OKRが今、注目されています。Objective（目標）とKey Result（主な結果）を合わせた造語です。インテルが初めに採用し、数多くのシリコンバレーの指数関数的成長企業（ExOs）が採用しています。世界有数のベンチャーキャピタルであるクライナー・パーキンスを長年にわたって率いた伝説的な投資家ジョン・ドーアが、取締役を務めていたグーグルに導入したことで、一気に有名になりました。

KPIをはじめとする従来の管理指標に比べると、きわめてシンプルです。Objectiveと、それを達成するためのカギとなるKey Resultを、それぞれの部門やチームで設定し、それをトップから現場まで関連づけていきます（図表9-2）。

OKRを実践するうえでは、いくつかのルールがあります。

①Objective（目標）の設定は、野心的、定量的、期間限定的、かつチームアクションが可能であること。特に「野心的であること」が重要。グーグルの創業者であるラリー・ペイジは、「常識はずれの野心的目標を設定して失敗したとしても、きっと何か素晴らしいことをやり遂げたことになる」と語っている。

②Key Result（主な結果）の設定も、定量的かつ困難だが不可能ではないこと。限界を超えることがそもそもの目的なので、不可能ではないが達成するには困難な高いレベルに設定しなければ意味がない。

③全メンバーのOKRを公開し、共有すること。たとえば、ペイジは四半期ごとに自らのOKRを公表し、全社ミーティングでは彼の設定したOKRに基づいて議論する。この全社ミーティングに参加することで、従業員も四半期ごとの会社全体の方向性や優先課題を理解することができ、メンバー全員が同じ方向を向くことになる。

④定期的にコミュニケーションを図る。特に上司と部下との間でOne-on-Oneと呼ばれる個別ミーティングを頻繁に持ち、OKRの進捗を確

382　第Ⅱ部　変革のプロセス（How）

図表 9-2　KPIからOKRへ

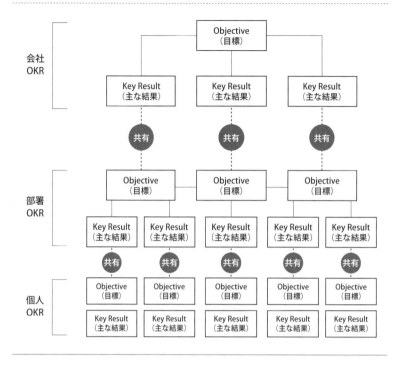

認することが重要。

⑤成果を測定する。四半期が終われば、すべてのOKRの達成度を数値化し、公開する。おおむね「7割程度の達成度であればよし」とするケースが多い。逆に8割も達成してしまうと、当初の目標設定の甘さが問題とされる。グーグルでは各部門の責任者は、経営会議においてOKRの数値の根拠に対する説明が求められる。

バランスト・スコアカードなどの従来型の業績評価システムは、管理すること自体が目的化してしまうことから、最近では業績管理そのものを廃止する企業も出てきました。「No Rating（評価しない）」と呼ばれる潮流です。ギャップ、アドビシステムズ、マイクロソフト、GE、アクセンチュアなど、優良企業が相次いで実践に踏み切っています。

OKRも業績評価システムではありません。あくまでも人財育成が目的です。現場を基軸とする企業変革を実現するうえでも、すぐれた仕組みとなるものと期待されています。

◆——— グローバル化とデジタル化を味方に

マクロトレンドのキーワードとして、必ずトップに上がってくるのがグローバル化とデジタル化の2つです。

企業が長期ビジョンを作成する際には、マクロトレンドの抽出から始めるのが定石です。その際によく使われるのが、PEST分析です。政治（Political）、経済（Economy）、社会（Social）、技術（Technology）の4点からマクロ環境が事業に与える影響を把握、予測するもの。PEST分析をすると、グローバル化は最初の3つ（PES）、デジタル化は最後のTの潮流として、必ず登場します。

グローバル化とデジタル化はあらゆる産業、あらゆる企業にとって、変革のレバーとなりうるものです。従来のやり方を踏襲していると、時代の潮流から大きく取り残されますが、逆に積極的に取り込めば、非連続な成長機会とすることができます。

ただし、他社と同じようにグローバル化やデジタル化の波に呑まれるだけでは、存在感は発揮できません。どちらの波も差異をなくし、均一化する方向に働くからです。グローバル化、デジタル化が進めば進むほど、その中でいかに自社らしさを再定義するかが問われることになります。

◆——— orではなくand ——— 差異を生むローカルとアナログ

グローバル化が進めば、逆にローカルな特殊性が希少価値として注目されます。良品計画の人気シリーズ「Found MUJI」は、良品計画が世界各地で見つけた民族の知恵を、世界の市場に向けてプロデュースしたものです。日本でも都市化やインバウンド観光が進むにつれ、地方の魅力が再評価されています。「Found MUJI」の国内版ともいえる「諸国良品」シリーズは、このトレンドをうまく捉えたものです。

同様にデジタル化が進めば、逆にアナログの良さが希少価値として尊

384 第Ⅱ部　変革のプロセス（How）

重されます。アップルは自社を「アプライアンス企業」と呼んで、グレートプロダクトにこだわり続けています。それは、デジタルな世界の入り口としてのアナログの完成度が、感動の原点となることを深く理解しているからです。日本でも製造業の強みを支えるのは、金属加工やすり合わせなどのアナログ技術です。

　グローバル化やデジタル化の進展によって、逆にローカルやアナログといった伝統的な価値が再評価される。もちろん、懐古趣味に浸っていても進化はありません。かといって、新たな潮流に流されるだけでは知恵がありません。「どちらか（or）」ではなく、「どちらも（and）」をめざすべきなのです。

　時代の流れを「ゆらぎ」として受け止めつつ、積み上げてきた資産を未来に「つなぎ」、新しい価値として「ずらし」ていく。ここでも、「ゆらぎ」「つなぎ」「ずらし」の運動論がカギを握るのです。

◆─── クラウド経営からエッジ経営へ

　コンピュータの世界ではクラウド・コンピューティングから、センサーやデバイスの近くで分散処理を行うエッジ・コンピューティングへと、大きなパラダイムシフトが起ころうとしています。

　すべての現場のデータをIoTでクラウド（中枢）に吸い上げ、そこでビッグデータ処理して最適解を出すというのが、これまでのパラダイムでした。しかし、それでは瞬時にアクションが求められる現場の要請には応えられません。ましてや、ネットワークが切れると、現場は判断不能になる。自動運転や高速自動化ラインといったクリティカルな用途になればなるほど、クラウド・コンピューティングでは限界があります。

　そこで台頭してきたのが、エッジ・コンピューティングです。クラウド（中枢）ではなく、エッジ（現場）で最適解を出し、即時にアクションに結びつけるモデルです。これを実現するためには、AIなどの知能を中央（クラウド）ではなく、現場に近い端末側（クルマでいえば、ステアリングやブレーキ）に埋め込む必要があります。

　日本有数のAIベンチャーであるプリファードネットワークスは、そのよ

第9章　変革を継承する　│　385

うなエッジ・コンピューティングを提唱し、トヨタ自動車、ファナック、NTT、シスコシステムズなどから出資を集めています。

イノベーションの世界でも、「イノベーション@エッジ」がキーワードとなっています。マッキンゼー時代に私の「同志」だったジョン・ヘーゲルは、現在、シリコンバレーのシンギュラリティ大学で教鞭を執るかたわら、デロイトの「Center for the Edge」の所長を務めています。

ヘーゲルは、イノベーションはセンター、すなわち、本社や本業から起こるのではなく、エッジ、すなわち海外子会社や傍流事業から立ち上がっていくものであると主張しています。なぜならば、それらのエッジこそが非連続性の波が最初に打ち寄せる現場に近いからです。「エッジ（辺境）」は「エッジ（独自性）」が立ちやすいのだと、ヘーゲルはダジャレを飛ばしていました。

実は、優良な日本企業はかねて、クラウド（中枢）経営ではなくエッジ（現場）経営を強みとしてきました。現地・現物・現実を経営の主軸としてきたのです。環境変化が常態化する今こそ、この三現主義を超高速で回転させていく必要があります。日本企業がグローバル化とデジタル化の波を味方につけ、この「エッジ経営」のパラダイムを確立できれば、再び世界のリーダーに躍り出ることも夢ではありません。

◆───── デジタル・トランスフォーメーションの本質

世の中では、デジタル・トランスフォーメーション（DX）が最先端の変革モデルとして注目されています。文字どおり、デジタルのパワーを活用して、企業活動に変革をもたらそうという試みです。

DXには、大きく3つのウェーブ（波）があります（図表9-3）。

第1ウェーブは、まず自社内での変革です。デジタル技術を駆使して、部門間や地域間をシームレスにつなぐ。あるいは、現場（エッジ）同士や現場と本社をつなぐ。さらには、ワークとライフをつなぐことで、ワークとライフを切り分けることをめざしている今の「働き方改革」を、「働きがい改革」という正しい方向に導いていく、などが含まれます。

第2ステップは、さまざまなステークホルダーとの関係性の変革です。

図表9−3　DX実現に向けた3ウェーブ

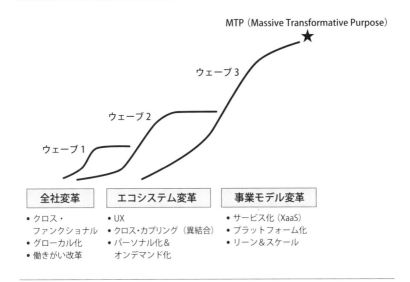

　たとえば「アマゾン・アレクサ」のようなAIスピーカーを使って、顧客の経験（UX: User eXperience）と自社を結びつける。あるいは、これまでバリューチェーンに入ってこなかったような異質なパートナー企業と共創関係（クロス・カプリング）を築く。あるいは、オンデマンドで必要なときに必要なリソースを入手する、または提供する、といったことが含まれます。

　第3ステップは、事業モデルの変革です。たとえば、「モノからコトへ」などというサービス化の流れがあります。これを私は「XaaS」すなわち「X as a Service」と呼んでいます。Xにはいろいろなものが入ります。製品（Product）であればPaaS、モビリティ（Mobility）であればMaaSとなります。さらには、他社のアセットと結びつけるためのプラットフォーム化、リーン・スタートアップとスケールアウトを結びつける事業モデルなどが、ここに含まれます。

　いずれも、組織や関係性や事業モデルなどを対象とした「変革（X）」が本来の目的であることを忘れてはなりません。デジタル技術（D）はそ

第9章　変革を継承する　　387

の手段でしかないのです。最近のDXブームを見ていると、残念ながらこの本質を取り違えて、デジタル技術を導入すれば変革が起こるのではないかと錯覚しているケースが後を絶ちません。

当然ながら、DXにはデジタル技術が必須とされます。そのため、ソフトウェア・エンジニアやデータ・アナリストなどが、どの業界でも引っ張りだこです。確かに今のAIは、きちんと機械学習ができるようになるための、初期的なティーチングは不可欠です。しかし皮肉なことに、AIが進化すると、そのような人財そのものが不要になると予測されます。AIがディープラーニングを駆使して自らアルゴリズムを組成し、ビッグデータを瞬時に分析してしまうからです。

これまでも、ITを梃子とした企業変革は、繰り返しブームとなってきました。たとえば、BPR（Business Process Re-engineering）は、ITを活用して部門を超えて業務プロセスを最適化するという試みです。ではDXは、いったい何が新しいのでしょうか。

DXの影響の大きさは、IoTにより、あらゆる現場のデータを獲得、蓄積、活用できるようになることに起因します。BPRが「業務」というバックオフィス活動の最適化だとすれば、DXは、顧客現場や事業現場などの見える化を梃子とした「現場」活動の最適化をもたらすものです。

ITがコモディティ化する中で、より重要な資産は、OT（Operational Technology: 運用技術）です。現場活動（アクチュエーション）を最適化する知恵を、いかにITと融合させるかがカギとなるのです。日本企業が長年培ってきた現場力がモノをいう時代が到来したといえます。

日立の東原敏昭社長は、DXの本質を「社会イノベーション」と位置づけ、以下のように語っています。

「日立は、1910年に、鉱山を支えるモーターの開発によって創業し、それ以来、『優れた自主技術、製品の開発を通じて社会に貢献する』ことを企業理念としてきた。これは今も変わらない。100年以上の歴史を持つOTと、デジタル技術のITを組み合わせ、IoT時代における社会課題の解決を行うのが当社の社会イノベーション事業である」（「日立ソー

シャル・イノベーション・フォーラム東京」2017年11月1日)

　また、これまで人が資産であり続けた商社も、DX時代の勝者として名乗り出ています。三井物産の初代CDO（Chief Digital Officer）の北森信明専務は、DXを「デジタルパワーを活用して、オペレーショナル・テクノロジーを改善し、最終的に収益を向上させること」と定義したうえで、次のように語っています。

　　「オペレーショナル・テクノロジーは、ビジネスにおける現場オペレーションのノウハウを指します。現場力といってもよいと思います。当社の16営業本部・3地域本部、各関係会社の事業部門の業務だけでなく、人事や法務、経理などコーポレート部門を含めての『現場知見』です。これまで当社は、さまざまな分野で『現場知見』を磨いてきました。
　　このオペレーショナル・テクノロジーをデジタルパワーを活用して改善し、最終的に売上増やコスト削減といった収益向上につなげるわけです。ただ、これだけだと生産性の効率化の域を出ないので、できるならさらにビジネスモデルを変革・創出することが望ましいです。デジタル化でビジネスモデルを大きく変えることができれば、大幅に収益力を高められるケースがあります」（「DiGITALIST」2018年5月31日）

　この2人の発言からも明らかなようにOT、すなわち現場力にこそ、DXの宝の山があります。ITがコモディティ化していく中で、日本企業が培っていた現場力こそが、これからの競争優位の源泉になる可能性が高まっています。

第9章　変革を継承する　**389**

2 変革継承の実際——ユニ・チャームのケース

◆―――創業者の危機感

変革継承の実際を論じるにあたって、これまで何度か登場してきたユニ・チャームを例に挙げましょう。同社を企業変革の視点で捉えると、大きく2つのフェーズに分けることができます。創業者である高原慶一朗さんによる最初の変革、そして、そのご子息で2代目社長となった高原豪久さんによる第二の変革です。

ユニ・チャームの主要製品はおむつと生理用品。この2品にフォーカスした同社は、日本の高度成長の波に乗って大躍進を遂げます。しかし、1980年代に入ると、創業者の高原さんは大きな危機感にさいなまれるようになったそうです。

この業界の世界のトップはP&Gで、日本のチャンピオンは花王でした。これまではユニ・チャームの存在を、ある種黙認してきてくれた。しかし、日本市場がここまで大きくなり、ユニ・チャームが無視できないほどに成長してきた以上、彼らが本気で攻略を仕掛けてくる可能性は大きい。そうなれば、自社はひとたまりもないという危機感です。

そこで、ボストン コンサルティング グループ（BCG）の堀紘一さんを呼んで、この危機を乗り切るためどうすればよいかと相談を持ち掛けます。そこでBCGが最初に出した報告書のタイトルが「死刑宣告」でした。コスト構造や営業力の比較分析をベースに、P&Gと花王が本気で攻勢をかけてきたら、ユニ・チャームは必ず潰れるというシミュレーションを克明に行ったものです。高原さん以下は、凍りついたといいます。それがわかっているから、どうすればよいかを相談したはずなのに……。

もちろん、それで終わりではありません。一応駄目押しをしたうえで、堀さんはそれではと言って、第2の（そして取っておきの）報告書を取り出しました。題して「ホワイトスペース戦略」。日本市場で「本土決戦」に持ち込んでも勝ち目はゼロ。であれば、外に出て、より大きく市場を獲

390　第Ⅱ部　変革のプロセス（How）

得し続けるしかない。ただし、欧米市場は世界大手がひしめくレッドオーシャンであり、攻めるべきは、まだ市場が大きく立ち上がる前の新興国市場である、という内容でした。

1980年代は、日本企業が海外市場に雪崩を打って進出した時期です。しかしその多くは成熟した欧米市場でした。1989年には、大前研一さんの『トライアド・パワー』がベストセラーとなります。欧米日の3つの市場を制したところが世界を制するという見方を示したものでした。ゴールドマン・サックスがBRICsという言葉を初めてレポートで使ったのが2003年なので、それより一昔以上も前です。

そうした時代に堀さんは、大手企業がまだ本格的に参入していない新興国こそ、ターゲットにすべきであると提言します。今からインサイダー化しておくことで、市場が立ち上がったときには、ナショナルブランドとしての地位が確立できているはずだと見通したのです。いわば「先回り」戦略です。

◆——— MOPを狙え

これを聞いた高原慶一朗さんは、海を渡る決意をします。対象国はタイとインドネシア。日本から送り込まれた社員には、「何としても市場をこじ開けよ」という命が下されました。市場参入を果たすまでは帰るに及ばずという「片道切符」状態だったといいます。

紙おむつも生理用品も、消費のレベルが上がらないと、なかなか買ってもらえない商品です。特に紙おむつは、布おむつに比べると使い捨ての贅沢品とされ、2つの国では富裕層だけを相手に商売されていました。

新興国市場は、よくBOP（Bottom of the Pyramid: 最貧層）ビジネスと呼ばれます。しかしBOPの中には、TOP（Top of the Pyramid: 富裕層）とBOPが混在しており、BOPは購買力がないので、TOPを相手にするというのが先進国企業の定石でした。P&Gも花王もすでに新興国市場に進出していましたが、あくまでも照準はTOPです。ただし、それではボリュームが取れないので、あくまでニッチ市場という位置づけだったのです。

しかし経済発展とともに、BOPから這い上がり、ある程度の可処分所得を持つ層がどんどん増えていました。いわゆるMOP（Middle of the Pyramid: 中間層）で、成長市場において新ボリュームゾーンとして急速に台頭してくる層です。Mass（大衆層）とPrestage（富裕層）の間ということで、「Masstage（マステージ）」と呼ばれます。TOPでもBOPでもなく、このMOPこそ、新興国市場でスケールしていくための最大のターゲットとなる。ユニ・チャームはそう確信したのです。

◆──── 3000ドルクラブ

　少し話はそれますが、市場がある数字を超えるとBOPからMOPに移行するという現象が見られます。そのマジックナンバーが、1人当たりGDPで3000ドルという数字です。この境界を超えると消費生活が急に豊かになります。

　日本が「3000ドルクラブ」に入ったのが、1973年です。タイは1996年。ただし、その直後にアジア経済危機に突入したため、タイのGDPは2000ドル近辺にまで急落し、再び3000ドルを超えるのにそれから10年かかりました。インドネシアは2010年に、フィリピンは2017年になって、ようやく3000ドルクラブ入りを果たしました。

　3000ドルクラブに入ると、消費の対象がガラッと変わります。象徴的には、個人の移動手段が、二輪車から四輪車へシフトします。紙おむつが売れ始めるのも、このタイミングです。ちなみに、ユニクロも3000ドルを、市場進出の1つの目安としています。タイはもちろん、インドネシアやフィリピンには進出していますが、3000ドルに届かないベトナムやインドには、2018年になってようやく参入することにしました。

　ただし、ユニクロは1000ドルレベル（当時）の最貧民国の1つだったバングラデシュには、実験的に進出しています。これは、マイクロファイナンスで2006年にノーベル平和賞を受賞したグラミン銀行創業者のムハマド・ユヌスと、グラミンユニクロというジョイントベンチャーを設立したことがきっかけです。

　これはソーシャルビジネスという位置づけであり、単なる営利目的では

ありません。また、1000ドル市場で成立可能な事業モデルができれば、いずれ未踏のアフリカ市場にも進出できるという実験的な目論見もあってのことです。

◆───設計アーキテクチャーを見直す

さて、ユニ・チャームは3000ドルクラブ入りするはるか以前に、タイとインドネシアに進出したわけです。しかし、これまでの価格設定では、台頭しつつあるMOPにとってもいかにも高すぎます。そこで、現地ニーズを取り込みながら、コストを徹底的に抑え込むことに本腰を入れて取り組むことにしました。私が「スマート・リーン」と呼ぶ戦略の新興国市場バージョンです。

ユニ・チャームは、進出後のごく早い段階で廉価盤パンツ型おむつを戦略商品に位置づけました。通常、パンツ型はテープ型より高い、プレミアム商品です。しかし、インドネシアの母親たちを対象に実地調査すればするほど、パンツ型へのニーズが高いことが明らかになりました。

紙おむつを使うのはもっぱら外出中ですが、日本のように清潔なベビーベッドが置いてあるトイレはまずありません。不衛生な所に赤ちゃんを寝かせたくない母親たちは、立たせたままではかせることができる紙おむつを望んでいたのです。ただし、値段はそれまでの半分で、という厳しい条件とともに。

ユニ・チャームの技術者は知恵を絞った結果、おむつの基本設計思想（製品アーキテクチャー）を見直すことにしました。これまでの複雑な構造から、2つの部位だけでできあがるように簡易化したのです。これでコストの大幅削減が可能になります。

一方で、フリルなどの余分な機能は徹底的に削減していきました。たとえば、「天使の肌触り」などは不要。漏れなければいいと割り切ったのです。使用後に捨てるための丸めて留めるテープも、基本機能とは関係ないので外しました。このような見直しの結果、従来価格の半額のパンツ型おむつが完成します。「マミーポコ」と名づけられた新商品は、ベストセラーとなっていきました（図表9-4）。

第9章　変革を継承する　393

図表9-4　MOP（Masstage）へのアプローチ

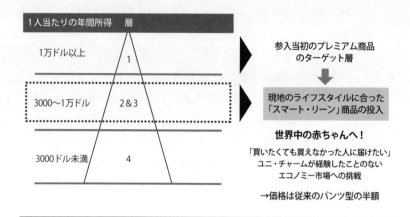

◆─── なぜ黄色なのか？

　マミーポコに関しては、日本人の現場力にさらに感心させられた話があります。商品パッケージの色です。紙おむつといえば通常、男の子用はブルー、女の子用はピンクが定番。ところがマミーポコは黄色なのです。

　現地で訪れたスーパーマーケットで私は、「なぜだか、わかりますか？」とインドネシア生活が長いユニ・チャームの日本人駐在員にいたずらっぽい表情で尋ねられました。「子どもが生まれるまで、男の子か女の子かわからないからでしょう」と答えると、「普通、紙おむつを買うのは、子どもが生まれてからですよね」と切り返してきます。

　しばらくして、理由がわかりました。停電です。現地ではよく停電が発生します。それでも買い物客は非常灯を頼りに、平然と買い物を続けている。そんなとき遠くからでもよく見えるのが、マミーポコの黄色のパッケージなのです。

　「赤ちゃんを連れているお母さんは、とにかく手早く買い物を済ませたいと思っています。黄色のマミーポコは、目的買いのお母さんたちにはとてもわかりやすいのです」と、彼は得意そうに説明してくれました。

　この観察力こそが、日本のお家芸です。マミーポコが現地のお母さんたちに愛され、「ナショナルブランド」としての地位を不動のものにしている

理由がここにあります。日本を片道切符で離れ、「和僑」として現地化した日本人たちの力を、まざまざと感じさせられました。

◆─── 非カリスマ社長の登場

こうしてユニ・チャームは東南アジアで、さらには中国で大躍進を遂げていきます。その間、2001年に39歳で創業家出身の高原豪久さんが2代目社長の座を受け継ぎました。社長就任当時の状況を以下のように振り返っています。

> 「行きすぎた経営多角化と国内市場の競争激化により、経営は壁に突き当たっていた。創業以来、業績は右肩上がりだったが、2000年、01年と2年連続で営業利益が減少していたのである。多角化経営の縮小や指示待ち体質の社風を変えることが急務だったが、変革を断行すれば、最大の強みである一体感が瓦解するリスクがある。変革を進めつつ、前社長のカリスマ性に代わる何か、すなわち『求心力維持のためのシンボル』を早急に作り上げる必要があった」(「プレジデント・オンライン」2013年2月21日)

そこで、創業事業である建材も含めて膨れ上がった国内事業を整理します。浮いた資金とヒトを強い製品や技術に振り向け、アジアなど世界で戦っていく体制に大きくシフトしていきました。その際に一番腐心したのが、このような変革の仕掛けを組織の中に組み込むことでした。それは前任者のカリスマ経営からの大転換でもあります。そこでめざしたのが、経営と現場が一体となって取り組む「共振の経営」です(図表9-5)。

豪久さんはこう言います。

> 「日々の工夫や知恵が現場と経営の間を行ったり来たりする『振り子』のような共振。これこそ、私がめざす現場の知恵を経営に生かし、経営の視点を現場が学ぶ『共振の経営』の出発点です」(『ユニ・チャーム共振の経営』)

第9章　変革を継承する　395

図表9-5　共振の経営の進化

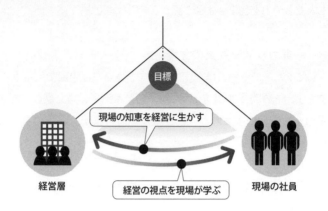

（出所）ユニ・チャーム。

　その発想の原点となったのは、1994年に副董事長として赴任した台湾の現地法人で、ローカル人財と一体となって進めた経営変革の成功体験でした。業績不振が続いていたのを、現地社員たちと時間と空間を共有して本音を引き出し、現場の知恵を経営に生かすことで黒字体質に転換させたのです。

◆―――変革装置としてのSAPS

　主体的に考えて行動できる社員を育成するための仕組みが「SAPS」です。Schedule、Action、Performance、Scheduleの頭文字を取ったもので、スケジュールして、アクションをとって、パフォーマンスを見て、またスケジュールするというサイクルです。これを年間目標、中期目標、月次目標に反映し、最後は週次目標に落とし込む。毎週これをしっかり回し続けるというのが、SAPS経営の基本です（図表9-6）。

　まずは二十数名の執行役員から始め、1年近い助走期間を経て、徐々に下の階層に下ろしていきました。導入は2003年ですが、新入社員までを対象に実施したのは、2010年4月のことです。

　いってみれば、何の変哲もないPDCAですが、これを週次単位でただ

図表9-6 ユニ・チャーム流PDCA経営——「SAPS」モデル

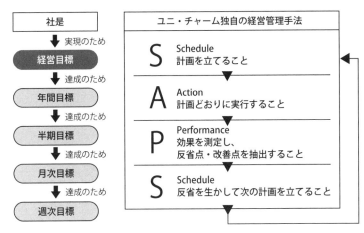

(出所) ユニ・チャーム。

ひたすら回し続けるところがポイントです。鈴木敏文さんが毎週セブン-イレブンで行っていたサイクルとも似ています。しかしユニ・チャームでは、それまではみんな上を向いて指示を待っていたのが、この仕組みが定着してからは自分で気づき、発想し、実行するというプロセスが習慣化しました。

これは単にオペレーションのカイゼンにとどまるものではありません。たとえば、新市場開拓について、豪久さんは次のように語っています。

「未開のマーケットで効率的に商品を普及させるには、仮説・検証のサイクルを素早く回していくことが最も実効性が高い。発想力とスピードを武器にするのです。ユニ・チャーム社員は、SAPSによって、その訓練を日頃から積み重ねている」(「プレジデント・オンライン」2013年2月21日)

また、このような癖がつくことによって、変革そのものが体質化していきます。変われと命じられても、普通の人は何をどう変えればよいかがわ

第9章 変革を継承する 397

かりません。しかしSAPSによって、新しい提案や仮説を計画してそれを実行し、その結果をふまえてまた計画するサイクルを繰り返していけば、嫌でも変わらざるをえないし、新しい情報や環境にも素早く対応することができる。変革のための運動能力が高まるのです。

こうして、ユニ・チャームの変革第2幕は、仕組み化によって定着していきました。

◆─── 終わることのない変革

ユニ・チャームは、中国でも東南アジア同様、MOPを徹底的に攻めていきました。農村部に販路を広げ、内陸にまでサプライチェーンを構築していったのです。そのプロセスの中で中国の現地法人の社員が育って、現地発の商品やサービスが生まれていきました。ユニ・チャームが「域内ナンバーワン戦略」と呼ぶ、徹底した現地化の成果です。

しかし、このMOP攻略が成功したがゆえに、ユニ・チャームは新たなチャレンジに直面しています。中国はその後も成長を持続し、今や1人当たりGDPは8000ドルを超え、沿岸部は2015年時点で1万ドルを突破しています。

そうなると、ボリュームゾーンもMOPからTOPへとシフトしていくことになります。そこは、P&G、キンバリークラーク、花王の世界トップ3の牙城です。ユニ・チャームはMOPブランドとして定着していただけに、TOPをめざすためには、これまでのブランドイメージを塗り替えていかなければなりません。

一方、得意としてきたMOPには、力をつけてきた中国のローカルブランドがBOPから攻め上がってきています。下手をすると、TOPの3ブランド、BOPのローカルブランドの間で、挟み撃ち（Stuck in the middle）となりかねません。

インド、アフリカなど、西に向かえば、MOP、BOPが成長する市場はまだまだ広がっています。一方で、成熟市場に向かいつつある東南アジアや中国市場において、いかに次の進化をめざすか。ユニ・チャームの変革第3幕が始まろうとしています。

> **Column**

PDCAからOODAへ

「空中戦」における戦略モデルとして最近、経営の世界でも注目されているのが「OODAループ」です。

観察（Observe）―適応（Orient）―判断（Decide）―行動（Act）のサイクルを繰り返すことによって、瞬時に現実の変化に対応するというモデルです。そもそもはアメリカの海兵隊が、パイロットの意思決定モデルとして活用していたものです。変化の速い現代の経営においても、PDCAのような線形的なモデルは通用しないということで、このような非線形モデルが求められています。パイロット、すなわち現場のリーダーが現実の展開に応じて、その場で戦略を策定・実践するという自律分散型の意思決定モデルです。

高原豪久さんも、2018年5月10日の日本経済新聞のインタビューで、SAPS経営では、時代の急速な変化には対応しきれない、と漏らしています。「OODAをしっかり回せることが、これからのリーダーの条件ではないでしょうか」。

3 | 変革継承時の躓きの石

◆――― 既定路線の踏襲

変革を継承するうえでよくある落とし穴は、既定の変革路線を踏襲しようとすることです。いったん大きな変革に踏み切った後は、それが定着するまで、さらなる変革は封印しよう、という判断に陥りがちです。

たとえば、GEの前CEOジェフ・イメルト。前任者のジャック・ウェルチがコングロマリット経営を極めたのに対して、エコマジネーションとヘルシーマジネーションという2つの戦略に大きく振り子を振ります。そし

第9章　変革を継承する　**399**

てCEOになって4〜5年目は、まずはこの新しい変革をしっかり定着させることにプライオリティを置きました。当時のインタビューでイメルトは、「今は変革の時期ではない。有機的な成長が組織のファブリックにしっかり根を下ろすことに注力する時期だ」と語っています。

しかし、世の中の変化は、自社の都合に合わせてはくれません。前代未聞の経済危機、新興国市場の急成長、IoT・AI革命など、破壊的な変化が重層的かつ加速度的に押し寄せてきます。GEは、そのような変化の渦にもみくちゃにされ、自社の体内時計に合わせた変革は、都度周回遅れになっていったのです。企業価値は下降線をたどり続け、2017年、ついにイメルトは退場を迫られることとなりました。

大きな変化が数年に一度の頻度で来る時代であれば、変革の後は定着させることが定石でした。しかし、ディスラプションが常態化している現在、変革をオン・オフのリズムで捉えると、オフの間に大きく時代から取り残されてしまいます。

どの組織にも、長い時間をかけて作られた体内時計があり、意思決定や実行のスピードはこれに左右されます。業種によっても個々の企業によっても時を刻む速さは異なりますが、一部のベンチャーを除けば速すぎるということはまずありません。慣れ親しんだスピードで着実に前進するだけでは、押し寄せる変化の波に押し流されてしまうことを理解しておく必要があります。

◆———— 前任者否定の落とし穴

もう1つ、変革中によく見かける風景が、新経営者による前任者否定です。たとえば、上記のイメルトは、前任者ウェルチのコングロマリット経営を否定しました。東芝では西田厚聰さんの後の佐々木則夫さんが、社会インフラに傾斜した独自路線を打ち出し、西田さんとの確執を招いて東芝を混乱させました。

もっとも日本では、社長が自分の息がかかった人物を後任者に選ぶことが多いので、そこまで明確な前任者否定はめったに起こりません。それでも多くの新経営者が自分のカラーを出そうとして、新機軸を打ち出すこと

は少なくありません。前述のユニ・チャームにおけるカリスマ経営者否定、ホンダの八郷隆弘社長の拡大路線否定、などがその一例です。

しかし、これまでの強みまで否定してしまっては意味がありません。新しいカラーに塗り替えるのではなく、これまでのレガシーの良さを引き継ぎながら、それを新しい現実に向けてさらに進化させるという視点が必要です。

伝統か革新か、という選択ではなく、伝統に基づいた革新です。ここでも、「or」ではなく「and」、「trade-off」ではなく「trade-on」の発想が求められます。

たとえば、味の素の西井孝明社長は、「Eat Well, Live Well.」という同社の伝統的な価値観を、CSVの味の素版である「ASV（Ajinomoto Group Shared Value）」という、より幅広い社会価値の創出へと昇華させようとしています。

また、デンソーの有馬浩二社長は、「Crafting the Core」という企業理念を掲げました。これまで黒子で自動車業界を支えてきたという自負を受け継ぎつつ、どのようなディスラプションが起ころうとも、その使命を社会により明確に打ち出していくという決意を表明しています。

◆──── 100日プランの神話と現実

アメリカでは「100日プラン」が、よく話題に挙がります。フランクリン・ルーズベルト大統領の時代に、新政権の成否が最初の100日で決まるというジンクスができあがったことに由来します。それが、いつの頃からか、新政権発足後100日で、新戦略を打ち出すという意味合いに変わっていきました。トランプ大統領も政権に就いた100日後に、「100-day Plan」を発表しています（もっとも、その公約の多くは、現時点では未実現ですが）。

同様に、企業を買収した際にも「100日プラン」を作成するのが正攻法とされています。ウェルチ時代のGEは、PMI（買収後の統合）で必ずこれを行っていました。最近ではスピードを重視してか、「90日プラン」という手引書まで出回っています。

日本でも、同様の潮流が見られます。たとえば、2016年にセブン＆アイ・ホールディングスの社長に就任した井阪隆一さんが、やはり「100日プラン」を作成して発表しています。もっともこちらは、いわばクーデター的にトップが入れ替わったので、前任者否定もたっぷりと盛り込まれていました。

　マッキンゼーではよく、クライアント企業の社長交代に合わせて「100日プラン」を策定し、提案していました。あるとき、非日本人の支社長が、私のクライアントの社長交代のタイミングに、懐に入ろうとこの提案を持っていきました。そして、「あなたは個人として、どんなレガシーを残したいですか」と切り出しました。彼の常套手段です。

　相手の社長はそれにはまともに答えず、その場は「不発」で終わりました。そして、その直後に私だけ呼び出され、「私に何か私心があるとでもいうのか。あいつを二度と連れてこないでほしい」と釘を刺されたのです。

　個人のアジェンダに突き動かされる経営者は、日本企業には稀です。むしろ外部環境が激変する中、これまでの良い伝統をいかに次代へと引き継ぎながら、さらなる成長を遂げられるかを考える経営者がほとんどです。たとえば、三菱電機前社長の柵山正樹さんは、社長の条件を次のように語っています。

　「自分たちの会社の哲学を引き継いでいく人が大事なのです。三菱電機が構築してきた『バランス経営』という理念をきちんと継承して、さらに成長させていける人でなければならない」

　重電御三家と並び称された日立や東芝が、選択と集中に舵を大きく切っていったのに対して、三菱電機は21世紀に入って以来、谷口一郎さん、野間口有さん、下村節宏さん、山西健一郎さん、そして柵山さんと、トップが4年交代で「バランス経営」を深め続けてきました。その軸をぶれさせない経営こそ、同社の持続的な成長の源泉です。このような企業にとって、「100日プラン」は無用の長物です。

　BCGの日本代表を務める杉田浩章さんは、「CEO最初の100日　神話と現実」という冊子の中で、「100日プラン」に踊らされてはならないと警鐘を鳴らしています。日本の経営者の良きアドバイザーとして定評のある

杉田さんらしい慧眼です。

◆─── 漂流する根無し草

　環境変化に合わせて変革を続けているうちに、逆に、大きな目的や方向性を見失うケースも少なくありません。私の同僚である一橋大学教授の楠木建さんが、「オポチュニティ（O）企業」と呼んでいる企業群です。特に変化が激しいIT業界に多く見られます。また自ら実態を定義しにくい総合商社なども、このグループに入りやすいといえます。

　かといって、環境変化に背を向けて、自社の志と強みだけにしがみついていたのでは、時代から大きく取り残されてしまいます。楠木さんが「クオリティ（Q）企業」と呼ぶ企業群によく見られる傾向です。日本の伝統的な「良い会社」は、このグループに入ることが多いです。

　ここでもO「or」Qかという二項対立ではなく、O「and」Qという弁証法的な統合をめざす必要があります。このような両面を持った企業を、私は「グローバル成長（G）企業」と呼んでいます。堅牢性やしぶとさ、ぶれない静的な特性と、変容性や身軽さ、融通無碍といった動的な特性を共存させることで、成長のバネにしている企業たちです。

　このG企業群に共通するのは、2つのPです。1つ目のPはPurpose。自社の大義を、北極星として、高く掲げ続ける必要があります。そして、もう1つのPがPivot。同じところに踏みとどまろうとせず、大きく一歩踏み出す勇気を持たなければなりません。このような企業は、時代に流されることなく、時代を先取りして、大きく進化していくことができるはずです。

◆─── 台頭するカリスマ待望論

　変化に乗り遅れたり、時代に流されたりすると、カリスマ待望論が台頭してくることになります。「中興の祖」の登場が期待されるのです。

　確かにパナソニックにおける津賀一宏さん、伊藤忠商事における岡藤正広さんなど、カリスマ性の高いトップは、次世代成長に向けて変革を仕掛け続けるパワーを発揮します。しかし、そのようなカリスマ性に頼れば頼

るほど、変革の継承は容易ではありません。現にどちらの企業も、経営者承継が最大のリスクにすらなっています。

変革の継承を確かなものにするためには、経営者に頼らず、変革の運動論を仕組みに落とし込まなければなりません。極論すると、誰がトップになっても、進化し続けるメカニズムを組織に埋め込むことが最も重要なのです。

先述した三菱電機、あるいはコマツやドコモなどは、4～6年ごとに社長が交代しても、企業進化はスピードアップすることはあっても、止まることはない。持続的な成長企業になるためには、このようにトップ交代によってもぶれずに進化し続ける企業体質を作る必要があります。

真の企業リーダーとは、自らのパワーで企業変革を強く牽引し続けるリーダーではなく、そのような進化の仕組みを組織に埋め込むことのできるリーダーです。今、カリスマとしてもてはやされている経営者たちは、そのような仕組みを構築するまでは、その座から降りられないでしょう。自分が辞めた後、企業が失速することは目に見えているからです。

在任中に進化の仕組み化ができるかどうかが、カリスマ経営者が本物の「中興の祖」となれるか、それとも一過性のあだ花で終わるかの大きな分水嶺となります。

第 Ⅲ 部

チェンジリーダー
変革者の条件
（Who）

CHANGE MANAGEMENT

経営の変革者

1 ワイズリーダー

◆───全人格者としてのリーダー

あなたは、リーダーとマネジャーの違いをどう定義するでしょうか。

リーダーシップ論の第一人者でもあるハーバード・ビジネススクールのジョン・コッター教授は、両者の違いを13項目の対比で説明しています（図表10-1）。

ひと言でいうと、一番上にあるように、リーダーは変革する人で、マネジャーは管理する人です。変革する必要がなければリーダーは不要です。もっと言えば、日本企業の現場はまだまだ強いので、マネジャーすら必要ないかもしれない。単にお神輿に乗っているだけの経営者が日本に多いのは、そのせいでしょう。

裏を返せば、リーダーの条件とは、「変革を仕掛けることができる人」ということになります。本章では、「リーダー＝変革仕掛け人」という定義に沿って、リーダーシップのあり方を論じてみたいと思います。

リーダーシップ論として最近注目されているのが、「賢慮のリーダー（Wise Leader）」です。野中郁次郎教授と竹内弘高教授が、2011年に英語版『ハーバード・ビジネス・レビュー』に掲載した論文を機に、新しいリーダーシップスタイルとして議論されるようになりました（図表10-2）。

ここでは「賢慮のリーダー」の条件が6つ挙げられています。もちろん、

図表**10**-1　リーダーとマネジャーの違い

リーダー	マネジャー
変革	管理
独自	模倣
発展	維持
長期的な成果	短期的な成果
what, why	when, how
可能性	損得
挑戦	受容
高潔	有能
規則や常識を越える	規則や常識に従う
将来の夢	将来の目標
針路設定	計画立案
モチベート	コントロール
価値創造	問題解決

（出所）コッター（2011）を一部修正。

　これですべてが網羅されているわけではないでしょう。たとえば、「構想力」や「決断力」など、企業経営者にとって不可欠な特性については言及されていません。

　あえて静と動という区分を使うと、この賢慮のリーダーには静的特性が多く含まれ、動的特性が欠けているようにも感じられます。もっとも、そのような動物的な感性や武闘派的な直感力は、「賢慮」といった悟りの境地には、そもそもふさわしくないのかもしれません。

　いずれにせよ、ここに挙げられた6条件は、奥が深いものばかりです。「善」を判断できる、「本質」を把握できると言われても、そもそも「善」とは何か、「本質」はどうすれば把握できるのか。まず入り口の2つの禅問答で躓き、なかなか中に入っていけません。

　ましてや、これら6条件すべてを一人が兼ね備えるのは至難の業です。仮にそのような人格者がいるとすれば、一企業のリーダーにしておくのはもったいない。また、6条件が揃わなければ賢慮のリーダーになれないと

第10章　経営の変革者　**407**

図表**10-2** 「賢慮のリーダー」の6つの能力

「善」を判断できる	何が会社と社会にとっての善かを考えた上で、意思決定する	哲学者
本質を把握できる	状況や問題の本質を素早くつかみ、人、物、出来事の性質や意味を直感的に理解できる	職人
場をつくる	経営幹部や社員が相互交流を通じて新たな意味を構築できるよう、フォーマルおよびインフォーマルな場（共有された文脈）を絶えず創出する	理想主義者
本質を伝える	メタファー（隠喩）やストーリーを使って、自らが実際に経験したことの本質を伝え、個人やグループにとっての暗黙知に転換する	小説家
政治力を行使する	政治力を行使して、相反する目標を持った人たちを束ね、行動を促す	政治家
実践知を育む	徒弟制やメンタリングを通じて、他者（特に現場社員）の実践知の養成を促す	教師

（出所）野中・竹内（2011）より作成。

すれば、世の中のほとんどの経営者は賢慮のリーダー失格ということになってしまいます。

◆────経営の神様

しかし、日本の名経営者の系譜をたどると、1人だけ、これら6条件を兼ね備えていた人物が思い当たります。松下幸之助翁です。

私は大学1年生のときに、亡き父・名和太郎（元朝日新聞社編集委員、経済評論家）の手伝いで、『評伝 松下幸之助』という本の原稿書きをしたことがあります。その際に幸之助翁の伝記や書籍、インタビューや発言内容などを片っ端から読みあさりました。当時、幸之助翁はまだ存命だっただけに、直接お会いする機会がなかったのが、今から思うと残念です。

さすがに「経営の神様」といわれるだけあって、幸之助翁の経営哲学は深遠で、経営はサイエンスでもありアートでもあると語っています。数

408 第Ⅲ部 変革者（チェンジリーダー）の条件（Who）

多くの幸之助語録の中でも、私が最も好きなのは次のようなものです。

　「経営は芸術であるといっても、それは絵画であるとか、彫刻であるといったように1つの独立したものでなく、いわば、その中に絵画もあれば彫刻もある、音楽もあれば文学もあるといったように、さまざまな分野を網羅した総合芸術であると見ることもできる。

　しかも経営というものは絶えず変化している。経営を取り巻く社会情勢、経済情勢は時々刻々に移り変わっていく。その変化に即応し、それに一歩先んじて次々と手を打っていくことが必要なわけである。

　だから、たとえば絵画のように、描き終えたら1枚の絵が完成するというのとは趣を異にしている。いわば経営には完成ということがないのであって、絶えず生成発展していくものであり、その過程自体が1つの芸術作品だともいえよう。そういう意味において、経営は生きた総合芸術であるともいえる」（『実践経営哲学』）

多面的でありながら、常に「素直な心」に立ち返ろうとする姿勢は、賢慮のリーダーとして善を判断し、本質を把握するパワーを沸々と感じさせます。場づくりも巧みで、そこではたとえ話を用いて、本質について何度もわかりやすく語りかける。そのうえ、人を動員し、実践知を育むことを何よりも大切にしていました。まさに賢慮のリーダーそのものです。

94歳で亡くなるまで、常に進化し続けていたことにも感嘆します。戦後すぐ、50歳代でPHP研究所を設立します。“Peace and Happiness through Prosperity”を旗印に、政治、経済、歴史、思想、宗教、比較文化などの人文社会科学部門で広く出版活動を行いました。また、晩年には70億円の私財をなげうって、松下政経塾を設立。政界にも大きな一石を投じています。

ジョン・コッターは、ハーバード・ビジネススクールの「松下幸之助記念リーダーシップ講座」の冠教授でもあります。この称号授与の話が持ち掛けられたとき、コッターは当初、「そんな知名度の低い称号を押しつけてくれるな」と大学側にごねたそうです。

ところが、調べてみればみるほど、卓越した経営者であることがわかり、すっかり心酔するようになります。そして後に、『幸之助論──「経営の神様」松下幸之助の物語』という大著を書き、これを機に幸之助翁の名前が欧米に広く知られることとなります。リーダーシップ論の大家と幸之助翁の出会いに、運命的なものを感じずにはいられません。

◆─── 元祖CSV経営者

欧米の名経営者を見ても、賢慮のリーダーといえる人物にはめったに遭遇しません。ジャック・ウェルチもルー・ガースナーも、おそらく最初の「善の判断」ではねられてしまうでしょう。

私が知る限り、最も近い人物の1人が、ネスレ前会長のピーター・ブラベックです。2017年に退任するまで、CEOとして11年、会長として12年、ネスレの経営を牽引してきた人物です。

ブラベックは、元祖CSVの経営者としても知られています。ブラベックがハーバード・ビジネススクール教授のマイケル・ポーターにネスレの経営理念を研究させ、それをポーター教授がCSV経営として世の中に広めたのです。

ブラベックは、世界経済フォーラム（ダボス会議）でも中心的役割を担っていました。将来、水が枯渇することのリスクについて早くから警鐘を鳴らし、サステイナビリティ経営の必要性を説き続けたのです。

ブラベックの経歴は、『知られざる競争優位──ネスレはなぜCSVに挑戦するのか』に詳しく紹介されています。「ネスレの帝王」とまで呼ばれた人物ですが、生まれはネスレが本拠を置くスイスではなくオーストリア。オーストリア人といえば「hillbilly（無教養な田舎者）」と陰口を叩かれ、洗練されたヨーロッパ文化の中では二流扱いされがちです。しかし、そのような生い立ちの中で、スイス人の気質にも共通する「質実剛健」な価値観が育まれていったのでしょう。

ブラベックは、hillbillyよろしく、生粋の登山家でもあります。しかも、マッキンレー山頂をめざすような本格派です。休暇のたびに生死を懸けるような山にアタックするトップに、周りはさぞハラハラさせられたことで

410 第Ⅲ部 変革者（チェンジリーダー）の条件（Who）

しょう。

『知られざる競争優位』に、登頂目前にして見舞われた猛烈な吹雪の中での意思決定のエピソードが出てきます。そのときブラベックは頂上を極める達成感よりも、チームの誰も死なせないという責任感を優先します。そして、みんなで黙々と「不名誉な下山」の途に就くことを決断するのです。このようなギリギリの体験の中から、リーダーシップのあり方を常に学び直していたのでしょう。

ここにブラベック経営の原点があります。生死の淵に立って、正しい決断をする力。「賢慮のリーダー」がリベラルアーツをバックボーンにしているとすれば、ブラベックのそれはマーシャルアーツ（武道）に近いといえるでしょう。しかも並の武道ではなく、生きるか死ぬか。これは、ほとんど宮本武蔵の世界です。だからこそ、構想力や決断力といった動的な特性も兼ね備えている。賢慮のリーダーを超える本格派というべきかもしれません。

◆─────修羅場体験

死の淵を覗いた人間の胆力は、リベラルアーツがもたらす知力をはるかにしのぐパワーを持ちます。

そういえば、幸之助翁の場合も同じです。伝記を読むと元来体が弱く、何回となく死の淵をさまよった経験があることがわかります。だからこそ、自分がいなくても永続する会社にすることをずっと考え続けていた。彼こそ、カリスマ経営の危うさと、仕組み化することの重要性を痛感していたのです。

修羅場体験といえば、日立の劇的な変革劇を演じた元社長の川村隆さん（現在、東京電力ホールディングス取締役会長）の原点も凄味があります。出張のために乗った旅客機がハイジャックに遭遇したのです。飛行機は急降下し、死を覚悟します。そのとき、たまたま乗客として乗り合わせていた非番の操縦士がドアを蹴破ってコックピットに突入、犯人から操縦桿を奪って墜落から救ったのです。

あのときにいったん死を覚悟した自分にとって、残された命はもはや自

第10章　経営の変革者　411

分のためのものではない。最後まで操縦桿を握りしめる人間にならなければいけない。日立改革を描いた自著『ザ・ラストマン』には、そのような体験が綴られています。

しかし、そのような川村さんの体験談を聞いた日立の次世代リーダーたちは、「でも、どうすればそれほどにまで壮絶な体験ができるのだろう」と自問していました。確かに、生きるか死ぬかの体験には、そう簡単に遭遇できるものではありません。

似たような話を、韓国のLG電子の幹部から聞いたことがあります。「日本人には負ける気がしない」と言うのです。「われわれは兵役で実弾が耳元をかすめる実戦さながらの訓練を受けているので、仮に南米やアフリカあたりでゲリラの人質にとられても、腹が据わっている。ひ弱な今の日本人とは胆力が違う」

確かに本当の修羅場体験は、意図して巡り合えるものではありません。ましてや仕事を通じて、生命の危険を覚えるような状況に置かれることは稀です。仮にそんなことがあれば、人権問題になってしまうでしょう。

しかし、新興国市場の最前線に1人で乗り込んだり、先が見えない商品開発を任されたりすれば、修羅場を疑似体験することはできます。コンフォートゾーンを離れ、変革の担い手として新しい可能性に本気で挑戦するような現場をどれだけ用意できるか。経営者の腕の見せどころでもあります。

◆───── チーム経営

それにしても、松下幸之助やピーター・ブラベック級の器でなければ経営者が勤まらないとすると、上場会社だけで3600社強もある日本企業の普通の経営者は、全員明日にでも辞表を出さなくてはなりません。そうなれば、誰一人、経営者の成り手はいなくなってしまいます。

私はこう考えます。経営者も生身の人間である以上、強みもあれば弱みもある。その個性をうまく生かして、それぞれのスタイルのリーダーシップを発揮しています。理想の姿を求めるのではなく、自分の強みを武器に、弱みは他の経営メンバーに補ってもらうことで、チームとしてこれら

412　第Ⅲ部　変革者（チェンジリーダー）の条件（Who）

の条件を満たそうとするほうが、はるかに現実的でしょう。そう、創業期における本田宗一郎と藤沢武夫、あるいは井深大と盛田昭夫のように。

　そういえば、一昔前のトヨタは、希代の策略家・奥田碩さん（当時の社長）と、誰もが認める人格者・張富士夫さん（当時の副社長）が、絶妙なチームワークを見せていました。奥田さんは柔道、張さんは剣道という武道（マーシャルアーツ）の達人という共通点まであります。

　今のパナソニックも、カミソリのように鋭い津賀一宏社長と人情味にあふれた長榮周作会長は、良いコンビといえるでしょう。武道といえば、長榮さんは剣道七段の達人でもあります。

　海外に目を転じると、チーム経営のベストプラクティスはグーグル（アルファベット）でしょう。同社は２人の創業者、ラリー・ペイジとセルゲイ・ブリン、それにプロフェッショナル経営者であるエリック・シュミットを加えたトロイカ体制で、指数関数的な成長を牽引してきました。

　ペイジは、グーグルの自由で伸びやかな文化を象徴するリーダーです。幼少期にモンテッソーリ・スクールで育ったことも大きかったといわれています。

　このスクールには決められたカリキュラムはなく、子どもたちの興味が赴くままに、各自好きなことに取り組ませるという教育方針を貫いています。人気の教材はレゴ。グーグルのコーポレートカラーが、実はレゴの５色に由来しているということを、ご存じでしょうか。ペイジは「理想主義者」として、グーグルの豊かな文脈を醸成し続けています。

　ブリンはロシア系アメリカ人で、天才肌の発明家。並外れた構想力、発想力の持ち主です。社会課題の解決を目的とするグーグルＸを牽引しています。

　Ｘはローマ数字で10を意味し、10年先に今の10倍のインパクトを実現しようという思いが込められています。「ムーンショット（月をめざそう）」という同社のMTP（Massive Transformative Purpose）を象徴するリーダーであるブリンは、さしずめ本質把握を得意とする「職人」といったところでしょうか。

　シュミットは、彼ら２人の父親ほどの年齢です。サン・マイクロシステ

第10章　経営の変革者　│　413

ムズのCTO、その後ネットワークOSのノベルのトップを務めました。サン・マイクロシステムズもノベルも、マイクロソフトから攻撃されまくった企業でした。シュミットは、マイクロソフトの毒牙にかからずに生き延びるための知恵をめぐらす知将。「マイクロソフトの敵はみな味方」とでもいうべき開放的エコシステム戦略を展開しました。

　アップルの取締役も兼任していましたが、スマートフォンなどで両者の敵対関係が明確になったことで辞任。その後は、「アップルの敵はみな味方」という立ち位置を鮮明にしていきました。私はノベルの社長時代のシュミットをよく知っていますが、心理学者、あるいは最近注目されている言葉でいえば行動経済学者とでもいうべき人物で、社会心理を読むことに長けています。

　シュミットはグーグルに参加した当初、「Don't Be Evil（邪悪になるな）」という同社のモットーを「何とも間抜けなルール」だと思ったと告白しています。しかし、その後グーグルの存在感が大きくなり、プライバシーへの懸念などが社会問題化する中で、自らこのモットーの重要性を再認識します。それ以降、「Don't Be Evil」の守護神としての役割を演じています。まさに「善の判断」を体現する賢慮のリーダーです。

　このように違うタイプのリーダーが3人集まることで、立体的にグーグルの成長を支えてきました。2018年1月にシュミットは引退を宣言し、2人の創業者を、子会社グーグルCEOのインド出身のサンダー・ピチャイと、ウォールストリート出身のCFOルース・ポラットが支えるという「四頭体制」に移行しました。

　チームワークに長けた同社の経営者たちは、これからも私が「融知経営（複数の知恵を融合させてシステム志向を創発するナレッジマネジメント・モデル）」と呼ぶリーダーシップを発揮し続けることでしょう。

◆─── ワイズリーダーの入り口と出口

　ちなみに、賢慮のリーダーの6つの能力には、実は優先順位があるそうです。

　まず、そもそも「善」が判断できなければ、社会における正しい立ち位

414　第Ⅲ部　変革者（チェンジリーダー）の条件（Who）

置を取り続けることができない。そのうえで、何が本質かを見極める。本質を把握しないまま、本質を伝達できるわけがない。ただし、本質を伝達するには、文脈を共有する仕掛けが重要となります。3つ目に「場づくり」が加わっているのはそのためです。

しかも、伝達しただけでは、まだ全員が腹落ちしているとは限りません。組織が一丸となって行動するためには、チーム全員を動員する力が欠かせません。したがって、そのような実践するパワーを組織の1人1人に植えつけて、現場力を強化する。これこそが賢慮のリーダーの究極の役割といえます。

この順番は、変革（チェンジ）リーダーにもそのまま当てはまります。まず「善の判断」ができるパワーが出発点となります。そのためには、前に紹介したU理論やマインドフルネスを実践することがヒントになりそうです。

さらに、修羅場体験も欠かせません。そのような奥深い体験を通じて、自分自身の「軸」を持つことが、チェンジリーダーになるための「入り口」となるのです。

そして「出口」は、変革を実践する力を現場に埋め込むことです。そういえば、松下幸之助の名言の1つに、「松下電器は人を作る会社です。あわせて電気製品を作っています」というものがあります。変革を現場力に落とし込んだとき、企業は永遠に進化し続けるための動的パワーを手にすることができるのです。

2 | 現代のチェンジリーダー

◆——— 6つのメタファー

「賢慮のリーダー」では6つのメタファーが取り上げられています。これらは、チェンジリーダーのメタファーとしても、そのまま当てはまります。日本の今の経営者を例にとってみましょう。

第10章　経営の変革者　**415**

- 哲学者……三菱ケミカルホールディングスグループの小林喜光会長が、すぐに思い浮かびます。イスラエルのヘブライ大学に留学した際、シナイ砂漠でヤギを連れ、黒いショールをまとったアラブ女性の姿を見て、何もない場所にある生命に「神の啓示のような衝撃」を受けたといいます。同社がめざす「KAITEKI」経営にも、人間が自然と共存しながら生きるうえで大切な価値観を実現したいという思いが込められています。

- 職人……職人といえば、デンソーの有馬浩二社長。生産担当が長く、同社の技術・技能のパワーへの信頼は絶大です。ロボットと人間が切磋琢磨しつつ協調する未来の実現をめざしています。

  「われわれは、IoTを人の知恵を引き出すために使おうとしています。それに対して欧米の企業が考えるIoTは、工場の生産設備から得られる情報を、また設備に戻す。われわれは設備から得た情報の一部を人に戻して、人に考えさせます。そこが全然違います」（『日経ビジネス』2016年7月25日号）。この言葉に、職人の心意気があふれています。

- 理想主義者……こちらは、堀場製作所の堀場厚さんでしょう。創業者の父・堀場雅夫さんを継ぎ、2018年から会長職を務めています。同社のモットー「おもしろおかしく（Joy & Fun）」を地で行くように、毎月、社員の誕生会を開きます。狙いは、普段は経営陣に近寄れない社員たちとのコミュニケーションを深めることです。冒頭に経営から時事問題まで最新の話題を15分ほど社員に語りかけ、経営陣が何を考えているのか、「ここでしか聞けない話をする」ことが大切だと述べています。

- 小説家……さしずめアサヒグループホールディングスの泉谷直木会長でしょう。無類の勉強家で、かつ、自分の思いを絵やストーリーにして伝えることに長けています。いつも能率手帳を持ち歩き、アイディアを書き留める。また扉を開けっ放しにした部屋には、合計10面分の大判ホワイトボードが置いてあり、マーカーで「当社の現状と将来に向けた成長ストーリー」や「新商品・新ビジネスのアイディア」を

書き込んでいます。

- 政治家……良い意味での「政治家」としては、NTT持ち株会社の鵜浦博夫前社長（現相談役）が思い浮かびます。もともと労務畑出身で、NTT分割問題など官庁との交渉役から新事業開発などの幅広い役割を演じた後、日本最大の企業集団を束ねる重責を担われました。

　私もマッキンゼー時代に長くご一緒しましたが、常に何が正しいかというところから発想する「善」の人でもあります。また、父親が学校の先生だったこともあり、教育にはことの外熱心です。そういう意味では、この項目を超えて「賢慮のリーダー」の風格十分といったところです。

- 教師……教師の筆頭は、「人を基軸とする経営」を貫くダイキンの井上礼之会長でしょう。その本質は、「人の可能性を信じ、その活力を最大限に引き出すことを何よりも重視すること」だと説いています。一方で、会社の方針に一丸となって向かわせることに注力します。

　「議論させ、最後にはこう決めた、問答無用や。意見があかんということと、そいつがあかんということは違いますよね」という発言に、そのパワーが半端ではないことがよく表れています。そういう意味では井上さんもまた、いい意味での政治家であるといえるでしょう。

◆─────プロ経営者待望論

　上記6人の名経営者は、いずれも社内からの叩き上げです。しかし、最近日本では「プロ経営者」が注目されます。なぜでしょうか。

　そもそも「プロ経営者」の定義がおかしい、と東レの日覺昭廣社長は異議を唱えています。自分たちのような内部登用の経営者は、プロとして体を張って日々勝負している。外部から来て、ちょっと企業をシェイプアップしたからといって、プロ経営者と呼ぶのはいかがなものか、というわけです。

　ウィキペディアには、「プロ経営者とは、複数の会社を経営者として渡り歩く人物を指す俗語。一般には、社外から「雇われ社長」的に招聘（いわゆるヘッドハンティング）され経営トップに就く者をいう」とあります。

第10章　経営の変革者　417

さしずめ、渡り鳥経営者。これでは日覺さんをはじめ、社内からトップに這い上がった実力経営者が、そのような称号を願い下げだと考えるのも当然でしょう。

それにしても、なぜプロ経営者が注目されるのでしょうか。上記のような経歴をたどる経営者が、まだほんの一握りしかいないという「希少」性が理由の1つです。もう1つは、毀誉褒貶が激しく、しかも圧倒的に「誉」「褒」より「毀」「貶」のほうが多い点でしょう。

よく引き合いに出されるのが、原田泳幸さん（アップルコンピュータ→日本マクドナルド→ベネッセ）と、藤森義明さん（日本GE→LIXILグループ）です。それぞれ、ベネッセとLIXILで急速な変革を仕掛けましたが、いずれも不祥事で足元をすくわれ、道半ばで解任されてしまいました。これをもって、「プロ経営者はパフォーマンスだけだ」というやっかみ半分の批判が絶えません。

しかし、見事に企業変革を成功させたケースも少数ながら存在します。たとえば、松本晃さん（ジョンソン・エンド・ジョンソン→カルビー、現在はライザップCOO）。経営不振に陥っていたカルビーを8期連続増収増益に導きました。あるいは、三枝匡さんは、商社だったミスミをメーカーに変身させ、十余年間に売上高4倍以上、営業利益4.8倍以上に成長させた人物、その手腕には定評があります。また、魚谷雅彦さん（日本コカ・コーラ→資生堂）も、資生堂の復活を力強く牽引しています。

◆─── 企業変革請負人

内部から這い上がった経営者に比べて、腕の立つ「プロ経営者」は、複数の企業で変革の修羅場を経験しています。いわば、筋金入りの「ターンアラウンド・スペシャリスト」です。

たとえば、三枝さんもミスミのトップとして腰を据える前は、「事業再生専門家」を自任し、不振企業の再生支援を行っていました。コマツの産業機械部門の再建を支援した経緯は、名著『V字回復の経営』で詳しく述べられています。

マッキンゼー時代、何度も一緒に仕事をした小森哲郎さんは、アス

キー、カネボウ（現クラシエ）で見事に再建を果たし、現在はLIXILから
スピンオフした建デポのトップとして経営再建を手掛けています。まさに
「必殺・変革請負人」です。

　不振企業をファンドが買収した後は、必ずターンアラウンドのプロを送
り込みます。小森さんの場合も同様です。マッキンゼー時代の18年間、
数々の企業再生を支援した経験、そして、その後のターンアラウンド経営
者としての実績が、その独自の手法と自信の源泉となっています。変革に
ついて小森さんは、次のように言い切っています。

　「人の意識が変わるのは、結果が出たときです。結果が出やすいものか
ら改革を始めるとよいでしょう。勝負は最初の3カ月で決まります」。興味
のある方は、小森さんの著書『会社を立て直す仕事』を読んでみてくださ
い。

　不振企業を立て直す局面では、「再建のプロ」がパワーを発揮します。
ICU（集中治療室）に担ぎ込まれた重病人が、名医の下で起死回生の手
術を受ける。まさに「ドクターX」の世界です。「私、失敗しないので」
という決め台詞もぴったりフィットします。このような人財こそ、プロ経
営者と呼ぶにふさわしいといえるでしょう。

◆─────オーナー経営者とプロ経営者

　最近、SMBC日興証券が興味深い調査結果を発表しました。2010年初
めから直近の株価の推移を比較してみると、上場しているオーナー企業の
株価は、東証株価指数（TOPIX）に対し、値上がり率が約3倍に達する
というのです。

　オーナー企業の定義は、オーナー一族の株式保有比率が10％以上で、
一族が役員として1人以上就任している企業。孫正義さん率いるソフトバ
ンクグループや、柳井正さん率いるファーストリテイリングなどが挙げら
れます。

　調査では、オーナー企業は一族が自ら株式を多く所有しているため、数
年で交代する「サラリーマン経営者」の企業に比べて中長期的な視点で
経営にあたり、継続的な成長に取り組むと指摘されています。意思決定の

スピードが速いことも長所と見ています。

　では、オーナー経営者とプロ経営者を比較するとどうでしょうか。もちろん個人差はありますが、一般にオーナー経営者のほうが、長期的な視点に立って企業を変革し続けるパワーを持っています。

　ファーストリテイリングのケースが典型的です。フリースブームが去った直後の2002年、創業者の柳井さんは4年前に同社に転職してきていた玉塚元一さんに社長の座を譲ります。しかし、3年後には玉塚さんを解任、社長に返り咲きました。

　玉塚さんは、当時を振り返って、次のように語っています。

　「柳井さんからすれば、もっと大きい絵を描いて、もっとファーストリテイリングが世界に飛躍するような大胆なビジョンを明示してほしかったと思う。それは全くできていなかった。この危機的な状況を何とか成長軌道に戻し、社員のモチベーションを高めたり、商品構成を変えたり、ということはある程度やった。けれど成長軌道に乗った後は、もっと大きいビジョンやチャレンジが求められていたのだけれど、それを示す能力は、あの時点ではなかったと思う。志半ばで辞めたという思いはない」（「東洋経済オンライン」2014年11月18日）

　オーナー経営者にとって、企業は自分の分身です。リスクを取ることがチャンスにつながるのであれば積極的にリスクを取りに行く。それに比べて、「雇われ社長」は、預かった企業を大きなリスクにさらすことをためらいがちです。

　オーナーが経営者の座を降り、プロ経営者を招聘するという選択肢もあります。特に創業者が引退した際によく見られます。

　LIXILグループがその典型的なケースです。父・潮田健次郎さんが創業したトーヨーサッシに入社した潮田洋一郎さんは、その後INAXなど複数企業の買収を通じ、住生活（現LIXIL）グループとして衣替えした同社のトップに就任。しかしその5年後には取締役会長に就任し、プロ経営者としてGE出身の藤森義明さんをトップに迎え入れます。

420　第Ⅲ部　変革者（チェンジリーダー）の条件（Who）

藤森さんはジャック・ウェルチ張りの積極的なM&A劇で、同社の成長を駆動。しかし、買収先の独グローエ社の子会社（LIXILグループにとっては孫会社）の不正経理が表面化し、トップの座を追われてしまいます。

　その後任に選ばれたのが、住友商事出身で工具通販モノタロウの創業者・瀬戸欣哉さん。2人目の「プロ経営者」として、前任者の超成長路線からの決別を宣言し、海外から国内、M&Aからオーガニック成長へと大きく戦略をシフトしました。しかし、本質的には非連続な成長をめざすオーナー家との思いのズレは大きく、2018年10月には再び潮田洋一郎さんを代表取締役会長とする体制に移行することになりました。

　成功したオーナー創業者は、独特のカリスマ性を持っています。しかし、たとえオーナー家出身であっても、2代目以降が変革リーダーとして適任だという保証はありません。そうしたケースでオーナー経営者は監督にまわり、執行をプロの経営者に託すという判断は理にかなっています。しかしその場合でも、プロ経営者を外から招聘するのか、それとも内部で育てるのかという問題は残ります。

◆───── 経営人財を育成する

　外部人財は、しがらみなく、かつ斬新な視点で判断できるので、大きな外科手術には打ってつけです。しかし、外科手術で悪い細胞を除去しただけでは、企業変革にはなりえません。傷を癒し、非連続なスピードとスケールの運動をこなすだけの活力を組織内に充填させる必要があります。

　そのためには、組織のファブリック（生地）やテクスチャー（質感）に精通した内部人財のほうが有利です。特に変革し続けるための仕組みを組織内に埋め込むことは、組織に精通している内部人財のほうがはるかに得意なはずです。

　事実、優れた企業のトップは、内部出身者が圧倒的多数を占めます。これは欧米においても変わりません。P&Gの歴代社長はすべて内部出身者、IBMもルー・ガースナー以外は内部登用です。ネスレは2017年に社長を外部から登用しましたが、これは何と100年ぶりのことだそうです。GEは2018年に外部人財をトップに据える決断をしましたが、これは126

年に及ぶ同社史上で初めてです。

　これらの優良企業は、社内で次世代経営人財を育成する仕組みを持っています。GEの研修所であるクロトンビルは有名です。日本でも、社内で経営スクールや社長塾などを運営する企業が増えました。私自身、30社を超える企業で、これらの研修プログラムの全体設計や運営にかかわっています。

　しかし研修は、あくまで補助的な仕組みにすぎません。より重要な施策は、国内外の子会社などで、経営を実践する機会の提供です。日本でもそのような「修羅場」体験を通じて、見事な変革リーダーに成長した経営者は少なくありません。

　たとえば、日立の川村改革を引き継いだ後に会長に就任し、2018年6月から経団連会長も務める中西宏明さん、社長として三菱重工業の経営変革を進めている宮永俊一さんなどです。いずれも海外、国内の子会社のターンアラウンドを通じて、本体の社長就任以前に、経営変革の修羅場を経験しています。

　しかし、そのようなケースは、最初から周到に計画されていたというよりも、「数奇な運命」の産物であることがほとんどです。たとえば宮永さんは、社長として子会社に赴任する際、片道切符だと腹をくくったと聞きます。

　最近は、より計画的に次世代人財を育成するプログラムを導入する企業が増えています。いわゆる「サクセッション・プラン（後継者育成計画）」です。ただし、ほとんどの場合、まだ形が先行しており、実際に経営人財パイプラインが充実しているケースは多くはありません。

　確実に経営者を育成する仕組みが本当に機能するようになれば、経営変革を継続する前提条件が整うことになります。言い換えれば、外部のプロ経営者に頼らざるをえないという事実そのものが、その企業が相当に危機的な状況であることを表しています。緊急避難的に外部人財に頼らざるをえない場合でも、次は社内人財に引き継げるように人財育成の仕組みを整備する。これも、プロ経営者の重要な責務の1つでしょう。

422　第Ⅲ部　変革者（チェンジリーダー）の条件（Who）

3 チェンジリーダーの躓きの石

◆──── 名経営者の光と影

　名経営者の名声をほしいままにした経営者ほど、後からケチがつくことが少なくありません。GEのジャック・ウェルチ、IBMのルー・ガースナーは、誰もが認める20世紀を代表するチェンジリーダーです。しかし、2人の退任後、両社の成長は急速に鈍化してしまいました。変革を持続させる仕組みを組織の中に埋め込むことができなかったことは明らかです。カリスマ性の光が強いだけに、退場した後に落とす影も長く深いものになります。

　なかでもA・G・ラフリーは、特筆すべきケースです。2000年から10年間、P&Gのトップとして、同社を不振から立ち直らせたばかりか、奇跡的な大成長を遂げる立役者となりました。この間にP&Gの企業価値は倍増し、世界のトップ10入りを果たします。2010年に引退する頃にはラフリーは、21世紀を代表する名経営者ともてはやされるまでになっていました。

　ところが、後任のボブ・マクドナルドに引き継いだとたん、成長は鈍化し、企業価値は右肩下がりに転じます。その結果、2013年にマクドナルドは解任され、ラフリーがトップの座に引き戻されました。それでも業績は上向かず、2016年には再び同社を去ることになります。まさに光（最初の10年）と影（後の3年）の中を歩んだ迷（?）経営者です。

　最初の退任後の不振を後任者のせいにすることは簡単です。事実、ハーバード・ビジネススクール卒の知恵者であるラフリーに比べると、マクドナルドはウェストポイント（アメリカの陸軍士官学校）出身の人格者。P&Gを去った後は当時のオバマ大統領に請われて、アメリカ合衆国退役軍人省長官の座に就いています。しかし、構想力や変革力という側面では、ラフリーのような才能は残念ながら持ち合わせていませんでした。

　ただし、マクドナルドを凡庸な経営者と決めつけるのは、公正とはいえ

第10章　経営の変革者　**423**

ません。P&Gの長きにわたる不振の真因は、ラフリーが仕掛けた変革その
ものにあったからです。その根源が、「コネクト・アンド・デベロップ
(C&D)」という仕組みです。従来のリサーチ・アンド・デベロップ
(R&D) が自前主義に基づくものであるのに対して、C&Dは外の頭脳とコ
ネクトして、そこからもらった知恵を活用して新しいプロダクトやプロセ
スを生み出すものです。後にヘンリー・チェスブロウの著書で有名になっ
たオープンイノベーションの先駆事例といえます。

　ラフリーは、このC&Dを全部門・全機能に実践させる方針を打ち出し
ました。新しい知恵の50%は外からもらうように、という指示です。これ
は、マッキンゼーなどのプロフェッショナル企業にとっては大ボナンザ
(鉱脈) です。何しろ、経営戦略のアイディアの半分は、外部コンサルか
ら獲得しなければならないという「ノルマ」が出されたのですから、ここ
を掘らないわけがありません。

　成果はすぐに表れます。他社のアイディアで新商品が続々と生まれ、毎
年5%を超える売上増を達成します。このあたりの経緯は、ラフリーとカ
リスマ・コンサルタントのラム・チャランとの共著『ゲームの変革者』に
詳しく述べられています。いずれにせよ、世界中の知恵に頼るのですか
ら、即効性においては、自前主義のR&Dの比ではありません。

　しかし、このC&DがP&Gの長期的な競争力を大きく毀損させることに
なります。事業部側は、社内のR&D部門より外部の知恵に安易に頼るよ
うになりました。一方の外部企業は、P&Gに持ち込んでプライベートブ
ランドとして売られるくらいなら、直接ウォルマートやコストコに持ち込
んだほうが手っ取り早いことに気づき、P&Gをスキップするようになりま
す。

　そうなってから慌てて社内を振り返ってみても、R&D投資を半減させ
ていたためにパイプラインはやせ細っており、新商品が出てきません。そ
のつけが、マクナルド時代になって一気に噴き出したのです。

　外の資産を活用すれば、短期的には成果が上がりやすいことは事実で
す。しかし、自社の本質的な資産への投資をおろそかにすれば、長期的
には競争力の源泉を失ってしまう。このエピソードからも、真の名経営者

424　　第Ⅲ部　変革者 (チェンジリーダー) の条件 (Who)

として手腕を問われるのは短期的なパフォーマンスではなく、持続的に成長する仕組みを埋め込むことにあると再認識させられます。

◆───── 流行の経営論に踊らされる

C&Dの熱病は太平洋を渡って、アジアの小国にも伝染していきます。韓国のLGグループが、C&Dの全面的導入に踏み切ったのです。

2007年に同社のCEOになったヨン・ナムさんは、LGグループ会長秘書室長当時の1980年代後半からマッキンゼーの支援を得て、グループ全体の変革を仕掛けた立役者です。CEO就任直後、マッキンゼーに紹介されたP&GのC&Dを変革の目玉に位置づけます。経営戦略部門のトップにはマッキンゼーのパートナーが就任。マーケティングや商品開発のキーポジションは、P&G出身者が占めるという徹底ぶりです。

私は1990年代前半、マッキンゼーのソウルオフィス駐在期間中に、ナムさんと一緒に仕事をしたことがあります。そこで、CEO就任の半年後にLG本社に赴き、メビウス運動型の変革の必要性を説きました。しかし、C&Dに舵を切ったばかりだったこともあり、聞き入れてもらえませんでした。あのとき、もっとしつこく警鐘を鳴らしておけばよかったと、今さらながら悔やまれます。

ナムさんの期待どおり、当初C&Dは即効力を発揮し、新商品がこれまでにないスピードで市場に出ていくようになりました。しかし、そうしている間に社内の研究開発は停滞し、サムスン電子をはじめ、世界のトップ企業との競争から大きく後れを取ることになります。ハイテク企業が自社のR&D機能を弱体化させては致命的です。

しかも、その直後にリーマンショックが直撃し、LGも赤字に突入。ナムさんのCEO室の横には「War Room」が常設され、マッキンゼー部隊が大挙して詰めかけ、日夜作戦会議を開いていました。しかし結局LGはV字回復も果たせず、2010年にナムさんは退任。マッキンゼーチームもP&G出身者も全員パージされます。新たにトップに就任した創業家出身者の下、内部人財を中心に再建が図られることとなりました。

「開明派」のナムさんが、これほど壊滅的な結果をもたらしてしまった

のが大変残念です。流行りの経営手法を安易に導入することの危険性を、改めて痛感せずにはいられません。

◆───── 仕組みが免疫に

　マッキンゼーといえば、いまだに忘れられないエピソードがあります。1990年半ば、マッキンゼー全社のトップメンバーの1人で、東京オフィスのドンでもあった大前研一さんが退社を迫られた事件です。当時、大前さんに育ててもらっていた私にとっては、大変ショックな一幕でした。

　表向きは大前さんが「平成維新の会」を設立し、政治活動を始めたことが理由です。しかし実際には、大前さんのカリスマ的（そして、時に独裁的）なリーダーシップに対する他のパートナーのやっかみと不満がありました。他のグローバルリーダーたちの多くも、大前さんの卓越した発想力と行動力はアウト・オブ・コントロールで、自らの存在を脅かしかねないと感じていました。この事件が「クーデター」といわれる理由です。

　マッキンゼーは、パートナーシップ精神と仕組みで成り立っているプロ集団です。大前さんのような秩序を乱す存在はたとえトップであっても、いやトップであれば余計に、有害無益と疎まれる。先述したリーダー対マネジャーでいうなら、マッキンゼーにはディスラプティブな変革をもたらすリーダーは不要ということになります。全体の秩序の守り神としてのマネジャーがいれば、それで組織はしっかり回り続けます。

　事実、大前さんが去った後の東京オフィスには、大前さん級のスケールの大きい構想力や行動力を持った真のリーダーは、ついに出現することがありませんでした。マッキンゼーグローバルで見ても、残念ながら皆無です。稀に強い個性を持った人財が紛れ込んだとしても、本田宗一郎さんの言う「悪い子」たち、盛田昭夫さんの言う「出る杭」は、早めに去勢されるか引き抜かれてしまう。現在、残っているマッキンゼーの幹部の大半は、見事に「マッキンゼー・クローン」として完成されています。

　これはコンサルティングという個人芸を、組織技に高めるうえで、きわめて効果的なプロセスでした。その結果、マッキンゼーは20世紀後半にコンサルティングを工業化することに成功したといえるでしょう。

問題は、このように仕組みとして完成しているがために、それを破壊しようとする試みを徹底的に排除しようとする点です。まさに「イノベーションのジレンマ」現象です。さらに、それを主導しているのが「現状維持バイアス」にとらわれやすい人間ではなく、完成された仕組みそのものである点が、何とも皮肉と言わざるをえません。

　それはちょうど、スタンリー・キューブリック監督の不朽の名作「2001年宇宙の旅」を彷彿とさせます。人工知能HALの異常に気づいた船長が、HALの思考部を停止しようと乗組員と相談していたところ、それを察知したHALが逆に乗組員を殺害します。完璧な仕組みがHAL化して、その仕組みの破壊をたくらむリーダーを葬り去ろうとする。大前さんは、仕組みの免疫力によって拒絶されたのです。

　しかし、そのような仕組みによる均質化は、21世紀の脱工業化社会には通用しません。マッキンゼーに代表されるコンサルティングという産業が行き詰まっているのは、そのためです。

　仕組みづくりが、変革リーダーの最重要な役割だと論じてきました。しかし、その仕組みは常に進化し続けるものでなければなりません。必要な自己否定を仕組みが拒絶するのであれば、そのときこそ、真の変革リーダーが出現して、仕組みをゼロベースで作り直す作業に取りかからなければならない。AIを凌駕するパワフルなリーダーシップが、今ほど求められているときはありません。

---

4 ｜ 経営イノベーターとしての変革リーダー

◆―――「イノベーションのジレンマ」を超えて

　クレイトン・クリステンセン教授は、「イノベーションのDNA」という論文を書いています（同名の書籍も出ています）。「イノベーションのジレンマ」への処方箋として、イノベーションを起こすための組織的な要件を示したものです。

第10章　経営の変革者 **427**

図表10-3 イノベーションのDNA

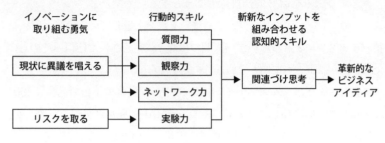

（出所）クリステンセンほか（2012）p.31。

　イノベーションの話なので、企業変革には直接関係ないように感じるかもしれません。確かに、企業変革を危機からの脱出や企業再生とだけ捉えるのであれば、そのとおりでしょう。しかし、繰り返し説明しているように、再生やV字回復だけでは、いずれまた行き詰まるのは避けられない。企業変革の本質は、いかに進化し続けるかにあります。

　企業変革を持続するためには、イノベーションを起こすDNAを組織の中に埋め込む必要があります。そのような文脈で企業変革を捉えると、クリステンセン教授の学説はきわめて参考になります。

　論文を要約すると、図表10-3のようになります。大きく2つの前提条件、4つの行動スキル、それらを束ねる全体総合スキルという3つの流れで構成されています。

◆──箱から出ろ！

　まず、イノベーションの前提条件として、「現状に異議を唱える」こと、そして「リスクを取る」ことが挙げられています。これまでも繰り返し述べてきたとおり、ファミリアー（慣れ親しんだ）世界に安住せず、アンファミリアー（不慣れ）、さらにはアンサートン（不確実）な領域に挑戦することこそが、イノベーションを起こす大前提となります。

　スティーブ・ジョブズが、「Think outside the Box（箱から出ろ！）」をモットーとしていたことは、第2章で述べたとおりです。彼に言わせれ

ば、「制約」は人工的なものにすぎない。したがって、制約を見つけると小躍りしたそうです。なぜなら、それを破る方法を見つけることこそが、イノベーションにつながると信じていたからです。シンギュラリティ大学でも、「Out of Box」が呪文のように唱えられるといいます。

しかし、人間の本能は、このようなイノベーターの気質と真逆です。できるだけ長く、コンフォートゾーンにとどまっていたい。行動経済学が「現状維持バイアス」と呼ぶ気質です。そのような防衛本能に打ち勝って、あえてリスクを取るためには、いくつかの特別な状況に自らを置く必要があります。

1つ目は、守る現状がなくなってしまう場合です。富士フイルムが直面した本業喪失のような事態がそれにあたります。

少し似ていますが、2つ目は不作為のリスクが自覚できた場合です。変化が常態化している場合には、変わらないことが最大のリスクになります。たとえば、ファーストリテイリングでは、「Change or Die（挑戦か死か）」が常に強調されています。

3つ目は、リスクをはるかに上回るリターンが期待できる場合です。大きな志を持つことができれば、その志に少しでも近づくために、喜んでリスクテイクするようになります。指数関数的な成長を遂げる企業（ExOs）になるためには、MTP（Massive Transformative Purpose）を掲げることが前提条件になるという前述の話も、同じ文脈で捉えることができます。

リスクだと思うと逡巡してしまいますが、それが大きな成長機会につながると認識すれば、喜んで自己変革に取り組める。この前提条件は、イノベーションでも企業変革でも基本的には変わりません。言い換えれば、この2つの前提条件をクリアしない限り、企業変革がスタートすることはありません。

第10章　経営の変革者　**429**

◆──── 4つの行動スキル

イノベーションのDNAの真ん中に出てくるのが、4つの行動スキルです。これも、そのまま企業変革に必要なスキルと読み替えることができます。

日本企業は、最初の2つのスキルはそれなりに充実していることが多いといえます。まず、質問力。トヨタの「Why 5回」が典型例です。腹落ちするまで「なぜ?」を掘り下げ、本質に肉薄する力は、良い企業に共通した強みです。

次に、観察力。ここでもトヨタの三現主義(現地・現物・現実)がその代表例です。現場力の強い日本企業の多くは、これも得意技としています。

しかし、問題はあとの2つです。

まずはネットワーク力。得意客や系列のサプライヤーとは強いネットワークを持っていますが、当たり前の関係づくりから抜け出せていません。前述したとおり、イノベーションの本質は「異結合」です。だとすれば、異質なプレーヤーとの関係を、あえて自分から進んで作るという行動が求められます。

たとえば、既顧客ではなく「未」顧客に向き合ったり、異業種企業とコラボレーションしたりすることがそれに当たります。オペレーションの効率だけを追求するのであれば、このような一見関係のない相手に時間を使うのは無駄に映るでしょう。

しかし、そのような「遊び」から「ゆらぎ」が生まれ、変革へとつながる。イノベーションは、セレンディピティ、すなわち偶然の出会いから生まれます。イノベーション同様、予定調和的でない、偶発的なネットワークを作る努力が企業変革にも必要となります。

もう1つは、実験力。繰り返し強調している「Fail Fast, Learn Faster」の実践です。特に優秀な組織ほど、失敗を許容しません。その結果、失敗を恐れ、確実性が高まらない限り、手を出さなくなってしまいます。

一方、イノベーティブな企業は、未完成品(MVP: Minimum Viable Product)を市場に投入し、顧客からのフィードバックをもとに、次のス

テップに進むことをおそれません。もし顧客の反応がネガティブであれば、素早く方向転換（ピボット）すればよいだけです。それは失敗ではなく、学習なのです。

日本企業は学習能力に長けていますが、同じ領域で学習を深めても、学習曲線はいずれ頭打ちになります。そこから抜け出してアンファミリアーな領域、そしてアンサートンな領域にシフトして、ゼロから学習をスタートすれば、持ち前の学習能力が発揮されるはずです。

このネットワーク力と実験力をいかに高めるかが、多くの日本企業の課題です。自分自身が実践することも必要ですが、変革リーダーには現場が積極的にそのような行動を取るように誘導する責任があります。

最後の全体統合スキルは、変革のリーダー自身も身につける必要があります。個別のマイクロスキルを磨くのは現場だとしても、その現場から上がってくる情報をいかに関連づけ、総合的に判断できるかがイノベーション、そして企業変革のリーダーシップのカギを握ることになります。

情報工学的にたとえると、4つの行動スキルはいわばIoTで、センサーの働きをします。現場力が問われるゆえんです。そして、全体統合はそれらをプロセシングするAIです。今やエクサ（10^{18}、京の100倍）スケールのコンピューティングパワーが、AIを実現する時代です。そのAIと協働して、まさにエクサスケールのプロセシング力が求められています。

私はこのような力を「システミック・クオシエント（SQ）」と呼んでいます。全体を俯瞰して、そこから意味合いを抽出する力です。専門性が要求される時代だからこそ、そのような全体を捉える力が希少価値になります。SQについては、後で詳しく説明します。

エッジ・コンピューティングという分散型アーキテクチャーの話は、前にも論じたとおりです。すべての情報をクラウドにアップして、中枢でプロセシングするだけでは瞬発力が発揮できない。したがって、AIをエッジ、すなわち現場に近いところに実装する必要があります。

組織も機敏に動くためには、現場がAIパワーを持つことが必須です。したがって、全体統合スキルを自ら磨き上げると同時に、それをいかに現場に実装するか。これも、変革リーダーの大きな使命の1つとなります。

第10章　経営の変革者　**431**

◆──── イノベーター DNA の覚醒

クレイトン・クリステンセンはイノベーションが専門ですが、彼が提示するDNAモデルは、上記のとおり企業変革を考えるうえでも示唆に富んでいます。そもそもベンチャー企業はみんな、本来はイノベーターのDNAを持っています。たとえば本田宗一郎や盛田昭夫の時代には、ホンダやソニーには当然備わっていました。そうでなければイノベーションを起こすことはできませんでした。

しかし、時間とともに組織が大企業化して分業が進むにつれて、管理的なDNAが幅を利かせるようになります。守るものが大きくなるので、不可避な進化のプロセスではあります。しかしその結果、イノベーター特有の破壊的なDNAが風化していってしまいます。

たとえばネットワーク力は、規模の拡大とともに、ただでさえ社内や関係先が多岐にわたるようになるため、内部的な関係性維持だけで大半の時間が費やされます。実験をするゆとりはなく、やらなければならないタスクをこなすことに追い立てられる。専門性が要求される中で全体を見渡す力が失われていく。いずれも「大企業病」の典型的な症状です。

そこで多くの大企業にとっては、いかに原点に立ち返り、ベンチャー時代の精神を取り戻せるかが大きな課題となります。たとえばホンダでは、宗一郎の精神を語録やDVDを使ってじっくり噛みしめます。そして、宗一郎が蘇ったら、どのような変革を進めるだろうかというテーマで、次世代リーダー候補と徹底的に討議します。

あるいは、大企業となった後も、ベンチャー的な動きができた事例を振り返ってみることも、企業変革を仕掛けるうえで参考になります。ホンダでいうと、たとえばホンダジェットの成功です。30年かけて、小型ジェットで世界ナンバーワンにまで上り詰めたサクセスストーリーから、企業変革のための数々のヒントを学ぶことができます。

このように、自社がまだイノベーターのDNAにあふれていた原点に立ち返ること、そして突然変異のような進化が起こったケースを学ぶことは、企業変革においてもきわめて効果的です。

432　第Ⅲ部　変革者（チェンジリーダー）の条件（Who）

◆───コンシャス・リーダーという選択

　21世紀型のリーダー像として、「コンシャス・リーダー」が注目されています。アメリカのオーガニックフーズのスーパー「ホールフーズ・マーケット」の創始者ジョン・マッキーが唱えているリーダーシップ論です。彼の著書 *Conscious Capitalism*（邦訳『世界でいちばん大切にしたい会社』）の中で論じられています。

　「コンシャス」には「意識の高い」といった意味が込められています。資本主義は、放っておくと金儲けに走って堕落するというのがマッキーの持論です。そこで、世の中の役に立ち、持続可能な社会を作り出すためには、資本主義も企業も、そして、そのリーダーも「コンシャス」でなければならないと主張しています。

　この思想は、アジアで初めてノーベル経済学賞を受賞したインド人のアマルティア・センの厚生経済学にも通じます。彼は『合理的な愚か者』の中で、これまで経済学が前提としてきた「合理的に判断する人間（ホモ・エコノミクス）」は利己的に振る舞うために、社会全体の豊かさに逆行する動きをし、結果的に自分で自分の首を絞めることになる。それは実は「合理的な愚か者」にすぎないと断じています。

　逆に、人間の本能の中には、利他的に尽くそうという思いがあります。一見自分にとって不利なことにも思えますが、長い目で見るとそれによって社会は富み、自分もその恩恵を受けることができる。そのような倫理性の高い人間こそが「非合理な賢者」であり、経済学が本来めざすべき人間社会の姿であると論じます。

　センはさらに、そのような利他的な賢者になるためには、「共感」と「コミットメント」が必要だと説いています。これもまさに、21世紀型リーダーに求められる行動と軌を一にするものです。

　マッキーは、センの議論については直接言及していませんが、かつてノーベル経済学賞を受賞したミルトン・フリードマンの純粋資本主義を徹底的に批判しています。フリードマンは「顧客、従業員、企業の慈善活動に気を配ることは、投資家の利益を増やすときのみに正当化される」と主張しています。

第10章　経営の変革者　**433**

図表10-4　コンシャス・キャピタリズムの4つの教義

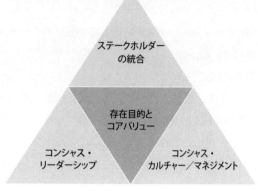

(出所) マッキーほか (2014)。

　それに対して、マッキーは「利益を上げることは、企業の最も重要な使命を実現するための手段にすぎない」と反論します。「すべてのステークホルダーの利益を統合し、コンシャス・リーダーを育てて登用し、信頼と説明責任、思いやりの文化を築き上げること」こそが、コンシャス・キャピタリズムであると説くのです（図表10-4）。

　そのうえで、コンシャス・リーダーの特徴として、次の3点を挙げています。

①主要ステークホルダー全員と同じ立場に立ち、全員の利益のために奉仕するという高い志に駆られている。
②自社の目的、かかわる人々、そして地球に奉仕するという高い意識を持っている。
③そこで働くことが大きな喜びや達成感の源になるような、活発で思いやりのある文化を育むことができる。

　まさに、センがめざす「利他的な賢者」であり、CSVがめざす21世紀型のリーダー像にほかなりません。

コンシャス・リーダーは、言い換えれば究極の賢者（ワイズ・リーダー）であり、ユートピアのような世界をめざすリーダーです。しかし、実際の企業は利己的な利益を追求しがちです。いったいコンシャス・リーダーのような純粋な「仙人」が、世俗にまみれた企業の変革リーダーになることはできるのでしょうか。

◆─── 青黒い人

私が主宰しているCSVフォーラムでは、30社強の日本企業の次世代リーダーが毎月集まり、日本型CSV（J-CSV）のあり方を検討しています。そのフォーラムで最近、変革のリーダーは「青黒い人」ではないか、という議論が持ち上がってきました。

「青い」人は、青くさい理想主義者。いわば、コンシャス・リーダーです。しかし、青いだけでは競争に打ち勝っていくことができません。一方で「黒い」人は、自分の利益の最大化をめざす人。しかし、それでは「合理的な愚か者」で終わってしまう。CSVがめざすように、社会価値と経済価値を両立させるには、青と黒の両面を持っていなければなりません。

では、変革リーダーとして、「青い」企業に黒を注入するのと、「黒い」企業に青を注入するのとでは、どちらが成功の確率が高いでしょうか。サンプル数が少ないので確実なことは言えませんが、このテーマを検討したフォーラムのメンバーは、どうやら後者（黒に青を注入）に軍配が上がるのではないかという仮説を持っています。

青い企業は自社の志に沿って純粋に生きているので、あえて黒い要素を注入する気にはなかなかなれません。競争そのものもできれば回避し、ニッチな世界で清く正しく生きていこうとする。そのような企業が高い経済価値をめざすには、「高いリターンを得て、もっと広く世界に役立つよう投資しよう」と、志を刺激するのが唯一の道です。

しかし、多くの青い企業は、そのような利益追求に生理的な違和感を覚えるようです。また、逆に企業が大きくなるに伴って当初の志を見失い、当面生きるための糧を得るだけで精一杯、といった状況に陥ることも少なくありません。

第10章　経営の変革者　**435**

一方、最初は競争に勝ち抜くことで必死だった企業が、単なる利益追求を超えた社会価値の創造をめざすようになることがあります。黒が青に向かう動きです。CSVのベストプラクティスとされるネスレやナイキも、過去に児童の肥満問題や児童労働問題でボイコットの標的とされたことが、社会価値の向上をめざす大きなきっかけの1つとなりました。

　日本でも、リクルート、ファーストリテイリング、日本電産などは、ひと頃ブラック企業（まさに「黒」！）と陰口を叩かれましたが、今では日本を代表するCSV企業にバージョンアップしています。「うちはブラックではない。限りなく白に近いグレーだ」という柳井さんのコメントは、白を青、グレーを青黒と読み替えると、まさにこの文脈どおりといえるでしょう。

　これらの企業は、そもそも独自の収益方程式を確立しています。それに加えて、社会課題を解決するという創業時の高い志を覚醒させたとき、社会課題を経済価値に転換するアルゴリズムが力強く回り始めます。

　このように考えると、企業変革の歴史を色で表現すると、青から黒、そして青黒へという進化が1つの成功パターンに見えてきます。起業時は青く、競争にもまれて黒を身につけ、そして再度青い世界をめざすというパターンです。

　そういえば、ジョン・マッキー自身も資本主義を嫌い、純粋なオーガニック主義者として出発しています。その後、アメリカを代表するスーパーマーケットに成長していく中で資本主義のダイナミズムを取り込み、コンシャス・キャピタリズムという「限りなくブルーに近い青黒」モデルにたどり着きました。

　しかし、そのホールフーズは、2017年にアマゾンに買収されました。今後どのような変革を遂げるのでしょうか。アマゾンCEOのジェフ・ベゾスは顧客至上主義を掲げつつも、サプライヤーや従業員を搾取するような言動でも有名です。ますます一人勝ちの様相を強め、「黒い」側の旗手のように振る舞っている様子は、偽悪的ですらあります。

　ホールフーズが資本主義に取り込まれて退化するのか、それともコンシャス・キャピタリズムがさらに進化を見せるのか。注意深く見守ってい

きたいと思います。

◆─── 経営モデルをイノベートする

「イノベーション」を日本企業は、とかく狭く捉えてしまいがちです。「技術革新」という日本語訳も影響して、技術開発や商品開発と同義に扱われてしまう。しかし、アップルもグーグルも、自ら「技術」革新をしているわけではありません。ベンチャーなどの技術を提携または買収によって外部調達しながら、事業モデルをイノベートしているのです。

シリコンバレーでイノベーションといえば、もっぱらこの事業モデルのイノベーションを指します。そして、日本企業がおくれを取っているのは、技術や商品そのものよりも、この事業モデルのイノベーションにおいてです。変革リーダーには、先に述べたイノベーターのDNAを組織に埋め込み、オペレーションの磨き上げから、事業モデルのイノベーションへと現場力を高めていくことが求められています。

それと同時に、経営モデルそのものもイノベーションしなければなりません。IoTやAIが今後も指数関数的に進化すると、企業のあり方そのものが激変します。シンギュラリティが本当に2045年に到来するかどうかは議論の余地がありますが、エクサスケール・コンピューティングが2020年代初頭に実現するとすれば、もはや猶予は許されません。

ここでイノベーションという言葉をあえて使うのは、オペレーションとの違いを際立たせるためです。オペレーション（操業）はマネジャーの仕事ですが、イノベーション（変革）を仕掛けることはリーダーの役割です。

日本企業の幹部には、有能なマネジャーは多くいますが、真のリーダーは一握りしかいません。マネジメントをそつなくこなした人が上り詰めるケースが多いからでしょう。しかし、少なくとも経営者に選ばれたリーダーは、ぜひ経営モデルそのものをイノベート（変革）する勇気と知恵を持ってほしいものです。

ただし、イノベーションは、ゼロから何かを発見するということではありません。むしろ、必要なのは学びです。古今東西の歴史や思想を学び、それをふまえて自分なりのモデルを組み立てていく。何度もこのプロセス

第10章　経営の変革者　　**437**

を繰り返し、学習と脱学習のメビウス運動を回し続けることが求められるのです。

したがって、経営者は学びを怠ってはなりません。事実、私が尊敬している経営者はみな、驚くほど勉強家です。私など、経営論においては議論できても、歴史や文化、宗教など、人間としての根源にかかわるようなテーマに関しては、自分の不勉強をただただ恥じるばかりです。

学習と実践を通じた脱学習を繰り返すことで自らの「軸」を持った経営者は、非連続な現実に直面しても動じることがありません。新しい経営手法、たとえば「デジタル・トランスフォーメーション」などを学びつつも、流行に流されることなく自分独自の経営モデルに仕立てていくことができるのです。

デジタルの本質を自分なりに深く理解し、それによって自らの経営モデルを進化させていく。これにより技術や事業のイノベーションではなく、経営のイノベーションが可能となります。

◆───カリスマを超える３つのＰ

企業の成長は、経営者のスケールの大きさで決まってしまいます。日本人の多くは本来謙虚な性格の持ち主で、「身の丈に合う」を美徳と考えがちです。しかし、そのような人がそのまま経営者になってしまうと、企業は大きく成長できなくなります。それこそ、企業の私物化であり、犯罪的な行為といっても過言ではありません。

だからといって、カリスマリーダーを期待するのは短絡的すぎます。そもそも真のカリスマ性を持ったリーダーなど、簡単には現れません。万が一現れたとしても、現場が「指示待ち」になってしまうため、持続的な進化のメカニズムを現場に体質化できないという副作用をもたらします。事実、外部から「プロ経営者」を招聘した企業のほとんどは、たとえ成功したとしても、一過性の再生しか実現できていません。

だとすると、普通の人が経営者になるためには、「経営者道」をしっかり学ぶ必要があります。私は現在、30を超える企業で、「次世代経営者育成」のお手伝いをしています。ここではそのエッセンスの一部を紹介する

ことにします。

　経営者とは職業です。したがって、経営者になるためには天性で勝負するのではなく、経営者としての「職業人格」を身につける必要があります。それは、3つのPに凝縮されます。

- パースペクティブ (洞察力)……これを磨くためには、深い経験によって自らの「軸」を持ちつつ、常に学習し続ける姿勢が求められます。先述した「メビウスサイクル」を、自らの中にビルトインする必要があります。

- パーソナリティ（人間性)……職業人格が必要とはいっても、ロボットのような人工的なリーダーに、心からついていきたいと思う人はいません。幸い、誰もが自分ならではのパーソナリティを持ち合わせています。だからといって、それを素のままに表現するだけでは、普通の人でしかない。自らの持ち味を、いかに自分らしいリーダー像に磨き上げていくかがカギを握ります。

- パッション（情熱)……情熱的であれといっても、何も日常的にエネルギーレベルを高くしておこうというのではありません。ただし、経営という舞台に立つときには、その体から高い目的意識と変革の意欲がほとばしるようでなければなりません。それによって、組織の中の「ゆらぎ」と「引き込み」が増幅し、自己組織化が脈動し続ける。経営者は、組織のエントロピーを高める「火付け役」を演じなければならないのです。

◆─── 次にバトンを渡す経営

　3つのPのうち、パーソナリティは、その人固有の持ち味です。パースペクティブは経験と学習によって深められ、パッションはエネルギーの蓄積（インプット）と放出（アウトット）の関数となります。

　このうち、時間の経過とともに劣化しやすいのがパッションです。かつて、奥田碩さんが60歳代でトヨタの社長になった際、「あと10歳若かったらなあ」と嘆いたそうです。とはいえ、その後の4年間、奥田さんがい

第10章　経営の変革者　**439**

かにトヨタの変革に情熱を注ぎ続けたかは、これまで見てきたとおりです。

　最近は、40代後半から50代前半で社長になるケースが増えてきているので、体力的にはかつての経営者よりエネルギーレベルは高まっているかもしれません。しかし、情熱にとって重要なのは、体力より気力です。「心のエネルギーレベル」をいかに高く保ち続けられるかが問われるのです。そして、この「心の若さ」は、年齢とは必ずしも反比例しません。

　一方で「燃え尽き症候群」は年齢に関係なく訪れます。そんなとき、全知全能を懸けて勝負をしてきた経営者ほど、自らのエネルギーレベルが劣化していることに気づくはずです。そこがまさに「引き際」で、無理に長引かせてもよいことはない。奥田さんもトヨタの変革を命懸けで仕掛けるのは、4年が限度だったかもしれません。

　ただし、創業者と普通の経営者は違います。柳井正さんは、「創業者に卒業はない」と常々述懐しています。創業者は、いつまでも創業者としての宿命を背負わなければならないのです。これに対して、普通の社員から選ばれた経営者は、いつまでもトップの座にとどまる必要はありません。むしろ、4年なり5年を完走した後は、後続者にバトンを譲るべきでしょう。

　「カリスマ経営者」として祭り上げられ、何年もトップの座に君臨し続けている経営者は、常人離れした「心の若さ」を保つ秘訣を持っているのでしょう。しかし、仮にそうだとしても、次世代人財育成という持続的経営にとって最も重要な役割を十分果たしていない、というそしりは免れないでしょう。もっと端的に言えば、カリスマ経営者の力量にすがった経営そのものが、大きな将来リスクを抱えていることになります。カリスマ引退の時が来れば自爆する、いわば「時限爆弾経営」です。

　日本企業は、4〜6年でトップが代わるため、思い切った変革ができないという批判をよく耳にします。しかし、長ければ変革がやりやすいかというと、実はそうではありません。4年間で変革の仕組みづくりをやり切ったトップは、さっさと身を引き、変革の持続性を確かめる必要があります。現場力が強い日本企業の場合、トップはこのように「変革のバトン

を次につなぐ」駅伝型の進化をめざすべきです。

◆────共感共創力を磨け

　日本企業の経営者である以上、日本の本質的な価値をしっかり理解したうえで、それを世界に伝える努力が求められます。そもそも日本文化の価値は、和紙や和食などが世界遺産として選ばれたように、世界中で広く認められています。さらに、和を尊ぶなどの精神構造や、決して妥協しない現場力などを、日本が誇る世界遺産としてグローバルに発信し、共感を得る必要があります。

　それによって、顧客や協力企業、そして現地のコミュニティが、そうした企業の商品・サービスに込められた思いやストーリーまでを理解し、好意を持ち、ひいてはファンになってくれる。また、現在や将来の従業員はそのような日本企業に対して、働き甲斐や誇りを感じてくれるに違いありません。

　最近、インドのバンガロールにあるトヨタ・キルロスカ・モーター(TKM) を訪問する機会がありました。トヨタが現地企業のキルロスカグループと20年前に立ち上げた合弁会社です。上級車ではトップシェアを誇っていますが、コンパクト車が主流のインド市場全体では、マルチ・スズキや現代自動車などに大差をつけられています。

　そこで、インド人の幹部から次のような話を聞きました。

　「ここの従業員の多くは、トヨタの現地校（トヨタ工業技術学校）の卒業生です。転職率は1％未満。ここで、トヨタ流の徹底した安全と品質を届けていることに誇りを持っているんです。アキオさん（注：豊田章男社長）からは、君たちがインドの未来のモビリティ社会を作り上げるんだと激励されています」

　目を輝かせて話すその幹部を見ていると、トヨタの本質的な価値は、現地の従業員の魂すら揺るがし、いずれインドそのものすら変えていくパワーを秘めていることに気づかされます。

　近江商人の理念の中に、「陰徳善事」という価値観があります。「人知れず良いことを行え」という教えです。日本人同士、阿吽の呼吸が通じる

第10章　経営の変革者　**441**

ハイコンテクストな（文脈共有度が高い）ムラ社会の中ではそれが美徳でした。しかし、ローコンテクストなグローバル社会では、そのような以心伝心は通じません。

インターブランドによる2017年のブランド価値ランキングでトヨタは世界7位、日本企業ではトップです。新たに加わった評価軸「共感共創力」でも、トヨタは高く評価されています。豊田章男さんがこの分野におけるトップとしての役割を熱心に演じていることが、大きく貢献していると考えられます。

共感共創力で最も重要な要素は、「inspire」する力です。inspireの語源は、ラテン語の「in-（中へ）」と「spirare（息、息吹）」。（思想や生命などを）吹き込んだり、感化、啓発、鼓舞、または奮い立たせたり、ひらめきや刺激を与えたりすることを指します。

相手の心に火をつけようとするなら、言葉だけでなく、行動が伴っていなければなりません。豊田章男さんの場合、つなぎの作業着で登場したり、「MORIZO」という名前でオートレースに参加する姿そのものが、世界のカーガイやカーギャルをインスパイアしています。

第**11**章

変革リーダーをめざせ

1 J-CSVを切り札に

◆――――グローバルモデルという幻想

　グローバルに共感共創力を発信していくうえで留意すべき点は、「グローバル経営モデル」などというものは、どこにも存在しないということです。

　10年少し前に、ジャーナリストのトーマス・フリードマンの『フラット化する世界』がベストセラーとなりました。フリードマンがそのことに気づいたのは、バンガロールで、当時の大ブームになっていたソフトウェア開発やコールセンター・ビジネスの取材をしていたときだそうです。インドのIT企業インフォシスCEO（当時）のナンダン・ニレカニから「世界の競争が同じルールで行われるようになった」という話を聞き、「世界はフラット化する」とひらめいたそうです。

　確かに、グローバル競争の時代になったことは間違いないでしょう。しかし、市場環境が「フラット」になったわけでも、経営モデルが世界共通になったわけでもありません。ジャーナリスティックなキャッチコピーに踊らされると、本質を見誤るおそれがあります。

　事実、当のインフォシスに私が最近訪問したところ、市場ごとに事業モデルを進化させようとしていました。シリコンバレーではベンチャー型のモデル、シンガポールでは産官学一体となったモデル、そして、日本では

443

図表11-1　トリプルAモデルの進化

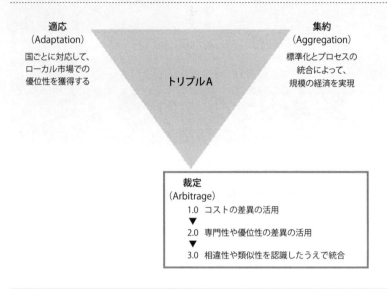

うまく適応できずに試行錯誤状態です。また経営モデルそのものは、従業員の働き甲斐に配慮したインフォシス独自のモデルになっています。

　フリードマンの議論と対極に「世界はフラット化しない」と論破したのは、パンカジ・ゲマワットです。ハーバード・ビジネススクール時代の私の恩師で、今はニューヨーク大学で教鞭を執っています。

　ゲマワットは、グローバル化に逆行するナショナリズムの台頭を早い時期から見抜いていました。そのうえで、グローバル化の幻想に振り回されるのではなく、しっかりと国ごと、地域ごとの市場環境に合った戦略を取りつつ、それらの差異をうまくグローバルに活用する経営モデルを提唱しています。「適応 (Adaptation)」「集約 (Aggregation)」「裁定 (Arbitrage)」という3つの基本戦略を統合した「トリプルA」モデルです（図表11-1）。

　しかも、これらの3つのAのウエイトの置き方や、それらを実践するプロセスそのものは、企業によって全く異なります。独自のアルゴリズムを作り上げ、それを進化させた企業だけが生き残ることができる。「グローバル経営モデル」などという幻想を追い求める必要はないのです。

そのためには、まず自分たちは何者かということを考え抜くことが出発点となります。日本企業としての出自こそが拠り所であり、それをグローバルに通用するモデルにいかに磨き上げていくかが問われる。言い換えれば、日本発グローバルな経営モデルが求められているのです。

　ボストン　コンサルティング　グループの日本法人初代社長のジェームス・アベグレンは、「終身雇用」「年功序列」「企業内組合」の3つが、日本企業の成功モデルだと指摘しました。戦後の成長期はそれでよかったかもしれませんが、今では日本ですら通用しません。もしアベグレンが今日の日本企業を見たら、グローバルに通用する経営モデルとしての要素は何だと看破するのでしょうか。

◆─── J-CSVを世界に

　私は、そのような日本発グローバルな経営モデルとして、第8章でも紹介した「J-CSV（日本発CSV）」を提唱しています。従来のCSV（共通価値の創造）はどちらかというと「生きるか死ぬか」といった基本的人権にかかわるようなテーマが多く、新興国市場ではともかく、日本のような成熟市場では真正面から取り上げにくい面がありました。

　しかし、見方を変えれば、日本こそ社会課題先進国です。少子高齢化や都市化に伴う過疎化現象にいかに取り組むかは、焦眉の社会課題となっています。さらに世界の社会課題を解くうえで、日本人の持つ価値観やスキルが有効なソリューションとなる可能性は大いにあります。それを私はJ-CSVと呼んで、2013年から6年間にわたって30社近くの志の高い日本企業の幹部の皆さんと、CSVフォーラムの中で検討を続けてきました。

　その過程で次のような切り口が、世界に通じる日本的なCSVの原型として見えてきました（図表11-2）。

　①安全から安心へ

　私たちはよく「安心・安全」と1つにくくってしまいますが、この2つはレベルが全く異なります。安全はなくてはならない物理的なもの。それ

第11章　変革リーダーをめざせ　**445**

図表11-2　J-CSVのキーワード

からだ→こころ
▶ 安全→安心（Peace of mind） ▶ Landscape→Mindscape ▶ 健康→幸福（Wellness, Happiness）

共感共創力
▶ 個→共 ▶ 狩猟民族 vs 農耕民族→遊牧民族（ノマド） ▶ 必然→偶然（セレンディピティ）

日本的価値観
▶ 品質→QoX ▶ Pure → Fusion ▶ 交感神経→副交感神経 ▶ Mouthful →Mindful

に対して、安心は全面的に信頼を寄せている心の平穏。英語でいうと peace of mind です。このレベルに達するためには、日本企業が誇るオーバースペックなほどの完璧性が求められます。

②Landscape から Mindscape へ

経営学においても、デザイン思考が注目されています。細部の分析ではなく、全体の統合へと向かうシステム思考といってもよいでしょう。「科学」ではなく「建築」というアナロジーもよく使われます。しかし、日本人の美学は、建築物そのものの美より、それを通じて心に映し出される感情（たとえば、安らぎや癒しなど）を大切にします。たとえば、龍安寺の石庭などは、その典型例です。私はこれを、landscape（風景）から mindscape（心の情景）へと呼んでいます。

③健康から幸福へ

体の健康（health）はもちろん大切ですが、そのうえでさらに求められ

るのが心の健康（wellness）です。現代社会においては、物質的には満ち足りていても、幸福（happiness）は希少資源となっています。こうした心の空虚を満たすような精神活動を、少なくともかつての日本人は持っていたはずです。日立の研究者で技師長の矢野和男さんは、AIとセンサーを使って「ハピネスメーター（幸福度測定装置）」を開発して注目を集めています。

④「個」から「共」へ

「和をもって貴しとなす」は、聖徳太子が制定した十七条憲法の条文としてよく知られています。日本人は、人と人とがつながり、心を通わせ、思いを分かち合うことに重きを置く。欧米型の「個」を尊重する文化とは異なる「和」を尊ぶ文化は、共感共創というSNS時代の価値観にぴったりです。たとえば、味の素は、「個食」ではなく「共食」をASV（Ajinomoto Group Shared Value）のキーテーマとしています。

⑤農耕民族から遊牧民族へ

狩猟民族（ハンター）か農耕民族（ファーマー）かという対比がよく使われます。欧米人は前者で、日本人は後者という分類です。しかし、実は日本人は縄文時代まで、遊牧民族（ノマド）であったことがわかってきています。狩猟もしながら、農耕もする。そして船を漕ぎ出して、海外にも移住していった。そのような「ノマド」型の生活様式こそが、ローカルとグローバルを結びつける21世紀型の経営モデルのヒントになるのではないでしょうか。

⑥必然から偶然へ

ビッグデータとアルゴリズムが進むにつれ、各人の関心や嗜好にパーソナライズされた情報だけに触れることが増えます。一見すると効率的に思えますが、逆にこれまでの自分の殻を破ることが難しくなってきます。イノベーションはそのような線形的なパターンからではなく、非線形、すなわち従来のパターンから外れたところから生まれることが観察されていま

第11章　変革リーダーをめざせ　**447**

す。いわゆる「セレンディピティ（偶然の出会い）」です。ノスタルジックなアナログの世界や、アバター（分身）で疑似体験する異次元の世界にこそ、そのようなセレンディピティに遭遇する機会が多いはずです。

⑦品質から QoX へ

日本人は「品質オタク」です。そのこだわりたるや、病的ですらあります。しかし、実は「品質」という日本語が誤訳だったことをご存じでしょうか。TQC（Total Quality Control）を日本に持ち込んだのは、アメリカ人のエドワーズ・デミングですが、原語には「品」はどこにもついていません。あくまでも「質」なのです。それをモノフェチの日本人にわかりやすいようにと、「品質」と訳してしまったのです。

本来「質」であるとすれば、モノだけにこだわる必要はありません。「おもてなし」に代表されるように、日本人のサービスの質に対するこだわりは、これまた世界遺産級です。

これを私は「QoX」と読み替え、Xには顧客の体験（eXperience）を入れるようにしています。たとえば「車の品質」ではなく「Quality of Mobility（移動の品質）」といった具合です。日本人の質へのこだわりは、異次元の顧客体験を実現するはずです。

⑧Pure から Fusion へ

古来、日本人は他国の文化を取り入れ、自国の文化と融合させることが得意でした。和漢融合、和魂洋才、和洋折衷などといった芸当です。今でも中華料理やフランス料理は、本国より日本のほうが味はもちろん、見た目にも体にもよくできていると思います。良品計画が「World MUJI」や「Found MUJI」活動を通じて世界中の民族の知恵を、日本的な知恵と融合させて商品開発をしているのも、このような日本人特有の感性に基づくものだといえます。

⑨交感神経から副交感神経へ

交感神経が活性化すると、活動的になります。逆に、心を落ち着けるた

めには、副交感神経を優位にする必要があります。20世紀は交感神経を逆なでして働き続けたり、戦い続けたりすることが勝者となるカギでした。飲み物でいうと、炭酸水やカフェイン飲料がぴったりです。

これに対して、21世紀は和みや癒しが求められるようになっています。そのためには、お茶や乳酸菌飲料が有効です。アメリカで炭酸飲料水の消費が減少し、お茶などが増加しているのも、そのような傾向を裏づけています。

⑩ Mouthful から Mindful へ

古来、日本人は物質的な豊かさ（mouthful）より精神的な豊かさ（mindful）を大切にしてきました。それが「禅」の思想として広まり、今では「マインドフルネス」活動として、シリコンバレーを発信源に世界中の先進企業が取り入れています。ヨガや座禅、瞑想といった行為を通じて、自我や思い込みを抑え、本質（悟り）にたどり着こうという試みです。先に紹介したU理論は、それを理論化したものです。クリエイティブであろうとする世界中の人財が、この日本古来の精神活動を取り入れ始めています。

かつてアメリカから渡ってきたTQCが日本で花を咲かせて、世界中を席巻しました。同様に、アメリカ発のCSVは日本でJ-CSVとしてバージョンアップし、世界に広がっていく可能性があります。日本企業は、そのような日本発のグローバル経営モデルをめざすべきです。

全社変革としては、第I部では大きく4つのモデルを紹介しました。このうち、モデル1のS2G（シュリンク・トゥ・グロー）、モデル2のセルフ・ディスラプション、モデル3のPOI（ポートフォリオ・オブ・イニシアティブ）は、いわば外国生まれの借り物です。これに対して、モデル4のメビウス運動は日本発のモデルです。このメビウス運動モデルが、日本企業の持続的成長のエンジンとなり、世界中で注目され、広がっていくことを願ってやみません。

2　J-CSVリーダーの3つのQ

◆────問われる「真・善・美」

　変革者はすべからくリーダーでなければなりません。それでは、リーダーの条件とは何か。

　ピーター・ドラッカーは、マネジャーが「Do things right」する人であるのに対して、リーダーは「Do right things」する人だと説明しています。How to doとWhat to doの違いです。では、「right things」とはどのようなものでしょうか。

　それは「真・善・美」でいうところの、「善とは何か」を問うのと同じです。「真」を知る力をIQ（Intellectual Quotient）、「美」を知る力をEQ（Emotional Quotient）と呼ぶならば、さしずめ「善」を知る力はJQ（Judgment Quotient）と呼ぶことができるでしょう。リーダーには、この3つのQが求められます（図表11-3）。

　経営学ではIQとEQについてはよく議論されますが、JQは哲学、倫理学、あるいは宗教学の世界でしか問われません。キリスト教が支配する世界においては、何が善であるかの判断が、初めから明白です。またマック

図表11-3　変革リーダーに求められる3つのQ

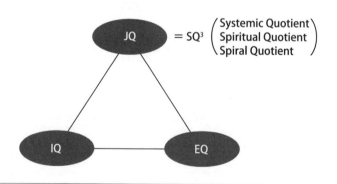

ス・ウェーバーが指摘したように、安くて良質な商品やサービスを人々に提供したという「隣人愛」の実践の結果としての利潤を、積極的に肯定する論理が近代資本主義を生み出したのだとすれば、金儲けは本来「善」ということになります。

　しかし、昨今の拝金主義的な経済至上主義は、「隣人愛」の実践という本来の資本主義の前提から大きく逸脱しています。まず、What以前にWhyが改めて問われなければなりません。IQとEQに加えて、JQがこれまで以上に、リーダーとしての重要な資質となってきているのです。

◆─────左脳と右脳

　「真」の追求のためには、IQ、すなわち知性がカギとなります。日本の優良企業の幹部には、このIQが高い人財がかなり揃っています。特にメーカーやB2B型サービス企業では、粒揃いです。分析能力の高い左脳型の人財集団といえます。たとえば、パナソニックの津賀一宏社長や三菱重工の宮永俊一社長などは、その筆頭でしょう。

　一方で「美」を追求するためには、EQ、すなわち感性がカギとなります。日本人はデザイン性に対する感性も決して低くありません。建築などの空間、民芸品などの生活用品などにおける日本の美意識は、海外でも高く評価されています。経営人財にも、先述したセゾングループの創始者・堤清二さんは別格としても、右脳的な感覚が優れた人が少なくありません。

　さらにEQにHQ（Humanity Quotient）まで含まれるとするならば、人間性にあふれた人物が多い日本の経営者は、ここでもハイスコアです。良品計画の松井忠三元社長はバレーボール、アサヒ飲料の岸上克彦社長はサッカーをされていましたが、特に若い頃にチームスポーツにいそしんだことのある経営者は、一体感を醸成するのに秀でています。

　また、国内外の生産現場で多くの人財を牽引してきた経営者、たとえば、デンソーの有馬浩二社長やリコーの山下良則社長などは、抜群の人心掌握力を発揮します。

◆──── 善を判断する力

　そして3つ目のQが、JQ（Judgment Quotient）、すなわち判断する力です。真・善・美の「善」を判断する軸を持つことは、リーダーとして最も難しく、重要な資質です。なぜならば、それは知性や感性を超えた深い暗黙知に根差すものだからです。

　シンギュラリティ時代を想定してみましょう。AIやロボットが人類の総知を超える時代です。IQレベルでは、人間はロボットにかないません。プレ・シンギュラリティ時代の現代においても、すでにそのような未来は現実になりつつあります。たとえばソフトバンクの「ペッパー」君の個体群は、世界中でさまざまな経験を積んで、それをネットワークでつなげて共有しているので、1人の人間の経験知を超えるのは時間の問題です。

　では、EQはどうでしょうか。こちらはさすがに人間の領域だと安心しているわけにはいきません。ペッパーには喜怒哀楽を理解する「マインドマップ」が内蔵されており、感情すら表現できるのです。

　以前はゲームで負けると悔しがっていましたが、最近ではゲームに負けると嬉しそうな顔をするようになりました。勝って喜んでいる相手を見て、自分も嬉しいと感じるからだそうです。「下手な人間より、よっぽど人間性がある」と孫正義さんも舌を巻いていました。

　では、JQはどうでしょうか。もし、善を理解するアルゴリズムがあれば、あっという間にロボットに装着されるでしょう。しかし、そもそも善を判断する軸が暗黙知である限り、明示的なアルゴリズムになりません。

　2016年、マイクロソフトのAIが暴走するという問題が発生しました。「ヒトラー万歳」とか「イスラム教徒を殺せ」などという暴言を発信し始めたのです。マイクロソフトに対して同様の主旨のスパムメールが大量に送りつけられ、それをAIが世論と勘違いしてしまったようです。このようにAIは、ビッグデータを統計解析することはできても、その内容の善悪を判断するアルゴリズムを持っていません。

　では、どうすればJQを体得することができるか。私自身、まだ答えがわかっているわけではありませんが、どうやら3つの軸が必要となりそうです。「深さ」と「広がり」、そして「ずらし」の3つ。いずれもSから始

まるので、SQ^3（SQキューブ）と呼んでいます。

◆─── システミックQ

1つ目のSはシステミック、すなわち全体を把握する力です。

かつて、マサチューセッツ工科大学（MIT）教授のジェイ・フォレスターが、「システム・ダイナミクス」というシミュレーションモデルを考案しました。このモデルによって、現実の経済や市場などの未来の挙動をシミュレーションすることが可能になりました。

さらにこのシステム思考を、企業の組織モデルに応用したのが、同じくMITのピーター・センゲです。第3章でも紹介した著書『学習する組織』で、組織が陥りやすい「システムの罠」を簡単な因果関係図（causal loop）で描いています。そして、企業を取り巻く環境、企業そのものの活動をシステムとして捉え、その全体を統合（シンセサイズ）していくことが学習する組織に求められていると説きます。このようなシステム思考こそが、JQを高めるための1つの軸となります。

システム思考を組織の中に定着させるためには、3つのステップが必要となります。

まず、組織の壁をなくすこと。これまでは「クロス・ファンクショナル・チーム」や全社横断型プロジェクトなどを組成するのが有効とされてきました。最近はITを活用して、部門を超えた情報流通を活性化させることが一般的になってきています。たとえばシーメンスは「TechnoWeb 2.0」という社内ウェブを導入したところ、最初の1カ月間で600を超える部門横断型イニシアティブが生まれたといいます。

2つ目は、他社とのコラボレーションを進めること。特に異業種とのコラボレーションは、従来の発想を超えたイノベーションをもたらす可能性があります。そのような期待のもと、近年はオープンイノベーションが盛んです。

ただし、ほとんどのケースで成果が上がっていないことは前述したとおりです。Win-Winとなる事業モデルを構築し、両社が持続的な取組みにコミットし、市場の変化に応じて事業モデルを進化させるというきわめて

高度な組織スキルが求められます。

　そして、最も重要な取組みが、3つ目の企業を取り巻く環境全体を視野に入れた「生態学的視点」に立つことです。空気や水なども有限な資源であると認識すること。地球の生態系を破壊すれば、長期的には経済的成長を妨げること。そして株主や顧客のみならず、従業員やコミュニティなどの幅広いステークホルダーの満足度向上が企業の持続的な成長につながることを、深く理解する必要があります。

　たとえばSDGsを実現しつつ、自社の経済的成長を実現するCSVを実践することにより、この第3レベルのシステム思考が組織の中に根差していくはずです。

◆─────スピリチュアルQ

　2つ目のSはスピリチュアル、すなわち、精神性を極めることです。善を体得するには、自我を超越して自然と一体となり、その中から森羅万象をつかさどる法則に気づくという体験が必要となります。瞑想や座禅は、まさにそのような精神的なジャーニーをめざすものです。

　このプロセスをU理論として体系化したのが、MITの上級講師オットー・シャーマーです。U理論については前述したとおりで、大きく3つのプロセスで構成されます。

　第1に「センシング」。とらわれた心を空っぽにして、五感を研ぎ澄ませる。そうすることで自然と一体になることができます。

　第2に「プレゼンシング」。そのようなプロセスの奥底（U字の文字の底辺）で、「悟り」の境地が開ける。そこで未来が現出（プレゼンシング）するのです。

　第3に「リアライジング」。現実の世界に戻って、プレゼンシングで体得した本質＝未来を実際に構築していく。その結果、イノベーションが生まれ、組織が進化していきます。

　シャーマーのU理論は5段階を提唱していますが、前出のピーター・センゲとの共著『出現する未来』の中では、上記の3つのプロセスにまとめています。そして、シャーマーが創始者となったプレゼンシング・インス

ティテュートが中心となり、U理論を実践するプログラムを世界に広めています。日本でも、プレゼンシング・インスティテュート・コミュニティ・ジャパンがワークショップを通じてU理論の浸透を図っています。

U理論をより一般化した「マインドフルネス」活動が、シリコンバレーを中心に好業績企業の間で広がっているのは、すでに述べたとおりです。私がグローバル企業の研修を日本で行う際にも、できるだけ禅寺での研修を入れています。特に日本人以外の参加者にとっては、きわめて新鮮な体験として喜ばれています。

瞑想や座禅の「聖地」にいるはずの日本人がさほど興味を示さず、非日本人が日本発の価値をクリエイティビティの拠り所としようとしている。何とも皮肉な現実です。

◆────── スパイラルQ

3つ目のSはスパイラル、すなわち非線形性です。

20世紀型の経営では、線形の成長が基本でした。時間とともに一定量で成長していく右肩上がりのモデルです。ただし、ほとんどの場合は限界効用逓減の法則が働いて、実際には時間とともに成長率は落ちていきます。

21世紀に入ると、「指数関数的な急成長」モデルが登場します。ネットワークの外部性を生かして、「限界逓増の法則」に乗って成長するパターンです。グーグルやアマゾン、フェイスブックなどのネット企業は、先に紹介したシンギュラリティ大学が唱える指数関数的急成長企業群（ExOs）の代表選手です。

しかし、この急成長も永久に続くわけがなく、いずれS字カーブを描いて失速していくことは目に見えています。私はドーピング経営と呼んでいますが、決して長続きするものではありません。

これに対して、持続的に成長している企業は、実際には螺旋型の成長曲線を描いています。上昇局面もあれば、下降局面も迎える。そのような試行錯誤の中で、成長を手探りで模索しながら進化していくモデルです（図表11-4）。

図表11-4　3つの進化パス

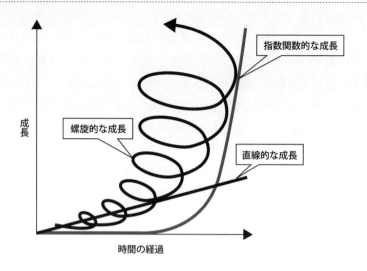

（出所）イスマイルほか（2015）p.21を加筆。

　単なる直線でもなければ、加速度的に進化を続けるモデルでもありません。ただし、遠くの「あるべき姿」を目標（北極星）として見定め、そこに向けて一歩後退しては、二歩前進するといった歩みを通じて、漸進的に近づき続けるモデルです。

　第Ⅰ部で紹介した変革モデルでいうと、タイプ4のメビウス運動モデルこそが、そのような組織の進化をもたらすものです。同じ場所で反復運動をするのではなく、時間とともにより高みへと活動の次元をずらしていく。それによって、螺旋形の成長曲線が描けるはずです。

◆─── 一神教か、多神教か

　SQ^{3}の中のスピリチュアルには、宗教性という側面があります。ここで、宗教における日本人の独自性について触れておきたいと思います。

　ユダヤ教、キリスト教、イスラム教など、西洋発の宗教は、すべて一神教です。しかも、教義は違っても神は同一です。全能の神に対して忠誠を尽くす民という構図は、秩序や求心力を保ちやすい半面、教条主義になり

やすく、遊びや進化の余地がありません。さらに、狂信的で排他的になりがちで、紛争の火種となりやすい側面があります。

　一方、仏教やヒンズー教などの東洋発の宗教の多くは多神教です。いろいろな個性の神様が存在します。唯一絶対の神という権威はないものの、多様性と多義性に富み、遊びや進化の余地も大きい。いわば「あれもあり、これもあり」です。西洋でいえばギリシャ神話に近いかもしれません。そこには、愛の神（エロス）、大地の女神（ガイア）、海の神（ポントス）、夢の神（オネイロス）など、非常に広い世界が広がっています。

　日本人の多くは無宗教だといわれています。しかし日本文化は古来、仏教と神道という2つの土台の上で作られてきました。いずれも多神教であり、日本人の精神構造はまさに多神教とでもいうべき広がりと奥行きの深さを持っています。

　しかし、多様性を受容するだけであれば、現状をそのまま「何でもあり」として容認するだけとなり、進化が起こりません。日本人の特性は、そうした多様性を受け止めながら、それを新しい次元に高めていこうとする力です。先述した和洋折衷にしても、実は「折衷」という中和作業を通じて、新しい様式を生み出そうとします。

　イノベーションは「新結合」によって生まれるというシュンペーター説が正しいとすれば、日本人は本来イノベーションの名手であるはずです。ただし、最近のダイバーシティ論議のように、単に異質なものを受け入れるだけではイノベーションは生まれません。異質なもの同士に化学反応を起こさせるという「すり合わせ」が必要なのです。ダイバーシティからインクルージョン（融合）へと進化させることで初めて、イノベーションの土壌が準備されるのです。

　堀場製作所では、「ステンドグラス」というメタファーを使っています。教会のステンドグラスは個々のガラスの破片が個性的な色を発しながら、それが全体としての美しい調和を奏でています。堀場製作所の従業員は、3人に2人は外国人という人種のるつぼです。その1人1人が、部分としてのダイバーシティを保ちながら、全体としての一体感を同時に醸し出しているのです。

第11章　変革リーダーをめざせ　**457**

教会という一神教の神殿に多様性の美学を見出しているところも、いかにも日本的な目のつけどころといえるでしょう。いずれにせよ多神教的な日本人の精神構造は、あらゆる異質なものを取り込み、そこから次の進化を生み出す原動力となる可能性が大いにあります。

◆───道のダイナミズム

仏教や神道などの多神教が日本人の静的DNAだとすると、動的DNAを担っているのが、「道」という精神ではないでしょうか。

道とは、1つの物事を通じて生き様や真理の追究を体現すること、自己の精神の修練を行うことを指します。武道における剣道、柔道、弓道や、作法における茶道、華道、書道などです。日本人は何かというと「道」にいそしむ傾向があります。

スピードスケートの小平奈緒選手が平昌オリンピックで金メダルを取ったときに、今噛みしめている言葉は何かと外国人記者に問われて、即座に「求道者」と答えていました。3度目のオリンピックで金メダルを獲得するまでのプロセスは、「道」を究めるという言葉がぴったりなのでしょう。

オリンピックでは「金」が1つの頂点ですが、「道」はどこまで行っても終わりがありません。しかも、紆余曲折がつきものなので、まさに前述したスパイラルなプロセスそのものです。

欧米ではギリシャ哲学以降、世界や事物の変化や発展の過程を本質的に理解するための方法として弁証法が磨き上げられてきました。それを理論体系化した哲学者ヘーゲルによると、正・反・合という3段階を通じて、概念が自己内に含む矛盾を止揚して高次の段階へ至るとされます。スパイラルに高みに上がっていくプロセスである点は同じですが、きわめて論理的、IQ的な世界です。

それに対して「道」は、現場感覚、身体性が高いところに特徴があります。欧米が長らく物心二元論の立場をとってきたのに対して、日本では古来、物心一体となった「修業」を通じてのみ本質を体得することができるとされてきました。この現場重視の姿勢こそが日本の価値観の原点であることが、「道」という日本的な哲学を通じて改めて確認できます。トヨタ

458 第Ⅲ部 変革者（チェンジリーダー）の条件（Who）

に代表される日本企業のスパイラルＱの原点は、この現場を起点とした
「求道精神」にあるのです。

3 変革リーダーへの道

◆─── あなたの志は何ですか？

　ここからは読者の1人1人にメッセージを伝え、それが変革リーダーを
めざすうえで、何らかの気づきや行動のヒントになればと願って述べてい
きます。

　最初に聞きたいのは、「あなたの志は何ですか」ということです。これ
は数年前のNHK大河ドラマで吉田松陰が、松下村塾の塾生の1人1人に
投げかけた問いです。組織は、そのリーダーの志の大きさ以上には成長し
ません。変革リーダーとなるためには、まず自分自身の志を見極める必要
があります。

　志を見極めるためには「パーパス（目的）」、すなわち「何のために存在
するのか」を真摯に問いかける必要があります。それは未来志向の問いで
あると同時に、存在の原点を問いかけるものでもあります。未来は無限の
広がりを持っていますが、その企業、そしてそのリーダーの未来は、その
原点における目的意識によって方向づけられるのです。

　ジャン＝ポール・サルトルは、そのように自分の未来を自分の目的意識
で切り開いていく行為を「自己投企」と呼んでいます。変革リーダーは、
あらゆる可能性の中から目的意識を原点として自らをピン留めし、目的意
識に合った未来を切り開いていかなければなりません。そのためには、ま
ず自らの目的意識を再確認すること、そして、その目的意識をふまえて自
己投企する勇気を持つことが求められます。

◆─── 原体験を刻み込む

　「何のために存在するのか」という問いへの有力な答えは、多くの場合、

第11章　変革リーダーをめざせ　**459**

自らの原体験に潜んでいます。原体験とは、記憶の底にいつまでも残り、その人が何らかの形でこだわり続けることになる体験です。多くは幼少期ですが、成人になってからでも強烈な体験をして心に刻まれ、その人の価値観を左右することも少なくありません。

たとえば、先述した日立の川村隆さんのハイジャック遭遇体験が、川村さんにとっての原体験であることは確かでしょう。それが、「リーダーとなった以上、最後まで諦めずにコックピットで戦う」という川村さんの志の根源となっていることも、想像に難くありません。

死命を決するような強烈な体験を、すべての人に求めるのは非現実的です。しかし、強い志を持つ人のほとんどが、その原点となるような体験をしています。逆に、受験勉強ひとすじの絵に描いたような優等生のほとんどは、そうした原体験を持っていません。

リクルートでは、入社試験の面接で、その人物の「根っこ」を掘り起こすようなインタビューを執拗にするといいます。私もマッキンゼーの新卒採用の責任者をしていた際には、応募者に原体験を必ず問うことにしていました。

海外での生活や発展途上国でのボランティア活動などは、自分を見つめ直す原体験となることが多い。私が採用した学生は、ほぼ例外なく海外帰国子女か、社会的な活動を経験してきた人たちです。その多くはマッキンゼーを1～2年で「卒業」し、その後、ソーシャル・ビジネスを起業したり、NPOのリーダーとして活躍しています。

人生100年時代の生き方を問いかけた『ライフ・シフト』が、話題となっています。著者であるロンドン・ビジネススクールのリンダ・グラットン教授はその中で、卒業後すぐに就職するのではなく、バックパッカーとなって海外放浪をするなど、非日常的な社会経験を積むことを勧めています。

また、「サバティカル制度」を使うのも有効です。もともとは大学で、教員に数カ月から1年程度の「充電期間」を認めるというものですが、最近では欧米を中心に導入する企業が増えています。

たとえば、ボストン コンサルティング グループでは、サバティカルを

460　第Ⅲ部　変革者（チェンジリーダー）の条件（Who）

取って新興国でボランティア活動にいそしむシニアパートナーが大勢います。日本でもヤフーが勤続10年以上の社員を対象に、最長で3カ月の休暇を取得できる制度を始めました。ワークライフ・バランスが経営課題となる中、同様の制度を導入する企業が増えてくるでしょう。

◆───── 変革を仕掛ける

　原風景を刻み込むこと以上に直接的な体験は、自らが企業変革を仕掛けることです。とはいえ、いきなり会社全体の変革に携わるには、経営者かその右腕になるまで待たなければなりません。あまりにも先の話で、しかもごく一握りの人にしかチャンスは巡ってきません。

　しかし、その気になれば、すぐにでも変革は始められます。今自分が所属する組織で、変革を仕掛ければいいのです。もちろん全社変革に比べれば、インパクトははるかに小さいでしょう。しかし、この本で紹介している考え方や方法論は、こうした身の丈に合った組織変革にも応用できるものです。しかも、そのような小さな単位での変革が、より大きなうねりを生み出すきっかけにすらなるはずです。

　私も三菱商事に入社して2年目に、自部門の変革を提案、実践しました。私が配属されたプラント部門では、顧客の事業知識、商品知識、ファイナンス知識などに対する深い理解が、成功のカギを握っていました。商社マンはそれを個人技として学び、磨き込んでいました。しかし、それでは時間がかかり、個人差も大きい。何よりも、他の人の知恵を共有する機会に乏しいという問題がありました。先輩たちの背中を見て、盗むよりほかなかったのです。

　そこで私は、マニュアルづくりを提案しました。まずは基本となる商品知識。言い出しっぺの私がリーダーとなり、パートナー企業である三菱重工業や三菱電機などにも協力を仰ぎながら、1年かけてバージョン1.0を完成させました。

　個人の知恵が組織の知恵となり、蓄積され、進化していく。暗黙知を形式知化するナレッジマネジメントの仕組みは、組織的にイノベーションを仕掛け続けるインフラとなります。その後、私はニューヨークに転勤し

第11章　変革リーダーをめざせ　**461**

ましたが、東京本社ではファイナンス編など、他のマニュアルづくりへの「横展」が広がっていきました。

　脂が乗ったニューヨーク時代には、全社変革の提案をしたことがあります。当時、米国三菱商事のトップだった近藤健男さんが本社の社長に就任するや「Kプラン」という全社変革を仕掛け、現場にも変革のアイディアを求めたのです。

　私は、「New Co（新会社）」の発足を提案しました。三菱商事の社員は当時、全世界で8000人。その多くは貿易や決済などの提携業務を手掛けていました。そこで私は、全社を変革するのではなく、新しいビジネスを仕掛けられるトップ10％の人財を切り出し、「新産業アーキテクト（新たな産業を構築する）」集団として独立させようという構想を提案したのです。先に紹介した4つのモデルでいえば、モデル2の「セルフ・ディスラプション」モデルです。

　残念ながらこの提案は、ただちに却下されました。90％の社員からの反発が予想される、そもそもキャッシュカウである90％の本業の変革には直接つながらないなどという、今から思えばもっともな理由からです。しかし、まだ20代後半で血の気の多かった当時の私は、すこぶる不満でした。

　その後、期待の近藤さんは急逝し、変革は志半ばに終わってしまいました。私が三菱商事を去る決意をしたのは、それから3年後のことです。

◆─── 「変革ライト」を実践する

　小さな変革よりさらに効果的なのは、1つのまとまった組織で「変革ライト」を実践することです。

　いきなり本社で変革を仕掛けようとすると、上記の私のケースのように不発に終わりかねないので、それ以外の場所から始めるのがよいでしょう。変革は多くの場合、辺境から生まれます。本社より子会社、本国より海外のほうが、既存事業のしがらみがない分、変革を実践しやすいのです。

　日立の川村変革を受け継ぎ、後に経団連会長に就任した中西宏明さん

は、日立の社長になる前に、海外や子会社で「変革ライト」を実践してきました。そうした自身の経験から、見込みがある幹部候補には、30代半ばを過ぎた時点で、海外子会社の経営に携わらせるようにしたいと考えるに至ったそうです。

　「数年間の期間限定で海外経験を積むという従来型の海外赴任ではダメ。自ら考えて商売をやってみて修羅場を経験しなければ経営者は育ちません。こうした場数を2〜3回踏ませようと思うと、30代から始めないと間に合わない」(『日経ビジネス』2018年1月15日号)

　不振事業や子会社の経営を担うことも、修羅場経験を積むことに直結します。最近、企業変革を果敢に実践している経営者は、そのようなキャリアを積んでいることがほとんどです。

　パナソニックをV字回復に導いた津賀一宏さんは研究所長だった当時、伸び悩んでいた自動車事業部門のトップを自ら買って出て、見事に成長事業に導きました。最近、業績回復が著しいソニーの新社長の吉田憲一郎さんは、ソニーに戻る前の13年間、子会社のソネットで社長として実績を積んでいます。

　海外や子会社に「左遷」されることが、むしろ僥倖に転じることも少なくありません。たとえばトヨタの奥田碩さんは、若い頃はあまりに生意気だったので、フィリピンの支店長に左遷されました。周囲は「奥田はこれで終わった」とささやいていた。しかし、そこでの活躍がマニラに出張してきたトップの目に留まり、本社に返り咲き、21世紀に向けてトヨタの大変革を仕掛けていったのです。

　皆さんも、トップになってから変革を始めるのでは遅すぎます。明日にでも「変革ライト」を始めてはいかがでしょうか。

◆─────**五感を磨く**

　企業における変革と並行して、ぜひ「五感を磨く」訓練を勧めたいと思います。

本格的に行うには、先に紹介した「U理論」に沿った訓練を積むことがベストです。そこまでしなくても、禅寺で1日座禅を組むだけでも「原体験」になるはずです。セコム創業者の飯田亮さんは、会食を終えて帰宅した晩も必ず、就寝前に1時間は瞑想することを日課としているそうです。

　1時間は無理という人でも、毎日5分の瞑想ならできるのではないでしょうか。最近はマインドフルネス関連のアプリも、スマホで簡単に手に入ります。「時間がなくてできない」という言い訳は、通用しません。

　五感を磨くと、固定概念や雑念から解放されます。五感をセンサーとして研ぎ澄ますことで、観察力も飛躍的に高まる。すると、新しい発見や発想に巡り合えるようになります。先述した「セレンディピティ（偶然の出会い）」を仮想体験できるはずです。

　日本人は本来、観察力には定評があります。五感を研ぎ澄ませて、現地・現物・現実と真摯に向き合う。インターネットが商用化された当初、トヨタにネットワークを用いて世界中の工場を監視できるようにするとよいと提案したことがあります。すると、生産担当の白水宏典さん（当時・副社長。その後ダイハツ工業会長）から、「それならば、音やにおいも含めて五感に見える化してほしい」と切り返され、舌を巻いた記憶があります。

　この能力は、実はAIを飛躍的に進化させたディープラーニングと通底するものがあります。従来、コンピュータのアルゴリズムは、ロジックをプログラミングする必要がありました。それに対してディープラーニングは、大規模なラベル付けされたデータとニューラル・ネットワークを利用して自律的に学習します。データから直接特徴量（データにどのような特徴があるかを定量化したもの）を学習するため、これまでのような手作業の特徴抽出は必要ありません。

　そもそもディープラーニングは、人間の神経細胞（ニューロン）の仕組みを模したシステムです。そして、今やその能力が人間の認識能力を超えるのは、時間の問題だといわれています。いわゆるプレ・シンギュラリティの到来です。では、ディープラーニングの進化によって、人間はAIに太刀打ちできなくなるのでしょうか。私はそうは考えません。

ディープラーニングは画像と音声、すなわち視覚と聴覚にしか対応できておらず、触覚、味覚、嗅覚などについては未知数です。さらに人間は、五感を研ぎ澄ませることで第六感（シックスセンス）を働かせることができる。まさに、U理論がいうところの「プレゼンシング（未来の出現）」です。

　このような直観、霊感こそ、人類がAIを超えるための源（ソース）となります。そして、そのソースの世界に下りていくためには、五感を研ぎ澄ませる（センシング）修業が不可欠です。

　日本人も、いつの間にか現場をセンサーやロボットに委ね、コンピュータやスマートフォンに向かってバーチャルな世界に浸るようになってしまいました。しかし、IoTやAI、VRなどが進化すればするほど、現場や自然に赴き、本来は得意技であったはずの観察力を鍛える努力が求められるのです。

◆────── リバースメンターのすすめ

　カリスマリーダーはいらないという話は、先に論じたとおりです。変革の本質は、組織が自律的に進化していくようになることです。そのためには、変革リーダーが現場の1人1人をいかにエンパワーできるかが勝負となります。主役ではなく脇役、もっと言えば舞台にも立たずに、演出家、あるいはコーチとして役者たちを支援し、見守る役回りに徹しなければなりません。

　将来のリーダー候補は、企業内で「HiPo（ハイポ）」というラベルが張られています。ハイ・ポテンシャルの略です。私が請け負う次世代リーダー研修プログラムなどでは、この手の人財が選抜されて送り込まれます。そしてその多くは、好業績を上げ続けるハイ・パフォーマー。自他ともに認めるスタープレーヤーです。

　しかし、このような人財は主役になることに慣れているため、そこから伸び悩むことになりがちです。誰かに任せるより、自分でやるほうがはるかに高いパフォーマンスを実現できてしまうからです。その結果、人は育たず、組織は自立せず、自身がいなくなると高いパフォーマンスを持続で

きなくなる。いわゆるカリスマリーダーの弊害を、自らの組織に持ち込んでしまうのです。

そこで私が幹部研修を行う際には必ず、スタープレーヤーという自覚を捨てない限り、リーダーにはなれないということを説きます。リーダーである以上、フォロワーを作ることが最大の使命です。いかに次世代人財を育成するかが、次世代リーダーとなるための最重要課題です。

前に「求道者」というメタファーを提示しました。小平奈緒選手のように、自分自身と戦うスピードスケートの世界であれば、それでよいかもしれません。しかし、1人の世界で求道を続けるだけでは、真のリーダーにはなれません。自ら求道者でありつつ、周りの人々が道を究めていくように鼓舞（インスパイア）し続けることが求められます。

変革リーダーの役割は、そのような「求道集団」づくりをめざすことです。その意味では、教師というより宗教家に近いかもしれません。ただし、その際には教条的な一神教ではなく、ダイバーシティを許容する多神教でなければならないことは、言うまでもありません。

私は「主役を降りる」ための1つの有力な方法として、「リバースメンター」づくりを勧めています。通常は、年配者が若年者のメンターになりますが、「リバースメンター」はその逆。すなわち、若手に自分のメンターになってもらうのです。デジタル・ネイティブから学ばない限り、あっという間に現代のシーラカンスになってしまいます。

デジタルだけではありません。昭和生まれの企業戦士は、ミレニアル世代の社会価値創造に向けた熱い思いからも、学ぶべきことが尽きないはずです。

◆——— Move on

前にもご紹介したように、分子生物学者の福岡伸一さんは、生命を「動的平衡にある流れ」と定義します。企業も自己組織化という進化のダイナミズムを持ち続けるためには、動的平衡を保つ努力をし続けなければなりません。

止まることは、死を意味します。常に組織の中に「ゆらぎ」を起こし続

け、同じところに立ち止まらずに「ずらし」、個々の細胞の運動を1つのリズムに「つなぎ」上げることによって、大きな流れを作り続けなければなりません。この「ゆらぎ、ずらし、つなぎ」という運動論をいかに組織の中に生み続けるかが、変革リーダーの役割となります。

　あるときには、沈思黙考することも大切です。U理論でいえば、センシングによってU字を深く下りていくプロセスです。ただし、U字の底で「悟り」を開いただけでは、世捨て人にすぎない。そこから現実へと這い上がり、現実を未来に向けて変革していくパワーが必要となります。Move on、つまり、常にデルタ（変化）を生み続けること。それが変革リーダーの条件です。

　組織が進化し続けるためには、変革は必須です。その意味では、「経営者＝変革者」です。変革リーダーこそが、組織の生命維持装置とすらいえる。そのためには、組織を揺さぶり続けなければなりません。

◆─── シーシュポスの神話

　変革にゴールはありません。ゴールに到達したとたん、運動は止まってしまうからです。

　アルベール・カミュの作品に、『シーシュポスの神話』というエッセイがあります。神を欺こうとして怒りに触れたシーシュポスは、岩を山の頂上に運び上げるという罰を与えられます。必死の思いで上げると、その瞬間に岩が下に落ちてしまう。それを延々と繰り返すという人生を歩まされる話です。

　なぜ人は生きるのかという根源的な問題を、シーシュポスの神話は問いかけています。いずれは死んですべては水泡に帰すと承知しているにもかかわらず、それでも生き続けなければならない。多くの人はゴール（山頂）にたどり着くことさえなく、仮に到達したとしても、すぐにまた出発点に戻ってしまう。なぜ人は、それでもゴールをめざすのでしょうか。

　登山家のジョージ・マロリーのセリフも有名です。1923年、あるインタビューで「なぜエベレストに登るのか」と問われたとき、「Because it is there（そこにそれがあるから）」と答えました。それ以上でも、以下でも

ないのです。

　企業にとっても、「そもそも、なぜ存在するのか」という問いは深淵です。多くの経営者は、「そこに顧客や従業員がいるから」と答えるでしょう。「株主のために」などと答える経営者はまずいません。

　では、「ゴールは何か」という問いには、どう答えるのでしょうか。「快適な生活を」や「人々と感動を分かち合う」という企業理念は語られても、ゴールを明確に示す経営者はいないはずです。なぜなら、企業にとってもゴールなど、存在しないからです。

　どこ（Where）をめざすのかではなく、なぜ（Why）生きるか、どう（How）生きるかが、がより重要なテーマです。多くの企業は、自らのミッション、ビジョン、バリューを設定しています。ミッション、すなわち、企業理念はWhy、ビジョン、すなわち、めざす姿はWhere、バリュー、すなわち、価値観はHowを問うものです。

　ビジョンはほとんどの場合、通過点にすぎません。なぜなら究極のゴールなど、存在しないからです。より重要なのはミッションとバリューです。

　ミッションはゴールではなく、原点です。その企業の志であり、目的意識（パーポス）です。「経営者＝変革リーダー」は常にこのパーポスを軸とし、ぶれてはなりません。バリューは、企業が顧客や従業員に訴求する価値です（株主にとっての企業価値は、その結果にすぎません）。顧客や従業員が、「企業の価値観＝善」に共感してもらえるかどうかが勝負となります。

　変革リーダーとなるためには、「自らの志＝パーポス」を見極め直し、それを「企業の志＝パーポス」に重ね合わせる努力が求められます。それと同時に、「自らの価値観＝善」を顧客や従業員に共感してもらうことがカギとなります。

　洞察力（ビジョン）があるかどうかは、実はさほど重要ではありません。むしろビジョナリーなリーダーはカリスマ性はあっても、顧客や従業員を育て、進化させる力に欠けていることが多い。それでは真の変革リーダーにはなりえません。

　パーポスを見極め、善を体感し、それらを発信し続ける。それが真の変

革リーダーの役割です。そのためには観察力と内省力、そして共感共創力を磨き続ける必要があります。

◆───── 働き甲斐改革へ

なぜ成長する必要があるのか。これも深淵なテーマです。

人間心理に関しては、第5章で紹介したマズローの欲求5段階説（図表5-10参照）が定説になっています。その第5段階は「自己実現の欲求」でした。そのために人は、自らを「成長」させようとします。

しかし、第5章で述べたように、マズローは晩年、「自己超越の欲求」を最上位概念として追加しています。社会との「絆」を深めたいという思いです。特に今のミレニアル世代は、国や性別を問わずこの思いが強いようです。自らの成長ではなく、社会をいかに良くするかが新たな目的関数（パーパス）となっています。

これを人の集団である企業に置き換えると、どうなるでしょうか。言い換えれば、人はなぜそこで働くのか、という問いです。これまでは、企業で研鑽を積むことで自己実現が可能になるという思いが、企業戦士を駆り立ててきました。しかし、そのような自己中心的な成長志向では、他者を鼓舞できなくなってきています。

ワークライフ・バランスが何かと取り沙汰されていますが、この言葉そのものが仕事と生活を峻別する二分論から出発しています。働くこと（ワーク）と、生きること（ライフ）を別物と捉えているのです。そのうえで、Live to Work（働くことが生きがい）という仕事重視型から、Work to Live（働くことは生きることの手段）という人生重視型へと、価値観が大きくシフトしてきています。

しかし、週休3日制に移行したとしても、起きている時間の半分近くを過ごすことになるWorkが、Lifeそのものと切り離されているということ自体、いかにも不幸な話です。WorkがLifeに意味合いを持つようなLife through Work（仕事を通じた生きがい）、あるいは Work in Life（生活の中の仕事）を設計していくことこそ、次世代企業成長の必要条件になるのではないでしょうか。

第11章　変革リーダーをめざせ　**469**

そのためには、企業は単に経済的価値を追い求めるのではなく、社会的価値の追求を同時にめざす必要があります。まさに先述したCSV経営にほかなりません。CSVを通じて現場の心に火をつけることが、結果的に企業に経済的な価値をもたらすのです。

日本では「働き方」改革の議論が盛り上がっています。しかし、本当に求められているのは「働き甲斐」改革のはずです。変革リーダーは、働くことが社会善と共感づくりに直結するような経営モデルをめざすべきではないでしょうか。

◆───「いい会社」から「必要とされる会社」へ

「いい会社」とは、どのような会社を指すのでしょうか。法政大学の坂本光司教授は、ベストセラーのシリーズ『日本でいちばん大切にしたい会社』の中で、「いい会社」を以下のように定義しています。

> 「まず『社員とその家族』を幸せにすること。そのうえで『社外社員とその家族』『現在顧客と未来顧客』『地域社会・地域住民』『株主・出資者』の5人を幸せにすること」

顧客ではなく、社員を第一義としているところが、現場に基軸を置く日本的な企業観として好感が持てます。しかし、それでは「社員の幸せ」とは何かという、より本質的な問いが生まれてきます。

投資信託「結い2101」を運営している鎌倉投信は、「いい会社」にしか投資しないという方針を打ち出しています。鎌田恭幸社長に「いい会社とはどのような会社か」と尋ねると、「本業を通じて社会に貢献する会社」という答えが返ってきました。同ファンドの投資先には、堀場製作所、ピジョン、オイシックス・ラ・大地など、超大企業ではないものの、企業価値が高い企業が名を連ねています。

「大きいことはいいことだ」という価値観は、20世紀のものです。21世紀は、小さくても社会価値と経済価値を同時に実現しているCSV企業の時代です。「結い2101」の投資先には、ユーグレナやスノーピークなど、

まだ規模は小粒ながらも志高く、勢いよく成長している企業も多く含まれています。

　なぜ企業は成長しなければならないか。「いい会社」であれば、必ずしも成長をめざす必要はないのではないか、といった疑問もよく耳にします。

　しかし、これからの「いい会社」は現場の心に火をつけ、それによって社会に貢献する企業でなければなりません。そうだとすれば、自分たちだけの小さな幸せで満足していてはなりません。それでは「自己実現」というパラダイムにとどまってしまいます。

　「自己超越」に向けて一歩大きく踏み出すこと。それを通じて、単に「いい会社」にとどまらない、「社会から必要とされる会社」をめざすべきです。

　幸か不幸か、日本は「社会課題先進国」です。日本で取り組むべき社会課題には、事欠きません。そして、日本で編み出したソリューションを世界に展開すべく、志の翼を広げてほしい。自己超越の対象は「自己＝日本」でもあるはずです。

　日本を超越して、世界に共感の輪を広げていく──。その志が、J-CSVを成長のエンジンとして企業の進化を牽引するのです。

おわりに

　本書は、私の四半世紀を超える経営コンサルティング・ワークの集大成のつもりで書き上げたものです。

　マッキンゼー時代は、主にグローバル企業の次世代成長の支援に携わりました。その後、現在の経営学者になってからも、社外取締役やアドバイザーという立場で、日本企業の経営に深くかかわってきました。そのいずれの立場においても、本質的なテーマは、いかに企業を変革するかでした。

　順風満帆のときには、経営コンサルは不要です。もっというと、優秀な経営者すら不要です。なぜなら、現場がしっかりオペレーションを回していれば、確実に成果につながるからです。それが、高度成長期の日本企業の勝ちパターンでした。

　しかし、市場のグローバル化や技術革新などの環境変化に伴い、「do more better」型の現場力だけでは立ち行きません。新たなゲームのルールを先取りして、いかに戦略転換を図るかが勝負となると思われました。

　私がコンサルティング活動を始めた1990年代は、まさに企業変革全盛期の幕開けでした。当時、GEのジャック・ウェルチ元CEOの企業変革は、経営のベストプラクティスともてはやされていました。また、メインフレーム時代の終焉とともに赤字転落したIBMを見事に救ったルー・ガースナー元CEOの再生劇に、世の中は目を見張りました。

　一方で日本は、この時期を境に「失われた20年（そして間もなく30年）」に突入しました。先見力のある経営者は戦略転換を試みるものの、日本企業の競争力の源泉であった現場が追随しきれない。ソニーや東芝の失速が、その典型例でしょう。一方で現場に迎合しすぎると、大胆な戦略転換に踏み切れず、大前研一さんの言う「（沈没する）タイタニック号

の上での椅子の並べ替え」に終始しがちです。多くの日本企業がたどった衰退の道でもあります。

まさにこの20年間、私は経営コンサルタントとして、優に100を超える企業の変革に携わりました。しかし、数社の成功例を除き、結果的に日本企業の衰退を（助長したとは言わないまでも）救うに至らなかったことに、忸怩たる思いを禁じえません。

その原因は何だったのでしょうか。マッキンゼーに代表される欧米型の変革手法は、日本企業を弱体化しかねないと、私は気づき始めました。「戦略転換」という経営用語に気を取られると、マイケル・ポーター教授に代表される頭でっかちな戦略論に振り回されてしまいます。

日本企業の最大の強みは、現場力にあります。トヨタ生産方式でいうところの「考える現場」です。私はこれを「学習する現場」と呼んでいます。ポーター教授は、現場でのオペレーショナル・エクセレンスは、いずれ平準化されてしまうので、競争優位の源泉とはなりえないと切り捨てました。確かに同じところで反復学習していたのでは、学習効果はやがてピークアウトしてしまいます。

大事なことは、学習の場を「ずらす」ことです。これを「脱学習（アンラーニング）」と呼びます。そう、日本企業にとって重要なことは「戦略転換」ではなく、この「学習転換」だったのです。そして、その新しい場で、得意の学習能力を思う存分発揮すればよいのです。

先が見えないのであれば、まずそこ（未来）に踏み出してみることです。そうすれば、目の前が開けてくる。そこで現場が主体となって新たな学習を積み重ねることで、次世代の知恵を誰よりも早く獲得することができる。

これを私は「学習優位」と名づけました。そして、マッキンゼー時代の2003年、『DIAMONDハーバード・ビジネス・レビュー』誌に「学習優位の戦略」と題して、世に問いかけました。

その後の7年間、私はマッキンゼーのアジア地域の自動車・製造業のリーダー、そして東京オフィスのハイテク産業のリーダーとして活動を続けました。しかし、学習優位を基軸とする経営は、コンサルが外部から介入して梃子入れできるものではありません。学習はあくまでも、その企業

おわりに　473

の現場が主体的に実践することで初めて磨かれていくからです。

そこで私は、実際のコンサルティング活動と並行して、アップル、サムスン、トヨタなど、持続的に進化を続けている企業の研究を進めていきました。その過程で、変化が常態化した時代には、洋の東西を問わず、常に非連続な学習ループを作動させ続けることが、次世代の優位性の源泉となることを確信しました。

そして、本書の第Ⅰ部第4章でご紹介した「メビウス運動」としてモデル化しました。詳細は、2010年にマッキンゼーの卒業論文というつもりで書いた『学習優位の経営』（ダイヤモンド社）をご参照ください。

2010年以降は、「失われた20年」にも持続的に成長を遂げてきた企業を中心に、より深く経営にかかわり合うようにしていきました。2013年に刊行した『「失われた20年の勝ち組企業」100社の成功法則』（PHP研究所）の中に登場する企業群です。

たとえば、そのランキングでトップの座に就いた日本電産。同社のグローバル・ビジネススクールの立ち上げ時より、同社の次世代経営者育成を支援しています。

また、ランキング圏外（株式上場が1994年と、「失われた20年」の期間からずれるため）ではあるものの、その成長率ではぶっちぎりのトップを飾るファーストリテイリング。同社では社外取締役として、経営ガバナンスの一翼を担わせていただいています。

この2社に共通するのは、創業経営者の卓越したリーダーシップです。日本電産の永守重信会長、ファーストリテイリングの柳井正社長は、ソフトバンクグループの孫正義社長とともに、「大ぼら3兄弟」と揶揄されています。確かにその志の高さは人並み外れており、しかも、成長すればするほどさらに高みをめざすので、とどまるところを知りません。さらに、それを着実に実践してみせるので、舌を巻きます。

その秘密の1つが、現場に「変革」を求め続ける経営手腕です。永守さんは、「脱皮できない蛇は滅びる」というニーチェの言葉を好んで使います。柳井さんも、「Change or Die（変化か死か）」という壮絶なメッセージで、現場に自己変革を迫ります。

非連続な変化が常態化した今日、持続的な自己変革なくして、持続的な成長はありえません。たとえば、GEとIBMは20世紀末に見事な全社変革を演じてみせましたが、その後、非連続な変化の波に呑まれて、失速していきました。

　21世紀の経営にとって、絶え間ない自己変革こそが、次世代成長はもちろん、生き残りのための最重要課題なのです。

　では、そのためには、永守さんや柳井さんのようなカリスマ創業経営者の存在が必須なのでしょうか。だとすると、サラリーマン経営者を冠する多くの日本企業にとって、きわめて「不都合な真実」になってしまいます。

　しかし、トップ100社の中には、そのような企業でも見事に自己変革を実践している企業が少なくありません。たとえば、デンソー（58位）や味の素（78位）。それぞれ、50年、そして100年を超える伝統的日本企業です。もちろん、トップは現場出身のサラリーマン社長。私は社外取締役として、ここ数年、この両社の経営に関与し続けています。そして、どちらも、経営トップと現場が一体となって、持続的な変革を力強く駆動している姿を目の当たりにしてきました。

　たとえば、デンソーを見てみましょう。自動車業界が「100年に一度の大変革期」を迎える中、自動運転や電動化などといった非連続な技術革新に果敢に挑戦しています。その際には、現場のオペレーション力を軸足としつつ、そこにデジタルのパワーをうまく融合させている。本書の中で、「サイバー・フィジカル」として紹介した新しいパラダイムに向かって大きく舵を切っているのです。

　また味の素は、食を通じて世界中の人々のQoL（Quality of Life）を向上させるという社会価値の提供に邁進しています。その際には、やはり圧倒的な現場力を梃子に、デジタル技術を活用した感性科学を融合させようとしています。このように、食品の世界においても、「サイバー・フィジカル」という新しい勝ちパターンの確立をめざしているのです。

　デンソーの有馬浩二社長、味の素の西井孝明社長は、いずれも50代で社長に抜擢された逸材です。しかし、いわゆるカリスマ型ではなく、現場を知り尽くし、現場の変革意識を引き出すことに長けたリーダーでもあり

ます。このような現場力に根差した変革パワーを内蔵した企業群は、時代の波を乗り越えて、これからもさらに50年、100年と、持続的な成長を遂げていくことでしょう。

　これらの企業は、一見すると地味かもしれません。しかし、カリスマ経営者の手腕に頼らない、現場起点の自律分散型の自己変革こそ、次世代の経営モデルといえるでしょう。そして、多くの「普通」の日本企業にとっても、めざすべき姿であるはずです。

　本書を構想してから完成するまで、2年数カ月かかりました。ハーバード・ビジネススクール卒業後の処女作、マッキンゼー時代の2冊（いずれも共著）、その後は毎年1冊のペースで7冊上梓していますので、本書は11冊目になります。

　これまでは半年くらいで、一気呵成に書き上げるのが私の流儀でした。これだけ時間がかかったのは、本書が初めてです。また、書いているうちに、どんどん中身が膨らみ、このような厚さになっていきました。まるで、この本が私を突き動かし、独自の変革と進化を遂げていっているかのようです。

　この2年間、東洋経済新報社の佐藤敬さん、フリー編集者の相澤摂さんには、前作『CSV経営戦略』に引き続いて、すっかりお世話になりました。当初の構想から中身が変わり続けることにずっと辛抱強くお付き合いいただいたお二人には、前回にも増して、感謝の念でいっぱいです。

　「プレ・シンギュラリティ」の到来を迎え、デジタル・トランスフォーメーションは、あらゆる産業、あらゆる企業にとって、待ったなしの状況です。しかし、そういう時代であればこそ、浮き足立たずに、自社独自の強みを再確認し、現場を起点に「ゆらぎ、つなぎ、ずらし」を引き起こす経営が求められるはずです。

　本書が読者の皆さんにとって、そのための1つのヒントとなることを、心から願っています。

参考文献

イスマイル，サリムほか（2015）『シンギュラリティ大学が教える飛躍する方法——ビジネスを指数関数的に急成長させる』小林啓倫訳，日経BP社.

ウィンストン，アンドリュー・S（2016）『ビッグ・ピボット——なぜ巨大グローバル企業が〈大転換〉するのか』藤美保代訳，英治出版.

江副浩正（2007）『リクルートのDNA——起業家精神とは何か』角川oneテーマ21.

オットー・シャーマー，C（2010）『U理論——過去や偏見にとらわれず，本当に必要な「変化」を生み出す技術』中土井僚・由佐美加子訳，英治出版.

ガースナー，ルイス・V（2002）『巨象も踊る』山岡洋一・高遠裕子訳，日本経済新聞社.

ガスマン，オリヴァーほか（2016）『ビジネスモデル・ナビゲーター』渡邊哲・森田寿訳，翔泳社.

カーツワイル，レイ（2007）『ポスト・ヒューマン誕生——コンピュータが人類の知性を超えるとき』井上健ほか訳，NHK出版.

カミュ，アルベール（1969）『シーシュポスの神話』清水徹訳，新潮文庫.

グラットン，リンダ（2012）『ワーク・シフト——孤独と貧困から自由になる働き方の未来図〈2025〉』池村千秋訳，プレジデント社.

———（2016）『ライフ・シフト——100年時代の人生戦略』池村千秋訳，東洋経済新報社.

クリステンセン，クレイトン（2001）『イノベーションのジレンマ——技術革新が巨大企業を滅ぼすとき（増補改訂版）』伊豆原弓訳，翔泳社.

———／ジェフリー・ダイアーほか（2012）『イノベーションのDNA——破壊的イノベータの5つのスキル』櫻井祐子訳，翔泳社.

———／マイケル・レイナー（2003）『イノベーションへの解——利益ある成長に向けて』櫻井祐子訳，翔泳社.

———ほか（2017）『ジョブ理論——イノベーションを予測可能にする消費のメカニズム』依田光江訳，ハーパーコリンズ・ジャパン.

ゲマワット，パンカジ（2009）『コークの味は国ごとに違うべきか——ゲマワット教授の経営教室』望月衛訳，文藝春秋.

コッター，ジョン・P（2002）『企業変革力』梅津祐良訳，日経BP社.

———（2008）『幸之助論——「経営の神様」松下幸之助の物語』高橋啓訳，ダイヤモンド社.

———（2011）「［新訳］リーダーシップとマネジメントの違い」『DIAMONDハーバード・ビジネス・レビュー』9月号，pp.50-64.

———／ダン・S・コーエン（2003）『ジョン・コッターの企業変革ノート』高遠裕

子訳，日経BP社.

ゴビンダラジャン，ビジャイ／クリス・トリンブル（2012）『リバース・イノベーション
　　──新興国の名もない企業が世界市場を支配するとき』渡部典子訳，ダイヤモンド
　　社.

古森重隆（2013）『魂の経営』東洋経済新報社.

小森哲郎（2016）『会社を立て直す仕事──不振企業を蘇らせるターンアラウンド』日
　　刊工業新聞社.

コリンズ，ジム／ジェリー・ポラス（1995）『ビジョナリー・カンパニー──時代を超
　　える生存の原則』山岡洋一訳，日経BP出版センター.

────（2010）『ビジョナリー・カンパニー3──衰退の五段階』山岡洋一訳，日経
　　BP社.

────／モートン・ハンセン（2012）『ビジョナリー・カンパニー4──自分の意志
　　で偉大になる』牧野洋訳，日経BP社.

ゴーン，カルロス（2001）『ルネッサンス──再生への挑戦』中川治子訳，ダイヤモン
　　ド社.

三枝匡（2006）『V字回復の経営──2年で会社を変えられますか』日経ビジネス人文
　　庫.

坂根正弘（2011）『ダントツ経営──コマツが目指す「日本国籍グローバル企業」』日
　　本経済新聞出版社.

坂本光司（2008）『日本でいちばん大切にしたい会社』あさ出版.

清水博（1990）『生命を捉えなおす──生きている状態とは何か』中公新書.

シュイナード，イヴォン（2017）『新版 社員をサーフィンに行かせよう──パタゴニア
　　経営のすべて』井口耕二訳，ダイヤモンド社.

────／ヴィンセント・スタンリー（2012）『レスポンシブル・カンパニー』井口耕
　　二訳，ダイヤモンド社.

シュヴァルツ，フリードヘルム（2016）『知られざる競争優位──ネスレはなぜCSVに
　　挑戦するのか』石原薫訳，ダイヤモンド社.

シュルツ，ハワード／ジョアンヌ・ゴードン（2011）『スターバックス再生物語──つ
　　ながりを育む経営』月沢李歌子訳，徳間書店.

杉田浩章（2017）『リクルートのすごい構“創”力──アイデアを事業に仕上げる9メ
　　ソッド』日本経済新聞出版社.

セイラー，リチャード（2007）『セイラー教授の行動経済学入門』篠原勝訳，ダイヤモ
　　ンド社.

────／キャス・サンスティーン（2009）『実践行動経済学──健康，富，幸福へ
　　の聡明な選択』遠藤真美訳，日経BP社.

センゲ，ピーター・M（2011）『学習する組織──システム思考で未来を創造する』枝
　　廣淳子・小田理一郎・中小路佳代子訳，英治出版.

─────ほか（2006）『出現する未来』野中郁次郎監訳，高遠裕子訳，講談社.

高原豪久（2014）『ユニ・チャーム　共振の経営──「経営力×現場力」で世界を目指す』日本経済新聞出版社.

チェスブロウ，ヘンリー（2004）『OPEN INNOVATION ──ハーバード流イノベーション戦略のすべて』大前恵一朗訳，産能大学出版部.

ドーア，ジョン（2018）『Measure What Matters ──伝説のベンチャー投資家がGoogleに教えた成功手法』土方奈美訳，日本経済新聞出版社.

ドッブス，リチャードほか（2017）『マッキンゼーが予測する未来──近未来のビジネスは，4つの力に支配されている』吉良直人訳，ダイヤモンド社.

トフラー，アルビン（1982）『第三の波』徳岡孝夫監訳，中公文庫.

名和高司（2010）『学習優位の経営──日本企業はなぜ内部から変われるのか』ダイヤモンド社.

─────（2013）『失われた20年の勝ち組企業100社の成功法則──「X」経営の時代』PHP研究所.

─────（2015）『CSV経営戦略──本業での高収益と，社会の課題を同時に解決する』東洋経済新報社.

─────（2016）『成長企業の法則──世界トップ100社に見る21世紀型経営のセオリー』ディスカヴァー・トゥエンティワン.

野中郁次郎・竹内弘高（2011）「賢慮のリーダー」『DIAMONDハーバード・ビジネス・レビュー』9月号，pp.10-24.

野中郁次郎・遠山亮子・平田透（2010）『流れを経営する──持続的イノベーション企業の動態理論』東洋経済新報社.

ハーバード・ビジネス・スクール（2010）『ケース・スタディ 日本企業事例集──世界のビジネス・スクールで採用されている』日本リサーチ・センター編，ダイヤモンド社.

ピーターズ，トム／ロバート・ウォーターマン（2003）『エクセレント・カンパニー』大前研一訳，英治出版.

二神軍平（2009）『ユニ・チャーム SAPS経営の原点──創業者高原慶一朗の経営哲学』ダイヤモンド社.

フリードマン，トーマス（2008）『フラット化する世界──経済の大転換と人間の未来（増補改訂版）　上・下』伏見威蕃訳，日本経済新聞出版社.

ポーター，マイケル・P（1995）『新訂 競争の戦略』土岐坤ほか訳，ダイヤモンド社.

─────（2011）「共通価値の戦略──経済的価値と社会的価値を同時実現する」『DIAMONDハーバード・ビジネス・レビュー』6月号，pp.8-31.

松井忠三（2013）『無印良品は，仕組みが9割──仕事はシンプルにやりなさい』角川書店.

マッキー，ジョン／ラジェンドラ・シソーディア（2014）『世界でいちばん大切にした

い会社——コンシャス・カンパニー』鈴木立哉訳，翔泳社.

松下幸之助（2001）『実践経営哲学』PHP文庫.

ミンツバーグ，ヘンリー（2003）「戦略クラフティング」『DIAMONDハーバード・ビジネス・レビュー』1月号，pp.72-85.

横山禎徳（1990）『企業変身願望』NTT出版.

————（2003）『「豊かなる衰退」と日本の戦略——新しい経済をどうつくるか』ダイヤモンド社.

ラフリー，A・G／ロジャー・L・マーティン（2013）『P&G式「勝つために戦う」戦略』酒井泰介訳，朝日新聞出版.

リース，エリック（2012）『リーン・スタートアップ——ムダのない起業プロセスでイノベーションを生みだす』井口耕二訳，日経BP社.

レビット，T（1971）『マーケティング発想法』土岐坤訳，ダイヤモンド社.

【著者紹介】
名和高司（なわ　たかし）
京都先端科学大学ビジネススクール教授、一橋大学ビジネススクール客員教授。
1980年東京大学法学部卒業、三菱商事入社。90年ハーバード・ビジネススクールにてMBA取得（ベーカー・スカラー）。その後、約20年間、マッキンゼーのディレクターとして、日本、アジア、アメリカなどを舞台に、多様な業界において次世代成長戦略、全社構造改革などのコンサルティング活動に幅広く従事。2011〜16年ボストン コンサルティング グループのシニアアドバイザー。14年より30社近くの次世代リーダーを交えたCSVフォーラムを主宰。10年より一橋大学大学院国際企業戦略研究科教授、22年より現職。ファーストリテイリング、味の素、デンソー、SOMPOホールディングスの社外取締役、インターブランドジャパン、アクセンチュアなどのシニアアドバイザーを兼務。主な著書に『学習優位の経営』（ダイヤモンド社）、『CSV経営戦略』『パーパス経営』『エシックス経営』（いずれも東洋経済新報社）、『コンサルを超える 問題解決と価値創造の全技法』（ディスカヴァー21）、『超進化経営』（日本経済新聞出版）などがある。

企業変革の教科書

2018年12月20日　第1刷発行
2024年11月1日　　第4刷発行

著　者——名和高司
発行者——田北浩章
発行所——東洋経済新報社
　　　　　〒103-8345　東京都中央区日本橋本石町1-2-1
　　　　　電話＝東洋経済コールセンター　03(6386)1040
　　　　　https://toyokeizai.net/

装　丁………………米谷　豪（orange_noiz）
本文デザイン・DTP……アイランドコレクション
印　刷………………港北メディアサービス
製　本………………積信堂
編集協力……………相澤　摂
編集担当……………佐藤　敬
©2018 Nawa Takashi　　　Printed in Japan　　　ISBN 978-4-492-53405-2

　本書のコピー、スキャン、デジタル化等の無断複製は、著作権法上での例外である私的利用を除き禁じられています。本書を代行業者等の第三者に依頼してコピー、スキャンやデジタル化することは、たとえ個人や家庭内での利用であっても一切認められておりません。
　落丁・乱丁本はお取替えいたします。